特別附錄1 最新&經典商品大集合!! 九州伴手禮完美BOOK

哈日情報誌
MAPPLE九州
特別附錄1

九州伴手禮完美BOOK

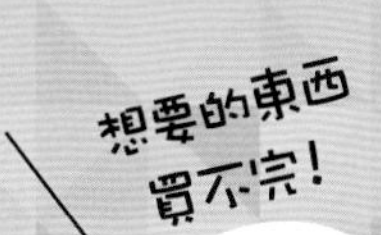

CONTENTS

2 福岡
4 長崎
6 佐賀
7 宮崎
8 大分
10 熊本
12 鹿兒島
14 各縣對決 當地精選產品大集合
16 手作體驗

福岡

好吃的食物琳琅滿目！美食寶庫

招牌明太子除了正統的辣明太子之外，還有多種變化商品。傳統名點、拉麵、甘王草莓甜點等廣受各年齡層歡迎的人氣商品，自用送禮兩相宜。

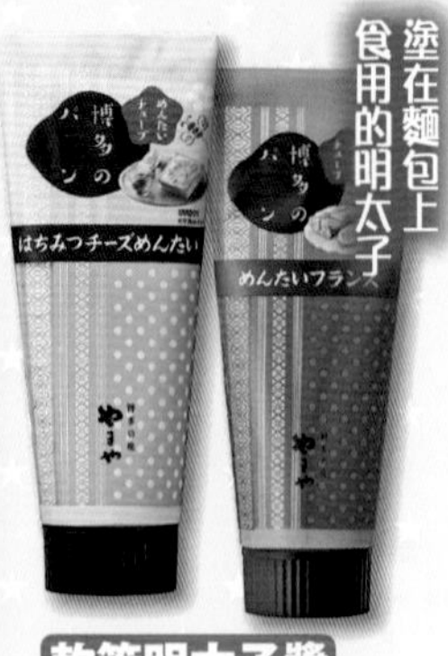

塗在麵包上食用的明太子

軟管明太子醬 博多麵包 各種756円

軟管包裝的麵包用明太子醬。除了研究人氣麵包店所研發的「明太子法式麵包」之外，還有「奶油乳酪明太子」、「蜂蜜乳酪明太子」等五種口味。

這裡能買到 A B C D

洽詢 YAMAYA 客服窗口 0120-15-7102

研發辣明太子老店的新滋味

油漬明太子罐頭 756円

辣明太子顆粒搭配棉籽油，保留了辣味基底，味道卻相當醇厚。

這裡能買到 A B

洽詢 味之明太子 福屋 中洲本店 092-261-2981

口感新穎的明太子最適合當下酒菜！

YAMAYA 風乾明太子 1296円

將辣明太子風乾以凝聚其鮮美，製成味道濃郁且口感新穎的辣明太子。

這裡能買到 A B C D

洽詢 YAMAYA 客服窗口 0120-15-7102

猶豫 福岡伴手禮的話選這個！

Best 1 明太子

堪稱福岡名產的代名詞。商店及商品眾多，可以試吃選擇喜歡的口味。

Best 2 名點

小雞饅頭、博多通饅頭等招牌名點外觀樸素卻滋味深奧，任誰都會喜歡。

Best 3 拉麵

可以在家回味博多拉麵的滋味。有許多忠實重現湯頭、講究麵條的商品。

PICK UP 明太子

辣明太子與起司絕妙搭配

明太子起司三明治 8片入1080円

博多料亭稚加榮的姊妹店，洋食咖啡廳「稚加榮茶寮」的原創商品。將明太子拌入濃郁起司中，再以仙貝包夾而成。新鮮的蝦味很香。

這裡能買到 A B D

洽詢 稚加榮本舖 訂購專線 0120-174-487

「花枝×章魚×辣明太子」成為暢銷商品

辣明太子風味仙貝 明太子仙貝(MENBEI) 2片入×8包540円～

辣明太子製造商福太郎生產的暢銷商品。除了花枝及章魚風味突出的原味之外，還有辣味、博多限定蔥味、香味蝦等口味。

洽詢 福太郎 0120-71-4444

這裡能買到 A B C D

明太子與白醬相當對味

明太子鹹派 1個300円

使用北海道產奶油乳酪做的焗烤風法式鹹派。內含甜椒、馬鈴薯及鴻喜菇，口感十足。以現烤熱騰騰的狀態販售。

這裡能買到 A

洽詢 福屋 福岡機場店 092-260-7333

可少量試吃各種口味

椒房庵 小箱系列 各種380円

小包裝小箱內裝有攪散的明太子，方便食用。有甜味、辣味、柚子、昆布漬、花枝等口味。

這裡能買到 A B

洽詢 久原本家 0120-84-4000

招牌明太子在此！

出自老字號料亭的自信之作 稚加榮本舖

●ちかえほんぽ

聞名福岡的「博多料亭稚加榮」廚師精心製作的明太子。味道自不用說，包括顏色、形狀、顆粒飽滿度都經過精挑細選。

0120-174-487（稚加榮本舖 訂購專線）

這裡能買到 A B D

稚加榮本舖辣明太子 222g 3240円

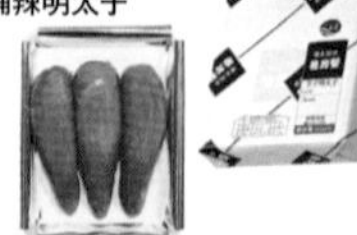

豐厚且高雅的辣味 久原本家 椒房庵

●くばらほんけ しょぼうあん

由源自老字號醬油釀造場的明太子特產品牌經營。突顯北海道產黃線狹鱈魚卵鮮美的高雅調味深受歡迎。

0120-84-4000（久原本家）

這裡能買到 A B

飛魚高湯明太子甜味 210g 3240円

自豪的魚醬是美味關鍵 福さ屋

●ふくさや

將精選鱈魚子以添加招牌魚醬的特製醬汁充分醃漬之後，加以熟成的辣明太子。

092-461-2938

這裡能買到 A B C D

福さ屋 辣明太子 90g 1080円～

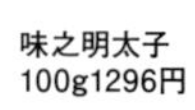

研發辣明太子的老店 味之明太子 福屋

●あじのめんたいこ ふくや

1948年創業，身為福岡辣明太子的始祖廣為人知。徹底進行品質管理，福岡縣內只有直營店在販售。

092-261-2981（味之明太子 福屋 中洲本店）

這裡能買到 A B

味之明太子 100g1296円

※商品規格及價格可能視販賣商店而異

甘王草莓滋味酸甜

博多草莓派
16片入1080円

將福岡縣產甘王草莓的風味原封不動鎖住的酥脆草莓派。10月到4月左右會有外層淋上巧克力的「博多巧克力草莓派」登場。

這裡能買到 A B C D

洽詢 伊都きんぐ 天神店 092-711-1539

博多伴手禮的頂尖王牌 提到招牌甜點就想到它

博多通饅頭
8入1100円、12入1650円等

連續22年榮獲「世界品質評鑑大賞」金獎的名產點心。內餡入口即化，牛奶風味在口中擴散開來。

這裡能買到 A B C D

洽詢 明月堂 092-411-7777

一包就能打造名店味道 風味豐富的高湯

茅乃舍 圓相 三種高湯組合
5包入×3種1512円

三種高湯組合：將烤飛魚、真昆布、柴魚片、沙丁脂眼鯡製成粉末的和風茅乃舍高湯，使用日本鯷及乾香菇製成的小魚乾高湯，及使用五種日本國產蔬菜製成的法式清湯風蔬菜高湯。

這裡能買到 A B

洽詢 久原本家 0120-84-4000

努努雞 帶骨雞中翅
240g1080円

顛覆炸雞的概念，愈冰愈好吃的炸雞。外皮酥脆，特製香料相當辛辣。建議自然解凍後或是直接冷冷地吃。

這裡能買到 A B C D

洽詢 鳥一番食品客服中心 0120-385-853

以零下25度冷凍的冰炸雞

SHOP DATA

福岡機場
A 福岡機場國內線航廈
●ふくおかくうこうこくないせんりょきゃくターミナルビル
MAP 附錄②3C-4 LINK P.156
092-621-6059
(國內線資訊站)
所 福岡県福岡市博多区下臼井
交 直通地鐵福岡機場站
營 視設施而異
休 無休 P 1小時200円(30分內免費)

博多站
B 博多DEITOS
●はかたデイトス
MAP 40F-2 LINK P.37
092-451-2561
(AMU EST、DEITOS服務台)
所 福岡県福岡市博多区博多駅中央街1-1
交 JR博多站內
營休 視店鋪而異
P 有合作停車場

博多站
C MING
MAP 40F-2 LINK P.37
092-431-1125
(MING資訊站)
所 福岡県福岡市博多区博多駅中央街1-1 交 JR博多站內 營 9:00～21:00(部分為7:00～23:00，視店鋪而異)
休 無休

博多站
D 博多阪急
●はかたはんきゅう
MAP 40F-3 LINK P.36
092-461-1381
所 福岡県福岡市博多区博多駅中央街1-1 交 JR博多站步行即到 營 10:00～20:00(可能變更)
休 不定休

「泡系拉麵」的始祖

博多一幸舍豚骨拉麵
4包組合1800円

擁有許多博多人粉絲的「博多一幸舍」外帶用商品。特色是講究的湯頭與製麵屋慶史的生麵。

這裡能買到 B

洽詢 WINDS JAPAN HD 092-433-4455

外觀、甜度都高雅的和菓子

◯すず籠
各5入1566円

1923年創業的和菓子店招牌商品。軟糯的鈴乃〇餅是鈴懸最推薦的迷你銅鑼燒。與鈴鐺造型可愛的鈴乃最中一起裝進竹籠。顏色視季節而異。

這裡能買到 B

洽詢 鈴懸本店 092-291-0050

將甘王草莓的優點發揮到最大極限

博多王牌生銅鑼燒
1個562円

內含整顆福岡縣產甘王草莓的銅鑼燒。一入口就有濃郁的草莓味擴散開來。11月下旬到5月底左右限定發售。

這裡能買到 B

洽詢 伊都きんぐ 天神店 092-711-1539

滑稽明太子不倒翁御神籤
495円

備有各種以日本工藝為基礎的生活雜貨商店的限定商品。設有拉開底部紅繩就能從不倒翁內部拉出籤詩的機關。

這裡能買到 AMU PLAZA博多(→P.36)

洽詢 中川政七商店 AMU PLAZA博多店 092-409-6807

誕生110年 廣受喜愛的名點

名點小雞饅頭
4入616円

1912年在福岡縣飯塚誕生。包有大量甜味柔和的黃色內餡，小雞造型的饅頭。自誕生以來，不變的外觀及滋味便持續受到大眾喜愛。

這裡能買到 A B C D

洽詢 ひよ子本舗吉野堂 092-541-8211

「滑稽×明太子」的試手氣不倒翁

有多種在家中就能享受道地美味的美食伴手禮

長崎

以熱門的長崎蛋糕為首活用當地美食製成的伴手禮，還有傳統工藝品、外觀可愛的甜點等，有許多在長崎忍不住想買的伴手禮。

當點心或小禮物都很合適

長崎蛋糕(個別包裝) 綺麗菓(2種)、五三燒
各200円

使用長崎縣雲仙產專用雞蛋加上上白糖、水麥芽及蜂蜜，烤成鬆軟的長崎蛋糕，切片後個別包裝。還有蜂蜜與大納言紅豆、抹茶與大納言紅豆的雙層蛋糕「綺麗菓」系列、五三燒等產品。

這裡能買到 A C

洽詢 和泉屋濱町店 095-825-5501

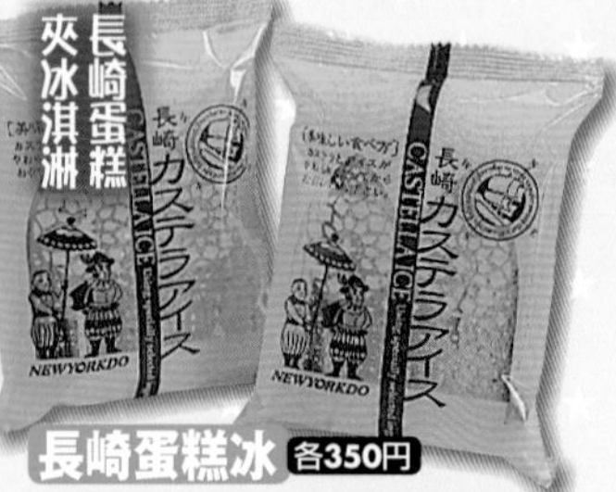

巧克力與長崎蛋糕很搭

條狀巧克力長崎蛋糕
8包入1150円

將五三燒長崎蛋糕切成方便食用的長條狀，外層裹上黑巧克力、白巧克力製成的長崎蛋糕甜點。

這裡能買到 A C

洽詢 和泉屋濱町店 095-825-5501

PICK UP 長崎蛋糕

夾冰淇淋長崎蛋糕

長崎蛋糕冰 各350円

創業近85年的西點店人氣商品。在沾滿粗糖的手烤長崎蛋糕中，夾入使用大量長崎縣當地水果、牛奶及雞蛋製成的冰淇淋。

這裡能買到 C D

蜜桃長崎蛋糕小桃
3入1200円

出自1887年創業的老字號點心店之手。尺寸比一般的「蜜桃長崎蛋糕」更小巧。長崎蛋糕的質地濕潤、甜度適中。還有期間限定的巧克力口味。

這裡能買到 C

洽詢 白水堂 本店 095-826-0145

尺寸小巧的蜜桃長崎蛋糕

猶豫 長崎伴手禮的話選這個！

Best 1 長崎蛋糕
不用說也知道的長崎伴手禮首選。有許多長崎蛋糕店別出心裁，推出特別的長崎蛋糕。

Best 2 名產點心
日本鎖國期間，砂糖及南蠻點心的作法透過出島傳入長崎。有許多自古以來就眾所熟知的點心。

Best 3 強棒麵
強棒麵是長崎的代表性美食。除了麵與湯頭成套販售的家用調理包之外，還有強棒麵口味的獨特點心。

Check長崎蛋糕商品！

道地的長崎蛋糕不光只能製成食品。販售手巾及和風雜貨等的「長崎雜貨 たてまつる」原創筷架，分切後連在一起的長崎蛋糕造型相當獨特。

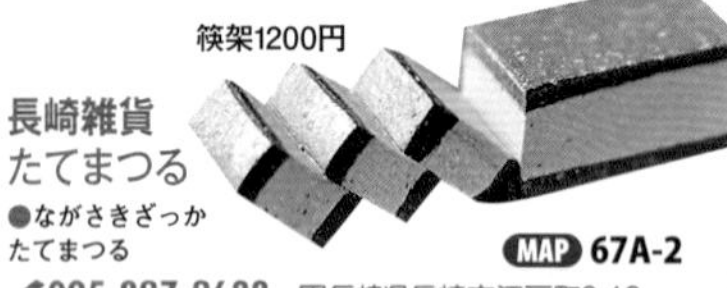

筷架1200円

長崎雜貨 たてまつる
●ながさきざっかたてまつる
MAP 67A-2
095-827-2688 所長崎県長崎市江戸町2-19
交JR長崎站搭長崎電氣軌道1號系統3分，大波止下車步行5分 L10:00～18:30 休週二

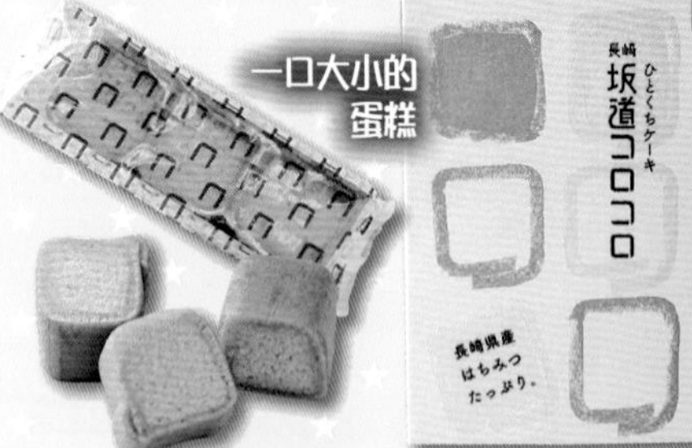

一口大小的蛋糕

長崎石板路方塊
6入540円

將使用大量長崎縣產蜂蜜做成的濕潤長崎蛋糕變化成一口大小。是以象徵長崎的石板路為發想。

這裡能買到 A

洽詢 長崎機場購物中心 0957-52-5551

長崎蛋糕御三家

以「下午3時的點心」聞名
文明堂總本店 ●ぶんめいどうそうほんてん

透過劃時代宣傳策略，讓全日本都知曉長崎蛋糕是長崎名產的功臣。特撰長崎蛋糕是使用國產優質食材烘烤而成。

095-824-0002

這裡能買到 A C

特撰長崎蛋糕0.33號 各1條1350円

長崎蛋糕界的名店就是這
福砂屋本店 ●ふくさやほんてん

自1624年創業以來一直遵守手工製法。推薦零售的小盒裝「福砂屋方塊」當作伴手禮。

這裡能買到 A B C 095-821-2938

福砂屋方塊 1個270円、5入1458円

※包裝視販售地區而異

高雅味道與復古包裝為其魅力
松翁軒 ●しょうおうけん

自1681年創業以來堅守傳統，從打蛋到完工，一個窯由一名師傅負責。

095-822-0410

這裡能買到 A C

長崎蛋糕 0.3號648円、0.6號1296円

※商品規格及價格可能視販賣商店而異

SHOP DATA

長崎機場
A 長崎機場
ながさきくうこう
MAP 附錄②15C-2 LINK P.158
0957-52-5555
所長崎県大村市箕島町593
JR大村站開車10分
L休 視店鋪而異
P 30分100円（30分內免費）

長崎站
B AMU PLAZA長崎
アミュプラザながさき
MAP 67A-1
095-808-2001
所長崎県長崎市尾上町1-1
JR長崎站步行即到
L 10:00～20:00（餐廳街為11:00～20:15）
休 無休 P 30分160円

長崎站
C 長崎街道海鷗市場
ながさきかいどうかもめいちば
MAP 67A-1
095-808-2001
（AMU PLAZA長崎資訊站）
所長崎県長崎市尾上町1-67
JR長崎站剪票口前 L 8:30～20:00，當地餐廳11:00～21:45（海鷗橫丁到22:15）
休 不定休 P 有共用停車場

長崎市
D 紐約堂
ニューヨークどう
MAP 67B-2
095-822-4875
所長崎県長崎市古川町3-17
JR長崎站搭長崎電氣軌道3號系統5分，市民會館下車步行7分
L 12:00～18:00（可能變更）
休 不定休

長崎市
E Glass Road 1571
グラスロードいちごななかいち
MAP 67A-4
095-822-1571
所長崎県長崎市南山手町2-11
JR長崎站搭長崎電氣軌道1號系統7分，在新地中華街轉乘5號系統6分，大浦天主堂下車步行5分
L 9:30～18:00 休 無休

長崎市
F 長崎の猫雑貨 nagasaki-no neco
ながさきのねこざっか ナガサキノ ネコ
MAP 67B-2
095-823-0887
所長崎県長崎市栄町6-7 服部ビル1F JR長崎站搭長崎電氣軌道1號系統7分，在新地中華街轉乘5號系統8分，眼鏡橋下車步行3分
L 11:00～18:00
休 不定休

將長崎風景做成甜味樸實的糖點

長崎風景 各389円
以類似落雁的長崎傳統點心「口砂香」以長崎特色風景來呈現。有歷史奇蹟、散步好日子、鯨魚與貓這三種。

這裡能買到 A B
洽詢 千壽庵 長崎屋 095-822-0543

珈琲蘭俱度紗（咖啡貓舌餅乾） 4片入324円
在貓舌餅乾的麵糊中添加鮮奶油、應是鎖國時代傳入長崎的咖啡製成。質地酥脆，口感佳。

豐盈的咖啡香

這裡能買到 A
洽詢 長崎機場購物中心 0957-52-5551

清爽的柑橘香

長崎名點 外海ゆうこう夾心餅乾 10片入1296円
長崎的招牌伴手禮「夾心餅乾」（CRUZ）。口感輕盈的原創餅皮，內夾添加特產柑橘「ゆうこう」的白巧克力奶油餡。

這裡能買到 A C
洽詢 小濱食糧 0957-75-0115

不需動刀！強棒麵輕鬆上桌

有料強棒麵 1包800円
炒好的配料、強棒麵及湯頭成套包裝，只要放進鍋內煮就能重現店裡的味道。另有只要將芡汁淋在麵上即可輕鬆上桌的皿烏龍麵。

這裡能買到 A C
洽詢 蘇州林 網購部 0120-678-555

迷你大小的「唐人捲」

這裡能買到 A C
洽詢 萬順 眼鏡橋店 095-893-8804 LINK P.57

小唐人捲 540円
將長崎眾所熟知的唐菓子「唐人捲」做成方便食用、長約3公分的一口大小。口感十足，淡淡的香甜在口中擴散開來。

相框 4400円

教會主題商品值得矚目

燭台 4840円

以長崎教會為意象的相框與燭台。採用彩繪玻璃設計，透光時相當漂亮。

這裡能買到 E

彩繪玻璃花紋相當漂亮

紙膠帶 上五島卡農 各470円
以新上五島九座教堂的彩繪玻璃為主題的紙膠帶。由於圖案和教會音樂卡農曲一樣會不斷重複，因而得名。

這裡能買到 A C
洽詢 上五島KANON 網路商店 0959-54-1077（美容室 Creo）

以長崎的貓為主題

禮金袋 各330円
雜貨店的原創商品，以長崎常見、尾巴獨特的「彎尾貓」等貓咪為主題設計。貓咪的表情相當可愛。

這裡能買到 F

Atelier Bravo貓別針 各748円

長崎名勝變成普普藝術

票卡夾 各1100円
繪有眼鏡橋、長崎燈會等長崎名勝以及特產的票卡夾。繽紛用色與獨特插圖引人注目。

這裡能買到 B
洽詢 MINATOMACHI FACTORY 0956-76-9070

從招牌到新創商品種類相當廣泛

佐賀

佐賀縣產商品中有不少廣受日本全國大力讚賞。陶瓷器自不用說，茶葉、酒、名點等作為贈禮，想必對方收到一定會開心。

丸芳露 1個86円、12入盒裝1080円

大約450年前從葡萄牙傳入的南蠻點心之一。以麵粉、雞蛋、砂糖為原料的簡樸烘焙點心。口感輕脆，入口即化。

這裡能買到 A B

洽詢 丸芳露本舖 北島 ☎0952-26-4161

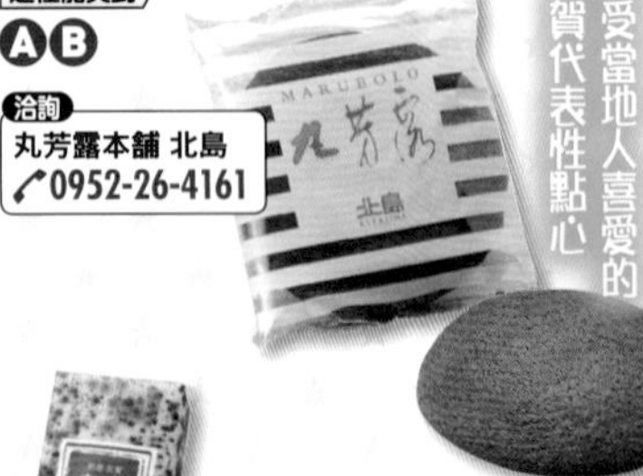

深受當地人喜愛的佐賀代表性點心

添加大量佐賀縣產嬉野茶

嬉野茶塔蛋糕 6入712円

在揉入嬉野茶製成的溫潤塔皮上填入紅豆餡，再鋪上嬉野茶抹茶餡。

這裡能買到 A

洽詢 寶物產 ☎0957-52-2140

推薦當作小禮物

古早味小城羊羹 1條756円

使用佐賀縣小城地區自古流傳的工法製成，特徵是表面會因為糖霜而變硬。將羊羹靜置一晚蒸發多餘的水分，即可打造外層爽脆的口感。

這裡能買到 B

洽詢 村岡屋 本店 ☎0952-22-4141

設計簡潔時尚的有田燒

醬油壺 錆千段 4180円 獨樂筋赤 3630円

使用「刮除技法」用針在表面刮出紋路的錆千段，以及工匠手繪紋路的獨樂筋赤醬油壺。顏色及花紋的品味相當出眾。

這裡能買到 D

猶豫 佐賀伴手禮的話選這個！

Best 1 花枝商品
將以活花枝生魚片聞名的呼子花枝加以變化，製成花枝饅頭、煎餅等多種花枝商品。

Best 2 茶葉
佐賀以嬉野市為首盛行種茶，有各式各樣不吝使用茶葉而茶味濃郁的甜點。

Best 3 有田燒
陶瓷器王國佐賀最知名的就是有田燒。有許多適合現代生活的時尚器皿陸續登場。

SHOP DATA

佐賀機場

A 佐賀機場 ●さがくうこう
MAP 附錄②8F-4 LINK P.159
所佐賀県佐賀市川副町犬井道9476-187 巴JR佐賀站搭接駁巴士35分 L休視店鋪而異 P免費

長崎自動車道

B 金立SA（上行） ●きんりゅうサービスエリアのぼり
MAP 附錄②8F-3
☎0952-98-1200
所佐賀県佐賀市金立町金立 巴長崎自動車道佐賀大和IC開車2分 L24小時營業（視區域而異，需確認） 休無休 P免費

呼子

C 海中魚処 萬坊 ●かいちゅううおどころ まんぼう
MAP 80B LINK P.81
☎0955-82-5333 所佐賀県唐津市呼子町殿ノ浦1946-1 巴唐津巴士中心（大手口）搭昭和巴士30分，在呼子轉乘8分，呼子大橋下車步行3分 L11:00～15:00（週六日、假日為10:30～16:00） 休週四（可能變動） P免費

有田

D ARITA PORCELAIN LAB 有田旗艦店 ●アリタ ポーセリン ラボ ありたきかんてん
MAP 78 LINK P.78
☎0955-29-8079
所佐賀県有田町上幸平1-11-3 巴JR上有田站步行10分 L11:00～17:00 休週二 P免費

將呼子的名產花枝做成燒賣

花枝燒賣大圓 8入1296円

以活花枝生魚片聞名的唐津、呼子人氣伴手禮。只選用高鮮度上半片花枝磨成泥製成的燒賣，彈牙口感讓人難以抗拒。

這裡能買到 C

佐賀牛100%！十分下飯

旨唐佐賀牛Premium 90g1620円

用祕傳調味料仔細醃漬佐賀牛的牛肩肉，再用以花鰹及利尻昆布熬煮的高湯與紅酒燉煮而成。恰到好處的辣味非常下飯。

洽詢 肥前旨唐本舗 コガヤ ☎0952-28-7022

這裡能買到 A

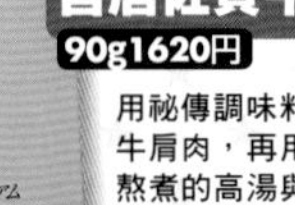

濃縮呼子名產花枝鮮味的薄烤煎餅

花枝燒賣煎餅 2片入×6包540円

薄烤花枝燒賣麵糊製成的煎餅。帶有花枝風味，口感酥脆。

洽詢 萬坊 ☎0120-151-248

這裡能買到 C

以獨創的滋味超過50年深受喜愛

佐賀錦 8入1296円

以佐賀傳統紡織品「佐賀織」為意象的點心。在浮島麵糊內拌入栗子與紅豆，烤成鬆軟的糕點，再以巧克力為接著劑夾在年輪蛋糕中。

洽詢 村岡屋 本店 ☎0952-22-4141

這裡能買到 B

※商品規格及價格可能視販賣商店而異

充滿南國特色的食物 宮崎

從長銷的正統商品，到使用宮崎縣特產做的甜點、在地美食等，讓人想連同回憶外帶回家。

在家簡單做鄉土料理

宮崎觀光飯店 冷泡飯 1人份297円

重現宮崎觀光飯店的「冷泡飯」滋味。放涼到恰到好處的冷泡飯內含小黃瓜、青紫蘇、蘘荷等，可淋在白飯上食用。

這裡能買到 A C

洽詢
宮崎觀光飯店 ☎0985-32-5915

鮮美無比的炭烤土雞

炭烤宮崎地頭雞 110g1080円

宮崎特產土雞「宮崎地頭雞」的炭烤產品，帶有恰到好處的嚼勁。加熱或沾柚子胡椒食用會更好吃。

這裡能買到 A

洽詢
宮崎ひむか地鶏 ☎0982-56-3855

番薯的甜鹹程度恰到好處

甘薯塊 1包350円

使用宮崎縣產番薯和日向灘烤鹽做的零食。呈現方便食用的方塊狀，口感爽脆。也有鹽味奶油口味。

這裡能買到 A B C

洽詢
ぼっくる農園 ☎0120-013-248

起司饅頭 1個160円

餅乾狀的外皮口感酥脆。「菓子処 わらべ」的起司饅頭內含蘭姆酒葡萄乾。每逢週末就會銷售一空，建議事先預約。

這裡能買到 D

酥脆的口感 買了就應該要馬上品嘗！

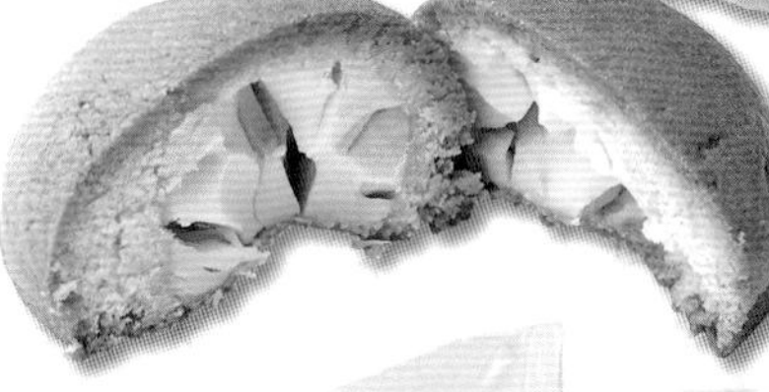

猶豫 宮崎伴手禮 的話選這個！

Best 1 起司饅頭
以餅乾外皮包裹起司製成。特色因店而異，有酥脆、溼潤等不同口感。

Best 2 芒果
宮崎的代表性水果當屬芒果。有許多保留了濃郁甜味與香氣，將美味進一步提升的商品。

Best 3 南國水果
除了芒果之外，還有使用日向夏蜜柑、金柑等在宮崎縣採收的水果製成的甜點。

金柑酸酸甜甜的香味在口中擴散

宮崎華戀 御宮陽 金柑年輪蛋糕 4入540円

在麵糊內拌入糖度16度以上的宮崎縣產金柑製成的年輪蛋糕。外層裹上牛奶及白巧克力，口感溫潤。

洽詢
豐商會 ☎0984-42-4741

這裡能買到 B

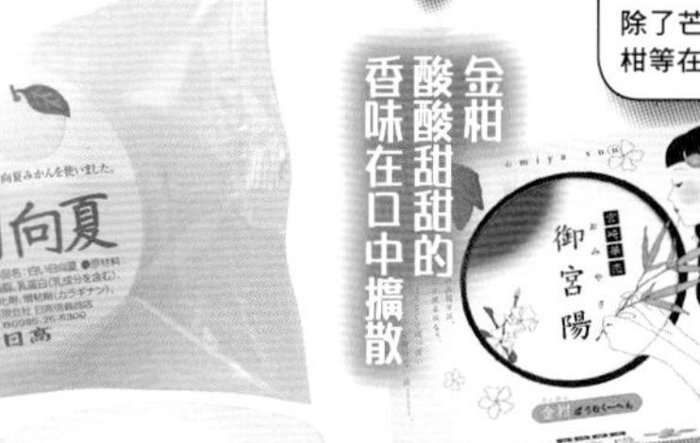

以日向夏蜜柑白皮為意象的果凍

白色日向夏 1個320円／夏季限定

以鮮豔檸檬黃外皮下的白皮為發想的果凍。能品嘗日向夏蜜柑本身的滋味。

這裡能買到 B

洽詢
お菓子の日高本店 ☎0120-86-5300

外觀、味道都衝擊性十足！

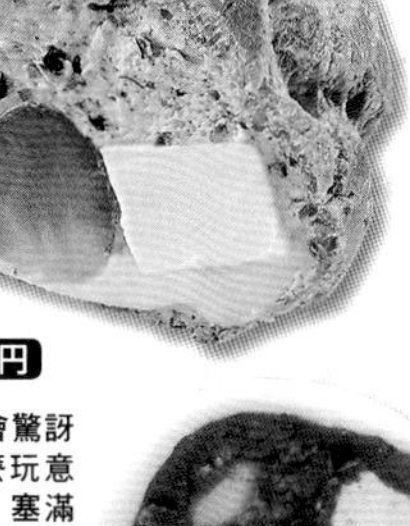

什麼玩意泡芙 1個690円

第一次吃的人都會驚訝地說：「這是什麼玩意哇！」因而得名。塞滿了草莓、栗子及奶油乳酪等，口感十足。

這裡能買到 B

洽詢
お菓子の日高本店 ☎0120-86-5300

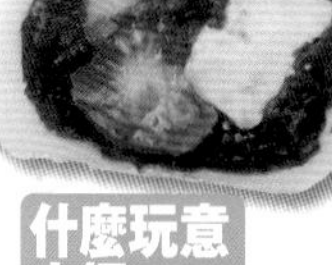

什麼玩意大福 1個500円

金柑與芒果的香氣濃郁

Froma d'or、Froma rouge 6入各1728円

使用法式甜點技法及宮崎產水果製成的起司蛋糕。有使用完熟金柑做的「Froma d'or」、使用完熟芒果做的「Froma rouge」這兩種。

這裡能買到 C

洽詢
PÂTISSERIE Brin d'Azur ☎0985-31-8230

SHOP DATA

宮崎機場
A 宮崎機場
●みやざきくうこう
MAP 153B-4 LINK P.158
HP http://www.miyazaki-airport.co.jp 所 宮崎縣宮崎市赤江 交 JR宮崎站搭宮崎機場線10分 L 休 視店鋪而異 P 1小時100円（30分內免費，店內消費則2小時內免費）

宮崎站
B AMU PLAZA宮崎 日向KIRAMEKI市場
●アミュプラザみやざき ひむか きらめきいちば
MAP 153C-4
☎0985-44-5111（資訊站）
所 宮崎縣宮崎市錦町1-8 交 JR宮崎站步行即到 L 休 視店鋪而異 P 1小時內免費，之後每30分100円（視消費金額享有優惠）

宮崎市
C 宮崎山形屋
●みやざきやまかたや
MAP 153C-4
☎0985-31-3111 所 宮崎縣宮崎市橘通東3-4-12 交 JR宮崎站步行8分 L 10:00～19:00 休 1月1日（其他有公休日） P 1小時200円（視消費金額享有優惠）

宮崎市
D 菓子処 わらべ
●かしどころ わらべ
MAP 153B-3
☎0985-23-2043
所 宮崎縣宮崎市大王町38-1 交 JR宮崎站步行15分 L 9:00～17:30 休 週日 P 免費

大分

活用特產品製成各種樸素商品

大分伴手禮從招牌的名點、特產品，到溫泉大國特有的溫泉周邊商品等，種類相當豐富。推薦到交通便利的車站、服務區等處購買。

猶豫大分伴手禮的話選這個！

Best 1 臭橙
大分縣的臭橙產量為日本第一！有使用臭橙製作的零嘴點心、西點及酒類等各種商品。

Best 2 沙勿略
說是伴手禮店必備商品也不為過，不用介紹也眾所周知的大分名點，是超過50年受到顧客愛戴的長銷商品。

Best 3 燒酎
大分縣以製造知名「玉極閣」（iichiko）的三和酒類為首，是九州罕見的麥燒酎廣受喜愛的地區。

PICK UP

臭橙＆柚子

大分縣民的餐桌必備道具

柚子胡椒
60g600円

使用大分縣產柚子製成的柚子胡椒。辛辣風味能夠凸顯料理的味道。有綠、黃、紅三種口味。

這裡能買到 G

青辣椒與胡椒相當辛辣

臭橙胡椒
60g432円

將自家農園栽種的綠臭橙與青辣椒混合而成。味道辛辣，可用作生魚片或火鍋醬料、調味料等。

這裡能買到 A B D

洽詢
かぼす本家
0977-23-1727

圓滾滾臭橙、圓滾滾柚子 各130円

在香氣馥郁的大分縣產臭橙和柚子果汁中，加入顆粒狀夏蜜柑果肉及蜂蜜的飲料。酸味與甜味構成絕妙的平衡。

這裡能買到 A B D（B僅供應臭橙）

洽詢
JA Foods Oita
0120-62-6502

清爽的臭橙＆柚子飲料

臭橙的香味爆發

大分臭橙蘇打
245mℓ238円

味道清爽的蘇打飲料。可以直接冰鎮後飲用，或是加上冰淇淋做成漂浮蘇打也很好喝。

這裡能買到 A B C D

洽詢
かぼす本家
0977-23-1727

臭橙胡椒的辣味有畫龍點睛之效

炭烤臭橙胡椒雞肉 100g490円

用大分特產臭橙胡椒來調味的炭烤雞肉。味道辛辣有嚼勁。用熱水或微波加熱都OK。

這裡能買到 A C D

洽詢
Food Staff
0977-28-2121

散發柑橘香氣的豆類點心

柚子豆
100g460円

「柚子豆」的花生散發出淡淡柚子香，相當療癒的味道。「臭橙豆」是在麵糊中拌入大分縣產臭橙果汁，製成香味濃郁的酸味豆類點心。

這裡能買到 F

臭橙豆
90g510円

百壽薄餅（臭橙×薑） 10片入810円

由大分縣傳統名點臼杵煎餅變化而來。大分縣產臭橙與薑的香味豐富。做成一口大小，方便食用。

這裡能買到 A B C D

洽詢
後藤製菓 0972-65-3555

現代風臼杵煎餅

有柚子胡椒的辛辣酥脆的法式麵包脆餅

小雞饅頭的柚子胡椒法式麵包脆餅
10片入540円

微甜的法式麵包脆餅加上大量柚子胡椒。柚子胡椒的風味與辛辣襯托出溫和的甜味，是一款風味獨具的法式麵包脆餅。

這裡能買到 A D

洽詢
ひよ子本舗吉野堂
0977-21-0145

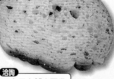

將臭橙風味直接變成軟糖

大分臭橙軟糖 378円

使用大分縣內採收、香氣豐富的完熟黃臭橙果皮及果汁製成的軟糖。帶有清爽的酸味。

這裡能買到 A B C D

洽詢
南光物產 0977-66-4151

草莓農園做的烘焙點心

大分草莓夾心餅

2入699円

以國產麵粉及雞蛋烘烤的餅乾，包夾混有糖漬草莓與白巧克力的鮮奶油內餡。

這裡能買到 D

洽詢
オードファーム
090-4513-7614

沙勿略

5入496円～

為讚頌1551年來訪豐後國的聖方濟·沙勿略功績而誕生的南蠻點心。蘭姆酒漬葡萄乾與奶油風味的外皮相當搭配。

這裡能買到 A B C D E

洽詢
ざびえる本舗
0120-135-363

超過半世紀受到大眾喜愛的大分名點

SHOP DATA

大分機場

A 大分機場
●おおいたくうこう
MAP 附錄②4E-2 LINK P.159
0978-67-1174（綜合服務處）
所 大分県国東市安岐町下原13
🚌 別府北濱搭AIR LINER 45分
L 6:30～最後班次出發時刻（視店鋪而異） 休 無休 P 30分內免費，24小時最高500円

東九州自動車道

B 別府灣SA
●べっぷわんサービスエリア
MAP 附錄②5C-3
0977-66-1260
所 大分県別府市内竈
🚌（上行）別府IC開車4分，（下行）別府灣Smart IC開車即到 L 7:00～20:00（視店鋪而異，需確認）
休 無休 P 免費

別府

C TOKIWA 別府店
●ときわ べっぷてん
0977-23-1111 MAP 89C-1
所 大分県別府市北浜2-9-1 🚌 JR別府站步行10分 L 10:00～19:00（視店鋪而異） 休 不定休 P 店內消費滿1000円則2小時內免費

別府站

D 別府銘品藏
●べっぷめいひんぐら
0977-23-3653 MAP 89C-1
所 大分県別府市駅前町12-13 えきマチ1丁目別府内 🚌 JR別府站内
L 7:00～21:00 休 無休

別府

E 明礬湯之里
●みょうばんゆのさと
MAP 89A-2 LINK P.88
0977-66-8166
所 大分県別府市明礬6組 🚌 JR別府站搭龜之井巴士25分，地藏湯前下車步行即到 L 9:00～18:00（視設施而異） 休 無休 P 免費

由布院

F 豆吉本舗 湯布院店
●まめきちほんぽ ゆふいんてん
0977-85-7335 MAP 99C-3
所 大分県由布市湯布院町川上1490
🚌 JR由布院站步行15分
L 12:00～17:00（11～2月到16:00，週六日10:00起） 休 無休

由布院

G 湯布院醬油屋 本店
●ゆふいんしょうゆや ほんてん
0977-84-4800 MAP 99B-3
所 大分県由布市湯布院町川上1098-1
🚌 JR由布院站步行10分
L 9:00～18:00 休 無休

大分串糰子

12入710円

繪有日本第一溫泉縣大分插圖的包裝相當可愛。內含裹上香噴噴黃豆粉的艾草餅。

這裡能買到 B C E

洽詢
寶物產
0977-23-0311

讓人想到溫泉縣的包裝引人注目

用溫泉成分徹底保濕肌膚

湯之花護手霜

40g1320円

添加大量溫泉成分結晶「湯之花」保濕成分的護手霜，不黏膩且保濕。

這裡能買到 A B D E

在家品嘗道地湯頭

安心院氣泡紅酒

750ml3509円

使用日本原創品種葡萄「小公子」釀製的紅酒、泡沫綿密的氣泡紅酒都不甜。

以安心院產葡萄釀造的紅酒

安心院紅酒 小公子

720ml4008円

這裡能買到 A C D

洽詢
安心院葡萄酒工房
0978-34-2210

SOUP Kitchen Oita

540円～

以「大分吃透透」為主題製成的無添加湯頭大爆紅。使用大分特產食材，可以嘗到食材原有的鮮味。

這裡能買到 A B C D

洽詢
成美
097-579-7177

大分代表性麥燒酎

玉極閣御露

720ml2828円

採用全麴釀造、低溫發酵，特徵是香氣澄澈且味道豐醇有深度。可以加冰塊（On the rocks）或兌水、加熱水喝等等，喝法多樣。

這裡能買到 A C

洽詢
三和酒類
0978-32-1431

※商品規格及價格可能視販賣商店而異

將受惠於大自然的美味帶回家

熊本

使用嚴選水果、蔬菜、肉類等食材製成的加工品，以及城下町流傳的名點等，有多種熊本產品任君挑選。

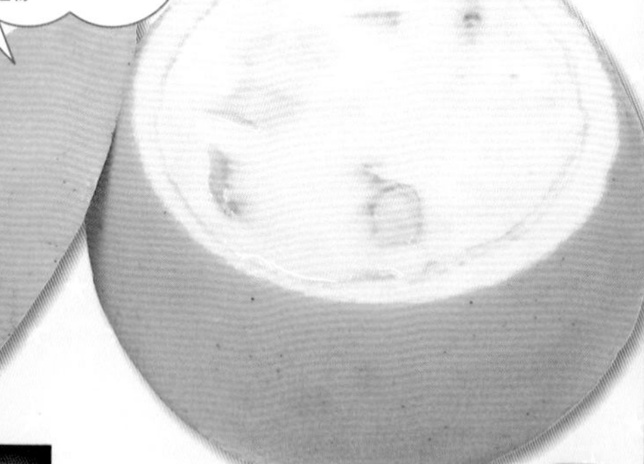

擁有金氏世界紀錄的晚白柚
獲金氏世界紀錄認定為最大的柑橘類。有著恰到好處的酸味及甜味。產季為1月到3月，是相當熱門的伴手禮及禮物。

超大尺寸相當驚人！

整顆晚白柚
2160円～（時價）

將直徑約15公分的晚白柚果肉挖出，裝滿添加果肉的杏仁豆腐製成。12月底到3月期間限定，需事先預約。

這裡能買到 F

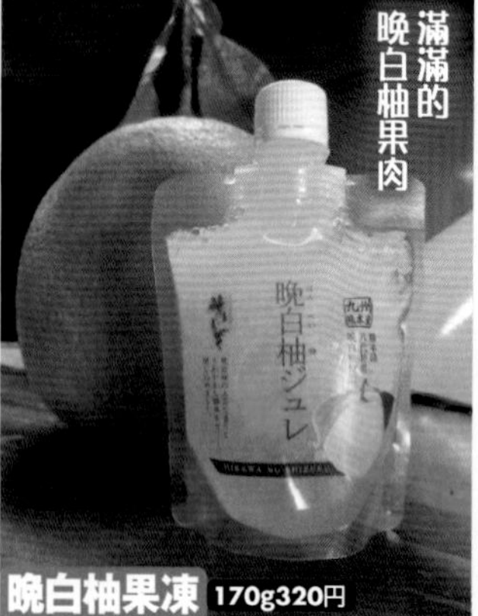

晚白柚果凍 170g320円

不吝使用熊本縣八代地區冰川町產晚白柚製成的手工果凍。滋味新鮮，有如直接食用晚白柚一樣。

這裡能買到 H

PICK UP 柑橘甜點

九州甘夏桑格麗亞酒
500mℓ1320円

以濃郁果香及澀味為特徵的卡本內蘇維翁紅酒為基底，加入清爽的甘夏果汁調和而成。

這裡能買到
櫻之馬場 城彩苑（P.117）

洽詢
福田農場 ☎0966-63-3900

猶豫 熊本伴手禮的話選這個！

Best 1 芥末蓮藕
辛辣的味道與口感讓人上癮的熊本名產。蓮藕的孔洞塞滿了芥末味噌。

Best 2 即時糰子
以薄麵皮包裹切片番薯和內餡製成的熊本鄉土點心。也有許多專賣店。

Best 3 柑橘甜點
將蜜柑、凸頂柑、晚白柚等盛行栽種的柑橘類加以變化製成多樣化商品。

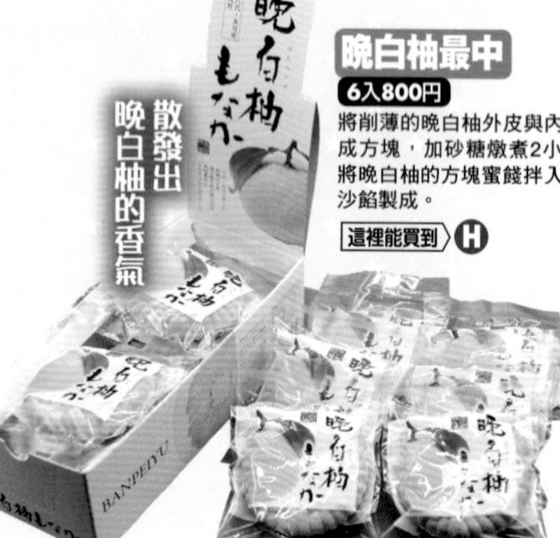

晚白柚最中
6入800円

將削薄的晚白柚外皮與內皮切成方塊，加砂糖燉煮2小時。將晚白柚的方塊蜜餞拌入白豆沙餡製成。

這裡能買到 H

PICK UP 番茄

熊本番茄可樂 1瓶310円

使用南阿蘇產完熟番茄製成的當地可樂。番茄的風味與碳酸的清爽感堪稱絕配。

這裡能買到 D

洽詢
阿蘇健康農園
☎0967-63-8500

爽！番茄果凍 350円

使用大量八代產「八兵衛番茄」泥製成的果凍。添加檸檬與柑橘果汁，帶有果香。

這裡能買到 G

阿蘇物語番茄汁
270mℓ370円

使用當地產「鮮紅完熟番茄」與沖繩產鹽製成的果汁。內含豐富果肉，能享受食材本身的原味。

這裡能買到 C

洽詢
工房阿蘇物語
☎0967-22-1475

※商品規格及價格可能視販賣商店而異

SHOP DATA

熊本機場

A 熊本機場
●くまもとくうこう
MAP 附錄②27A-4 LINK P.157
096-232-2311 所熊本県益城町小谷1802-2 交JR熊本站搭利木津巴士1小時 營休6:30～最後班次出發時刻（視時期而異） P30分內免費

熊本站

B 肥後YOKAMON市場
●ひごよかモンいちば
MAP 121A-4
096-206-2800（AMU PLAZA熊本資訊站／受理為10:00～20:00） 所熊本県熊本市西区春日3-15-30 交JR熊本站內 營9:00～20:00（餐飲為11:00～22:00，視店鋪而異） 休視店鋪而異 P30分150円（視消費金額享有優惠）

阿蘇

C 阿蘇公路休息站
●みちのえき あそ
MAP 附錄②26E-2
LINK P.107・附錄②31
0967-35-5088 所熊本県阿蘇市黒川1440-1 交JR阿蘇站步行即到 營9:00～18:00（可能視時期變動） 休無休 P免費

阿蘇

D 阿蘇望之鄉久木野公路休息站
●みちのえき あそぼうのさとくぎの
MAP 附錄②26D-4
0967-67-3010
所熊本県南阿蘇村久石2801 交南阿蘇鐵道中松站開車4分 營9:00～17:00（餐飲店為10:00～16:30） 休不定休（繁忙期為無休） P免費

熊本市郊外

E 西瓜之鄉植木公路休息站
●みちのえき すいかのさとうえき
MAP 附錄②13C-2
096-272-2333 所熊本県熊本市北区植木町岩野160-1 交JR植木站開車10分 營9:00～18:30 休第3週四（逢假日則翌平日休，4～5月、7～8月、11～12月為無休） P免費

八代市

F お菓子の店 Bombe Anniversary
●おかしのみせ ボンブ アニバーサリー
MAP 附錄②18E-1
0965-35-0505 所熊本県八代市長田町3245-1 交JR八代站開車5分 營10:00～19:00 休無休 P免費

八代市

G お菓子の彦一本舗 駅前本店
●おかしのひこいちほんぽ えきまえほんてん
MAP 附錄②18E-2
0965-33-3515 所熊本県八代市旭中央通1-1 交JR八代站步行4分 營9:00～18:00 休無休 P免費

八代市近郊

H 龍北公路休息站
●みちのえき りゅうほく
MAP 附錄②18E-1
0965-53-5388 所熊本県氷川町大野875-3 交JR八代站開車20分 營9:00～18:00 休第2週三（逢假日則翌日休） P免費

赤牛牛肉乾 50g680円

煙燻赤牛腿肉製成的牛肉乾。擁有不同於一般牛肉乾的柔軟口感，愈嚼愈有滋味。

這裡能買到 A C D
洽詢 ひばり工房 0967-22-1894

經過三年開發期終於誕生

求肥柔軟有彈性！

譽之陣太鼓 12入2592円

風味豐富的北海道產大納言紅豆內含柔軟的求肥。使用七種天然食材製成的陣太鼓口感鮮嫩。

這裡能買到 A B D
洽詢 お菓子の香梅 白山本店 096-371-5081

把熊本名產生馬片帶回家

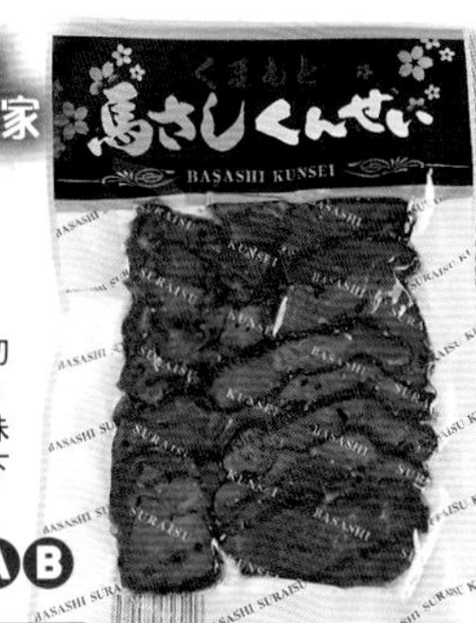

旬彩生馬片 864円

將燻製的馬肉切薄成一口大小。沒有腥味、滋味清淡，是人氣下酒菜。

這裡能買到 A B
洽詢 旬彩館 JR熊本站店 096-355-8770

將熊本縣植木產西瓜做成果凍

故鄉果凍 熊本西瓜 價格需洽詢

將以日本全國精良品質聞名的熊本縣植木町多汁西瓜做成果凍，把美味鎖在果凍裡。為夏季限定商品。

這裡能買到 A B
洽詢 熊本菓房 0120-400-143

芥末蓮藕 1條1080円～

歷史可追溯至1632年作為健康食品進獻給細川忠利的逸品。繼承傳統製法，每一條都是手工製作。

這裡能買到 A B D E
洽詢 元祖 森芥末蓮藕 096-351-0001

保有江戶時代的美味

口味各異的五種即時糰子

即時糰子 各180円

有一般白色、外皮混入黑糖的黑色、外皮與內餡拌入紫芋粉調和的紫色、黑糖黃豆粉以及抹茶這五種口味。裡面均含有大塊番薯。

這裡能買到 B
洽詢 長壽庵 熊本站肥後YOKAMON市場店 096-359-4647

西瓜哈密瓜麵包 1個180円

以日本全國首屈一指的西瓜產地 ── 植木町西瓜為形象的哈密瓜麵包。以巧克力碎片來表現西瓜籽。

這裡能買到 E

外觀像哈密瓜內層卻是西瓜!?

從獨特構想誕生的特色伴手禮

鹿兒島

從鹿兒島風土及歷史中孕育的傳統工藝品及鄉土料理。以招牌伴手禮薩摩炸魚餅為首，把白熊冰等鹿兒島特色商品帶回家吧。

經過空服員口碑認證而出名的頂級甜點

唐芋生蛋糕

5入各900円～

由於飛機空服員口耳相傳而掀起熱潮。入口即化、風味絕妙，甜度適中。可以購買冷凍產品，解凍或半解凍後再食用。

這裡能買到 A B C

洽詢
天文館Festivalo
099-239-1333

PICK UP 番薯甜點

安納芋奶油

230g648円

將鹿兒島縣產安納芋泥與奶油混合製成的果醬。安納芋的溫和香氣與奶油風味在口中擴散開來。推薦塗在麵包或麵包脆餅上食用。

這裡能買到 A B

洽詢
鹿児島ユタカ
0995-46-2361

有如抹醬的地瓜燒!?

想擺在身旁的鹿兒島眾明星

薩摩的象徵 俄羅斯娃娃

3960円

從巨大的篤姬開始逐漸縮小，西鄉隆盛、芋燒酎、黑豬一直到迷你尺寸的櫻島俄羅斯娃娃。每個娃娃都面帶笑容，能撫慰心情。

這裡能買到 C

洽詢
木綿工房
099-255-0828

方形設計便於使用

西鄉殿零錢包

660円

在山羊皮上雕刻插圖的零錢包。尺寸小巧、容易保養，打開就能看到完整內部，非常好用。

這裡能買到 E

PICK UP 西鄉殿

鈴木亮平穿過！備受關注的T恤

SEGODON T恤

男／女款 各2750円
兒童款 2530円

NHK大河劇「西鄉殿」的男主角鈴木亮平穿上後上傳到社群網站，進而掀起熱潮的T恤。正面繪有西鄉殿，背面則是西鄉的愛犬TSUN。

這裡能買到 A E

洽詢
kagomania
099-259-8008

西鄉先生巧克力

1支280円

西鄉殿的臉大到令人印象深刻的巧克力棒，為12月～4月左右的限定商品。在社群網站等處的口碑很好。
※可能會完售

這裡能買到 A D

冬季限定巧克力每每搶購一空

猶豫 鹿兒島伴手禮的話選這個！

Best 1 薩摩炸魚餅

自古流傳的薩摩料理之一。作為下飯的配菜及下酒菜，直接吃或烤過再吃都很美味。

Best 2 番薯甜點

有多種使用特產番薯做的各式日西甜點。口感、甜味依照番薯種類不同而充滿特色。

Best 3 輕羹

使用山藥做的蒸點，風味獨特。以棹物為原型，包餡的輕羹饅頭種類相當豐富。

※商品規格及價格可能視販賣商店而異

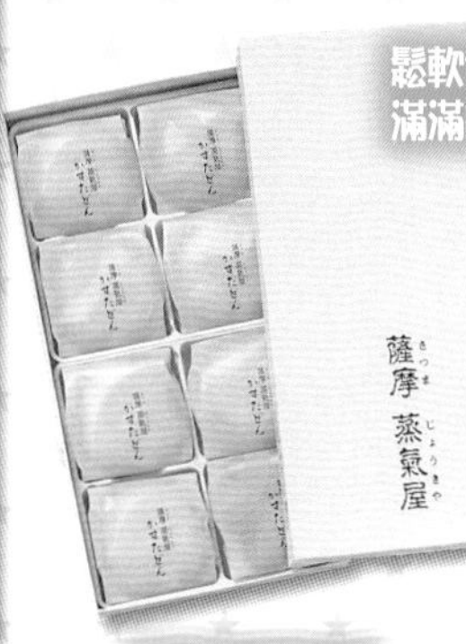

鬆軟餅皮包著滿滿的卡士達醬

卡士達蛋糕 10入1362円 16入2136円

蒸得鬆軟的海綿蛋糕內含使用鹿兒島縣產雞蛋製成的卡士達醬，「卡士達蛋糕」是薩摩蒸氣屋的招牌商品。

這裡能買到 A B
洽詢 薩摩蒸氣屋（工廠商店）
099-238-6100

小孩也喜歡的伴手禮

起司夾心薩摩炸魚餅 150円

揚立屋的薩摩炸魚餅是以精選魚肉泥為原料，添加鹿兒島特產地方酒製成。除了十種招牌口味之外，也有期間限定商品，可以只買單個。

這裡能買到 A
洽詢 揚立屋
099-219-3133

臉蛋可愛軟糯的肉包

鹿兒島黑豬肉肉包 黑豬武士 3入1296円

黑豬臉外觀相當可愛的肉包。以餅粉及竹炭粉揉製的彈牙麵皮，包裹著不吝使用六白黑豬的肉餡。

這裡能買到 A B
洽詢 黒かつ亭
099-285-2300

SHOP DATA

鹿兒島機場
A 鹿兒島機場
●かごしまくうこう
MAP 附錄②29A-4
LINK P.157
HP https://www.koj-ab.co.jp/
所 鹿児島県霧島市溝辺町麓822
交 JR鹿兒島中央站搭機場接駁巴士不停站的班次40分
營休 視店鋪而異
P 2小時內免費（詳細需至官網確認）

鹿兒島中央站
B SATSUMACHI鹿兒島中央站 土產橫丁
●さつまちかごしまちゅうおうえきみやげよこちょう
MAP 133B-3
099-812-7700
（AMU PLAZA鹿兒島）
所 鹿児島県鹿児島市中央町1-1
交 JR鹿兒島中央站內
營 8:00～21:00 休 無休
P 30分160円

鹿兒島中央站
C AMU PLAZA鹿兒島
●アミュプラザかごしま
MAP 133B-3
099-812-7700
所 鹿児島県鹿児島市中央町1-1
交 JR鹿兒島中央站步行即到
營 10:00～20:30（週五～日、假日、假日前日到21:00），5、6樓餐廳街為11:00～22:30（視店鋪而異） 休 不定休 P 30分160円

鹿兒島市
D 觀光物產館 池畑天文堂
●かんこうぶっさんかんいけはたてんもんどう
MAP 133A-1
099-226-5225
所 鹿児島県鹿児島市東千石町14-5 交 JR鹿兒島中央站搭市電8分，天文館通下車步行即到
營 10:00～19:00
休 無休 P 有合作停車場

鹿兒島中央站周邊
E kagomania
MAP 133B-3
099-259-8008
所 鹿児島県鹿児島市西田2-10-13
交 JR鹿兒島中央站步行6分
營 10:00～19:00
休 週三 P 免費

山藥與紅豆風味絕佳

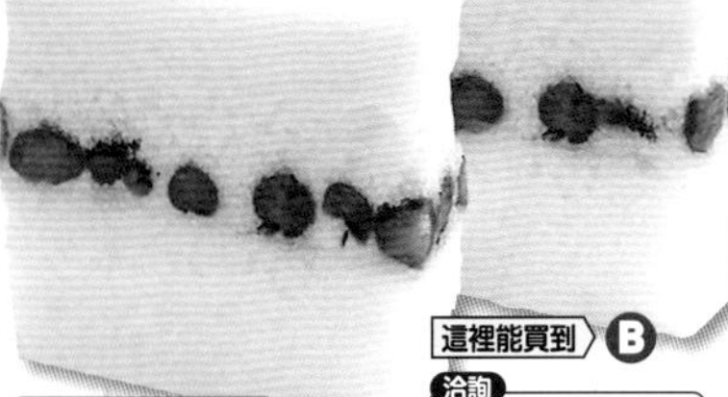

好吃的輕羹 1個194円

使用鹿兒島縣產山藥及國內產米粉。在經過兩次蒸煮而口感變鬆軟的外皮中加入紅豆是重點。

這裡能買到 B
洽詢 風月堂
099-296-8111

散發蘭姆酒香的大人銅鑼燒

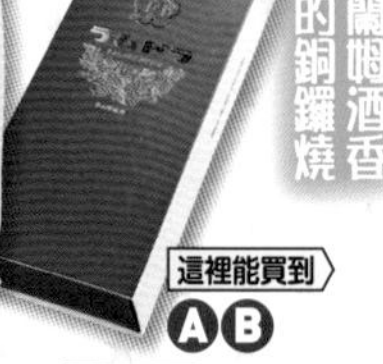

蘭姆酒銅鑼燒 3入1296円

緩緩散發蘭姆酒香的大人銅鑼燒，飽含蘭姆酒的葡萄乾愈嚼愈香。

這裡能買到 A B
洽詢 梅月堂
099-274-2421

以鹿兒島名產「白熊冰」為意象

白熊冰夾心餅乾 6入734円

將草莓、柳橙啤酒、紅豆及玉米脆片拌入牛奶巧克力製成內餡，再用牛奶餅乾包夾而成。

這裡能買到 A B D
洽詢 山福製菓
099-268-1515

充滿鹿兒島的有趣之處！

鹿兒島日常手帕 1條660円

將鹿兒島的偉人及名產設計成有趣奇怪的模樣。古怪圖案讓人莞爾一笑。

這裡能買到 A E

奢侈享用高品質的「輿霧島茶」

茶畑一本 8片入1296円

在麵糊中拌入奧霧島茶製成酥脆的貓舌餅乾。風味豐富的餅乾與白巧克力內餡絕妙調和。

這裡能買到 B
洽詢 Patisserie Yanagimura 鹿兒島中央站店
099-257-7199

對 決

產品大集合

和紅茶

九州是全國屈指可數的茶葉產地。近年使用國產茶葉的和紅茶備受矚目。有許多個別包裝的茶包商品適合當作小禮物。

宮崎縣

宮崎的紅茶與日向夏蜜柑果乾茶

980円

使用在宮崎縣五瀨町海拔600公尺產地所栽種的茶葉製成的有機紅茶。享用時還能欣賞帶皮的日向夏蜜柑果乾浮在茶水上。

這裡能買到 附錄①7 A B

洽詢 南九州プロジェクト ☎0985-72-9439

佐賀縣

適合配麵包的茶

648円

誕生自代代經營茶園、販售茶葉的相川製茶舖，販售各種好入喉的綠茶及紅茶，像是以紅茶為基底，加入焙茶與綠茶調和而成的「適合配麵包的茶」等。

這裡能買到 附錄①6 A

洽詢 相川製茶舖 ☎0954-42-1756

熊本縣

湯之鶴和紅茶茶包

2g×15包648円

位於高品質紅茶產區的熊本縣水俣市的茶園商品。將「紅富貴」獨自調和成和風口味的紅茶。味道帶有甜蜜與花香。

這裡能買到 肥薩橙鐵道水俣站（MAP 附錄②19C-4）等

洽詢 お茶の坂口園 ☎0966-68-0620

鹿兒島縣

Satsumarché 綜合禮盒35包

4104円

將講究產地、製法的鹿兒島縣各地茶葉做成茶包，能輕鬆享用。內含櫻島小蜜柑茶、焙茶、鹿兒島知覽茶等七種，各五包。

這裡能買到 附錄①13 C

洽詢 お茶の美老園 ☎0120-353-204

長崎縣

長崎和紅茶、茉莉花茶

3g×5包648円

使用長崎縣產茶葉製成澀味少的紅茶。添加茉莉花增香的茉莉花茶嘗起來有果香。

這裡能買到 附錄①5 A

洽詢 お茶の秋月園 ☎095-861-0497

福岡縣

古賀茶花草茶 864円~

使用人氣名茶店「古賀茶」的八女茶及和紅茶調配的花草茶。「心靈熟睡茶」、「暖和身體茶」等品名相當獨特，包裝也很時尚。

這裡能買到
古賀茶 MAP 41B-3
☎092-724-3111（福岡三越）
所 福岡県福岡市中央区天神2-1-1 福岡三越B2 ⏰10:00～20:00 休 不定休

大分縣

大分和紅茶 2g×15包540円

使用大分縣產茶葉獨家調配的十年熟成紅茶。澀味少且帶有些微甘甜，建議不加糖直接飲用。

這裡能買到 附錄①9 A C

洽詢 お茶の姫の園 ☎097-532-3470

咖哩

使用當地食材製成的咖哩調理包種類豐富，還具有不占空間、耐放的優點。

宮崎縣

宮崎和牛肉塊咖哩 1000円

宮崎縣民熟悉的咖哩店「ガンジス」出產的咖哩調理包。加入細火慢燉的宮崎和牛「肉塊」，與辛辣的咖哩醬絕配。

這裡能買到 附錄①7 A

洽詢 宮崎機場大樓 ☎0985-51-5111

佐賀縣

佐賀牛肉特級咖哩 1544円

把經過油煎鎖住鮮味的佐賀牛肉加進以豐醇辛香料細細燉煮的咖哩。內含佐賀牛肉塊。

這裡能買到 附錄①6 A

洽詢 宮島醬油 ☎0120-836-101

長崎縣

五島鯛魚熬高湯百搭咖哩

原味 250円

以長崎縣五島近海的新鮮鯛魚熬製的高湯為基底。如商品名稱所示，除了可變化出義大利麵等的原味之外，還有雞肉等共五種口味。

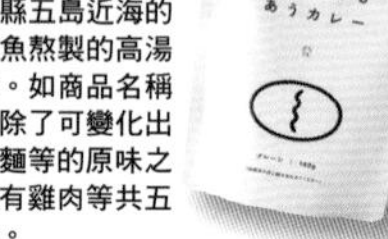

這裡能買到 附錄①5 A B C

洽詢 ごと ☎0959-75-0111

福岡縣

博多豚骨牛肉咖哩 486円

以博多名產攤販味道為形象的咖哩，是以豚骨湯頭為基底，添加獨門辛香料煮至濃稠。除了牛肉口味，也有豬肉及雞肉口味。

這裡能買到 附錄①3 D

洽詢 博多阪急 ☎092-461-1381

※商品規格及價格可能視販賣商店而異

巧克力

精選使用日本各地特產品，別出心裁、充滿創意的巧克力商品。

各縣 當地精選

熊本縣×特產品
熊本地產巧克力
1盒2268円～

以使用熊本縣產岳間茶的甘納許、八代市八兵衛番茄的巧克力為首，還有使用晩白柚及天草產鹽等有機巧克力與特產品的組合，是熊本特有的巧克力。

這裡能買到
PATISSERIE MAISON de KITAGAWA CHOCOLATERIE
096-334-2220 MAP 附錄②13C-3
熊本縣熊本市南区田迎2-18-15 9:30～19:00（1月2、3日為12:00～18:00） 休週一（逢假日則翌日休）

福岡縣×明太子
明太子岩石巧克力
1404円

由本店位於博多的巧克力專賣店所發售。將拌入明太子粉製成的白巧克力裹上玉米脆片，巧克力的甘甜與明太子的辛辣意外地搭。

這裡能買到
AMU PLAZA博多（P.36）

洽詢
巧克力店
092-281-1826

大分縣×柚子
柚子松露巧克力
4入1350円

這裡能買到 山荘 無量塔（P.95）・附錄①9 B

洽詢
theomurata
0977-28-8686

將柚子皮以炭火仔細烤過並熬煮成果凍狀的「柚子膏」用苦巧克力包裹，製成松露巧克力。一入口立刻在舌尖上化開。

宮崎縣×日向夏蜜柑
日向夏蜜柑果凍 in 巧克力
20入760円

巧克力內含使用宮崎縣產日向夏蜜柑製的果凍。日向夏蜜柑的酸味與巧克力的甜味形成絕妙平衡。在11～5月的季節販售，售完為止。

這裡能買到 附錄①7 A
喜來登海洋度假村（P.164）

洽詢
海洋度假村百貨
0985-21-1288

佐賀縣×黑蒙布朗
黑蒙布朗 巧克力棒
10條入1080円

清爽的香草冰淇淋加上巧克力及鬆脆餅乾製成的「黑蒙布朗」是佐賀縣竹下製菓的長銷冰品。忠實呈現黑蒙布朗味道的巧克力棒是識貨人才知道的人氣商品。攜帶方便，適合當作伴手禮。

這裡能買到 附錄①6 A B

洽詢
竹下製菓
0952-72-8991

鹿兒島縣×芋燒酎
薩摩藏 燒酎夾心巧克力
1個324円

與鹿兒島縣嚴選酒廠合作推出的夾心巧克力。在口中化開的燒酎與巧克力不論味道或香氣都相當合拍。燒酎的品牌可能變更。

這裡能買到
附錄①13 B

Patisserie Yanagimura
鹿兒島中央站店
099-257-7199

長崎縣×和風素材
和風夾心巧克力
8入2260円

販售以「和」為主題的原創巧克力。使用醬油、味噌、青梅、柚子等製成的「和風夾心巧克力」入口即化。有描繪長崎港的古版畫圖案包裝盒，以及用和風色彩設計板狀巧克力花紋的包裝盒。

這裡能買到
附錄①5 A C

洽詢
Chocolate House JR長崎TRAIN店
095-893-8027

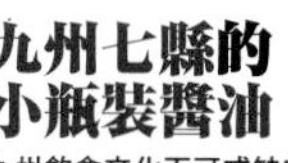

九州七縣的小瓶裝醬油

九州飲食文化不可或缺的調味料當屬醬油。將九州各地醬油以一次性小瓶裝販售，最適合作為伴手禮或用來評比味道。

九州縣民醬油
80ml各215円、7瓶套組1500円

這裡能買到
東急手創館 博多店（MAP 40F-2）等

洽詢 ごとう醤油
093-671-1171

鹿兒島縣
南州農場黑豬肉咖哩 濃艶GOLD
540円

如同飯店及洋食店的咖哩般香氣濃郁，入口即化。豐富黑豬肉營造出獨特的鮮美。

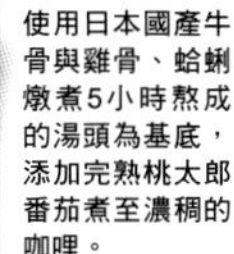

這裡能買到 附錄①13 A

洽詢 南州農場
0120-290-868

熊本縣
有明農場 長洲清源寺 番茄咖哩
540円

使用日本國產牛骨與雞骨、蛤蜊燉煮5小時熬成的湯頭為基底，添加完熟桃太郎番茄煮至濃稠的咖哩。

這裡能買到 附錄①11 A

洽詢 四山食品
0944-56-1588

大分縣
豐後菇類咖哩
360円～

將大分縣產乾香菇、洋蔥及胡蘿蔔等蔬菜慢火熬煮的咖哩調理包。內含小而肉厚的香菇。

這裡能買到
附錄①9 A B C D E

洽詢 大分縣香菇農業協同工會
097-532-9142

手作體驗

製作全世界獨一無二的物品

手工製作當地特有物品的體驗，毫無疑問會成為想珍藏起來的旅行紀念。不妨和親友一起動手製作原創物品，創造專屬回憶。

佐賀縣有田町

有田燒 轆轤體驗

能體驗透過轆轤讓瓷器成形等等的正統工房。在工作人員細心指導下，初學者及小孩也能輕鬆體驗。體驗結束後，約2個月左右作品就會寄送到府（運費另計）。

體驗工房 轆轤座

●たいけんこうぼう ろくろざ

需時 30分～1小時
費用 1360円～

☎0955-41-1302 MAP 78

所佐賀県有田町泉山1-30-1
交JR上有田站步行6分 L10:00～15:00
休週四（逢假日則翌日休） P免費

除了使用有田燒原料體驗轆轤之外，還可以體驗畫圖、上色等過程

福岡縣福岡市

製作明太子

可以學習博多飲食與文化的體驗型博物館。能夠參觀明太子工廠、自己動手做明太子。手作體驗需至官網預約。每人2000円，能製作3條明太子。

博多美食文化博物館 HAKUHAKU

●はかたのしょくとぶんかのはくぶつかん ハクハク

需時 40分
費用 2000円

☎092-621-8989 MAP 39C-2

所福岡県福岡市東区社領2-14-28
交JR博多站開車10分
L10:00～16:30
休週二（逢假日則翌日休）
¥300円 P免費
HP https://117hakuhaku.com/

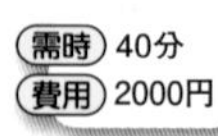

1 首先確認道具和製作方法。

2 觀看、觸摸鱈魚子，進行觀察。

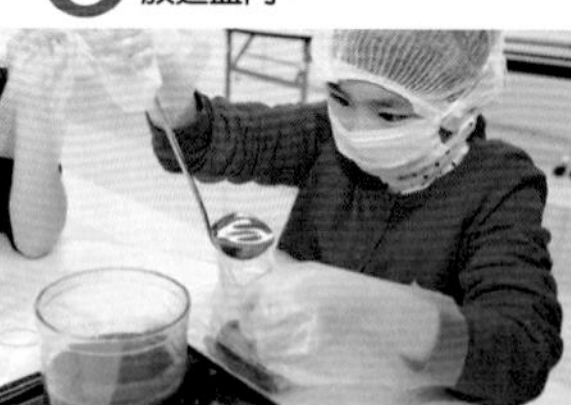

3 將鱈魚子浸漬於調味液中，放進盒內。

4 帶回家後，放入冰箱冷藏2天使其熟成即完成。

完成！

長崎縣長崎市

吹製玻璃

以當地出身的工藝作家竹田克人為中心，有多位年輕藝術家致力於創作的長崎玻璃製品及吹製玻璃工房。實施吹製玻璃、彩繪玻璃等手作體驗。

瑠璃庵 ●るりあん

☎095-827-0737

MAP 67A-4 LINK P.53

需時 15分
費用 4400円（需要寄送商品時，包裝費及運費另計）

1 參考範本，決定想做的形狀與設計。

一開始工匠就在吹氣桿上纏上玻璃

2 一邊轉動長桿一邊對玻璃吹氣，使之膨脹。

放在濕報紙上成形

3 等吹到適當大小就剪掉，擴大玻璃斷面形成的孔洞

4 完成！

放進冷卻爐就結束

作品可在翌日下午3時以後領取。寄送的話運費另計。

特別附錄 2

九州兜風MAP

人氣公路休息站

KYUSYU DRIVE MAP

九州兜風MAP

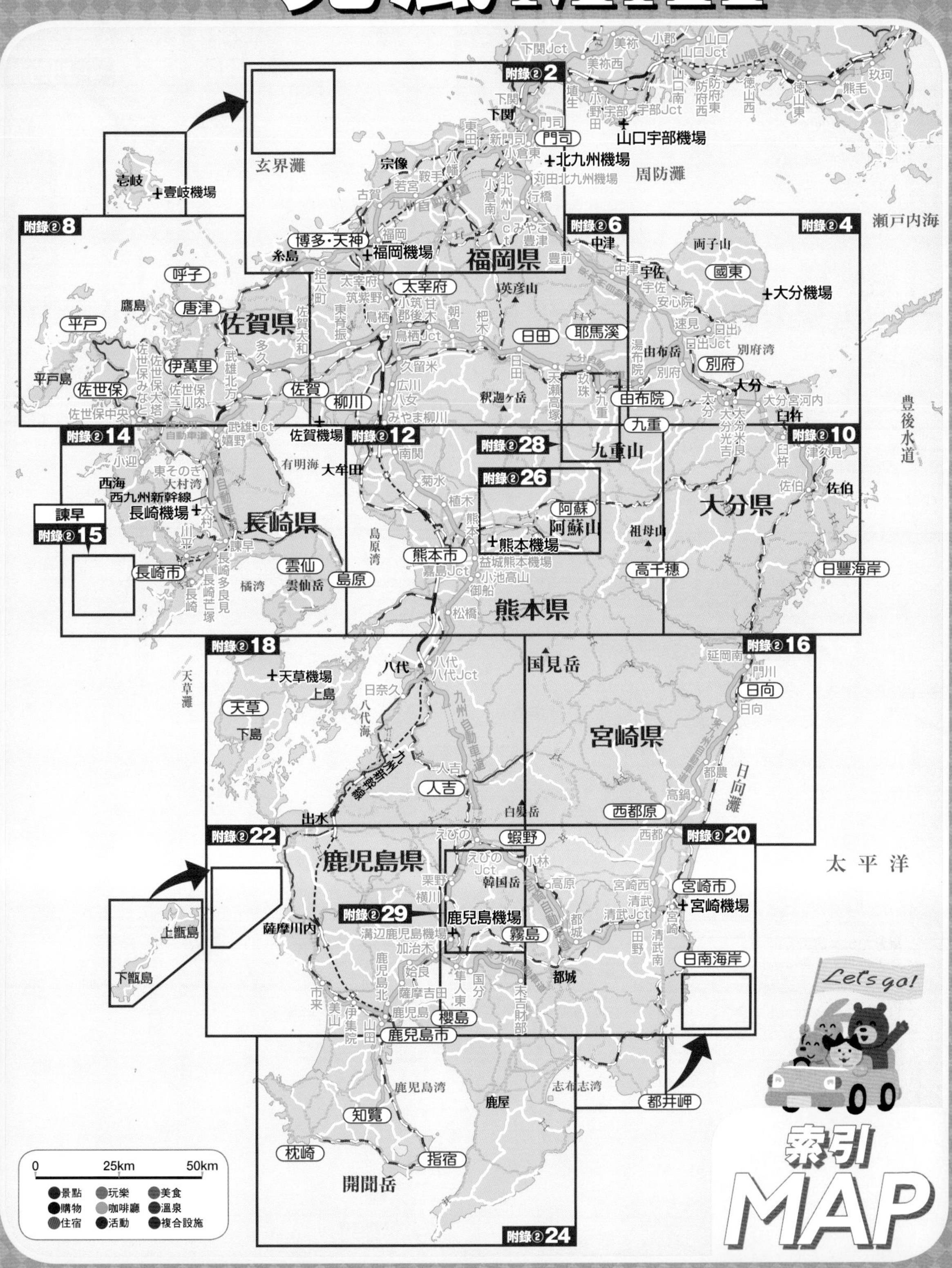

Contents

2 九州兜風MAP
30 人氣公路休息站

關於地圖內渡輪、高速船的票價

※是2022年11月時的資料
※票價可能未經預告逕行變更
※ 4 =表示車長不到4公尺
5 =表示車長不到5公尺

哈日情報誌 MAPPLE九州
●關於附錄冊刊載的地圖
係根據測量法經日本國土地理院長認可（使用）
R 4JHs 21-296627　R 4JHs 23-296627　R 4JHs 24-296627

D
E
F
山口県
観光景點
小倉
KOKURA
北九州的中心地，充滿庶民氣氛的街道。在地的美食既豐富又多樣。
P.46 門司港
門司港
観光景點
門司港
MOJIKOU
明治、大正時期作為國際貿易港繁盛一時，懷舊的街道極具魅力。
…於玄海國定公園…隅，全長達6公…名列「日本白…青松百選」
北九州機場
P.159
連接東京、名古屋與北九州的機場。最近的車站是 JR 朽網站
OCEAN東九渡輪(新門司～東京)
東九州渡輪(新門司～橫須賀)
名門大洋渡輪(新門司～大阪)
阪九渡輪(新門司～泉大津)
僅設有福岡方向的入口及出口
僅設有北九州方向的入口及出口
下関市
下関
彦島
巌流島
唐戸市場
カモンワーフ
しものせき水族館「海響館」
下関市立美術館
門司
新門司
吉志PA
小倉北区
小倉東
小倉南
小倉南区
北九州Jct
苅田北九州空港
苅田町
北九州市
若松区
戸畑区
八幡東区
八幡西区
八幡
中間市
水巻町
遠賀町
芦屋町
鞍手町
鞍手
宮若市
若宮
直方市
小竹町
飯塚市
福岡県
福智町
香春町
香春
いとだ
田川市
道の駅 おおとう桜街道
大任町
赤村
川崎町
嘉麻市
桂川町
うすい
歓遊舎ひこさん
添田町
英彦山
みやこ町
みやこ豊津
行橋市
行橋
築上町
築城
椎田
椎田南
豊前市
宇佐IC
皿倉山
福智山
鷹取山
平尾台
千仏鍾乳洞
いのちのたび博物館(北九州市立自然史・歴史博物館)
河内藤園
三岳梅林
求菩提山
犬ヶ岳
山陽小野田市

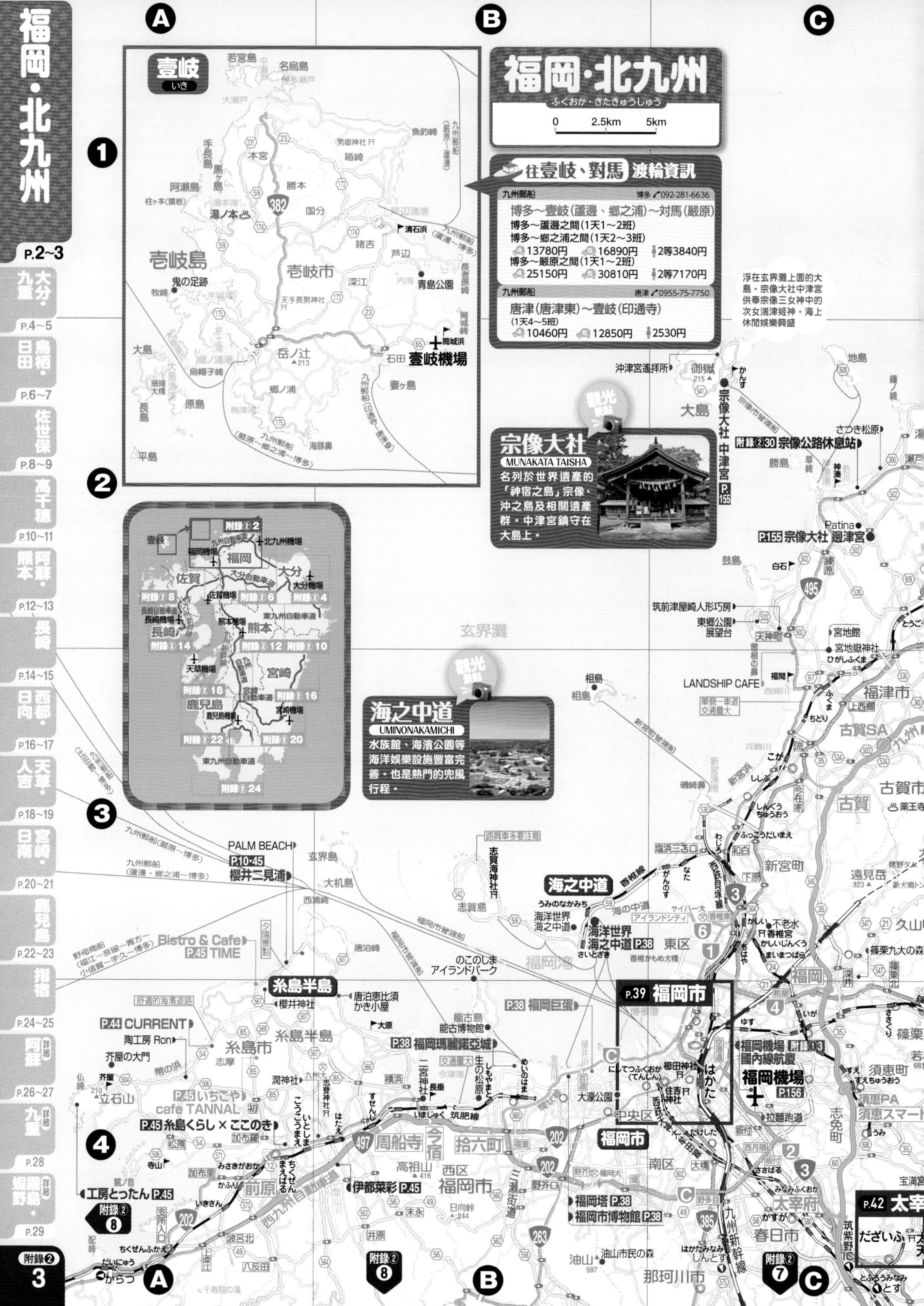

福岡・北九州 P.2~3
大分・九重 P.4~5
鳥栖・日田 P.6~7
佐世保 P.8~9
高千穂 P.10~11
阿蘇・熊本 P.12~13
長崎 P.14~15
西都・日向 P.16~17
天草・人吉 P.18~19
宮崎・日南 P.20~21
鹿児島 P.22~23
指宿 P.24~25
阿蘇 詳細 P.26~27
九重 詳細 P.28
霧島・姫野 詳細 P.29

大分·九重·國東
おおいた・くじゅう・くにさき
0 2.5km 5km
國東半島
KUNISAKIHANTOU
觀光景點
名為「六鄉滿山」的佛教文化蓬勃發展之地。隨處可見有來歷的社寺。
杵築
KITSUKI
觀光景點
有豐後小京都之稱的城下町。可以租借和服漫步街道。
在國東蓬勃發展的佛教文化
六鄉滿山
位於國東半島六個村莊的寺院統稱為六鄉滿山。自開山以來擁有超過1300年的歷史，現在仍有眾多社寺分布其中。若想巡遊宇佐神宮、兩子寺等主要景點，搭乘預約制定期觀光巴士會比較方便。詳情請洽詢。
097-534-7455
(大分交通新川巴士中心)
亦為特別札所的宇佐神宮也是日本全國4萬多間八幡社的總本宮
兩子寺建於子山半山腰，是兩子山的六鄉滿山知名的總持院
連接東京、大阪、名古屋與大分。搭巴士到別府約45分，搭巴士到由布院約55分
能欣賞海豚表演、觸摸大池等的人氣水族館
大分機場
P.159·附錄①9
くにさき
くにみ
さがのせき
瀬戸内海
国東市
国東半島
國東半島
杵築
大分市
大分
臼杵市
臼杵湾
佐賀関半島
愛媛県
伊方町
佐田岬
速吸瀬戸
別府湾
日出町
千燈岳
文殊山
両子山
不動山
小城山
両子寺
文殊仙寺
岩戸寺
泉福寺
西光寺
安国寺
照恩寺
江戸武家屋敷
住吉浜リゾートパーク
馬渡自然公園
安岐ダム公園
海上遊覧ツアー
大分空港道路
東九州自動車道
大分米良
大分光吉
大分宮河内
大分松岡PA
大分スポーツ公園総合競技場
府内城跡
大分オーパ
JRおおいたシティ
関崎展望台
関崎灯台
黒ヶ浜
高島
黒島
津久見島
沖無垢島
地無垢島
国道九四フェリー(佐賀関～三崎)
宇和島運輸(別府～八幡浜)
宇和島運輸・九四オレンジフェリー(臼杵～八幡浜)
向日葵渡輪(別府～大阪)
向日葵渡輪(大分～神戸六甲)
附錄②2
附錄②4
附錄②6
附錄②8
附錄②10
附錄②12
附錄②14
附錄②16
附錄②18
附錄②20
附錄②22
附錄②24
福岡
佐賀
長崎
熊本
大分
宮崎
鹿兒島
壹岐
北九州機場
福岡機場
佐賀機場
長崎機場
熊本機場
大分機場
宮崎機場
鹿兒島機場
天草機場
九州自動車道
大分自動車道
長崎自動車道
東九州自動車道
宮崎自動車道

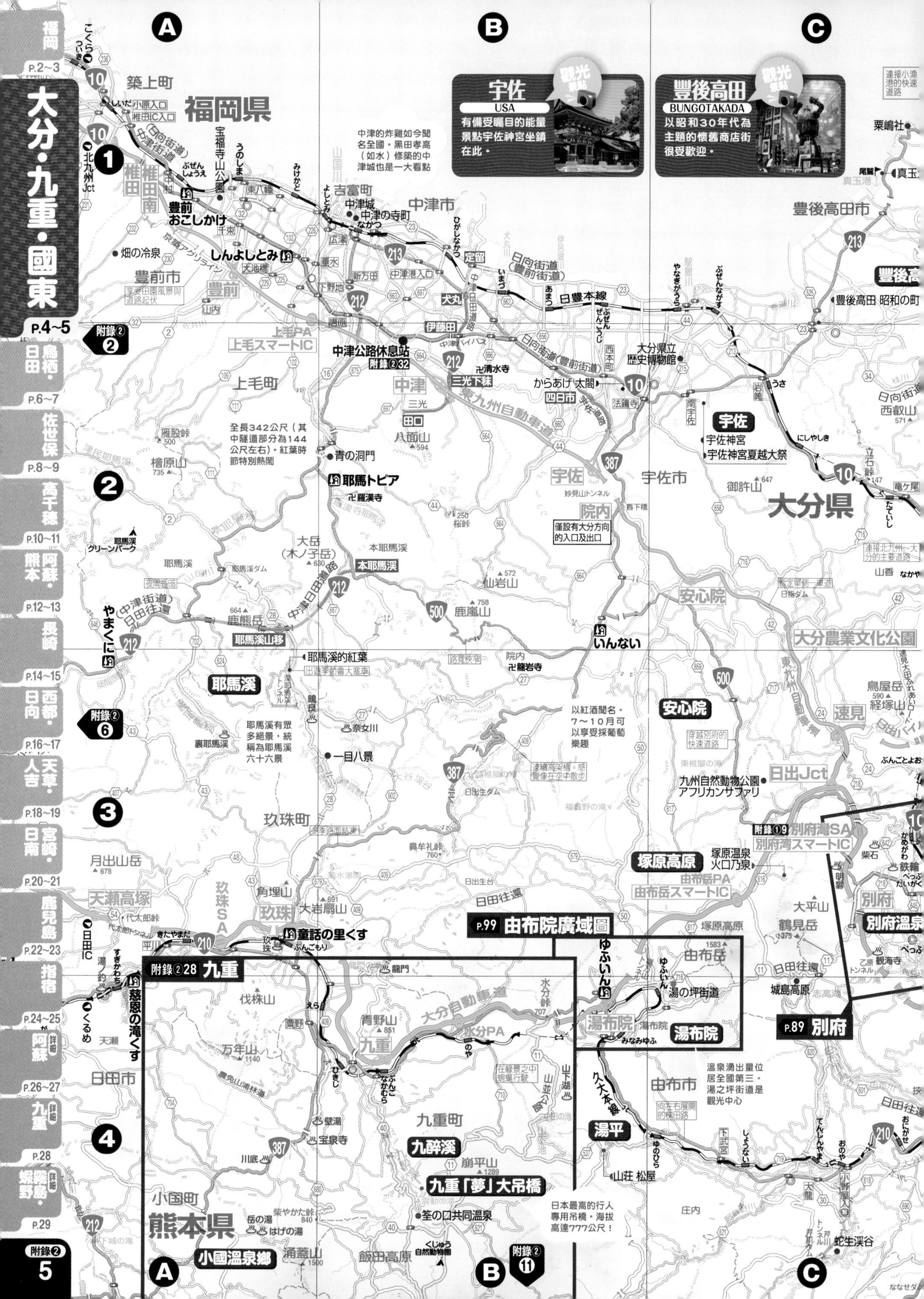

大分・九重・國東
P.4~5
福岡
P.2~3
日田・鳥栖
P.6~7
佐世保
P.8~9
高千穗
P.10~11
熊本・阿蘇
P.12~13
長崎
P.14~15
日向・西都
P.16~17
人吉・天草
P.18~19
日南・宮崎
P.20~21
鹿兒島
P.22~23
指宿
P.24~25
阿蘇 詳細
P.26~27
九重 詳細
P.28
霧島・蝦野 詳細
P.29
附錄② 5
宇佐
USA
有備受矚目的能量景點宇佐神宮坐鎮在此。
豐後高田
BUNGOTAKADA
以昭和30年代為主題的懷舊商店街很受歡迎。
中津的炸雞如今聞名全國。黑田孝高（如水）修築的中津城也是一大看點
福岡県
大分県
熊本県
築上町
豊前市
中津市
宇佐市
豊後高田市
上毛町
玖珠町
九重町
小国町
日田市
由布市
豊前おこしかけ
しんよしとみ
中津公路休息站
附錄②32
耶馬トピア
やまくに
いんない
童話の里くす
慈恩の滝くす
ゆふいん
全長342公尺（其中隧道部分為144公尺左右），紅葉時節特別熱鬧
青の洞門
羅漢寺
耶馬溪
耶馬溪有眾多絕景，統稱為耶馬溪六十六景
一目八景
耶馬溪的紅葉
僅設有大分方向的入口及出口
以紅酒聞名，7～10月可以享受採葡萄樂趣
安心院
大分農業文化公園
九州自然動物公園アフリカンサファリ
塚原高原
塚原温泉火口乃泉
由布岳スマートIC
別府湾SA
別府湾スマートIC
附錄①9
P.99 由布院廣域圖
P.89 別府
附錄②28 九重
湯布院
湯の坪街道
溫泉湧出量位居全國第三，湯之坪街道是觀光中心
湯平
山荘 松屋
九酔渓
九重「夢」大吊橋
日本最高的行人專用吊橋，海拔高達777公尺！
筌の口共同温泉
小國溫泉鄉
宇佐神宮
宇佐神宮夏越大祭
大分県立歴史博物館
からあげ 太閤
豊後高田 昭和の町
天瀬高塚
附錄② 2
附錄② 6
附錄② 11
東九州自動車道
大分自動車道
日豊本線
久大本線

鳥栖・日田
とす・ひた
0 2.5km 5km
日田
HITA
觀光
江戶時代為幕府的直轄地，作為天領繁盛一時。推薦到豆田町散步。
香春町
香春
おおとう桜街道
大任町
添田公園
歓遊舎ひこさん
川崎町
添田町
英彦山
旧亀石坊庭園
英彦山神宮
小石原
小石原焼伝統産業会館
釈迦ヶ岳
岳滅鬼山
岩屋公園
東峰村
杷木
筑後川温泉
三日月山
日田
萩尾PA
浮羽公路休息站
附錄②30
浮羽稲荷神社
うきは市
日田祇園祭
天領日田おひなまつり
日田市
大分自動車道
月出山岳
天瀬高塚
台神社石畳
大山ダム下の銅像
おおくぼ台梅林公園
旅館 深仙閣
みるき～すば サンビレッヂ
浮羽別館 新紫陽
慈恩の滝くす
水辺の郷おおやま
進撃の巨人 in HITA ミュージアム
御前岳
釈迦岳
渡神岳
椿ヶ鼻ハイランドパーク
曽田の台石畳
亀石山
葉隠館
杖立
四季の宿 わかのや
杖立観光ホテル ひぜんや
小国町
附錄②12
附錄②2
築城
椎田
椎田南
みやこ町
築上町
豊前
おこしかけ
畑の冷泉
豊前市
求菩提山
犬ヶ岳
中摩殿畑山
大将陣山
やまくに
中津市
檜原山
耶馬トピア
羅漢寺
耶馬渓グリーンパーク
耶馬渓
大岳(木ノ子岳)
本耶馬渓
宇佐市
仙岩山
鹿嵐山
附錄②5
耶馬渓山移
鹿熊岳
龍岩寺
深耶馬渓
麗谷耶馬渓
一目八景・深耶馬渓
一尺八寸山
大分県
玖珠町
角埋山
大岩扇山
玖珠SA
童話の里くす
附錄②28 九重
伐株山
万年山
青野山
水分PA
湯布院IC
ゆふいん
九重
九醉溪
九重町
九重「夢」大吊橋
宝泉寺
阿蘇鶴温泉ロッジ村
岳の湯
はげの湯
小國温泉鄉
附錄②2
北九州機場
福岡機場
福岡
佐賀
佐賀機場
大分
大分機場
附錄②8
附錄②6
附錄②4
長崎
長崎機場
熊本
熊本機場
附錄②14
附錄②12
附錄②10
天草機場
宮崎
附錄②18
附錄②16
鹿兒島
鹿兒島機場
宮崎機場
附錄②22
附錄②20
附錄②24

福岡
P.2~3
九重・大分
P.4~5
鳥栖・日田
P.6~7
佐世保
P.8~9
高千穂
P.10~11
熊本・阿蘇
P.12~13
長崎
P.14~15
西都・日向
P.16~17
天草・人吉
P.18~19
宮崎・日南
P.20~21
鹿児島
P.22~23
指宿
P.24~25
阿蘇詳細
P.26~27
九重詳細
P.28
霧島・姶良詳細
P.29
附錄②
A
B
C
1
2
3
4
P.39 福岡市
P.42 太宰府
P.48 柳川
P.38
海之中道
海洋世界海之中道
福岡市
福岡機場
國內線航廈
P.156・附錄①3
福岡縣
佐賀縣
太宰府
太宰府天滿宮
筑紫野市
春日市
那珂川市
鳥栖市
基山町
吉野ヶ里
吉野ヶ里町
吉野ヶ里歷史公園
日本最大的彌生時代環壕聚落遺跡
佐賀市
佐賀機場
P.159・附錄①6
神埼市
久留米
久留米市
小郡市
筑後市
大川市
大木町
柳川市
みやま市
八女市
筑前町
朝倉
甘木
宮若市
飯塚市
嘉麻市
秋月
秋月武家屋敷
筑前みなみの里
如意輪寺
P.11
鳥栖プレミアム・アウトレット
鳥栖Jct
長崎自動車道
九州自動車道
九州新幹線
山陽新幹線
鹿児島本線
長崎本線
筑肥線
香椎線
久大本線
西鉄天神大牟田線
西鉄甘木線
甘木鐵道
金立SA
附錄①6
武雄Jct
廣川SA
基山PA
須恵PA
須恵スマートIC
太宰府IC
筑紫野IC
鳥栖IC
久留米IC
廣川IC
八女IC
みやま柳川IC
南關IC
日の隈公園
佐賀城下ひなまつり
三重津海軍所跡
搭乘搖櫓船巡遊運河很有名
おおき
たちばな
うすい
みやま
附錄②
13
附錄②
8
附錄②
3
久留米
KURUME
作為庶民美食聖地受到矚目的城市，也是豚骨拉麵的發源地。
上陽の石橋
黒木のフジ
飛形公園
清水山
高良大社
耳納山
二階建商家の町並
溝口竈門神社
恋木神社
山鹿市
背振山
背振山展望台
金山
天拝山
宝満山
大興善寺
基肄城跡
甘木公園
夜須高原記念の森
小富士
若杉山
篠栗町
宇美町
志免町
粕屋
早良区
西区
南区
城南区
中央区
博多
天神
福岡タワー
大濠公園
生の松原
志賀島
志賀海神社
能古島
三郡山
王塚古墳
桂川町
龍王山
新吉野公園
筑穗IC
穂波東IC
穂波西IC
油山
九千部山
蛤岳
曲渕小入口
三瀬
拾六町
今宿IC
野芥口
東脊振
吉野里
大野島
諸富
柳川
三橋
大川東
柳川西
柳川東
水天宮
徳益

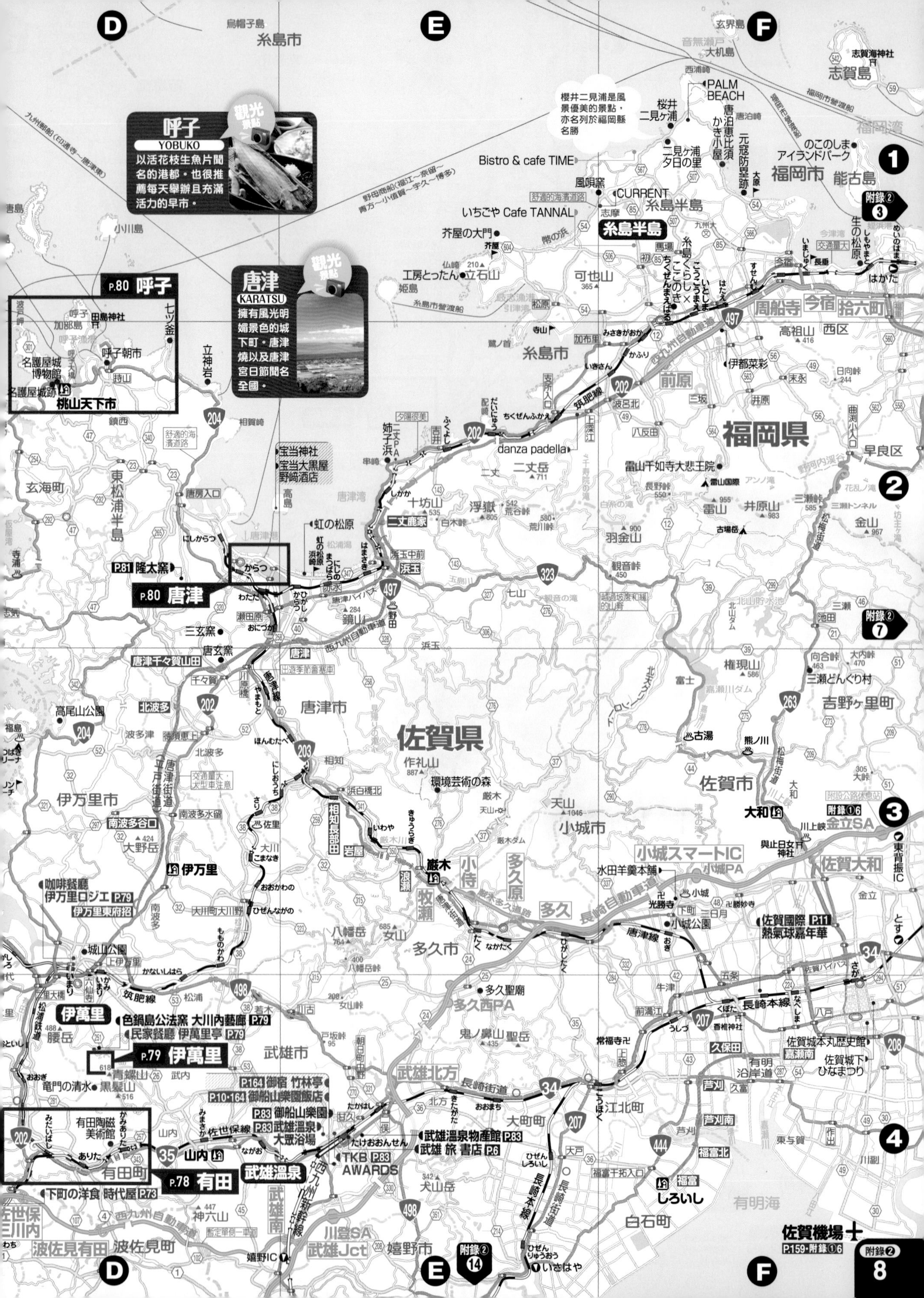
D
E
F
1
2
3
4
烏帽子島
糸島市
玄界島
大机島
志賀海神社
志賀島
櫻井二見浦是風景優美的景點，亦名列於福岡縣名勝
PALM BEACH
桜井二見ケ浦
唐泊恵比須かき小屋
元寇防塁跡
二見ケ浦夕日の里
呼子
YOBUKO
觀光景點
以活花枝生魚片聞名的港都，也很推薦每天舉辦且充滿活力的早市。
Bistro & cafe TIME
のこのしまアイランドパーク
福岡市
能古島
福岡湾
附錄② 3
風呂窯
CURRENT
糸島半島
いちごや Cafe TANNAL
芥屋の大門
生の松原
工房とったん
立石山
可也山
はかた
周船寺
今宿
拾六町
高祖山
西区
糸島市
前原
伊都菜彩
姫島
小川島
P.80 呼子
七ツ釜
呼子朝市
名護屋城博物館
名護屋城跡
桃山天下市
唐津
KARATSU
觀光景點
擁有風光明媚景色的城下町，唐津燒以及唐津宮日節聞名全國。
立神岩
福岡県
早良区
danza padella
二丈岳
雷山千如寺大悲王院
宝当神社
宝当大黒屋
野崎酒店
姉子浜
東松浦半島
玄海町
二丈鹿家
十坊山
浮嶽
雷山
井原山
金山
虹の松原
羽金山
P.81 隆太窯
P.80 唐津
浜玉
七山
附錄② 7
三玄窯
唐玄窯
唐津千々賀山田
唐津市
権現山
三瀬どんぐり村
吉野ヶ里町
高尾山公園
北波多
佐賀県
古湯
熊ノ川
作礼山
環境芸術の森
天山
佐賀市
伊万里市
南波多谷口
大野岳
伊万里
相知長部田
岩屋
厳木
小侍
多久原
小城市
大和
附錄①6 金立SA
小城スマートIC
水田羊羹本舗
佐賀大和
東背振IC
咖啡餐廳 伊万里ロジエ P.79
伊万里東府招
牧瀬
多久
長崎自動車道
佐賀國際 熱氣球嘉年華 P.11
八幡岳
女山
多久市
城山公園
上伊万里
多久聖廟
多久西PA
伊萬里
色鍋島公流窯 大川内藝廊 P.79
民家餐廳 伊万里亭 P.79
P.79 伊萬里
腰岳
鬼ノ鼻山
聖岳
武雄市
佐賀城本丸歴史館
佐賀城下ひなまつり
竜門の清水
黒髪山
P.164 御宿 竹林亭
P.10·164 御船山樂園飯店
P.83 御船山樂園
P.83 武雄温泉
大衆浴場
武雄北方
長崎街道
江北町
大町町
有田陶磁美術館
有田町
山内
P.78 有田
武雄温泉
武雄温泉物産館 P.83
武雄 旅 書店 P.6
TKB AWARDS P.83
東与賀
下町の洋食 時代屋 P.73
犬山岳
神六山
福富干拓入口
福富
しろいし
有明海
白石町
佐賀機場
P.159·附錄①6
波佐見有田
波佐見町
武雄Jct
嬉野市
附錄② 14
武雄南
川登SA
嬉野IC

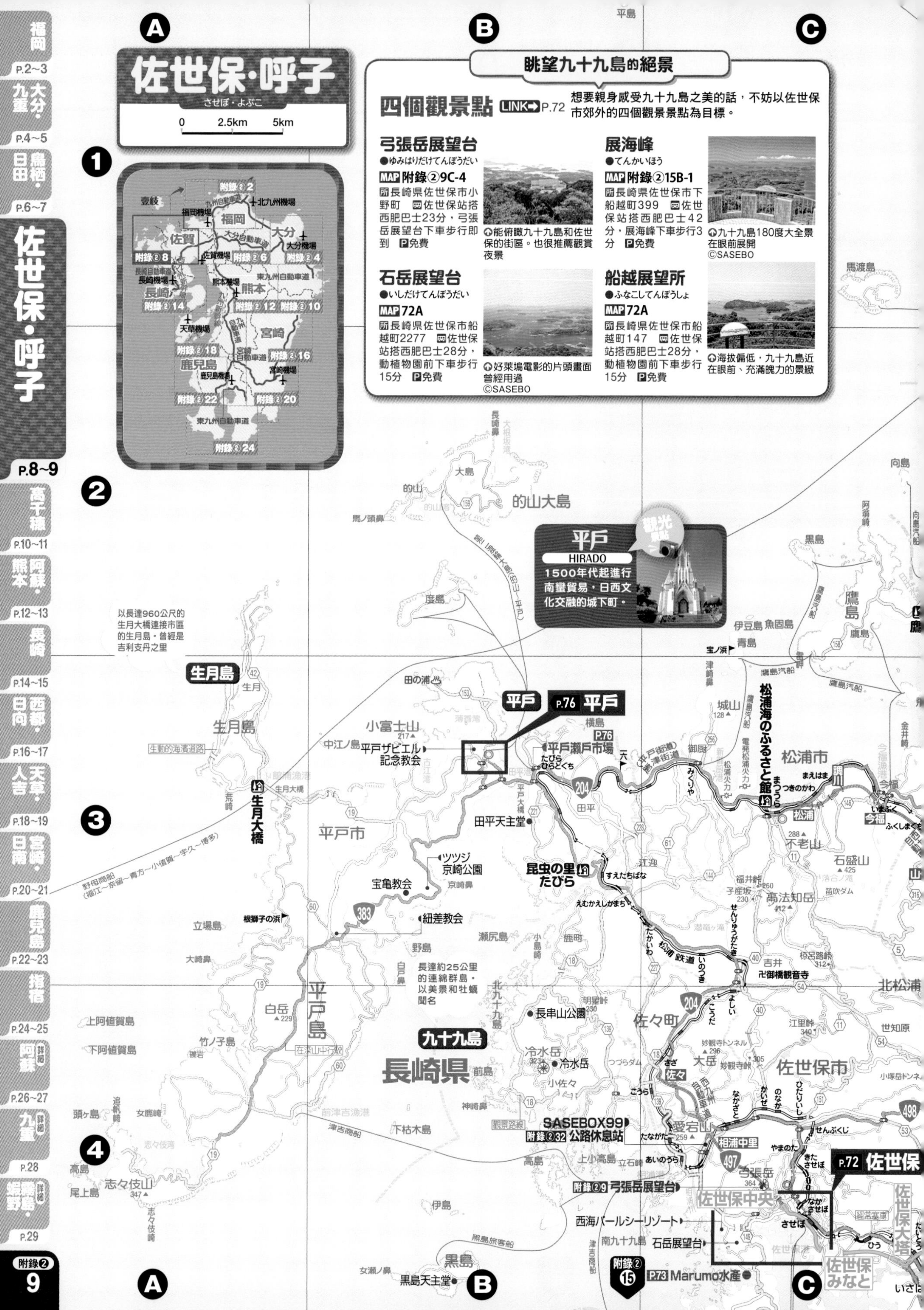

佐世保・呼子
させぼ・よぶこ
0 2.5km 5km
眺望九十九島的絕景
四個觀景點 LINK➡P.72
想要親身感受九十九島之美的話，不妨以佐世保市郊外的四個觀景景點為目標。
弓張岳展望台
●ゆみはりだけてんぼうだい
MAP 附錄②9C-4
所長崎県佐世保市小野町 佐世保站搭西肥巴士23分，弓張岳展望台下車步行即到 P免費
能俯瞰九十九島和佐世保的街區。也很推薦觀賞夜景
展海峰
●てんかいほう
MAP 附錄②15B-1
所長崎県佐世保市下船越町399 佐世保站搭西肥巴士42分，展海峰下車步行3分 P免費
九十九島180度大全景在眼前展開
©SASEBO
石岳展望台
●いしだけてんぼうだい
MAP 72A
所長崎県佐世保市船越町2277 佐世保站搭西肥巴士28分，動植物園前下車步行15分 P免費
好萊塢電影的片頭畫面曾經用過
©SASEBO
船越展望所
●ふなこしてんぼうしょ
MAP 72A
所長崎県佐世保市船越町147 佐世保站搭西肥巴士28分，動植物園前下車步行15分 P免費
海拔偏低，九十九島近在眼前、充滿魄力的景緻
平戸
HIRADO
觀光景點
1500年代起進行南蠻貿易，日西文化交融的城下町。
以長達960公尺的生月大橋連接市區的生月島，曾經是吉利支丹之里
長達約25公里的連綿群島。以美景和牡蠣聞名
P.76 平戸
P.72 佐世保
平戸市
長崎県
九十九島
佐世保市
松浦市
生月島
平戸島
生月大橋
昆虫の里たびら
平戸瀬戸市場
松浦海のふるさと館
SASEBOX99 附錄②32 公路休息站
附錄②9 弓張岳展望台
石岳展望台
西海パールシーリゾート
附錄②15 P.73 Marumo水產
黒島天主堂
田平天主堂
宝亀教会
紐差教会
平戸ザビエル記念教会
ツツジ京崎公園
的山大島
佐世保中央
佐世保みなと
佐世保大塔
相浦中里

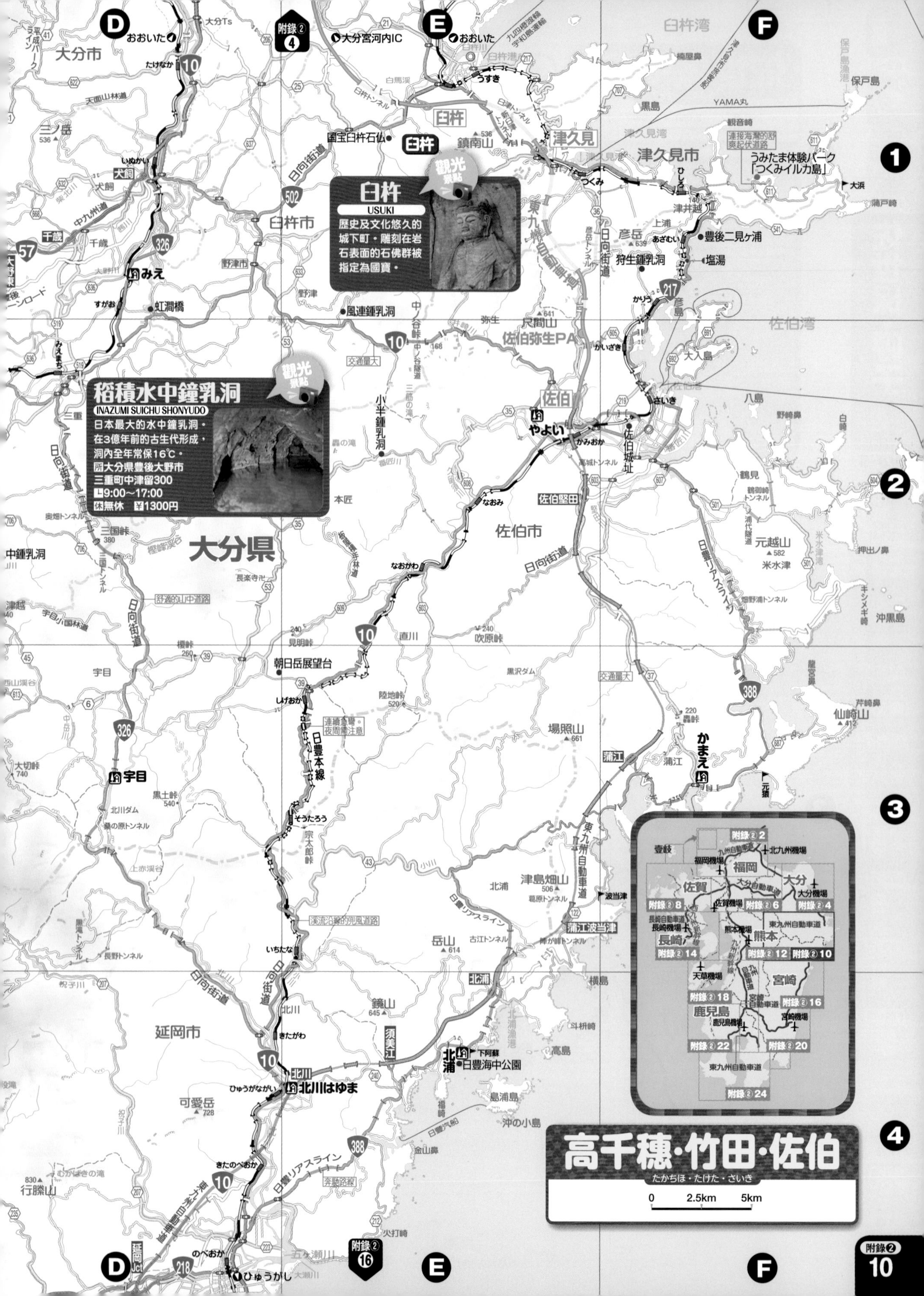
高千穗·竹田·佐伯
たかちほ・たけた・さいき
0 2.5km 5km
臼杵
USUKI
歷史及文化悠久的城下町。雕刻在岩石表面的石佛群被指定為國寶。
觀光景點
稻積水中鐘乳洞
INAZUMI SUICHU SHONYUDO
日本最大的水中鐘乳洞。在3億年前的古生代形成，洞內全年常保16℃。
所大分県豊後大野市三重町中津留300
L9:00～17:00
休無休 ¥1300円
觀光景點
大分県
大分市
臼杵市
津久見市
佐伯市
延岡市
臼杵湾
佐伯湾
国宝臼杵石仏
鎮南山
津久見
うみたま体験パーク「つくみイルカ島」
豊後二見ヶ浦
塩湯
狩生鍾乳洞
彦岳
風連鍾乳洞
虹澗橋
小半鍾乳洞
佐伯弥生PA
佐伯城址
やよい
佐伯
みえ
宇目
朝日岳展望台
元越山
沖黒島
仙崎山
場照山
かまえ
蒲江
津島畑山
蒲江波当津
北浦
日豊海中公園
北川はゆま
延岡Jct
ひゅうがし
可愛岳
行縢山
鏡山
岳山
島浦島
高島
沖の小島
大入島
黒島
保戸島
日豊本線
東九州自動車道
日向街道
日豊リアスライン
壱岐
福岡
大分
佐賀
長崎
熊本
宮崎
鹿児島
福岡機場
北九州機場
大分機場
熊本機場
長崎機場
天草機場
宮崎機場
鹿兒島機場
附錄② 2
附錄② 4
附錄② 6
附錄② 8
附錄② 10
附錄② 12
附錄② 14
附錄② 16
附錄② 18
附錄② 20
附錄② 22
附錄② 24

福岡 P.2~3
大分・九重 P.4~5
鳥栖・日田 P.6~7
佐世保 P.8~9
高千穂・竹田・佐伯 P.10~11
阿蘇・熊本 P.12~13
長崎 P.14~15
西都・日向 P.16~17
天草・人吉 P.18~19
宮崎・日南 P.20~21
鹿児島 P.22~23
指宿 P.24~25
詳細 阿蘇 P.26~27
詳細 九重 P.28
詳細 霧島・蝦野 P.29

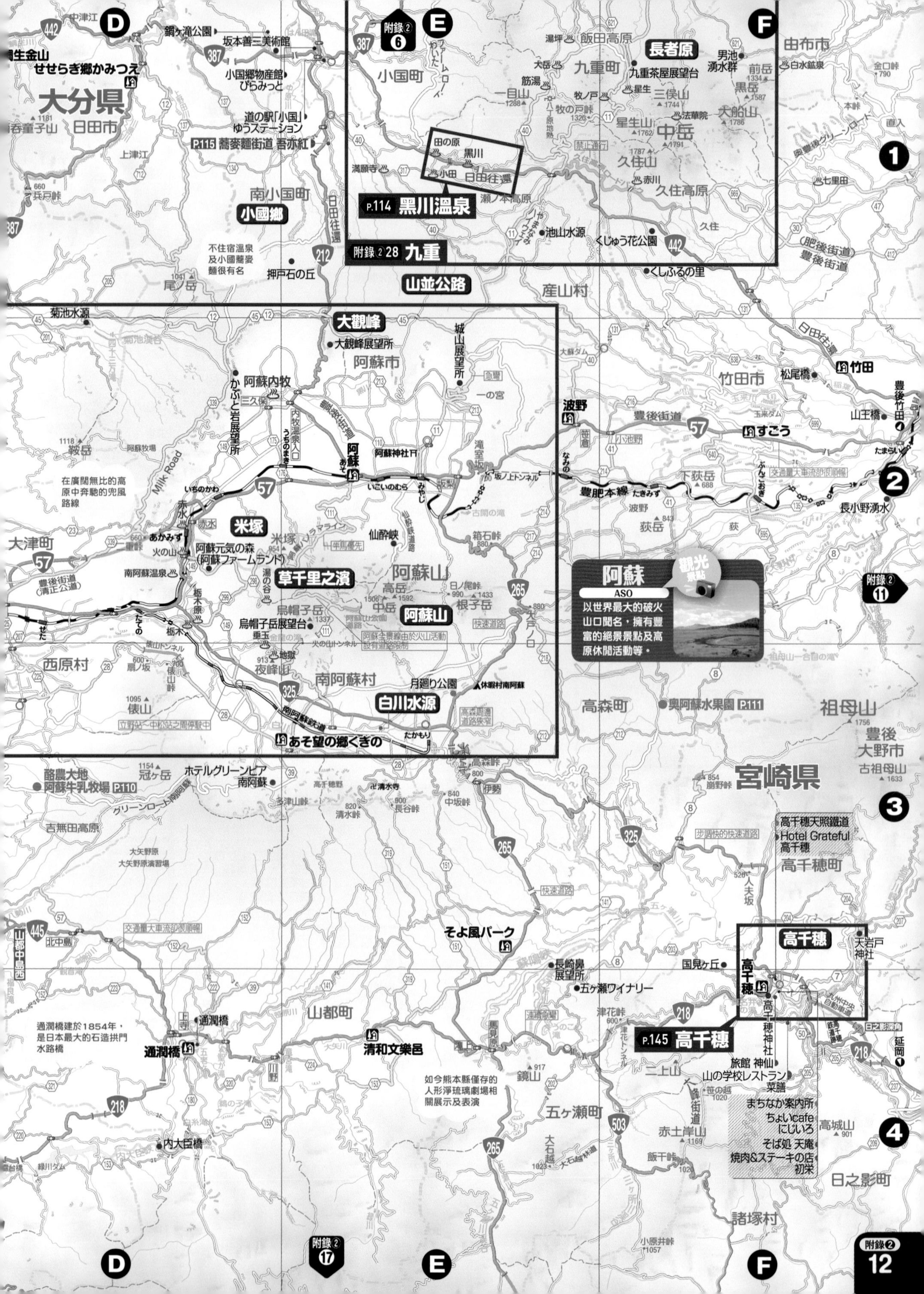
D
E
F
1
2
3
4
附錄② 6
附錄② 11
附錄② 17
大分県
宮崎県
日田市
由布市
竹田市
豊後大野市
産山村
高森町
南阿蘇村
西原村
山都町
五ヶ瀬町
高千穂町
日之影町
諸塚村
小国町
南小国町
九重町
阿蘇市
大津町
鯛生金山
せせらぎ郷かみつえ
鍋ヶ滝公園
坂本善三美術館
小国郷物産館 ぴらみっと
道の駅「小国」ゆうステーション
P.115 蕎麥麵街道 吾亦紅
小國鄉
不住宿溫泉及小國蕎麥麵很有名
押戸石の丘
P.114 黑川温泉
附錄② 28 九重
山並公路
長者原
九重茶屋展望台
飯田高原
男池湧水群
黒岳
大船山
三俣山
星生山
中岳
久住山
久住高原
一目山
涌蓋山
筋湯
牧ノ戸峠
田の原
黒川
小田
日田往還
瀬ノ本高原
満願寺
池山水源
くじゅう花公園
くしふるの里
禁止通行
大觀峰
大觀峰展望所
城山展望所
菊池水源
阿蘇内牧
かぶと岩展望所
内牧温泉入口
鞍岳
Milk Road
在廣闊無比的高原中奔馳的兜風路線
赤水
米塚
阿蘇元気の森 (阿蘇ファームランド)
南阿蘇温泉
豊後街道 (清正公道)
草千里之濱
烏帽子岳
烏帽子岳展望台
中岳
高岳
阿蘇山
根子岳
仙酔峡
阿蘇神社
いこいのむら
坂梨
地獄
垂玉
夜峰山
俵山
白川水源
月廻り公園
休暇村南阿蘇
あそ望の郷くぎの
南阿蘇鉄道
高森
阿蘇全景線由於火山活動設有通行限制
立野站～中松站之間停駛中
波野
豊後街道
すごう
豊肥本線
荻岳
竹田
松尾橋
長小野湧水
阿蘇
ASO
觀光景點
以世界最大的破火山口聞名，擁有豐富的絕景景點及高原休閒活動等。
奥阿蘇水果園 P.111
祖母山
古祖母山
ホテルグリーンピア南阿蘇
酪農大地 阿蘇牛乳牧場 P.110
冠ヶ岳
吉無田高原
グリーンロード南阿蘇
清水峠
長谷峠
中坂峠
そよ風パーク
長崎鼻展望所
五ヶ瀬ワイナリー
通潤橋建於1854年，是日本最大的石造拱門水路橋
通潤橋
清和文樂邑
如今熊本縣僅存的人形淨琉璃劇場相關展示及表演
内大臣橋
高千穂天照鐵道
Hotel Grateful 高千穂
高千穂
国見ヶ丘
天岩戸神社
P.145 高千穂
高千穂神社
旅館 神仙
山の学校レストラン 菜膳
まちなか案内所
ちょいcafe にじいろ
そば処 天庵
焼肉&ステーキの店 初栄
二上山
赤土岸山
飯干峠
鏡山
大石越
高城山
延岡
交通量大車流削減

阿蘇・熊本
あそ・くまもと
0 2.5km 5km
福岡県
熊本県
柳川市
大牟田市
みやま市
八女市
南関町
和水町
山鹿市
玉名市
荒尾市
長洲町
玉東町
熊本市
合志市
菊陽町
宇土市
宇城市
氷川町
八代市
嘉島町
御船町
甲佐町
有明海
島原湾
平山温泉
山鹿
菊水
植木
北熊本SA
北熊本スマートIC
益城熊本機場
城南スマートIC
嘉島Jct
緑川PA
玉名PA
山川PA
南関
松橋
御船
おおむた
鹿北
きくすい
泗水
水辺プラザかもと
七城MELON DONE公路休息站
西瓜之鄉植木公路休息站
宇土マリーナ
うき
不知火
三井港倶楽部
大牟田市石炭産業科学館
大牟田観光プラザ
宮浦石炭記念公園
三池炭鉱 宮原坑
三池炭鉱 万田坑
三池港
グリーンランド
日本マラソンの父金栗四三ミュージアム
熊本県立装飾古墳館
山鹿市立博物館
日輪寺山公園
蛇ヶ谷公園
玉名温泉
雲龍軒
千龍ラーメン
天琴
寂心緑地
大黒拉麵
正華園
熊本城
水前寺成趣園
ホテル熊本テルサ
熊本市動植物園
健軍神社
PATISSERIE MAISON de KITAGAWA CHOCOLATERIE
サントリー九州熊本工場
雁回山 立岡自然公園
轟水源
白壁造りの集落
永尾剱神社
三角西港
天翔台
岩戸観音
金峰山
三ノ岳
熊ノ岳
小萩山
P.121 熊本市
可享受划艇的罕見公路休息站。不妨花個2小時30分在菊池川來趟划艇之旅
「坐A列車去吧」是往返於熊本站與三角站之間的觀光列車
溫泉設施完備的公路休息站
九州自動車道
九州新幹線
鹿児島本線
豊肥本線
あまくさみすみ線(三角線)
有明渡輪(多比良~長洲)
九商渡輪、熊本渡輪(島原~熊本)
附錄② 13

橫渡有明海、島原灣 渡輪資訊
有明渡輪 ☎0957-78-2105
雲仙(多比良)～長洲
(1天16～19班)
2060円 2500円 450円
九商渡輪 ☎096-329-6111
島原～熊本
(1天9班，保養期為1天5班)
3030円 3690円 2等890円
熊本渡輪 ☎0957-63-8008
島原～熊本
(1天6～7班)
3800円 4500円 1500円
八正海運 ☎0957-64-1515
島原～三池
高速船(1天4班)
2300円
觀光景點
長崎企鵝水族館
NAGASAKI PENGIN SUIZOKUKAN
專精於飼育企鵝的水族館，長崎站搭巴士30分即可抵達。週六日、假日可以參觀企鵝在自然大海中游泳的模樣。
☎095-838-3131
所長崎県長崎市宿町3-16
9:00～17:00
休無休
¥520円
諫早灣灘塗堤防道路，是鹿島方向～雲仙、島原的捷徑
小濱溫泉的源泉高達105℃！是日本最熱的溫泉
佐賀県
長崎県
福岡県
有明海
諫早湾
島原湾
天草灘
鹿島市
太良町
嬉野市
大村市
諫早市
雲仙市
島原市
南島原市
柳川市
みやま市
大牟田市
島原半島
雲仙岳
普賢岳
平成新山
九千部岳
吾妻岳
多良岳
経ヶ岳
五家原岳
琴路岳
鹿島
諫早
島原
雲仙
小濱温泉
P.75 島原
P.74 雲仙
左下圖 諫早
太良公路休息站 附錄②31
大魚神社的海中鳥居 P.11
心動水果巴士站通 P.11·21
お菓子のいえ CoCoLo P.20
白木峰高原 P.9·21
自然干陸地波斯菊花海 P.21
長崎街道鈴田峠
大三東站 P.11
仁田峠 P.74
雲仙の霧氷
垂木台地森林公園
七面山
淡島公園
琴平神社
橘公園
愛野展望台
鬼石
Private Spa Hotel Orange Bay
海辺の宿 つたや旅館
波の湯「茜」
日野江城跡
原城跡
岩戸山
口之津
大牟田市石炭産業科学館
旧三井港倶楽部
三池港
嬉野温泉公眾浴場「西博爾德溫泉」 P.19·82
中島美香園 P.82
萬象閣 敷島 P.164
椎葉之湯 P.82
宗庵橫長 P.19
豊玉姫神社
漢彌爾頓 宇禮志野 P.164
湯心の宿 グランド鳳陽
嬉野温泉 華の雫
日本料理 利休 P.82
千綿站 P.10
東彼杵町
富川渓谷
いこいの村長崎
竹崎観世音寺
たら竹崎
祐徳稲荷
東山公園
酒蔵通り
旭ケ丘公園
武家屋敷跡
長崎本線
島原鉄道
西九州新幹線
島原街道
長崎街道
大矢野島
附錄② 8
附錄② 13
附錄② 19

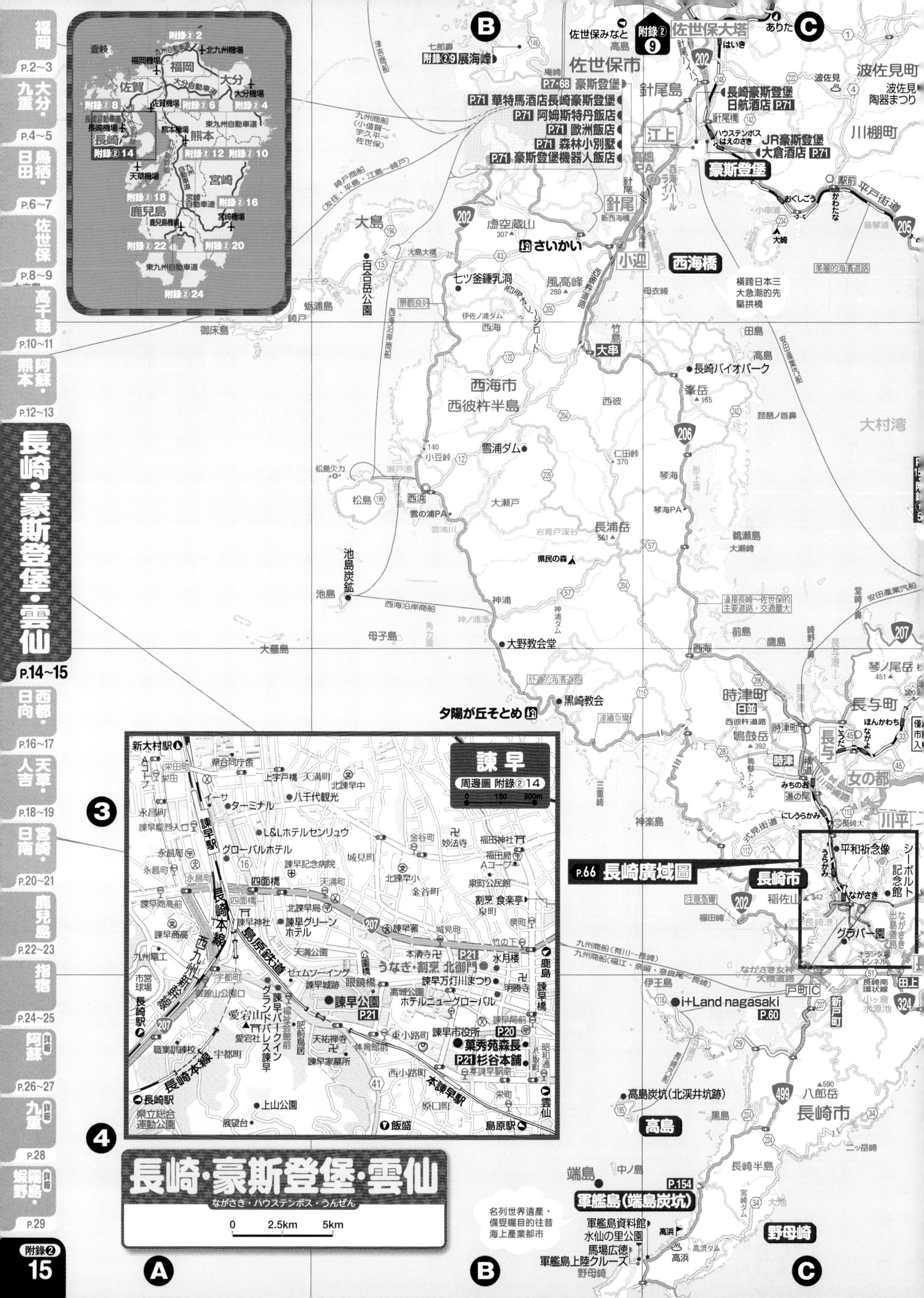
長崎·豪斯登堡·雲仙
ながさき・ハウステンボス・うんぜん
0 2.5km 5km
福岡 P.2~3
大分·九重 P.4~5
鳥栖·日田 P.6~7
佐世保 P.8~9
高千穗 P.10~11
阿蘇·熊本 P.12~13
長崎·豪斯登堡·雲仙 P.14~15
西都·日向 P.16~17
天草·人吉 P.18~19
宮崎·日南 P.20~21
鹿兒島 P.22~23
指宿 P.24~25
阿蘇 詳細 P.26~27
九重 詳細 P.28
霧島·蝦野 詳細 P.29
附錄② 15
佐世保大塔
佐世保市
P.7·68 豪斯登堡
P.71 華特馬酒店長崎豪斯登堡
P.71 阿姆斯特丹飯店
P.71 歐洲飯店
P.71 森林小別墅
P.71 豪斯登堡機器人飯店
長崎豪斯登堡日航酒店 P.71
JR豪斯登堡大倉酒店 P.71
附錄②9 展海峰
針尾島
江上
針尾
波佐見町
波佐見陶器まつり
川棚町
豪斯登堡
平戸街道
大島
虚空蔵山
さいかい
小迎
西海橋
橫跨日本三大急潮的先驅拱橋
七ツ釜鍾乳洞
風高峰
百合岳公園
大串
長崎バイオパーク
西海市
西彼杵半島
雪浦ダム
大村湾
松島
長浦岳
県民の森
池島炭鉱
大野教会堂
黒崎教会
夕陽が丘そとめ
時津町
長与町
女の都
川平
P.66 長崎廣域圖
長崎市
平和祈念像
シーボルト記念館
グラバー園
稲佐山
ながさき
i+Land nagasaki P.60
戸町IC
高島炭坑(北渓井坑跡)
高島
端島
中ノ島
八郎岳
長崎市
長崎半島
軍艦島(端島炭坑) P.154
名列世界遺產，備受矚目的往昔海上產業都市
軍艦島資料館
水仙の里公園
馬場広徳
軍艦島上陸クルーズ
野母崎
諫早
周邊圖 附錄②14
諫早駅
長崎本線
島原鉄道
諫早公園 P.21
うなぎ・割烹 北御門 P.21
菓秀苑森長 P.20
杉谷本舗 P.21
本諫早駅
長崎駅
島原駅

日向地區的能量景點
實現願望的十字海&都農神社
藍海中浮現的「叶」字
巡遊朝著海中十字架誠心祈禱就會心想事成的十字海，以及以結緣之神聞名的都農神社，祈求開運吧。
實現願望的十字海
0982-55-0235
(日向市観光協會)
都農神社
0983-25-3256
觸摸御神象的心形記號祈求戀情開花結果
美美津
MIMITSU
觀光景點
江戶至明治、大正時代，迴船問屋（船舶代理商）及商家林立的港町。仍保有別具風情的建築。
西都原
SAITOBARU
觀光景點
有319座古墳密集分布的風土記之丘。以西都原古墳群為中心，巡遊日本規模最大的古墳群吧。
西都·日向
さいと・ひゅうが
0
2.5km
5km
即國道388號，有些地方比較狹窄，建議行駛東九州道
免費入園的設施，有多種運動遊樂器材。也是能欣賞雲海的景點
矢研瀑布落差73公尺、寬30公尺，獲選為日本瀑布百選
僅設有延岡方向的入口及出口
延岡市
日向市
門川町
都農町
川南町
高鍋町
新富町
北方よっちみろ屋
とうごう
日向
つの
延岡南
門川南スマートIC
延岡Jct
城山公園
愛宕山
遠見山
乙島
馬ヶ背
實現願望的十字海
高森山
白壁格子戸民家群
橋口氏庭園
都農ワイナリー
都農神社
名貫川渓谷
舞鶴公園
都萬神社
川南PA
牧水公園
ETO樂園
速日の峰
行縢山
直ちゃん
桜ケ丘公園
日豊本線
美美津
日向灘
附錄② 2
附錄② 4
附錄② 6
附錄② 8
附錄② 10
附錄② 12
附錄② 14
附錄② 16
附錄② 18
附錄② 20
附錄② 22
附錄② 24
福岡
佐賀
長崎
熊本
大分
宮崎
鹿兒島

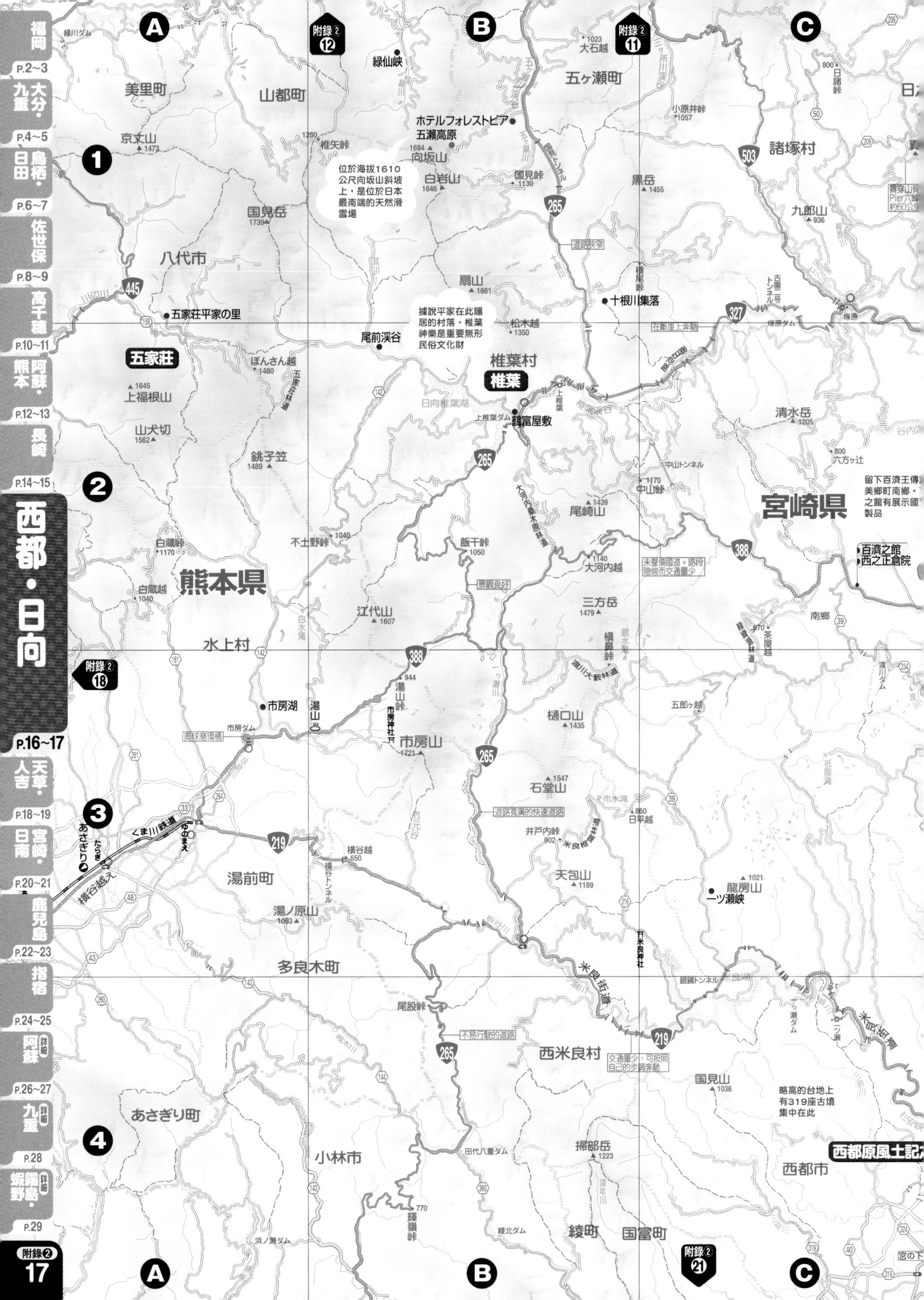
位於海拔1610公尺向坂山斜坡上，是位於日本最南端的天然滑雪場
據說平家在此隱居的村落。椎葉神樂是重要無形民俗文化財
留下百濟王傳說的美鄉町南鄉。之館有展示國製品
略高的台地上有319座古墳集中在此
熊本県
宮崎県
八代市
美里町
山都町
五ヶ瀬町
諸塚村
椎葉村
水上村
湯前町
多良木町
西米良村
あさぎり町
小林市
西都市
綾町
国富町
緑仙峡
ホテルフォレストピア
五瀬高原
五家荘平家の里
五家荘
椎葉
鶴富屋敷
十根川集落
尾前渓谷
市房湖
百濟之館
西之正倉院
西都原風土記
一ツ瀬峡
道路狹窄
未整備國道。路段險峻而交通量少
景觀良好
道路寬廣的快速道路
不易行駛的道路
交通量少，可按照自己的步調奔馳
在斷崖上奔馳
美好的環境
米良街道
附録② 12
附録② 11
附録② 18
附録② 21

D
E
F
1
2
3
4
不知火
美里「佐俣の湯」
氷川町
宇城市
宇城氷川スマートIC
龍北公路休息站
東陽
宮原SA
九州新幹線
鹿児島本線
鹿児島街道（薩摩街道）
天草松島
藍のあまくさ村(天草うまかもん市場)
日本三大松島之一，大大小小約20座島嶼的總稱
リゾラテラス天草
熊本熊港八代
高舞登山展望台
海鮮家 福伸 P.125
お菓子の店 Bombe Anniversary
松浜軒
お菓子の彦一本舗 駅前本店
やつしろ全国花火競技大会
八代
八代Jct
往南九州道～人吉方向禁止通行
八代市
八代南
坂本PA
坂本
日奈久
由於農曆8月1日深夜會出現不知火，又名為不知火海
八代海
九州新幹線的新八代～鹿兒島中央站之間有大約7成是隧道區間
全長6300公尺的長隧道
九州自動車道
人吉街道（庵室道）
子守唄の里五木
五木村
仰烏帽子山
たのうら
熊本県
芦北町
芦北でこぽん
大野温泉
球磨川
KUMAGAWA
日本三大急流之一的激流，可享受泛舟、溪降、球磨川遊船等樂趣。
球磨村
山江村
相良村
山江SA
あさぎり町
多良木町
球磨焼酎ミュージアム
人吉
由於人吉溫泉站～肥後西村站之間發生災害，改以巴士代替行駛
人吉球磨スマートIC
錦
JR肥薩線八代站～吉松站目前停駛中
LAND EARTH 戶外運動俱樂部
翠嵐楼
人吉市
P.122 人吉
HITOYOSHI
以日本三大急流之一球磨川聞名，有九州小京都之稱，推薦巡遊酒廠。
球磨川鐵道列車「田園交響曲」在此行駛
人吉球磨は、ひなまつり
錦町
如同沿著山脊畫出360度圓弧而架，還能眺望霧島連山的橋梁
人吉環状橋
鹿児島県
伊佐市
大関山
国見山
高塚山
Classic Railway Hotel 人吉球磨
えびのJct
えびの市
矢岳山
高熊山
人吉街道（大口筋）

福岡 P.2~3
九重・大分 P.4~5
日田・鳥栖 P.6~7
佐世保 P.8~9
高千穂 P.10~11
熊本・阿蘇 P.12~13
長崎 P.14~15
日向・西都 P.16~17
天草・人吉 P.18~19
日南・宮崎 P.20~21
鹿児島 P.22~23
指宿 P.24~25
阿蘇(詳細) P.26~27
九重(詳細) P.28
屋久島・霧島(詳細) P.29

宮崎・日南・都井岬
みやざき・にちなん・といみさき
0 2.5km 5km
鳳凰喜凱亞度假村
PHOENIX SEAGAIA RESORT
住宿自不用說，也能享用午餐及溫泉的度假設施。
觀光景點
從關西搭船旅行如何？
宮崎汽車渡輪
搭乘熱門的人氣汽車渡輪來移動，不僅可以開自用車前往宮崎，在時間使用方面也有很效率。客艙從廣間到各種包廂一應俱全，餐廳及觀景浴室等船內設施也很完備。
神戶港（神戶三宮渡輪碼頭）
19:10出發（週日18:00出發）➡8:40抵達宮崎港
19:10宮崎港出發➡7:30抵達神戶港
費用／旅客12260円（包廂為加6600円～），小客車（不到5公尺）33400円
預約&洽詢／078-321-3030
青島
AOSHIMA
奇岩「鬼之洗衣板」環繞在周圍1.5公里的島嶼，橋梁連接青島海水浴場。
從青島到南部的巾著島約8公里長的海岸線能看到的波狀岩
朱紅色本殿在洞窟內
野生馬「御崎馬」棲息在此
P.153 宮崎市
宮崎市
宮崎機場
宮崎神宮
平和台公園
鳳凰喜凱亞度假村
宮崎港
大淀川
日向灘
新富町
西都市
西都
高鍋IC
宝塔山公園
垂水公園
石崎浜
住吉IC
シーガイアIC
一ツ葉PA
宮崎西
清武
清武Jct
清武南
宮崎汽車渡輪（宮崎～神戶）
こどものくに
宮崎全日空假日飯店 P.164
青島神社 P.16·148
川崎商店 P.152
港あおしま P.148
青島温泉
ホテル 青島サンクマール
P.16·148 堀切峠
P.149 鳳凰公路休息站
堀切峠展望台
双石山
甚鉢山
岩壺山
日南海岸
鬼之洗衣板
巾着島
餐飲、住宿處
P.149 えぷろん亭
日南線
日南北郷
日南太陽花園 P.10·149
P.16·149 鵜戸神宮
日南市
飫肥
日南東郷
にちなん
小場島
大島
鹿児島県
志布志市
日南市
マリンビューワーなんごう
道の駅なんごう
天水氏庭園
平山氏庭園
くしま
宮崎県
串間市
志布志街道
志布志湾
枇榔島
枇榔島亜熱帯性植物群落
餐垂島
石波浜
高畑山
幸島
P.17 都井岬燈塔
串間市都井岬観光交流館 PAKALAPAKA
P.17·149 都井岬
都井岬
ソテツ自生地
御崎神社
附錄② 2
附錄② 4
附錄② 6
附錄② 8
附錄② 10
附錄② 12
附錄② 14
附錄② 16
附錄② 18
附錄② 20
附錄② 22
附錄② 24
附錄② 21
福岡
佐賀
長崎
熊本
大分
宮崎
鹿児島
壹岐

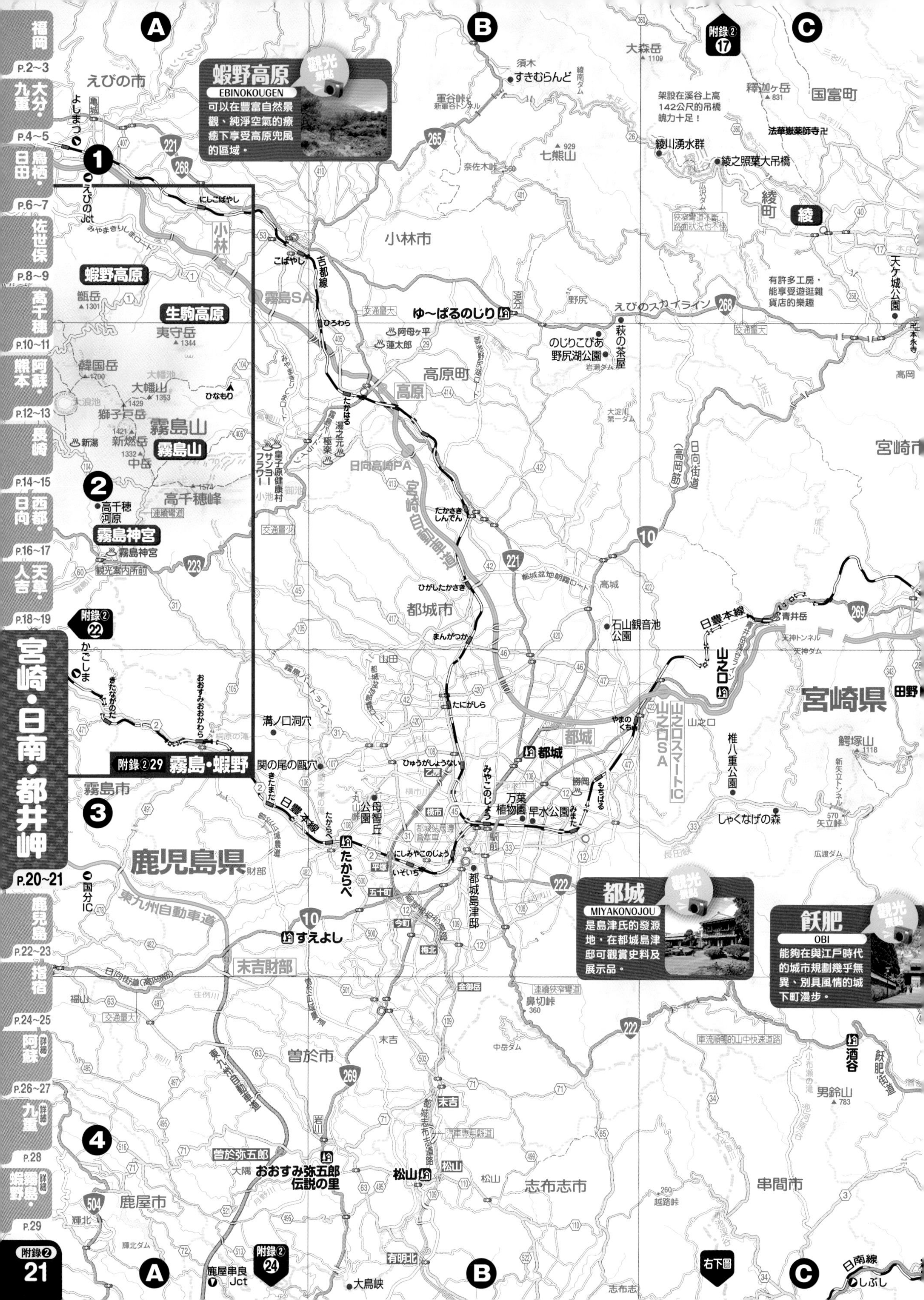

蝦野高原
EBINOKOUGEN
可以在豐富自然景觀、純淨空氣的療癒下享受高原兜風的區域。
都城
MIYAKONOJOU
是島津氏的發源地，在都城島津邸可觀賞史料及展示品。
飫肥
OBI
能夠在與江戶時代的城市規劃幾乎無異、別具風情的城下町漫步。
架設在溪谷上高142公尺的吊橋魄力十足！
有許多工房，能享受遊逛雜貨店的樂趣
附錄②29 霧島・蝦野
宮崎・日南・都井岬
えびの市
小林市
高原町
都城市
霧島市
鹿児島県
宮崎県
曽於市
鹿屋市
志布志市
串間市
国富町
綾町
蝦野高原
生駒高原
霧島山
霧島神宮
韓国岳
高千穂峰
大森岳
釋迦ヶ岳
七熊山
綾川湧水群
綾之照葉大吊橋
法華嶽薬師寺
ゆ~ぱるのじり
のじりこぴあ
野尻湖公園
萩の茶屋
石山観音池公園
都城
都城島津邸
早水公園
万葉植物園
母智丘公園
関の尾の甌穴
溝ノ口洞穴
たからべ
すえよし
末吉財部
おおすみ弥五郎伝説の里
曽於弥五郎
松山
山之口
山之口SA
山之口スマートIC
椎八重公園
しゃくなげの森
男鈴山
酒谷
天ケ城公園
霧島SA
日向高崎PA
宮崎自動車道
東九州自動車道
えびのスカイライン
日豊本線
吉都線
えびのJct
国分IC
鹿屋串良Jct
P.2~3 福岡
P.4~5 大分・九重
P.6~7 鳥栖・日田
P.8~9 佐世保
P.10~11 高千穂
P.12~13 阿蘇・熊本
P.14~15 長崎
P.16~17 西都・日向
P.18~19 天草・人吉
P.20~21 宮崎・日南・都井岬
P.22~23 鹿児島
P.24~25 指宿
P.26~27 阿蘇 詳細
P.28 九重 詳細
P.29 霧島・蝦野 詳細
附錄② 21

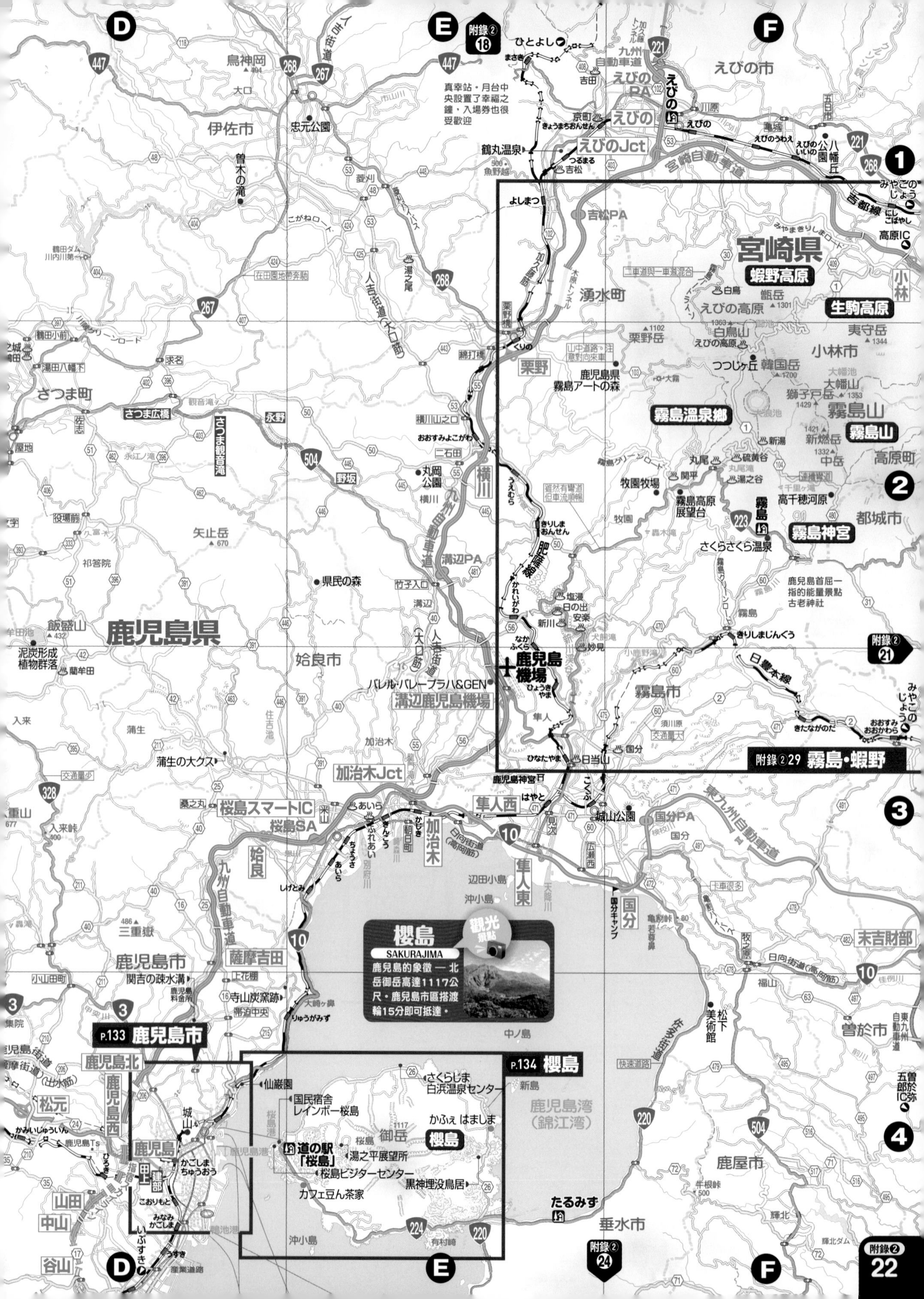

宮崎県
鹿児島県
伊佐市
湧水町
えびの市
小林市
霧島市
姶良市
鹿児島市
垂水市
鹿屋市
曽於市
都城市
高原町
さつま町
蝦野高原
生駒高原
霧島温泉郷
霧島山
霧島神宮
韓国岳
高千穂河原
栗野岳
白鳥山
えびの高原
鹿児島空港
溝辺鹿児島機場
鹿児島県霧島アートの森
桜島
鹿児島湾（錦江湾）
真幸站・月台中央設置了幸福之鐘，入場券也很受歡迎
鹿児島首屈一指的能量景點古老神社
櫻島
SAKURAJIMA
觀光景點
鹿児島的象徵 — 北岳御岳高達1117公尺，鹿児島市區搭渡輪15分即可抵達。
P.133 鹿児島市
P.134 櫻島
附錄②29 霧島・蝦野
附錄② 18
附錄② 21
附錄② 24

鹿兒島·霧島·櫻島
かごしま・きりしま・さくらじま
0 2.5km 5km
往櫻島 渡輪資訊
櫻島渡輪 ✆099-293-2525
鹿兒島港～櫻島港
汽車渡輪(1小時1～4班，24小時航行)
1400円 1950円 200円
往甑島 渡輪資訊
甑島商船 ✆0996-32-6458
高速船 ✆0996-41-5100
串木野～甑島各港
汽車渡輪(1天2班)
8610円 10070円 2等2340円
川内～甑島各港
高速船(1天2班)
3440円
日本三大沙丘之一吹上濱長達47公里，是日本最長的沙丘
僅設有鹿兒島方向的入口及出口
交通量少而容易行駛
吹上濱
東シナ海
出水市
阿久根市
薩摩川内市
いちき串木野市
日置市
阿久根
串木野
市来
美山
美山PA
せんだい
川内戦国村
薩摩川内市川内歷史資料館
入来麓武家屋敷群
長崎鼻公園
観音ヶ池市民の森
紫尾山
冠岳
矢筈岳
向江山
大島
沖ノ島
双子島
久多島
九州新幹線
鹿兒島本線
南九州自動車道
肥薩おれんじ鉄道
鹿兒島街道(薩摩街道)
薩摩街道(出水筋)
北薩横断道路
甑島商船(長濱～里～川內)
甑島商船(長濱～鹿島～里～串木野)
甑島商船(長濱～串木野)
附錄② 19
附錄② 25
福岡
佐賀
大分
熊本
長崎
宮崎
鹿兒島
東九州自動車道
九州自動車道
福岡機場
北九州機場
大分機場
佐賀機場
長崎機場
熊本機場
天草機場
宮崎機場
鹿兒島機場
壹岐
附錄② 2
附錄② 4
附錄② 6
附錄② 8
附錄② 10
附錄② 12
附錄② 14
附錄② 16
附錄② 18
附錄② 20
附錄② 22
附錄② 24

鹿児島県
垂水市
高峠高原
鹿屋市
大崎町
志布志市
東串良町
肝付町
錦江町
大隅半島
南大隅町
志布志湾
大隅海峡
たるみずはまびら
野方あらさの
くにの松原おおさき
錦江にしきの里
根占
鹿屋串良Jct
末吉財部IC
鹿屋航空基地史料館
霧島ヶ丘公園
ローズダイナー
横尾岳公園
吾平山上陵
雄川の滝
雄川渓谷
ルーピン公園
JAXA内之浦宇宙空間観測所
附設宇宙科學資料館的觀測所
大篦柄岳
高隈山
御岳
国見山
甫与志岳
中岳
稲尾岳
辻岳
観光景點
指宿
IBUSUKI
以「砂蒸浴池」聞名的南九州最大溫泉勝地。充滿南國氣氛。
P.139 元祖 指宿らーめん 二代目
いぶすき菜の花マラソン大会
休暇村指宿
知林島 P.138
バカ洲(砂のかけ橋)
薩摩傳承館
指宿白水館 P.164
指宿溫泉
P.138 指宿站周邊
砂蒸會館「砂樂」 P.138
指宿秀水園 P.164
指宿鳳凰飯店 P.138
山川港 活お海道
ヘルシーランド露天風呂「たまて箱温泉」
佐多岬
SATAMISAKI
九州最南端的海岬。在明媚風景連綿不斷的大隅半島兜風。
佐多岬展望台
ブーゲンビリア ハイビスカス
附錄② 22
附錄② 21

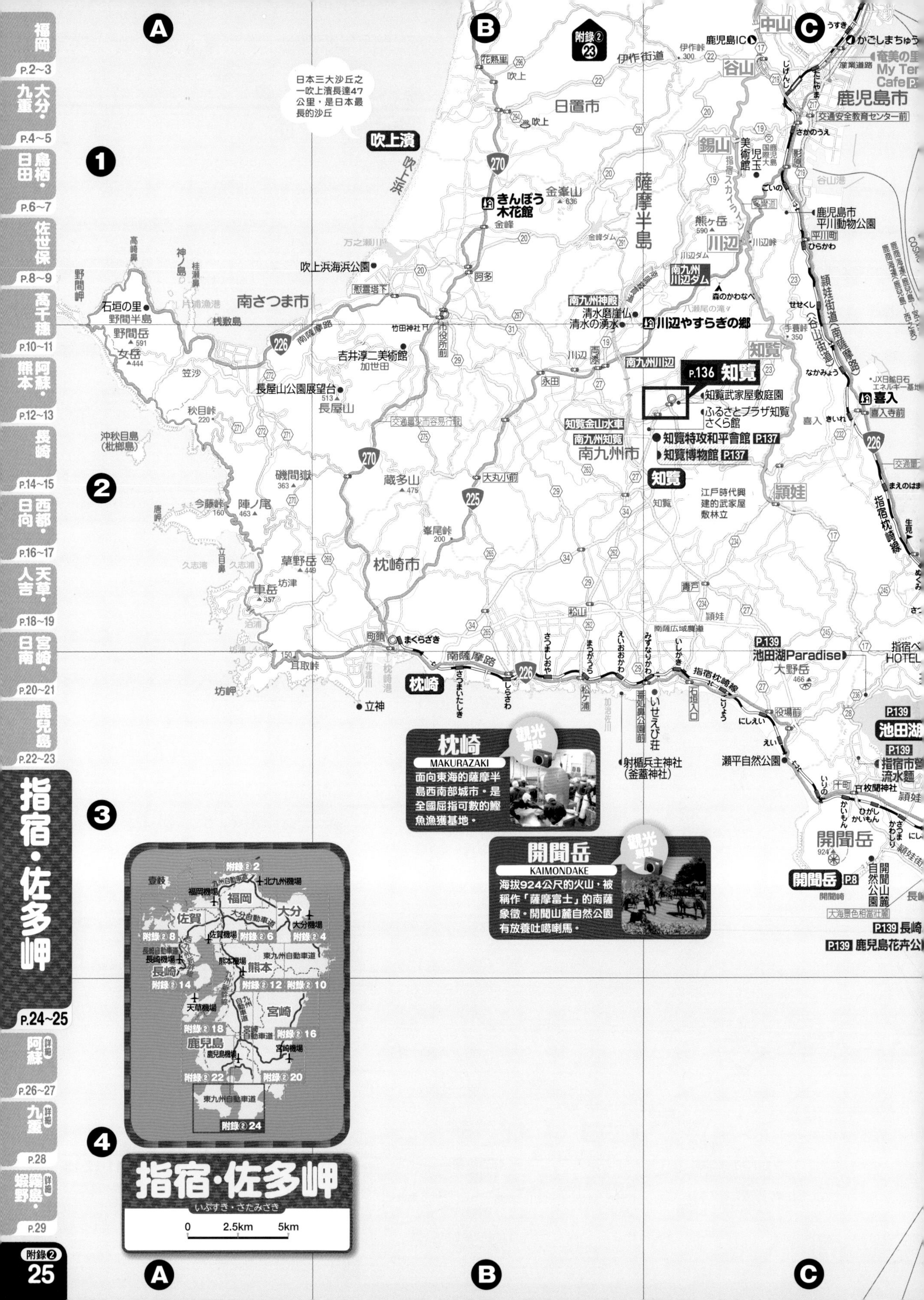

指宿・佐多岬
いぶすき・さたみさき
0 2.5km 5km
日本三大沙丘之一吹上濱長達47公里，是日本最長的沙丘
吹上濱
枕崎
MAKURAZAKI
面向東海的薩摩半島西南部城市，是全國屈指可數的鰹魚漁獲基地。
觀光景點
開聞岳
KAIMONDAKE
海拔924公尺的火山，被稱作「薩摩富士」的南薩象徵。開聞山麓自然公園有放養吐噶喇馬。
P.136 知覧
知覧武家屋敷庭園
ふるさとプラザ知覧さくら館
知覧特攻和平會館 P.137
知覧博物館 P.137
江戸時代興建的武家屋敷林立
きんぽう木花館
川辺やすらぎの郷
南九州神殿
清水磨崖仏
清水の湧水
南九州川辺ダム
吹上浜海浜公園
吉井淳二美術館
長屋山公園展望台
石垣の里
射楯兵主神社（釜蓋神社）
瀬平自然公園
P.139 池田湖Paradise
P.139 池田湖
開聞岳 P.8
鹿児島市平川動物公園
鹿児島市
日置市
南さつま市
南九州市
枕崎市
薩摩半島
野間半島
野間岳 591
金峰山 636
磯間嶽 363
蔵多山 475
大野岳 466
開聞岳 924
沖秋目島（枇榔島）
坊岬
立神
指宿枕崎線
南薩摩路
喜入
附録② 23
附録② 2
附録② 4
附録② 6
附録② 8
附録② 10
附録② 12
附録② 14
附録② 16
附録② 18
附録② 20
附録② 22
附録② 24
福岡
佐賀
大分
長崎
熊本
宮崎
鹿児島
壹岐
北九州機場
福岡機場
大分機場
佐賀機場
長崎機場
熊本機場
天草機場
宮崎機場
鹿兒島機場
東九州自動車道
福岡 P.2~3
九重・大分 P.4~5
日田・鳥栖 P.6~7
佐世保 P.8~9
高千穂 P.10~11
熊本・阿蘇 P.12~13
長崎 P.14~15
日向・西都 P.16~17
人吉・天草 P.18~19
日南・宮崎 P.20~21
鹿兒島 P.22~23
指宿・佐多岬 P.24~25
阿蘇 詳細 P.26~27
九重 詳細 P.28
霧島・蝦野 詳細 P.29
附録② 25

阿蘇
周邊圖
附錄②11·12·13
大觀峰 P.13·106
能看到180度遼闊大全景的阿蘇首屈一指觀景景點
阿蘇Skyline (Milk Road)
阿蘇內牧溫泉
阿蘇市
能眺望魄力十足的阿蘇五岳山貌的觀景台
阿蘇NATURE LAND P.107
門前町商店街 P.107
阿蘇神社(舊官幣大社) P.107
古民家餐廳 阿蘇はなびし P.108
隠れ茶房 茶蔵カフェ 阿蘇店 P.110
阿蘇乙姫溫泉 P.107 湯ら癒ら
鄉土料理 ひめ路 P.108
阿蘇公路休息站 P.107·附錄①11·②31
レストラン藤屋 P.110
山賊旅路 P.108
阿蘇高原騎馬俱樂部 P.107
阿蘇卡德利動物樂園 P.110
形似缽碗,山頂凹陷的小山,禁止進入
米塚 P.9
阿蘇全景線 P.107
阿蘇山
阿蘇全景線由於火山活動設有道路限制
中岳火口 P.13
草千里之濱 P.13
砂千里ヶ浜
阿蘇山公園道路
南阿蘇村
鄉土料理 高森田樂保存會 P.110
高森田樂村 P.109
石窯ピッツァスタジオーネ P.110
高森田樂之里 P.109
高森町
池之川水源 P.111
南阿蘇
明神池名水公園 P.111
白川水源 P.111
阿蘇望之鄉久木野公路休息站 附錄①11
あか牛の館 P.110
竹崎水源 P.111
小火車「夕菅號」 P.111
白水乃藏 P.108
元氣之森 P.110
景點 玩樂 美食 咖啡廳 溫泉 購物 住宿 活動 複合設施
禁止通行路段(2021年11月時)
D E F 1 2 3 4

搭大眾運輸去旅行

阿蘇&南阿蘇的大眾運輸

阿蘇地區的觀光基本上以開車為主，如果沒車也有其他旅行方式。不過班次數量有限，最好事先確認並擬定好計畫再出發。
※班次數量可能變更，需確認

以JR阿蘇站為目標

前往草千里及阿蘇內牧溫泉等的巴士在阿蘇站發抵。從熊本站出發搭JR豐肥本線，在肥後大津站轉乘約1小時40分～2小時（部分有直達車）。搭乘「阿蘇」、「九州橫斷特急」、「阿蘇男孩」等特急或觀光列車的話，不需轉乘約1小時10～30分。若搭乘高速巴士，往大分的「特急山彥號」（1天來回5班）或「九州橫斷巴士」（1天來回3班）比較方便。JR熊本站到阿蘇站前需時約1小時50分，需預約。

前往南阿蘇搭「快速高森號」、「特急高千穗號」

前往南阿蘇可搭「快速高森號」（1天來回3班），JR熊本站到高森中央約2小時。「特急高千穗號」（1天來回2班）僅限有空位時才能搭乘（JR熊本站到高森中央之間不可預約）。在南阿蘇區域內移動時，可以搭社區巴士「南阿蘇ゆるっとバス」。高森站前到立野站之間有三種路線：以國道325號等主要道路為中心行駛的白水路線、從縣道28號行駛國道328號的久木野路線，以及繞行立野站到阿蘇農場樂園等地的立野循環線。

- 九州橫斷巴士（熊本高速巴士預約中心 ☎096-354-4845）
- 特急巴士山彥號（熊本高速巴士預約中心 ☎096-354-4845）
- 機場直達巴士（大阿蘇大津計程車 ☎096-293-3355）
- 阿蘇市內環狀線巴士（產交巴士阿蘇營業所 ☎0967-34-0211）
- 阿蘇火口接駁巴士（產交巴士阿蘇營業所 ☎0967-34-0211）

福岡 P.2~3
大分・九重 P.4~5
鳥栖・日田 P.6~7
佐世保 P.8~9
高千穗 P.10~11
阿蘇・熊本 P.12~13
長崎 P.14~15
西都・日向 P.16~17
天草・人吉 P.18~19
宮崎・日南 P.20~21
鹿兒島 P.22~23
指宿 P.24~25
詳細 阿蘇 P.26~27
詳細 九重 P.28
詳細 霧島・鰻野 P.29

九重
周邊圖
附錄②5·6·11·12
0 1.5 3km
景點 玩樂 美食 咖啡廳 溫泉
購物 住宿 活動 複合設施
玖珠IC
豐後森驛
玖珠IC
龍門の滝
竜門の滝
龍門溫泉
大祖山
897.7
玖珠町
橫山
1036.8
由布院
惠良驛
惠良入口
水分PA
湯布院IC
玖珠町
青野山
850.5
大分自動車道
久大本線
城山
710.2
野矢驛
由布院驛
由布市
水分トンネル
九重ふるさと館
引治驛
九重町役場
豐後中村驛
萬年山
1140.2
野稲岳
1037.6
山並公路
奥江入口
小倉神社
小倉岳
770.3
九重町
小田の池
第一大原野
旅館やひろ
旅館福元屋
鹿伏岳
1024
第二大原野
大野原コスモス園
花となごみの宿 山光園
はんなりおやど龍泉閣
寶泉寺溫泉
寶泉寺觀光ホテル 湯本屋
季の郷山の湯
旅亭玉の湯 えび亭
ほたるとかじかの宿
旅館九重
川底溫泉
レークサイドホテル前
湯布院CC
大分県
熊本県
筌之口共同溫泉
九重「夢」大吊橋
九重「夢」大吊橋 物產直銷所 天空館
崩平山
1288.6
亀山の湯
麻生釣
貸別荘 宝泉寺温泉 ログハウスA
串野溫泉
旅籠彩くら
九酔渓
桂茶屋
九酔渓溫泉
渓谷の宿 二匹の鬼
朝日台
農家餐廳 Bebenko P.103
千町無田
小国町
涌蓋溫泉鄉
中岳
1010
けやきの森
旅館 新清館
MILK LAND FARM P.103
豆腐工房さくら草 P.103
岳の湯 地獄谷溫泉
岳の湯溫泉
裕花
守護陣溫泉
はげの湯溫泉
くぬぎ湯
豊礼の湯
山川ZENZO
山川溫泉
涌蓋山
1499.6
國立公園九重山並牧場
九州芸術の杜 槇木孝明美術館
由布市
馬子草溫泉
奴留湯溫泉
御宿泉水
旅荘 ゆつぼ亭
湯坪溫泉
泉水ローズガーデン
九重グリーンパーク泉水キャンプ村
飯田高原
長者原
長者原溫泉
大塚山
604
寺野尾溫泉
大岳溫泉
泉水山
1296
REST HOUSE YAMANAMI
男池湧水群
旅荘 小松別荘
朝日屋旅館
法華院溫泉 別館 花山酔
長者原 P.101
筋湯溫泉
筋湯うたせ大浴場
筋湯溫泉
九重悠々亭
旅館 両筑屋
名水の宿 宝珠屋
旅館 白滝
八丁原ヴューホテル
小松地獄
八丁原地熱発電所
九重觀光ホテル
山之宿寒之地獄旅館 P.101
九重星生ホテル
平治岳
1643.0
前岳
1334.0
黒岳
1587
高津屋山
587.6
一目山
1287.6
合頭山
1384
黒岩山
1502.8
三俣山
1744.3
大船山
1786.4
山並公路
やまなみ ハイウェイ
牧の戸峠
牧ノ戸峠
法華院溫泉
Chez-tani 瀬之本高原店
桃花庵窯
COCO VILLAGE
猟師山
1423.4
星生山
1762
中岳
1791
竹田市
夫婦滝
下田原
田の原溫泉
瀬ノ本高原
界 阿蘇 P.23·101
久住山
1786.5
稲星山
1774
禁止通行
久住山荘キャンプ場
久住高原ロードパーク
秘境七滝 お宿 華坊
満願寺
黒川溫泉
赤川溫泉
久住高原
くじゅう高原フラワーズヴァレー
レゾネイトクラブくじゅう
小田溫泉
四季の里はなむら
満願寺溫泉
瑞雲荘
彩の庄
竹ふえ
瀬之本高原
天空の展望公園
南小国町
黒川溫泉 P.114
小國鄉
旅館 花心
瀬之本高原飯店 P.113
ヒゴタイ公園
天空の大地 久住高原ホテル
久住ワイナリー(ショップ&レストラン)
ガンジー牧場
高江神社
產山村
久住溫泉
彦太郎池
くじゅう山荘
久住高原
南牧場
池山水源
九重花公園
Cafe Boi Boi P.102
星ふる館
ドライブイン やまなみ 高原牧場
久住高原コテージ
阿蘇市
溶岩石窯ピッツァ 轍 P.109
奥阿蘇の宿 やまなみ
阿蘇
久住高原GC
牧ノ元
竹田市街

霧島的不住宿溫泉

用富含礦物質的泥漿敷臉美膚
櫻櫻溫泉 ●さくらさくらおんせん
這家旅館的名產是泥湯露天浴池，使用富含溫泉礦物質的泥漿（湯之華）。可以不住宿泡湯的泥湯露天浴池溫泉成分滲透肌膚，不僅保濕還能發汗，舒緩肩頸僵硬等的效果也很好。
0995-57-1227 MAP附錄②29B-3
所鹿児島県霧島市霧島田口2324-7 霧島神宮站搭鹿兒島交通巴士16分，橫岳下車步行3分
L11:00～16:00 休不定休
¥泡湯費750円，1泊2食12000円～ P免費

能輕鬆利用的不住宿專門溫泉設施
前田溫泉 カジロが湯 ●まえだおんせん カジロがゆ
霧島溫泉鄉第一家不住宿專門溫泉設施。除了充滿淡乳白色溫泉的室內浴池及露天浴池之外，還有利用天然地熱的三溫暖。也有提供純住宿的服務。
0995-78-4126 MAP附錄②29B-2
所鹿児島県霧島市牧園町高千穂3941 霧島神宮站搭鹿兒島交通巴士28分，丸尾下車步行即到 L7:00～20:00
休第3週四 ¥泡湯費390円，純住宿3000円～
P免費

有兩種不同功效的溫泉
關平溫泉 ●せきひらおんせん
能享受以「泡湯飲用皆宜」著稱的名泉關平礦泉、能消除疲勞而廣受好評的新床溫泉這兩種溫泉的泡湯設施。有男女有別的大眾浴場，及充滿度假村氛圍的包租露天浴池（預約制）。
0995-78-4012 MAP附錄②29B-2
所鹿児島県霧島市牧園町三体堂2057-10 霧島溫泉站搭鹿兒島交通巴士18分，柳平下車步行10分 L9:00～20:00 休第1、3週二 ¥泡湯費320円，包租露天浴池1小時630円（需預約，泡湯費另計） P免費

霧島・蝦野
周邊圖 附錄②21・22
景點 玩樂 美食 咖啡廳 溫泉 購物 住宿 活動 複合設施
蝦野高原
霧島
霧島市
小林市
高原町
都城市
曽於市
湧水町
牧園町
韓国岳 1700.1
高千穂峰 1573.6
新燃岳 1395
中岳 1332.4
獅子戸岳 1429
大浪池
鹿児島県
宮崎県
霧島神宮 P.10・17・141・142
霧島神宮駅
霧島温泉駅
鹿児島機場 P.157・附錄①13
妙見温泉
霧島飯店 P.164
丸尾瀑布 P.17
旅行人山荘 P.164
霧島温泉市場 P.17・141
附錄②29 前田温泉 カジロが湯
附錄②29 關平温泉
櫻櫻溫泉 附錄②29
霧島市觀光服務處 P.141
鹿児島縣霧島藝術之森 P.17・140
きりん商店 P.140
道の駅 霧島
日の出温泉きのこの里 喫茶たんぽぽ P.141
地鶏炭火焼 古里庵 霧島店 P.23・141
天孫降臨霧島九面太鼓元旦奉納
Active Resorts霧島
えびのエコミュージアムセンター
日豊本線
九州自動車道

\集結特色商品/

買在當令！吃在當令!!

人氣公路休息站

九州有超過130座公路休息站，充滿鄉土色彩的美食及伴手禮、新鮮海產、農產物等品項一應俱全，使用者也在不斷增加。以下就來聚焦頗受歡迎的公路休息站！

圖示範例  道路資訊  餐廳或輕食  伴手禮  產地直銷所   泡湯設施    住宿設施

買鮮魚顧客雲集的人氣公路休息站

福岡縣 宗像市

1 宗像公路休息站

建議此時前往 9:00～12:00

●みちのえき むなかた MAP 附錄②3C-2

面向玄界灘的鐘崎漁港為首四個漁，由漁夫每天早上直送的海鮮大受歡。有魚類加工區，也能提供烹調法及味吃法的建議。備有豐富的當地產農品、手作便當及熟食等。

0940-62-2715

福岡県宗像市江口1172 九州自動車道若宮IC往皐月松原方向行縣道9、30、92、69號、國道495號開19km 9:00～17:00 第4週一（逢假日則翌日休） 免費

多人前來購買以鮮魚為主的當令產品，每天都很熱鬧

關注焦點1

每每搶購一空的新鮮生魚

水產區占賣場面積3分之1，每天直接向漁夫進玄界灘產鮮魚。視購買的魚種類及大小，可以請加工區協助去除內臟、以兩面或三片切法進行處理（收費）。亦設有販售保麗龍箱及保冷劑的宅配區。有時候白天就會銷售一空。

代客處理魚加工區模樣

CHECK!

可品嘗海鮮料理的「おふくろ食堂 はまゆう」

附設的「おふくろ食堂 はまゆう」當天捕獲的海鮮蓋飯及玄海茶泡飯套餐（1150円～）很有人氣。菜單數量有限。

11:00～15:30

附味噌湯和醃菜的「鯛魚鰤魚蓋飯」（1480円）

關注焦點2

不斷回購！米粉做的麵包

別館有家米粉麵包店「パン工房 姫の穂」。使用以宗像市及福津市米為原料的米粉82%與小麥麩質18%所製的麵包，口感溫潤有彈性。2樓設有內用空間。售完打烊。

添加宗像製造商「海千」無著色辣明太子的「明太子法國麵包」250円

戚風蛋糕850円

關注焦點3

宗像や（正助ふるさと村）

使用當地產「博多甘王草莓」及藍莓等當令水果做的霜淇淋、「宗像牛」可樂餅等外帶菜單很豐富。

「博多甘王草莓」、「正助藍莓」、「大島甘夏蜜柑」等霜淇淋各350円

「宗像牛特選可樂餅」1個150円

9月後半到12月前半為柿子盛產期

一到中元時期，買桃子的顧客就會增加

關注焦點2

福岡首屈一指的水果之里

浮羽市在福岡縣內也是首屈一指的水果產地。以草莓為首，桃子、藍莓、無花果、葡萄、梨子、柿子及奇異果等各季採收的水果應有盡有，也有許多人來購買送禮用的禮盒。也設有完備的宅配區。

比奧內葡萄霜淇淋350円

關注焦點3

購買水果之里特有的逸品

也有各式各樣新鮮水果的加工商品。從果醬等常見商品，到添加水果泥的咖哩調理包、味噌、醬汁等罕見食品都有。

適合抹麵包的「無花果果醬」450円起

將切碎的富有柿拌入味噌，再加入大塊柿子醃漬而成的「浮羽的富有物語 柿味噌」650円

關注焦點1

特產豬肉「耳納一噸」

「耳納一噸」是浮羽市的特產母豬。使用以玉米為基底的飼料來培育，豬肉布滿優質美味的油花。「お食事処 なかよしこよし」有供應炸豬排等耳納一噸料理。

お食事処 なかよしこよし 0943-77-2155 10:00～16:00

耳納一噸炸豬排定食1530円

巨大的現炸「羽炸豬排」500円

CHECK!

「豬腳」賣場品項豐富

公路休息站通常鮮少設有豬腳區。浮羽市有家當地知名的豬腳專賣店「みのう豚足 山歩」，公路休息站也有販售以該店為首的多家商店商品。

真空包豬腳2隻入600円起

重視地產地消的浮羽資訊站

福岡縣 浮羽市

2 浮羽公路休息站

建議此時前往 9:00～14:00

●みちのえき うきは MAP 附錄②6D-3

以四季水果為招牌，有主要販售浮羽市產商品的特產館、地產地消的餐館以及觀光服務處。從觀景露台能將筑後平原盡收眼底。

0943-74-3939

福岡県うきは市浮羽町山北729-2 大分自動車道杷木IC往日田方向行駛國道386號、縣道52號、國道210號開車5km 9:00～18:00 第2週二（逢假日則翌日休） 免費

特產館內陳列超過700位生產者的商品

有明海海鮮&太良蜜柑為招牌商品

佐賀縣 太良町

3 太良公路休息站

●みちのえき たら

MAP 附錄②14E-1

建議此時前往 11:00～14:00

建於往年11月到4月中旬時（可能變更）烤竹崎牡蠣的小屋林立，俗稱「太良烤牡蠣海道」的沿線上。直銷所的「たらふく館」有販售竹崎牡蠣、竹崎蟹、太良蜜柑等季節特產品及加工品。

建於面向海鮮寶庫有明海的位置

0954-67-9117（たらふく館）

所 佐賀県太良町伊福甲3488-2 交 長崎自動車道嬉野IC往太良町役場方向行駛縣道1號、國道34號、縣道41號、鹿島By-pass、國道207號開車25km 時 9:00～18:00 休 無休 P 免費

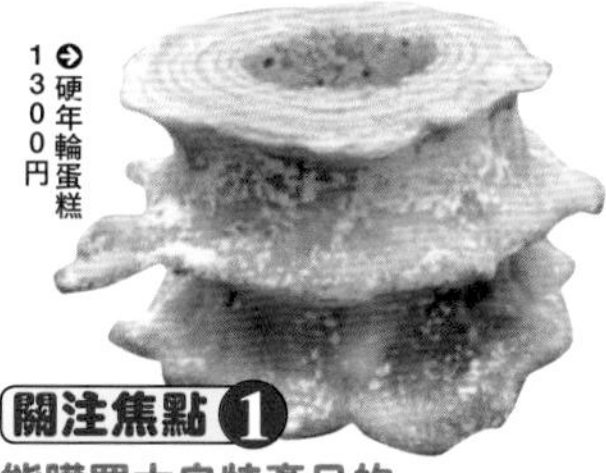

➡硬年輪蛋糕1300円

關注焦點1

能購買太良特產品的「たらふく館」

以太良特產「太良蜜柑」為首，種類豐富的太良特產品一應俱全。館內的「たらふく蜜柑通」9月中旬到翌年5月中旬左右會更換品種，陳列各種蜜柑。

⬅竹崎牡蠣在12月到3月左右登場

關注焦點2

充滿鮮味的海苔

太良海苔生產事業所的「瓶裝海苔」充滿了有明海的恩惠。是熱門零嘴及下酒菜，包飯糰也很好吃。

瓶裝海苔（燒烤、鹽味、調味）各540円

關注焦點3

新鮮酸味相當清爽

使用在當地「田島柑橘園」採收的太良蜜柑原汁製成的霜淇淋是必吃美食！酸味與甜味形成絕妙平衡，尾韻清爽。霜淇淋可以在位於たらふく館別館的「たらっこ会」購買。

太良蜜柑霜淇淋350円

たらっこ会

時 9:00～16:00

休 週三（其他可能不定休）

CHEC

外帶活海鮮

「たらふく館」設有水槽區販售活跳跳的竹崎蟹、海及蛤蜊等海鮮。以當地顧為中心廣受好評。

陳列著當令海鮮

陳列著當地店家及農家帶來的商品

熊本縣 阿蘇市

5 阿蘇公路休息站

●みちのえき あそ

MAP 附錄②26E-2

LINK P.107・附錄①11

建議此時前往 11:00～13:00

位於能正面眺望阿蘇五岳的絕佳地理位置，販售阿蘇市採收的當令蔬菜、手工麵包、便當及熟食等。館內設有觀光服務窗口，由專人提供四國語言介紹。

0967-35-5088

所 熊本県阿蘇市黒川1440-1 交 九州自動車道熊本IC往大分方向行駛國道57號開車32km 時 9:00～18:00（霜淇淋販售所為9:30～17:00） 休 無休 P 免費

室外有24小時開放的洗手台，也可以飲用

➡竹原牧場牛奶霜淇淋、阿部牧場優格霜淇淋、阿部牧場牛奶霜淇淋皆為1個400円

關注焦點1

好想試吃比較三種霜淇淋！

在「阿蘇公路休息站」最受歡迎的三種霜淇淋。有阿部牧場的牛奶霜淇淋及優格霜淇淋，以及竹原牧場的牛奶霜淇淋，務必試吃比較看看！

關注焦點2

有多種便宜好吃的外帶美食

使用當地產品製成的外帶美食豐富多樣。「馬玉飯糰」是用煮得鹹鹹甜甜的馬肉炊飯包裹半熟蛋捏製而成。「赤牛馬肉漢堡串」是在赤牛漢堡排中加入馬筋肉，能嘗到赤牛的鮮美及塊狀口感。也很推薦將阿蘇特產「醃芥菜」油炒後作為饅頭內餡的「芥菜萬十」。

➡馬玉飯糰1包2入約350円

森萬十店的芥菜萬十1個110円

➡赤牛馬肉漢堡串有和風洋蔥500円、起司胡椒540円

阿蘇牛奶起司布丁1個350円

醃芥菜是日本三大醃菜之一

關注焦點3

阿蘇特色伴手禮齊全

以阿蘇牛奶及奶油乳酪製成的「阿蘇牛奶起司布丁」滋味濃郁、口感滑順，使用在高冷地帶獨特氣候下栽培的芥菜醃成的「阿蘇醃芥菜」，都很適合當作伴手禮。還有各種「阿蘇芥菜」的漬物220円起。

將特產品哈密瓜及其加工品當作伴手禮

熊本縣 菊池市

4 七城MELON DOME公路休息站

●みちのえき しちじょうメロンドーム

MAP 附錄②13C-2

建議此時前往 9:00～12:00

哈密瓜造型外觀很吸睛。阿露絲哈密瓜、肥後青肉哈密瓜、紅不讓哈密瓜等多個品種一應俱全。附設餐廳及特產館，販售豐富的哈密瓜加工品、標示生產者姓名的蔬菜及花卉等。

0968-25-5757

所 熊本県菊池市七城町岡田306 交 九州自動車道植木IC往菊池方向行駛國道3號、縣道53、139號、國道325號開車11km 時 9:00～18:00，餐廳為10:00～13:30 休 1月1～3日 P 免費

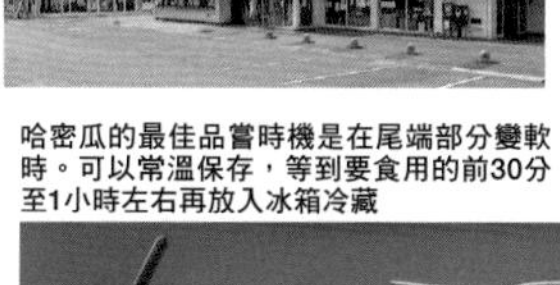

頂為目標出發……以三個哈密瓜型

哈密瓜的最佳品嘗時機是在尾端部分變軟時。可以常溫保存，等到要食用的前30分至1小時左右再放入冰箱冷藏

關注焦點1

七城哈密瓜的糖度出眾！

引進光學糖度計，販售糖度超過14度、觀良好的優品以上哈密瓜。主要在3月旬到5月上旬販售紅不讓哈密瓜；4月中到7月中旬販售肥後青肉哈密瓜；7月到月中旬販售阿露絲哈密瓜。

關注焦點2

超人氣哈密瓜製品

在各種哈密瓜加工品當中，必買的商品就是「哈密瓜麵包」。將大量哈密瓜果汁拌入麵團中揉製，味道與香氣都很濃郁。還有內含哈密瓜奶油餡的哈密瓜麵包。生鮮果汁區的人氣商品「哈密瓜思慕昔」是以果汁機將新鮮生哈密瓜打成汁，同樣不容錯過！

哈密瓜麵包1個160円
照片右方偏紅的是內含哈密瓜奶油餡的商品1個180円

哈密瓜思慕昔700円

強棒麵（一般麵條、米麵條）各680円

七城米 2kg 1160円 5kg 2780円 10kg 5460円

關注焦點3

不光只有哈密瓜受歡迎！

七城MELON DOME的餐廳採用自助餐廳式，可以展示櫃自由拿取料理。推薦菜單是使用100%七城米製米麵的強棒麵。麵條比素麵粗，口感有彈性。有使用一般麵條的強棒麵。在熊本縣內以高品質聞的七城產米是以「七城的米」為品名販售。

關注焦點 1

「炸雞」非吃不可！

中津又稱為炸雞聖地。在餐廳可以點最熱銷的炸雞定食或外帶炸雞。也很推薦公路休息站午餐，能一次品嘗炸雞、糰子湯、魩仔魚蓋飯等人氣菜色。

公路休息站午餐 1280円

農產品多為溫室生產，種類全年豐富

炸海鰻漢堡 350円

點餐後才下鍋炸而需要一些時間的外帶炸雞為330円及550円

以名產「炸雞」為首，有各種當地特產品

大分縣 中津市

6 中津公路休息站

●みちのえき なかつ MAP 附錄②5B-2

建議此時前往 9:00～12:00

以城下町町屋為意象的建築內設有餐廳及特產館，備有中津市名產及特產品。名產「炸雞」、特產海鰻料理及黑田官兵衛相關美食等蔚為話題。

☎0979-64-8830

所 大分県中津市如来814 交 東九州自動車道中津IC往國道10號方向行駛中津日田道路、縣道664號、一般道路開車4km 時 9:00～19:00（11～2月到18:00），餐廳為10:00～17:00（週六日、假日到18:00），資訊休息室為9:30～18:15 休 無休 P 免費

官兵衛霜淇淋 400円

位於國道10號沿線，有寬廣的停車場及24小時開放使用的廁所

關注焦點 2

鍋燒飯區

可品嘗中津名產海鰻天婦羅等八種鍋燒飯。所有菜單皆附味噌湯、小菜及醃菜。

盛有中津特產海鰻天婦羅的「海鰻鍋燒飯」1280円

關注焦點 3

黑田官兵衛相關美食

由於大河劇《軍師官兵衛》而受到關注的黑田官兵衛，是修築中津城的歷史人物。以官兵衛為意象的霜淇淋是人氣第一美食。

美食及伴手禮都充滿佐世保魅力

長崎縣 佐世保市

8 SASEBOX99公路休息站

●みちのえき させぼっくす ナインティナイン MAP 附錄②9C-4

建議此時前往 11:00～15:00

充滿佐世保魅力的公路休息站。銘品館陳列許多佐世保特產品，美食館有檸檬牛排、佐世保漢堡等豐富的佐世保美食。以舊海軍的吉利食品「入港善哉」為配料的「佐世保海軍霜淇淋」也是人氣美食。

由銘品館、美食館、乾貨館及活動館構成的公路休息站

☎0956-42-6077

所 長崎県佐世保市愛宕町11 交 西九州自動車道相浦中里IC即到 時 銘品館9:00～18:00，美食館7:00～15:00，外帶區10:00～16:00，乾貨館9:30～18:00 休 不定休 P 免費

關注焦點 1

在美食館享受佐世保美味！

在有三間店鋪進駐的美食廣場式美食館，檸檬牛排及海上自衛隊咖哩頗受歡迎。「ミリタリー食堂」的「水陸機動團咖哩」在以相浦陸上自衛隊為意象的便當盒內，盛裝忠實重現水陸機動團相浦駐屯地味道的咖哩而蔚為話題！

ミリタリー食堂 時 10:00～14:40

水陸機動團咖哩 1200円

檸檬牛排套餐2280円

關注焦點 2

也不能錯過甜點！

「蜂の家」的巨大泡芙是佐世保的代表性甜點。除了能在美食館內用之外，銘品館也有販售伴手禮用商品。「佐世保海軍霜淇淋」是以與舊海軍有關的「入港善哉」為配料的日西合璧甜點。

「蜂の家」巨大泡芙 1個540円

佐世保海軍霜淇淋450円

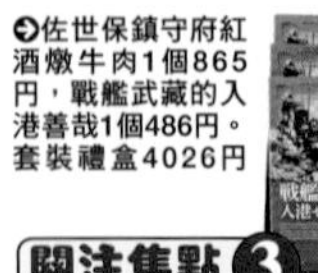

佐世保鎮守府紅酒燉牛肉1個865円，戰艦武藏的入港善哉1個486円，套裝禮盒4026円

關注焦點 3

必買伴手禮就是這個！

建造戰艦武藏時，佐世保海軍工廠曾參與艤裝作業。吃入港善哉是日本舊海軍時代的習俗，據說會在艦艇返回母港的前一晚招待眾人。在佐世保，入港善哉是眾所熟知的吉利甜點。「佐世保鎮守府紅酒燉牛肉」則是為了紀念曾設置海軍基地鎮守府的佐世保等四個城市名列日本遺產而推出的商品。

高千穗名產與觀光資訊都在這！

位於高千穗町中心的公路休息站

宮崎縣 高千穗町

7 高千穗公路休息站

●みちのえき たかちほ MAP 144 LINK P.12

建議此時前往 9:30～11:00、13:00～18:00

附設觀光服務處（無人）、特產館、餐館的公路休息站，可以取得觀光手冊。特產館販售當地農家提供的蔬菜、神樂之里相關點心及商品。

☎0982-72-9123

所 宮崎県高千穂町三田井1296-5 交 九州中央自動車道藏田十字路口往高千穗方向行駛國道218號開車30km 時 8:30～17:00，餐廳為10:30～16:00 休 無休 P 免費

關注焦點 1

這就是高千穗美食

在餐廳可品嘗烏龍麵、蕎麥麵及使用高千穗牛的菜單等。高千穗牛肉可樂餅是當地美食，牛肉與馬鈴薯的比例及調味絕妙。還有分量十足的可樂餅漢堡。放上鹽烤雞翅的雞肉鹽味烏龍麵也是連連回購的人氣菜單。

雞肉鹽味烏龍麵900円

高千穗牛肉可樂餅 180円

數量有限的可樂餅漢堡520円

關注焦點 2

美味與樸實感吸引人的伴手禮！

在販售特產品及蔬菜的特產館，當地產點心也是人氣商品。特別是起司味濃郁的「太陽起司饅頭」、有原味及黑糖口味的手工「甜甜圈」吸引了不少回頭客。

太陽起司饅頭1個200円

位於國道218號沿線的巨大紀念碑

關注焦點 3

巨大紀念碑讓人目不轉睛!?

在高千穗天孫降臨神話中登場的天手力男命和天鈿女命的紀念碑坐鎮在入口處。由於太過巨大且壯觀，有不少照片被上傳到社群網站上。

圖示範例：道路資訊　餐廳或輕食　伴手禮　產地直銷所　泡湯設施　住宿設施

九州 CONTENTS 1

4 旅行使用說明書 How to Travel

Part 1
4 九州旅行地圖

Part 2
6 滿滿的九州熱門資訊！
新聞&話題

Part 3
8 好想看一看這種風景！
九州吸睛美照之旅

Part 4
12 盡情享受絕景、溫泉與美食！
九州完美行程
12 3天2夜 宮崎～熊本～福岡 王道行程
16 2天1夜 宮崎～鹿兒島 絕景&能量景點行程
18 2天1夜 搭西九州新幹線前往長崎～佐賀之旅

特別附錄 1
九州伴手禮完美BOOK

特別附錄 2
九州兜風MAP
人氣公路休息站

20 地區援助計畫 長崎縣諫早市

24 福岡 ふくおか・はかた・だざいふ
博多・太宰府

26 博多・天神
26 7大美食排行榜
26 博多拉麵
28 名產！天神的攤販美食
30 牛腸鍋 32 烤雞肉串／烤雞皮
33 水炊鍋／一口煎餃
34 中洲・天神漫步
36 JR博多站最新導覽
38 博多・天神推薦景點
42 太宰府 44 糸島
46 門司港 48 柳川

AREA MAP
39 福岡市
40 博多・天神
42 太宰府
46 門司港 48 柳川

50 長崎 ながさき・ハウステンボス・させぼ
豪斯登堡・佐世保

52 長崎市
52 大浦天主堂周邊漫步
54 CLOSE UP！哥拉巴園
56 從長崎新地中華街到眼鏡橋
58 出島聚焦特寫！
59 千萬美元夜景&燈光秀
60 前往i+Land nagasaki！
61 長崎市推薦景點
62 長崎必吃美食排行榜
62 強棒麵
63 皿烏龍麵
64 土耳其飯／桌袱料理／茶碗蒸
65 在人氣咖啡廳小歇片刻
68 豪斯登堡
72 佐世保

74 雲仙
75 島原
76 平戶

AREA MAP
52 南山手～東山手
56 長崎新地中華街～眼鏡橋
66 長崎廣域圖 67 長崎詳細圖
72 佐世保 74 雲仙
75 島原 76 平戶

77 佐賀 さが・ありた・いまり・よぶこ
有田・伊萬里・呼子

78 有田・伊萬里
80 唐津・呼子
82 嬉野溫泉
83 武雄溫泉

AREA MAP
80 呼子 80 唐津

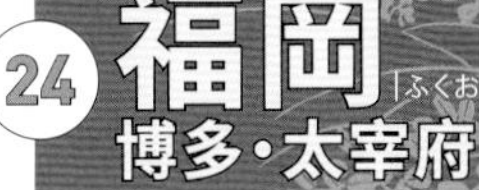

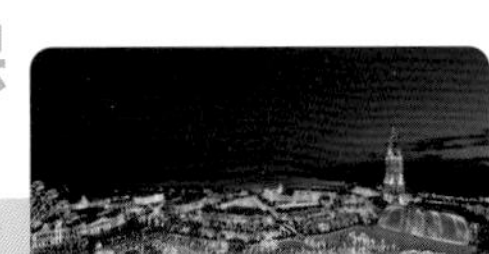

84 大分 別府・由布院
おおいた・べっぷ・ゆふいん

86 別府
86 鐵輪溫泉地獄之旅
88 前往別府特色溫泉
90 別府美食

92 由布院
92 由布院之主要道路散步
94 在由布院令人嚮往的旅館歇宿過夜
96 由布院午餐&咖啡廳
98 由布院甜點伴手禮

100 九重
100 高原兜風最佳行程
102 美食景點要CHECK!!

AREA MAP
89 別府
99 由布院

104 熊本 阿蘇・天草
くまもと・あそ・あまくさ

106 阿蘇
106 阿蘇的絕景兜風
108 阿蘇的絕品餐點
110 阿蘇推薦景點
111 南阿蘇假日

112 黑川溫泉
112 名產巡遊露天浴池
114 邊走邊吃&尋找伴手禮MAP

116 熊本市
116 去看看熊本城的現況吧！
118 熊本王道美食

122 人吉
124 天草

AREA MAP
114 黑川溫泉
121 熊本市　122 人吉

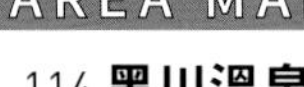

126 鹿兒島 櫻島・指宿
かごしま・さくらじま・いぶすき

128 鹿兒島市
128 鹿兒島歷史探訪
130 鹿兒島美食

134 櫻島
136 知覽
138 指宿

140 霧島
140 霧島放鬆之旅
142 霧島神宮

AREA MAP
133 鹿兒島市
134 櫻島
136 知覽
138 指宿

143 宮崎 高千穗・青島
みやざき・たかちほ・あおしま

144 高千穗
144 到天孫降臨之地旅行
146 高千穗的美味午餐

148 青島・日南海岸

150 宮崎市
150 宮崎美食
152 芒果甜點／宮崎市推薦景點

AREA MAP
153 宮崎市

便利資訊

154 九州的世界遺產導覽
156 九州的主要機場
160 九州交通指南
164 九州推薦住宿指南
165 Index

利用本書前請詳細閱讀下列事項

●本書刊載的內容為2022年10月～11月時採訪、調查時的資訊。
本書採訪、調查後，餐廳的菜單與商品內容、費用等各種刊載資訊有可能變動，也可能依季節而有變動或臨時公休等情況而無法利用。因為稅金的浮動，各項費用可能變動，因此會有部分設施的費用是以未稅金額標示，消費之前請務必事先確認。此外，因本書刊載內容而造成的糾紛和損害等，敝公司無法提供賠償，請在確認此點之後再行購買。

●圖示說明　各物件所記載的標示內容如下。

 景點  玩樂  美食  購物  咖啡廳  溫泉  住宿  複合設施

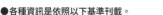

●各種資訊是依照以下基準刊載。
☎…電話號碼／刊載的電話號碼為各設施的洽詢用電話號碼，因此可能會出現非當地號碼的情況。使用衛星導航等設備查詢地圖時，可能會出現和實際不同的位置，敬請留意。
🕒…營業時間、開館時間／營業時間、開館時間是標示實際上可以使用的時間。基本上餐飲店為開店到最後點餐時間，各種設施為開館到可入館的最終時間。

休…公休日／原則上只標示出公休日，省略過年期間、黃金週、盂蘭盆節和臨時公休等情況。
¥…費用、價錢／●各種設施的使用費用，基本上為大人1人份的費用。
●住宿費用標示的是該飯店一般客房的費用，附餐點時則標示2人1房時1人份的費用。費用包含服務費、消費稅，但可能視季節、星期、房型等而異，預約時請務必確認。
所…所在地
交…交通方式／原則上標示從最近車站前往的交通方式。所需時間為參考值，可能視季節、天候、交通機關時刻表改動而有所不同。
P…停車場／標示有無停車場。只要有停車場，基本上都會標示「收費」或「免費」；若無停車場則不會標示。
MAP 附錄00X-0 標示設施在地圖上的位置。

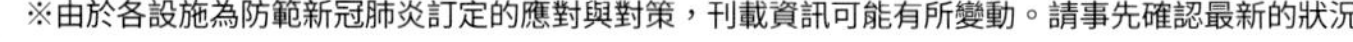
※由於各設施為防範新冠肺炎訂定的應對與對策，刊載資訊可能有所變動。請事先確認最新的狀況。

旅行前先確認！

Part 1

九州旅行地圖

到了要擬訂行程的時候，該使用哪種交通方式好？各地區位置及人氣景點位在哪裡？意外地不知道。先來看這張旅行地圖，迅速掌握各地區位置吧！

從地圖 迅速掌握九州

福岡縣 P.24
宗像大社
門司港
玄界灘
北九州機場

佐賀縣 P.77
糸島
博多、天神
呼子
唐津
平戶
伊萬里
武雄
吉野里
佐世保
有田
佐賀機場
柳川
嬉野
有明海
豪斯登堡

福岡機場
- 到博多站
  福岡機場站搭地鐵機場線5分
- 到天神
  福岡機場站搭地鐵機場線11分

福岡機場
太宰府
國東半島
大分機場
耶馬溪
由布院
別府
別府灣
九重
黑川溫泉
大分縣 P.84
大觀峰
阿蘇
熊本市
熊本機場

長崎機場
長崎縣 P.50
島原灣
橘灣
雲仙
島原
長崎市
島原半島

熊本機場
- 到熊本站
  搭產交利木津巴士1小時

高千穗
高千穗峽
天草機場
天草
上島
下島
八代海

熊本縣 P.104
宮崎縣 P.143

長崎機場
- 到長崎站
  搭長崎巴士、長崎縣營巴士43分～1小時1分

宮崎機場
- 到宮崎站
  搭JR宮崎機場線、日南線、日豐本線15分（不需轉乘）

人吉
日向灘
宮崎市
鹿兒島縣 P.126
蝦野高原
霧島
鹿兒島機場
宮崎機場
青島、日南海岸
鹿兒島市
仙巖園
櫻島

鹿兒島機場
- 到鹿兒島中央站
  搭鹿兒島交通巴士、南國交通巴士40分

知覽
指宿

NEWS

2022年9月23日西九州新幹線（武雄溫泉站～長崎站）開通了！

西九州新幹線「海鷗號」連接武雄溫泉站到長崎站。武雄溫泉站～長崎站之間約 30 分，武雄溫泉站～博多站之間搭在來線特急「接力海鷗號」約 1 小時。在武雄溫泉站的同一月台即可於對面轉乘。

九州在這裡

廣大的九州 確認所需時間和距離

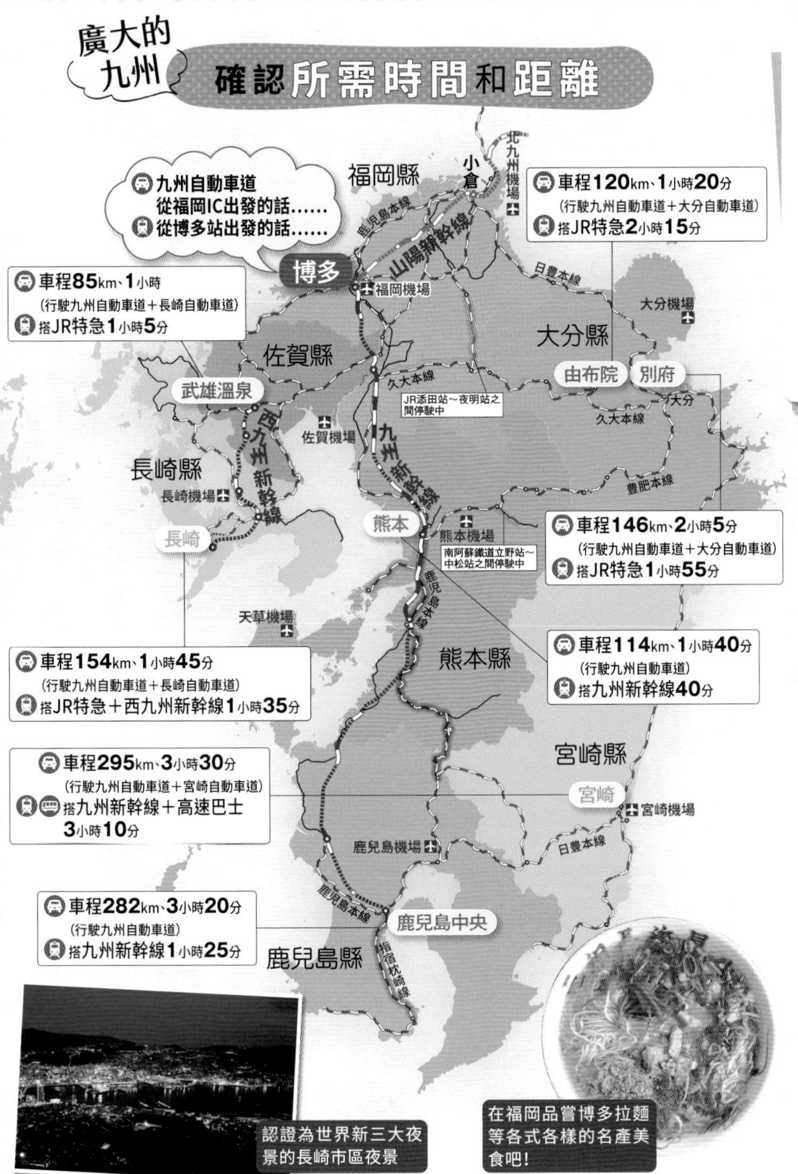

認證為世界新三大夜景的長崎市區夜景

在福岡品嘗博多拉麵等各式各樣的名產美食吧！

☑ 規劃行程時的要點

- 跨縣巡遊多個觀光地點時，需安排**3天2夜以上**
- 到當地的移動方式，若以九州圈內或山口縣為出發地可以自駕，其他地區**一般都是搭飛機**。不過，若是從關西方向前來，不必轉乘即可抵達鹿兒島中央站的**九州新幹線也很方便**
- 九州各縣的市區，**大眾運輸基本上很發達**。離開市中心後電車和巴士的班次會減少，所以請事先確認時刻表。視情況**也可以考慮租車**

必知！ 九州各縣的地方特色

福岡縣

位於九州北部，**是九州及亞洲的門戶**。**福岡市位居中心地區**，是個都市型商業設施聚集在山、海、川等自然環境附近，同時擁有豐富歷史資產的緊密都市。祭祀學問之神的**太宰府**、可巡遊護城河的**柳川**等地都是熱門景點。

伴手禮 辣明太子、名點、梅枝餅
必吃美食 博多拉麵、牛腸鍋、一口煎餃

長崎縣

位於九州西北部，長約4200公里的海岸線有半島、海角、海灣等豐富地形，其長度在日本僅次於北海道。以擁有**哥拉巴園**及**大浦天主堂**的**長崎市**為首，還有可欣賞**九十九島絕景**的**佐世保**、主題樂園**豪斯登堡**以及**溫泉勝地雲仙**等，觀光景點豐富。

伴手禮 長崎蛋糕、名產點心、強棒麵
必吃美食 強棒麵、皿烏龍麵、土耳其飯

熊本縣

熊本縣最自豪的當屬**阿蘇**，擁有世界規模最大的破火山口，是**九州第一人氣觀光區**。在山間溪流沿岸旅館雲集的**黑川溫泉**，使用入湯手形就能愉快地巡遊各個露天浴池。在以**天草五橋**相連的天草，可以體驗**觀賞海豚**。

伴手禮 芥末蓮藕、即時糰子、柑橘甜點
必吃美食 赤牛、馬肉料理、熊本拉麵

大分縣

以**別府、由布院、九重**為首，有60多座溫泉勝地四散在縣內，是以「溫泉縣大分」聞名全國的**溫泉天堂**。其中，別府的源泉數量及湧出量都是日本第一，也是全球屈指可數的溫泉鄉。海地獄、血池地獄等**「別府地獄巡禮」**是觀光必去的行程。

伴手禮 柚子胡椒、臭橙製品、麥燒酎
必吃美食 雞肉天婦羅、別府冷麵、地獄蒸

佐賀縣

鄰接玄界灘和有明海，距離朝鮮半島很近，因而在歷史文化方面深受大陸文化影響。**唐津、伊萬里、有田**等地自古以來就是知名的**陶瓷器產地**。

伴手禮 陶瓷器、花枝燒賣
必吃美食 呼子活花枝生魚片、佐賀牛

鹿兒島縣

中央是浮在錦江灣的鹿兒島象徵**櫻島**，西側是薩摩半島、東側是大隅半島。薩摩半島上有**以砂蒸溫泉聞名的指宿**，以及素有**薩摩小京都**之稱的**知覽**。在群山環繞的地區，有南九州首屈一指的能量景點**霧島神宮**坐鎮。以品嘗日本知名**鹿兒島黑豬肉**、甜點**白熊冰**等為目標的美食之旅也很有趣。

伴手禮 薩摩炸魚餅、番薯甜點、輕羹
必吃美食 鹿兒島黑豬肉、薩摩料理、白熊冰

宮崎縣

如同縣樹「加拿利海棗」的象徵意義，是氣候晴朗、南國風情洋溢的地區。**南蠻炸雞、宮崎牛、芒果**為其知名美食，也有許多美食景點。縣內有**高千穗神社、天岩戶神社**等，流傳著天孫降臨傳說的**高千穗**也是人氣觀光地區。

伴手禮 起司饅頭、芒果製品、南國水果甜點
必吃美食 南蠻炸雞、宮崎牛、冷泡飯

滿滿的九州熱門資訊！

Part 2 新聞＆話題

隨著西九州新幹線「海鷗號」開通，各停車站的新聞、高級旅館以及九州首屈一指主題樂園的新設施也隨之推陳出新，快來看看關於九州的最新資訊吧！

車輛設計概念為「具九州特色的獨特車輛」

列車內部採用日西合璧、結合古典與現代的設計

2022年9月

西九州新幹線「海鷗號」通行佐賀、長崎！

西九州新幹線「海鷗號」連接佐賀縣武雄溫泉站與長崎縣長崎站，車程約 30 分。舉例來說，從博多站前往長崎站可搭乘特急「接力海鷗號」，在武雄溫泉站轉乘新幹線「海鷗號」。至於新幹線的停車站，佐賀縣有武雄溫泉站和嬉野溫泉站，長崎縣有新大村站、諫早站及長崎站。隨著西九州新幹線的開通，博多站～肥前鹿島站也新增了特急「喜鵲號」加入行駛。

☎0570-04-1717（JR九州服務中心）

搭乘觀光列車「雙星4047」！

巡遊佐賀縣、長崎縣這些九州觀光地區的觀光列車「雙星」。行駛路線有二：上午發車的「武雄溫泉→長崎」（經長崎本線）以及下午發車的「長崎→武雄溫泉」（經大村線），環繞西九州區域一圈。相對於沿著內陸「山」行駛的西九州新幹線，雙星 4047 行駛在面「海」路線。各路線每天 1 班，行駛時間以週五～一及假日為主。

概念是「西九州的沿海列車」

●洽詢
☎0570-04-1717（JR九州服務中心）

佐賀縣 嬉野市

うれしの まるく公路休息站在嬉野溫泉站登場

除了活用電子告示牌等觀光交流設施之外，還有介紹嬉野茶及肥前吉田燒等嬉野特產品的快閃店、如溫泉勝地般設有足湯的草地公園等，能好好放鬆休息。

名稱源自於作為療癒人心、使人「更圓融」的據點，也蘊含德語的市場之意

MAP 附錄②14D-1
LINK→P.19

佐賀縣 武雄市

武雄溫泉站的中途景點「武雄 旅 書店」

新開設於武雄溫泉站御船山口（南口），以旅行為概念的書店。除了旅遊相關書籍之外，以西九州為主題的食品及特產品也一應俱全。設有咖啡廳酒吧，候車的旅客能在此小歇一會。

販售武雄周邊地區的特產品等、發布觀光資訊
©YASHIRO PHOTO OFFICE

☎0954-22-2542
（武雄溫泉站觀光服務處）
所佐賀県武雄市武雄町昭和13-21 交武雄溫泉站內
營8:00～21:00 休無休

MAP 附錄②8E-4

長崎縣 長崎市

長崎站的伴手禮店「長崎街道海鷗市場」

位於 JR 長崎站高架下的商業設施，有伴手禮區、當地美食餐廳，以及可品嘗地方美酒的「海鷗橫丁」。

MAP 67A-1 LINK→附錄①5

位於JR長崎站剪票口前，方便利用

唐菓子「唐人捲」等長崎特色伴手禮齊全

星野集團的溫泉旅館品牌「界」於由布院和雲仙開幕！

長崎縣 雲仙市

界 雲仙

●かい うんぜん

MAP 74 LINK→P.22・74

2022 年 11 月於知名溫泉度假勝地雲仙開幕。混合和（日本）、華（中國）、蘭（荷蘭）要素的異國情調裝潢為其特徵。

彩繪玻璃相當美麗的大浴場

也有以寬廣露天浴池為主的「附客房露天浴池」房間

大分縣 由布市

界 由布院

●かい ゆふいん

MAP 99B-1

LINK→P.23・95

將有日本原鄉風景之稱的梯田當作景觀欣賞

以使用七島藺編織的「螢籠照明」為特徵的客房

溫泉旅館品牌「界」第 20 座設施。興建在周圍有由布岳環繞的美麗梯田風景中，可以眺望隨種稻曆法變遷的梯田，度過平靜愜意的時光。

長崎縣 佐世保市

豪斯登堡 兩大設施登場！

MAP 附錄②15C-1 LINK→P.68

米飛兔專賣店 Nijntje

世界知名人氣角色「米飛兔」的全球規模最大專賣店，體驗型商店 & 咖啡廳誕生。「Nijntje」在荷蘭語中意指「小兔子」，日本稱其為「ナインチェ」，這個店名只有豪斯登堡才有。

手拿荷蘭國旗的米飛兔迎接來客

米飛兔表情相當可愛的「興奮米飛咖哩」

繫著紅領巾、腳穿木鞋、手持荷蘭國旗的「基本款米飛兔布偶」，在日本只有豪斯登堡有賣。

夜晚會點燈，閃爍著如夢似幻的光芒（照片為示意圖）

天空旋轉木馬

高 15 公尺的三層旋轉木馬。搭乘義大利製的美麗馬車和吊籃，能盡情體驗以神話為意象的世界。4 歲以下及身高未滿 105 公分者需家長陪同。

大分縣 別府市

2023年春季啟航！向日葵號 紅號、紫號

日本第一艘 LNG 動力船將啟動大阪～別府的航線！2023 年 1 月「紅號」、4 月「紫號」開始航行。

●洽詢 ☎0120-56-3268

（聯繫向日葵號／受理時間9:00～19:00，週六日及假日9:00～17:00）

船內和室與洋室相連的「連通房」首度登場

鹿兒島縣 鹿兒島市

巴士站地下街「鹿兒島鄉土屋台村」重新開張！

餐飲店林立的「鹿兒島鄉土屋台村」在 2020 年 12 月結束營業，不過之後更換場地重新開張了。如今位於設有機場接駁巴士乘車處等巴士總站的鹿兒島中央巴士總站大樓 B1，在地下連接 JR 鹿兒島中央站前 AMU PLAZA。可品嘗多種鹿兒島美食。

☎099-204-0260 MAP 133B-3

（屋台村事務局／平日10:00～18:00受理）

所鹿兒島県鹿兒島市中央町11 鹿兒島中央巴士總站大樓B1 交JR鹿兒島中央站步行即到 營11:30～23:00（視店鋪而異） 休第1週一（逢假日則營業，翌平日休）

可品嘗丁香魚等鹿兒島名產

讓人聯想到攤販（屋台）的開放設計，可輕鬆光顧

2023年3月27日 福岡市地鐵七隈線「天神南站～博多站」延伸開業

福岡縣 福岡市

福岡市地鐵擁有機場線、箱崎線、七隈線這三條路線，作為福岡市民的代步工具之餘，當成觀光代步工具也相當便利。2023 年 3 月 27 日七隈線的延伸工程已經完成，天神南站～博多站開通。福岡市內的交通更便捷了。

●洽詢 ☎092-734-7800

（福岡市地鐵 旅客服務中心／8:00～20:00，無休）

七隈線各站到博多站的移動時間約縮短14分

Part❸

九州吸睛美照之旅

好想看一看這種風景！

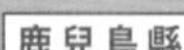

鹿兒島縣

開聞岳 ●かいもんだけ

聳立在薩摩半島南端的秀峰，山體呈現與薩摩富士之名相稱的美麗圓錐形。照片是從以國道 226 號海岸線為主體的「瀨平自然公園」（MAP 附錄② 25C-3）看到的景色。

MAP 附錄②25C-3

有薩摩富士之稱
薩摩半島的象徵

從令人感動的絕景到色彩繽紛的網美風景照，就來了解一下有哪些會讓人想立刻上傳到社群媒體的九州珍藏風景吧。

★從經典到祕境

令人著迷的絕景

從九州各縣代表性美景到
內行人才知道的祕境，
生動的絕景近在眼前。

四季各異的花朵 妝點久住高原

大分縣

九重花公園 ●くじゅうはなこうえん

以九重連山為背景，春有粉蝶花、夏有薰衣草等色彩繽紛的美麗花卉值得一看。園內除了餐廳及雜貨店，也有體驗工房等。

MAP 附錄②28C-4 LINK P.101

斜坡一帶有當季花朵點綴的 賞花勝地

長崎縣

白木峰高原

しらきみねこうげん

約 1 萬平方公尺的白木峰位於五家原岳半山腰，海拔約 330 公尺的丘陵。春有油菜花、秋有大波斯菊，色彩繽紛艷麗。推薦一邊眺望諫早灣及雲仙普賢岳，一邊度過悠閒的時光。

MAP 附錄②14D-2 LINK P.21

水彷彿從天而降 落入翡翠綠的瀑潭中

鹿兒島縣

雄川瀑布 ●おがわのたき

伏流水從柱狀節理的岩石表面流下來，落在高透明度的翡翠綠瀑潭中，相當美麗。在距離停車場車程約 10 分的錦江町，也有可俯瞰瀑布的上游觀景所。

✆0994-24-3115
（南大隅町商工觀光課）
自由參觀　所鹿兒島県南大隅町根占　交垂水港開車1小時

MAP 附錄②24E-3

位於阿蘇山麓的草原上 可愛的小型休眠火山

熊本縣

米塚 ●こめづか

形似顛倒的碗，山頂凹陷為其特徵的小山。斜坡上覆蓋著柔軟的草原，春夏之際能看見一片綠油油的美麗景色。為國家名勝及天然紀念物。

✆0967-34-1600
（阿蘇旅遊服務中心）
自由參觀
所熊本県阿蘇市乙姫永草
交阿蘇站開車15分

MAP 附錄②26D-3

連接九州本土和天草群島 五座橋梁及島嶼相當美麗

熊本縣

天草五橋 ●あまくさごきょう

位於熊本縣西南部的天草是由天草群島構成的地區，以天草上島與天草下島為主島。有天草五橋之稱的五座橋與九州本土相連，又名「天草珍珠線」。

MAP 附錄②18D-1 LINK P.124

★好想用相機封存！色彩繽紛的風景

九州有許多適合拍網美照，
可愛、驚喜又有趣的風景。
讓人想炫耀的風景都在這裡！

朱紅色本殿是國寶

鹿兒島縣

霧島神宮 ●きりしまじんぐう

作為坂本龍馬蜜月旅行來訪的場所而聞名。自神話時代起就是守護國家、南九州首屈一指的能量景點，境內蓊鬱的樹林與朱色建築物形成對比，令人印象深刻。

MAP 附錄②29C-3
LINK P.17•141•142

84尊熊本熊迎接來客

熊本縣

熊本熊港八代

●くまもんポートやつしろ

「熊本熊港八代」是在八代港誕生的國際郵輪據點。以全長 6 公尺的巨大熊本熊為象徵，在園內可以看到 84 尊熊本熊。

MAP 附錄②18D-1
☎0965-62-8246
9:00～17:00（可能變更）
免費 休週三（逢假日、郵輪停泊日則翌平日休），此外可能臨時公休
所熊本県八代市新港町1-25
JR八代站開車15分

能一覽大村灣「看得到海的車站」

長崎縣

千綿站 ●ちわたえき

鄰接大村灣的 JR 大村線車站，面向國道 34 號沿線的和緩彎道。有許多人以懷舊木造車站站舍加上晚霞映照的大村灣為背景拍照。

MAP 附錄②14D-1
☎0957-46-5354
（東彼杵町產業振興課）
所長崎県東彼杵町平似田郷750-3
大村站搭JR區間快速濱海快線16分，千綿站下車

園內有許多讓人想拍照的景點

宮崎縣

日南太陽花園 ●サンメッセにちなん

眺望日南海岸的廣大主題公園，該園象徵是全球唯一經過復活節島長老會許可、完整重現的七尊摩艾石像「Ahu Akivi」。色彩繽紛的守望者像、蝴蝶地面繪也是一大看點。

MAP 附錄②20D-4 LINK P.149

幻想般的風景令人屏息

佐賀縣

御船山樂園飯店

●みふねやまらくえんホテル

本館大廳有 teamLab 打造的藝術作品《呼應的燈籠之森與螺旋 One Stroke》迎接住宿的旅客。會呼應人發光的燈籠，讓人深受感動。

MAP 附錄②8E-4 LINK P.164

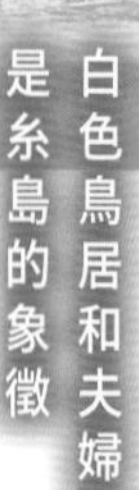

白色鳥居和夫婦岩是糸島的象徵

福岡縣

櫻井二見浦

●さくらいふたみがうら

在福岡是人氣兜風景點。夏至時沉入兩岩之間的夕陽美不勝收，獲選為「日本夕陽百選」。

MAP 附錄②3A-3 LINK P.45

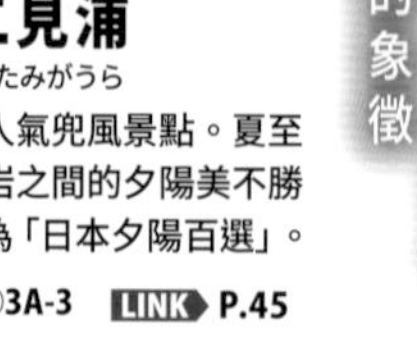

超多青蛙等候各位大駕光臨

福岡縣
如意輪寺 ●にょいりんじ

福岡縣一座以暱稱青蛙寺聞名的寺廟。境內設有超過一萬個青蛙石像及擺設。6月至9月會舉行風鈴祭，五顏六色的風鈴為寺內增添色彩。

MAP 附錄③ 7 B-2
0942-75-5294
8：00～17：00 休無休 所福岡県小郡市横隈１７２８ 交西鐵天神大牟田線三澤站步行15分 P免費

佐賀縣
大魚神社的海中鳥居
●おおうおじんじゃのかいちゅうとりい

在能看見日本規模最大潮差的有明海淺灘上，立有三基紅色鳥居。漲潮時，鳥居看起來彷彿浮在海上。作為海上的守護神，有每隔30年將其重建的習俗。

MAP 附錄② 14E-1
0954-67-0065（太良町觀光協會）
自由參觀（視時期可能有入場限制，需確認） 所佐賀県太良町多良1874-9先 交JR長崎線多良站步行10分

漂浮在有明海上神祕的鳥居

旅行使用說明書 Part③ 九州吸睛美照之旅

受全世界矚目的千萬美元夜景

長崎縣
長崎夜景

被認證為「世界新三大夜景」的長崎夜景。特別是從稻佐山山頂展望台看到的夜景有「千萬美元」之稱，景色相當壯觀。教會、寺院等處也燈火通明，市街顯得燦爛耀眼。 LINK P.59

西瓜、草莓、哈密瓜……立於有明海沿岸的可愛巴士站

長崎縣
心動水果巴士站通
●ときめきフルーツばすていどおり

以長崎縣國道207號沿岸為中心，沿途設有草莓、番茄、哈密瓜、西瓜、柳橙這五種水果造型的巴士站。豐富的大自然和水果巴士站交織而成的景色蔚為話題！

MAP 附錄② 14E-2 LINK P.21

熊本縣
二俣橋 ●ふたまたばし

架設在釋迦院川及津留川匯流處的兩座石橋的總稱。這兩座橋皆於大約190年前架設，由於眼鏡橋的拱面與水面陰影相連看起來就像大愛心而蔚為話題。在10月至2月的上午11時30分至12時可以看到。

MAP 附錄② 13C-4
0964-47-1112（美里町林務觀光課）
自由參觀 所熊本県美里町小筵 交JR松橋站開車25分 P免費

心形陰影好浪漫

飛舞在空中的無數個熱氣球充滿幻想

佐賀縣
佐賀國際熱氣球嘉年華
さがインターナショナルバルーンフェスタ

每年超過100個熱氣球參加，是亞洲規模最大的熱氣球大會。以廣大的佐賀平原為舞台，多彩熱氣球在蒼穹飛舞的模樣相當精彩！

0952-29-9000（熱氣球大會佐賀營運委員會）
※舉辦時程等請至官方網站https://www.sibf.jp/確認

MAP 附錄② 8F-4

©島原市

以蔚藍大海為背景 黃色手帕相映成趣

長崎縣
大三東站 ●おおみさきえき

島原鐵道的其中一站，曾作為廣告拍攝地點。是「日本離海最近的車站」之一，雖然是無人車站卻有自動販賣機販售黃色手帕，寫上心願及留言的黃色手帕掛在月台上隨風飄揚。

MAP 附錄② 14F-3

0957-62-4705（島原鐵道綜合服務處）
所長崎県島原市有明町大三東135-2
交島原站搭島原鐵道10分，大三東站下車

盡情享受絕景、溫泉與美食！美行程

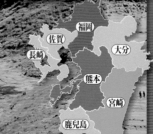

行程1 推薦初次造訪九州的人！宮崎~熊本~福岡 王道行程 3天2夜

說到九州當然就要去這些地方！在此介紹遊玩絕景、溫泉、能量景點的旅遊行程！來瞧瞧會令人感動不已的九州完美行程吧。

福岡 佐賀 長崎 大分 熊本 宮崎 鹿兒島

第1天

熊本機場
- ★租車
  〈主要租車公司〉
  NIPPON租車 熊本機場營業所 ☎096-289-2353
  J-Net租車 熊本機場店 ☎096-279-4555
- 車 1小時30分／65km

❶ 高千穗峽
- 車 5分／1.5km

❷ 高千穗神社
- ★在高千穗公路休息站吃午餐
- 車 1小時10分／54km

❸ 草千里之濱
- 車 40分／27.5km（行駛阿蘇全景線）

❹ 大觀峰
- 車 30分／23km（行駛Milk Road、山並公路）

❺ 黑川溫泉 住宿

行程規劃的重點

從熊本機場租車自駕前往高千穗、阿蘇及黑川溫泉，在以露天溫泉聞名的溫泉旅館住宿。隔天開車前往熊本市。午餐吃鄉土料理，然後前往熊本城，在熊本城附近還車。之後搭市電前往JR熊本站，搭新幹線到博多站。晚上則品嘗福岡名產牛腸鍋、逛攤販。最後一天去參拜太宰府天滿宮，再踏上歸途。

第1天

1 先去參觀宮崎的人氣景點！在高千穗峽租小船

MAP 144 LINK→P.144

從熊本機場開車約1小時30分左右，可至名列日本國家名勝及天然紀念物的V型峽谷。可以租一艘小船來划，就近欣賞壯觀的斷崖絕壁。尤以落差17公尺的「真名井瀑布」為最大看點。

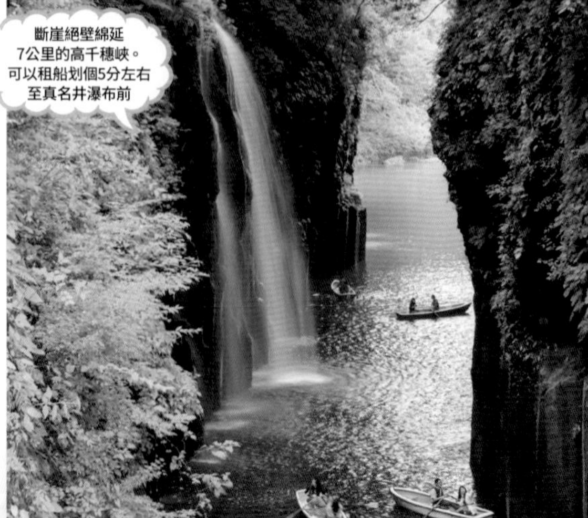

斷崖絕壁綿延7公里的高千穗峽。可以租船划個5分左右至真名井瀑布前

在這吃午餐！

高千穗神社開車即到

高千穗公路休息站
●みちのえき たかちほ

以巨大神樂面具紀念碑為標誌的公路休息站。內有觀光服務處、特產館及餐廳，餐廳供應的南蠻炸雞定食（1300円）、高千穗牛肉可樂餅（180円）等是人氣美食。

MAP 144 LINK→附錄②32

推薦！

數量有限的可樂餅漢堡（520円）分量十足！

2 到九州數一數二的能量景點 高千穗神社參拜

MAP 144 LINK→P.145

這裡也是在高千穗觀光時非去不可的景點。這間古社供奉天孫降臨的神明，境內巨大的夫婦杉相當引人注目。據說在結緣、除厄、婚姻美滿等方面相當靈驗，參拜時記得祈求旅途平安。傳說只要祈禱就能消除煩惱的鎮石也不容錯過！

繡上其中一個能量景點夫婦杉的結緣御守（500円）

Check!

草千里之濱開車5分

中岳火口 ●なかだけかこう

位於阿蘇山中央火口丘群的中心，噴煙裊裊。可搭乘阿蘇山火口接駁巴士或行駛收費道路前往參觀，不過有時會限制出入。別忘了事先確認入山限制資訊（http://www.aso.ne.jp/~volcano/info）再前往！

據說30萬年前就有噴煙冒出

✆0967-34-0411 MAP 附錄②26E-3
（阿蘇山上總站） 🕒9:00～16:30（可能視時期變動）
休無休 ¥阿蘇山火口接駁巴士來回1000円，收費道路800円
所熊本県阿蘇市阿蘇山 P免費（火口旁）

Part 4

九州完

九州擁有豐富多樣的魅力，有許多讓人想探訪一次的景點♪
參考 MAPPLE 編輯部推薦的三種行程範例，開心暢遊九州吧！

在廣大、有如田園詩般的風景中體驗阿蘇之旅

3 說到阿蘇就想到這裡！前往壯觀景色一望無際的草千里之濱

MAP 附錄②26D-3

從高千穗神社開車前往熊本縣阿蘇方向。景色在陡峭的山間乍然改變，78 萬 5000 平方公尺的大草原就在眼前。草千里之濱位於阿蘇五岳之一烏帽子岳北側的火口遺跡，堪稱阿蘇第一名勝。停車場附近有伴手禮店等，下車後可在此購買阿蘇伴手禮。

彷彿融入樹林般能享受優質溫泉的黑川溫泉旅館。照片為旅館 山河（→P.164）的混浴露天浴池

4 從大觀峰欣賞令人感動的阿蘇五岳與雄偉的破火山口！

前往黑川溫泉會行經 Milk Road 和山並公路，是條風光明媚的兜風路線。途中經過的大觀峰是阿蘇首屈一指的景點。形似涅槃像的阿蘇五岳景色雄壯，十分舒暢。

MAP 附錄②26E-1 LINK →P.106

5 在以風情露天浴池聞名的黑川溫泉留宿

黑川溫泉以使用入湯手形就能巡遊露天浴池聞名。住在充滿風情的旅館，可以到溫泉街散步、泡露天浴池。換上浴衣享受四處遊逛黑川的樂趣吧。

MAP 附錄②11A-1

LINK →P.112•164

受河川的潺潺水聲吸引，想在此漫步的鄉野溫泉勝地

Check!

憑入湯手形巡遊浴池

可以在加盟黑川溫泉旅館工會的 27 家旅館中任選 3 家的露天浴池泡湯，或是任選 2 家泡湯加 1 張可兌換伴手禮和食物的貼紙。

LINK →P.112

入湯手形每個1300円。有效期限為購買日起6個月

品嘗觀景所旁的阿蘇大觀峰茶店名產「娟珊牛牛奶霜淇淋」（左）和「布丁霜淇淋」，小歇一下

從停車場步行約7分可至觀景所前

Part 4

九州 完美行程

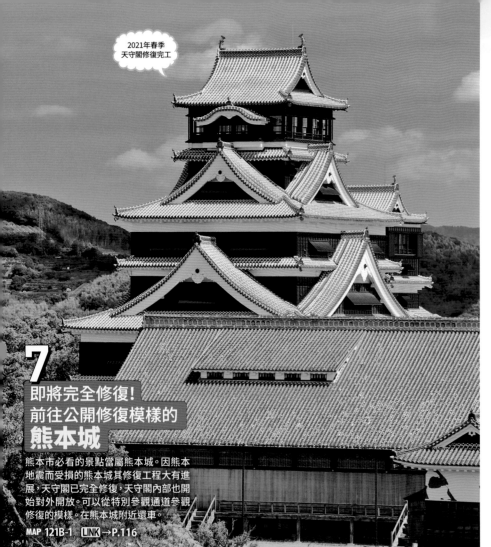

2021年春季
天守閣修復完工

7 即將完全修復！前往公開修復模樣的熊本城

熊本市必看的景點當屬熊本城。因熊本地震而受損的熊本城其修復工程大有進展，天守閣已完全修復，天守閣內部也開始對外開放。可以從特別參觀通道參觀修復的模樣。在熊本城附近還車。

MAP 121B-1 LINK →P.116

第2天

擺滿各式各樣鄉土料理的肥後午餐（附特級霜降生馬片）3000円

6 從黑川溫泉到熊本市 午餐在青柳享用熊本鄉土料理

從黑川溫泉到熊本市車程 1 小時 50 分。推薦午餐到能享用芥末蓮藕、生馬片等熊本鄉土料理的青柳用餐，有眾多道地料理！

096-353-0311 MAP 121B-2

11:30～14:00、17:00～21:00 休 不定休

所 熊本縣熊本市中央区下通1-2-10 交 熊本站搭市電15分，熊本城・市役所前下車步行4分

8 從熊本城二之丸停車場搭接駁巴士即到 櫻之馬場 城彩苑 邊走邊吃&購物

心情像是穿越時空到城下町般

參觀熊本城之後，前往仿照城下町家屋而建的餐飲店及伴手禮店林立的複合設施。在超過 20 家熊本縣內精選餐館、伴手禮店等櫛比鱗次的櫻之小路上，也有僅此才有的原創商品。

MAP 121B-2

LINK →P.117

Check! 熊本城博物館 湧湧座

●くまもとじょう ミュージアム わくわくざ

位於櫻之馬場 城彩苑內部的設施，能夠快樂學習熊本城及熊本的歷史。使用魄力十足 VR 影片的熊本城景點導覽也很受歡迎。

LINK →P.117

熊本城受災、修復的光雕投影值得一看

在櫻之小路購物♪

LINK →P.117

點餐後才混入熊本名點「陣太鼓」製成的 陣太鼓霜淇淋 440円（熊本城香梅庵）

海膽比一般海膽可樂餅多3倍左右的 特級海膽可樂餅 390円（天草海まる）

使用當令芋頭製成的樸素熊本名產 即時糰子 1顆200円～（いきなりやわたなべ）

添加早採不知火橘果汁的 水果柚子醋 早採凸頂柑 300mℓ 702円（福田農場）

熊本縣產甘夏蜜柑很爽口的 甘夏橘子醬 440g 1188円（福田農場）

充滿葡萄清爽美味的辛口白酒 熊本德拉瓦葡萄酒 750mℓ 1853円（熊本酒藏）

宮崎～熊本～福岡 王道行程 3天2夜

第2天

黑川溫泉 → 車 1小時50分／70km → 6 青柳 → 車 8分／2km → 7 熊本城 ★在熊本城附近還車 → 接駁巴士 即到 → 8 櫻之馬場 城彩苑 → 市電 17分 → 熊本站 → 九州新幹線 40分 → 博多站 → 福岡市地鐵 5分 → 天神站 → 所需時間視店鋪而異 → 9 晚餐吃牛腸鍋 → 所需時間視店鋪而異 → 10 逛攤販 → 所需時間視住宿地點而異 → 住宿 ★福岡市

第3天

西鐵福岡（天神）站 → 西鐵天神大牟田線特急／急行 15分 → 西鐵二日市站 → 西鐵太宰府線 5分 → 太宰府站 → 步行 5分 → 11 太宰府天滿宮 → 步行 即到 → 12 門前町散步 → 太宰府定期巴士「旅人」到博多站40分、到福岡機場25分 → 13 在博多站 or 福岡機場選購伴手禮

9 晚餐吃福岡代表性美食 牛腸鍋台

牛腸鍋富含膠原蛋白及維他命。基本上湯頭有醬油和味噌這兩種口味，可依照喜好選擇。牛腸鍋是日本知名的福岡名產，店家任君挑選。

LINK →P.30

元祖牛腸鍋 樂天地 天神今泉總本店（→P.31）的牛腸鍋

10 飯後巡遊攤販是福岡的夜生活文化

吃完牛腸鍋，就去逛販售福岡名產的攤販。以天神和中洲為中心約有 100 家攤販。遊逛一家家攤販，充分感受福岡夜晚的氛圍吧。 LINK →P.28

熱門的「小金ちゃん」（→P.28）炒拉麵

「屋台 情熱の千鳥足」（→P.29）添加野味的關東煮

11 參拜各方面都很靈驗的太宰府天滿宮 第3天

天滿宮祭祀知名的學問之神菅原道真，故來此祈求金榜題名的人相當多。不妨在這個能除厄、保佑闔家平安等的能量景點祈求開運。

MAP 42 LINK →P.42

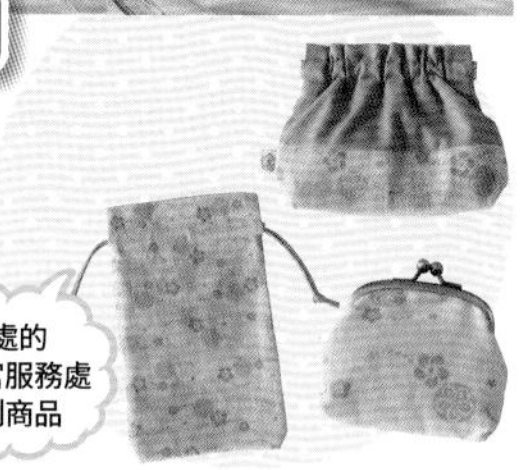

境內入口處的太宰府天滿宮服務處有販售原創商品

12 在有大約80家店鋪林立的門前町散步

在門前町邊走邊吃也是一大樂趣

全長 400 公尺的參道上，販售名產梅枝餅、太宰府特色外帶食品的商店及餐廳櫛比鱗次，數量多達 80 家。有時人氣名店的門口還會大排長龍。

LINK →P.43

不論在哪裡外帶梅枝餅都是130円

太宰府參道 天山（→P.43）的「甘王草莓糰子」。是11月到4月的限定商品

13 最後到博多站or福岡機場選購伴手禮

JR 博多站內有由 AMU PLAZA 博多、博多阪急、博多 DEITOS、AMU EST 組成的「JR 博多 CITY」等商業新設施，最適合選購伴手禮及在車上吃的零嘴。此外，在天空門戶福岡機場也有聚集了九州各地知名商店的「Sweets Hall」。也別忘了多看看車站、機場的限定伴手禮喔！

LINK →P36・156

在福太郎 博多DEITOS店購買明太子伴手禮（博多DEITOS）

說博多方言的貓咪外包裝很可愛的濾掛咖啡（KITTE博多）

也很推薦在らーめん二男坊吃博多拉麵收尾（博多DEITOS）

久原本家 茅乃舍的「博多限定茅乃舍飛魚高湯」（福岡機場）

匯集許多商業設施的博多車站

Part 4 九州完美行程

行程2 絕景海邊兜風＋祈求運氣上升
宮崎～鹿兒島 2天1夜 絕景&能量景點行程

1 在青島神社許願&試手氣 第1天

前往神社的路上鬼之洗衣板和紅色鳥居並列的景色是熱門攝影景點

祭祀彥火火出見尊（山幸彥）和豐玉姬命夫婦，在婚姻美滿、結緣及順產等方面相當靈驗的神社。在境內可體驗許願、試手氣等各種神事，不妨挑戰一下。

MAP 附錄②20D-3 LINK →P.148

Check! 開運動作

投擲天之平瓮
一邊許願一邊將素燒「平瓮」丟往神的御座所「磐境」。若能丟進磐境，心願就會實現，若瓮裂開則可以開運除厄。

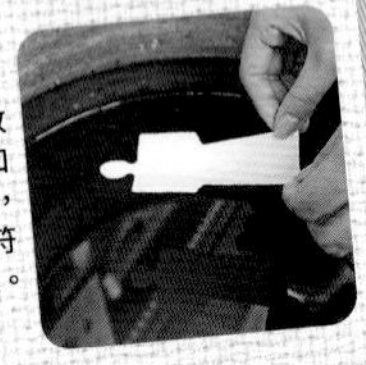

海積之祓
將寫上心願的願符放在被視為龍宮城入口的「玉之井」中漂浮，據說如果吹氣後願符溶化，心願就會實現。

2 在堀切峠被一望無際的大海絕景深深吸引

MAP 附錄②20D-3 LINK →P.148

爬上四周樹林環繞的緩坡後，湛藍太平洋和波狀岩交織的美景瞬間映入眼簾。這裡是日南海岸數一數二的景點──堀切峠。附近有「鳳凰公路休息站」（→ P.149）。

成排的加拿利海棗充滿南國氛圍！

3 在鵜戶神宮祈求開運投擲運玉！

MAP 附錄②20D-4 LINK →P.149

將車停在停車場，走下陡峭石階前往洞窟內的本殿。參拜過後，當然要來「投擲運玉」。一邊許願一邊從本殿前廣場朝靈石龜石投擲運玉。據說若能投進枡形凹槽，就能實現心願。

據說豐玉姬命在這間神社產下鸕鶿草葺不合尊

Check! 開運動作

投擲運玉
將刻有「運」字的素燒運玉朝龜石凹槽投擲。男性用左手、女性用右手投擲。

第1天

宮崎機場

★租車
〈主要租車公司〉
歐力士租車 宮崎機場鳳凰店
☎0985 - 56 - 0111
豐田租車 宮崎機場店
☎0985 - 56 - 0100

車15分／10km＋ 步行 10分

1 青島神社

步行 10分＋ 車7分／3.5km

2 堀切峠

車30分／21km

3 鵜戶神宮

車1小時15分／50km

4 都井岬

車2小時／100km

住宿 霧島溫泉鄉

第2天

距離和所需時間視住宿地點而異

5 霧島神宮

車15分／9km

6 丸尾瀑布

車2分／0.6km

7 霧島溫泉市場

車35分／18km

8 鹿兒島縣霧島藝術之森

車35分／33km（行駛九州自動車道）

鹿兒島機場

★還車

行程規劃的重點

在宮崎機場租好車，首先去參拜青島神社。接著走風光明媚的兜風路線日南海岸，南下到有野生馬棲息的都井岬。途中，別忘了去鵜戶神宮「投擲運玉」祈求開運。在同一天前往鹿兒島縣霧島。翌日以霧島神宮為出發點在霧島觀光。租車要在鹿兒島機場歸還，租借時記得事先申請。

御崎馬的體長、
身高均為約130公分，
體型相當嬌小

4 一邊看野生馬 一邊巡遊都井岬

有大約 120 匹野生馬「御崎馬」棲息在都井岬。通過入口處的駒止之門就能駕車移動，也能隨意地與御崎馬一起合照。不妨下車拍張最棒的照片。

MAP 附錄②20F-4
LINK →P.149

Check!

駒止之門開車10分

都井岬燈塔 ●といみさきとうだい

位於都井岬一角，聳立在海拔 250 公尺斷崖上的純白燈塔。1929 年設置，附設燈塔展示室。地點很適合拍照留念。

MAP 附錄②20F-4
☎0987-76-1838（燈光會都井岬分所）
L9:00～16:30（3～10月的週六日、假日、黃金週、8月中旬、過年期間到17:00）
¥參觀捐款300円 所宮崎縣串間市大納80-2
交串間站搭串間市社區巴士40分，都井岬下車步行30分
P免費

晴天時能遙望鹿兒島縣內之浦的火箭基地及種子島

5 在南九州第一能量景點 霧島神宮擊掌合十

第2天

有「西之日光」之稱的華麗社殿

MAP 附錄②29C-3
LINK →P.141・142

霧島神宮祭祀著天孫降臨神話中登場的諸神，是擁有數千年歷史的南九州第一能量景點。在莊嚴肅穆的氛圍下祈求開運吧。

Check!

開運動作

集滿九種面具可達成心願

社務所授予的「九面守」，藍色象徵學業進步、綠色象徵疾病康復等，九種面具各自代表不同的庇佑。集滿九種面具就能達成心願！

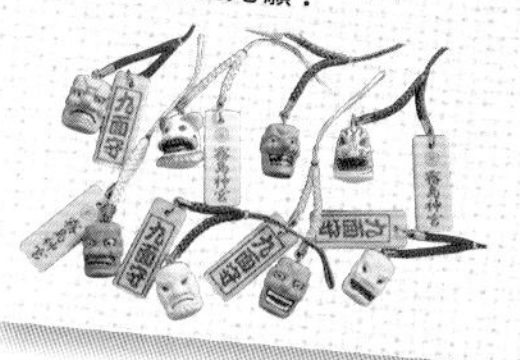

8 在鹿兒島縣 霧島藝術之森欣賞藝術

擁有 13 公頃廣大用地的戶外美術館。以 23 件戶外作品為中心，在室內藝術館也有展示國內外的優秀作品。好好欣賞這些活用霧島地形展示的藝術作品吧。

MAP 附錄②29B-2 LINK →P.140

草間彌生作品《香格里拉之花》（2000年製作）

以溫泉蒸氣蒸熟的食物當中，溫泉蛋最受歡迎

7 午餐在霧島溫泉市場享用 溫泉美食

霧島是知名溫泉勝地。霧島溫泉鄉中心地區有伴手禮店及足湯等。在「蒸物販賣所」外帶蒸氣騰騰的溫泉蛋、香腸及番薯作為午餐享用吧！

MAP 附錄②29B-2 LINK →P.141

6 難得一見！ 參觀流出溫泉的丸尾瀑布

集結附近溫泉湧出的溫泉水匯流而下的「湯之瀑布」在冬季時會冒出蒸氣。將車停在停車場，佇足欣賞美麗的風景吧。

MAP 附錄②29B-2
☎0995-45-5111（霧島市觀光PR課）
自由參觀 所鹿兒島縣霧島市牧園町高千穗丸尾
交霧島神宮站搭鹿兒島交通巴士28分，丸尾下車步行10分 P免費

高23公尺、寬16公尺的瀑布。晚上會點燈

2018年6月
登錄世界遺產
的大浦天主堂

Part 4

九州完美行程 行程3

快速移動，更能享受停留時間！

搭西九州新幹線前往 長崎~佐賀之旅 2天1夜

第1天

1 在白牆教會 大浦天主堂做禮拜

首先前往長崎市觀光的必去景點——大浦天主堂。這座名列世界遺產的教會建於南山手之丘，採用日本建築樣式的外觀及美麗的彩繪玻璃值得一看。

MAP 67A-4 LINK →P. 53・59・155

透過彩繪玻璃灑落的光影極美，堂內禁止拍攝

2 長崎市觀光人氣No.1! 參觀哥拉巴園

說到長崎觀光必去的景點當屬哥拉巴園，從大浦天主堂步行即到。以世界遺產哥拉巴故居為首，九棟復古洋式建築比鄰而立。

MAP 67A-4 LINK →P. 52・54・59・154

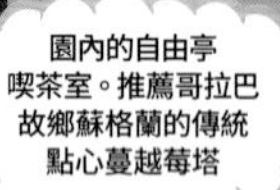

園內的自由亭喫茶室。推薦哥拉巴故鄉蘇格蘭的傳統點心蔓越莓塔

哥拉巴故居是日本現存最古老的木造洋式建築，名列世界遺產

行程規劃的重點

全程利用 2022 年 9 月開始營運的西九州新幹線「海鷗號」，享受長崎到佐賀之旅。從長崎機場到最近的新大村站搭計程車，再轉乘新幹線到長崎市。第 2 天搭新幹線前往嬉野溫泉，享受溫泉和名產美食！

在這吃午餐!

強棒麵＆皿烏龍麵

說到長崎的代表性美食，就想到強棒麵和皿烏龍麵。極具特色的湯頭、海鮮及蔬菜交融的獨特鮮美，誕生出長崎特有的麵類料理。務必嘗嘗這道有近 120 年歷史的長崎縣民靈魂美食！

LINK →P.62・63

會樂園（→P.62）的強棒麵

中華菜館 福壽（→P.63）的皿烏龍麵

3 在日本三大中華街之一 長崎新地中華街吃午餐

在東西南北長約 100 公尺的十字路上，有大約 30 家中國料理店及雜貨店等林立的小中國。肚子也差不多餓了，這裡必吃的長崎美食兩大龍頭就是「強棒麵」和「皿烏龍麵」！

MAP 67B-3 LINK →P.57・59

也能買到繡珠鞋（照片為童用）

貓熊插圖很有中國風，附濾茶網的馬克杯

立於東西南北的朱紅色中華門。一間間遊逛需時約30分

第1天

- 長崎機場
- ▼ 計程車 15分
- 新大村站
- ▼ 西九州新幹線 15分
- 長崎站
- ▼ 市電 7分
- 新地中華街電車站
- ▼ 市電 4分
- 大浦天主堂電車站
- ▼ 步行 6分
- ❶ 大浦天主堂
- ▼ 步行 即到
- ❷ 哥拉巴園
- ▼ 步行 15分
- ❸ 長崎新地中華街
- ★午餐
- ▼ 步行 3分
- 新地中華街電車站
- ▼ 市電 8分
- 眼鏡橋電車站
- ▼ 步行 3分
- ❹ 漫步眼鏡橋一帶
- ▼ 計程車 10分＋空中纜車 5分
- ❺ 稻佐山山頂展望台
- ★在稻佐山餐廳 ITADAKI吃晚餐
- ▼ ※所需時間視住宿地點而異
- 住宿 在長崎市內的旅館住宿

第2天

- 長崎站
- ▼ 西九州新幹線 25分
- 嬉野溫泉站
- ▼ 計程車 5分
- ❻ 嬉野溫泉公眾浴場「西博爾德溫泉」
- ▼ 步行 4分
- ❼ 宗庵橫長
- ▼ 計程車 5分
- ❽ うれしの まるく公路休息站
- ▼ 步行 即到
- 嬉野溫泉站
- ▼ 西九州新幹線 8分
- 新大村站
- ▼ 計程車 15分
- 長崎機場

5 從稻佐山山頂展望台所見的夜景讓人陶醉♥

MAP 66A-3 LINK →P.59

來到長崎一定要看夜景！尤以被譽為長崎 No.1 夜景景點的稻佐山山頂展望台，望去的景色令人感動。在長崎市內旅館和稻佐山往返的預約制觀賞夜景之旅，非指定旅館住宿旅客也能參加，不妨多多利用。

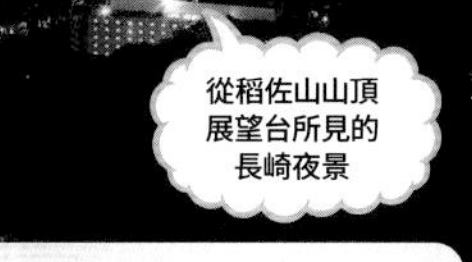

從稻佐山山頂展望台所見的長崎夜景

在這吃晚餐！

稻佐山餐廳 ITADAKI

位於稻佐山山頂展望台 2 樓的餐廳。裝設整面玻璃窗的店內是全景特等座。可以一邊眺望長崎市夜景，一邊享用土耳其飯等使用長崎特產烹調的創意料理。

MAP 66A-3 LINK →P.59

將在地美食土耳其飯以 ITADAKI 流變化而成的「稻佐山土耳其飯」

Check!

★觀賞夜景之旅

☎095-856-0200（長崎遊覽旅行）

¥2000円（預約制）

從山腰停車場旁的山腰站搭軌道車也能上山頂

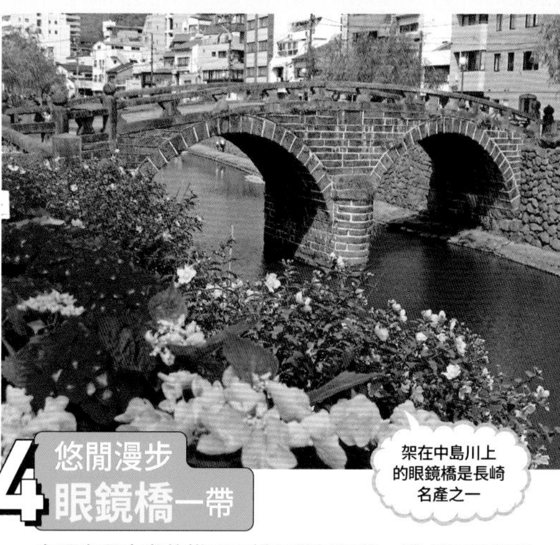

架在中島川上的眼鏡橋是長崎名產之一

4 悠閒漫步眼鏡橋一帶

在現存最古老的拱形石橋眼鏡橋周邊，隨處可見時髦商店和咖啡廳，逛街相當愉快。

MAP 67B-2 LINK →P.57・59

6 早上在嬉野溫泉公眾浴場「西博爾德溫泉」泡澡

第2天

早上泡溫泉是在旅行途中特有的奢侈。提供男女有別的大浴場和 5 間包租浴池，皆為散發清爽香氣的檜浴池。能讓身心恢復精神。

MAP 附錄②14D-1

LINK →P.82

原本是1913年到1995年營業的「古湯溫泉」。應市民要求而復活

寬敞的大浴池明亮而整潔

7 午餐吃宗庵橫長的「溫泉湯豆腐」

嬉野溫泉名產「溫泉湯豆腐」是由上一代店主所研發。溫泉的成分與豆腐的鹽滷相互作用，使豆腐變軟而入口即化，也更加香醇鮮美。也可以外帶或寄送到日本全國各地。

創業超過 60 年，傳承研發當時的美味

湯豆腐定食950円

宗庵橫長 ●そうあんよこちょう

☎0954-42-0563 MAP 附錄②14D-1

L 10:30～20:30 休 週三（逢假日有補休） 所 佐賀県嬉野市嬉野町下宿乙2190 交 嬉野溫泉站開車5分 P 免費

8 在うれしの まるく公路休息站選購伴手禮

在旅行的最後購買伴手禮。位於嬉野溫泉站西口側的公路休息站，茶等嬉野溫泉特產品種類齊全，可以享受選購伴手禮的樂趣。

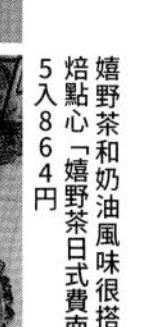

介紹觀光資訊和在地特產品的觀光交流設施「まるくアイズ」

新幹線海鷗號羊羹2入950円

嬉野茶和奶油風味很搭的烘焙點心「嬉野茶日式費南雪」5入864円

うれしの まるく公路休息站

●みちのえき うれしの まるく

☎0954-27-8709 MAP 附錄②14D-1

L 9:00～19:00 休 無休 所 佐賀県嬉野市嬉野町下宿甲4370-2 交 嬉野溫泉站步行即到 P 免費

從水果巴士站到鰻魚料理
前往充滿旅行樂趣的諫早市！

～長崎縣諫早市～

MAPPLE まっぷる

地區援助計畫

#全力支援地區推廣！

MAPPLE傾力支持
讓地方成長的「地區推廣」計畫！
只要去當地旅遊即可推廣，
各位要不要也試著成為
「地區援助」的一員呢？

幾乎位於狹長長崎縣中央的諫早市三面環海，周圍有有明海、大村灣及橘灣，是個自然資源豐富的都市。JR諫早站是2022年9月開通的西九州新幹線「海鷗號」的停車站，如今更容易前往了。以可愛的水果巴士站、眼鏡橋等景點為首，還有鰻魚料理和粔籹等名產，不妨來此巡遊諫早的自豪景點。

本頁面與網站連動！

關於地方食材及優質店家等詳細資訊，請掃描右方QR碼進一步了解。

MAPPLE旅遊導覽

我推薦這裡！

諫早市三面環海，東有有明海、西有大村灣、南有橘灣。是個可以看到、吃到豐富自然資源的魅力城鎮。

MAPPLE編輯部 KUGA

突然出現在道路旁的巨大水果！

推薦SPOT

A 心動水果巴士站通

在諫早市小長井町國道207號殿崎到阿彌陀崎約7公里長的海岸道路上，設有16座五種水果造型的巴士站，暱稱為「心動水果巴士站通」。其可愛的模樣在社群媒體造成話題，也是超熱門攝影景點！
※照片中的哈密瓜巴士站位於井崎（下行）

⊙從國道上看不到的隱藏角色「葡萄」。從小深井巴士站走下樓梯後就能看到

菓秀苑森長
かしゅうえんもりちょう

招牌是新口感半熟生長崎蛋糕

⊙1793年創業的老店

江戶時代創業的老字號粔籹店。以「傳統與革新」為宗旨，除了古早粔籹之外，冷凍販售的半熟生長崎蛋糕也很熱銷。粔籹及長崎蛋糕具有流行的包裝，為了吸引年輕世代的目光下了一番功夫。

☎0957-22-4337 🕒9:00～18:00
休無休 所長崎県諫早市八坂町3-10
交諫早站搭長崎縣營巴士10分，郵便局前下車步行即到 P免費
MAP附錄②15B-4

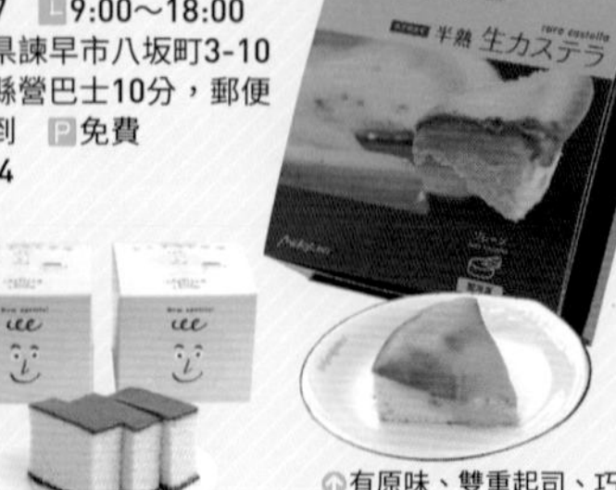

⊙有原味、雙重起司、巧克力、楓糖這四種口味的半熟生長崎蛋糕1404円

⊙「長崎蛋糕三味參片」系列的長崎蛋糕和檸檬1盒594円。裝有三塊檸檬風味長崎蛋糕切片

⊙大小方便食用的「puchi OKOC」有草莓、黑芝麻味噌、杏仁焦糖及梅子這四種口味。1盒378円

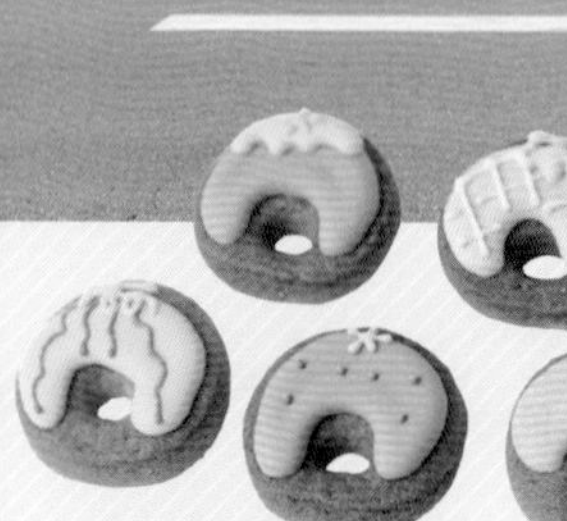

⊙10元硬幣大的餅乾5入500円。也有大塊餅乾1個480円

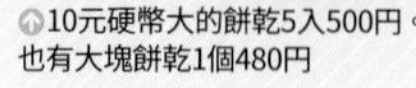

⊙水果巴士站餅乾2入230円。巴士站圖案皆手工繪製

お菓子のいえCoCoLo
おかしのいえココロ

以水果巴士站為造型的餅乾

位於諫早干拓堤防道路入口處的小蛋糕店。店內陳列著許多有手作溫度的點心。其中又以水果巴士站造型的餅乾，和巴士站一樣在社群媒體上備受關注！

☎0957-32-6161 🕒10:00～19:00 休週三
所長崎県諫早市高来町溝口84-1 交諫早站開車20分 P免費
MAP附錄②14E-2

⊙位於國道207號沿線，最近的水果巴士站是西瓜造型的殿崎站

推薦！中途路經的景點

遊逛諫早市的方式

諫早市是僅次於長崎市、佐世保市的長崎縣第三大都市。大眾運輸有從JR諫早站前巴士總站發車的長崎縣營巴士行駛市內各地，交通相當方便。最近的IC是長崎自動車道諫早IC。

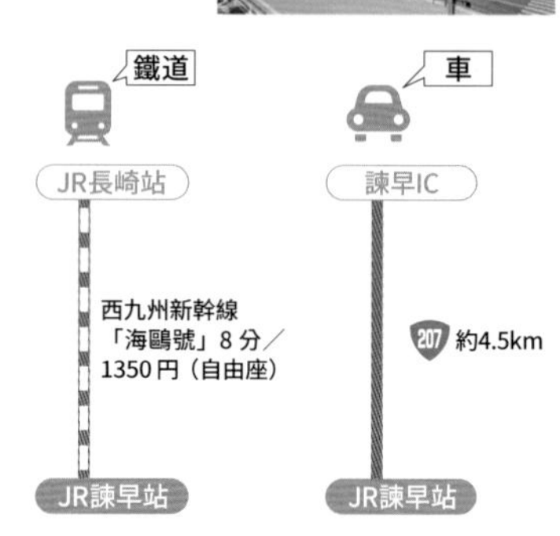

A 心動水果巴士站通
ときめきフルーツバスていどおり

0957-34-2111（諫早市小長井分所） 自由參觀 所長崎県諫早市小長井町遠竹～小長井町大峰 諫早站搭長崎縣營巴士40分（到井崎巴士站上行） P免費 MAP附錄②14E-2

B 諫早公園
いさはやこうえん

0957-22-1500（諫早市綠化公園課） 自由入園 所長崎県諫早市高城町770-2 諫早站搭長崎縣營巴士5分，諫早公園下車步行即到 P免費 MAP附錄②15B-4

C 自然干陸地波斯菊花海
しぜんかんりくちフラワーゾーン

0957-22-8325（諫早觀光特產集會協會） 自由入園 所長崎県諫早市高来町冨地戸地区 諫早站開車20分 P免費（10月中旬～11月上旬為200円） MAP附錄②14D-2

D 白木峰高原
しらきみねこうげん

0957-22-1500（諫早市綠化公園課） 自由入園 所長崎県諫早市白木峰町828-1 諫早站搭長崎縣營巴士25分，白木峰高原下車步行3分 P免費 MAP附錄②14D-2

E 杉谷本舗
すぎたにほんぽ

0957-22-2306 L9:00～18:00 休無休 所長崎県諫早市八坂町6-10 諫早站開車20分 P免費 MAP附錄②15B-4

美麗花田對面能眺望雲仙岳

C 自然干陸地波斯菊花海

在諫早灣圍墾事業所造的圩田上栽種花卉。在廣大的土地上，春有油菜花、秋有大波斯菊盛開，作為賞花名勝吸引不少縣內外的人來訪。

色彩鮮艷的杜鵑花和眼鏡橋是亮點

B 諫早公園

推薦SPOT

高城城址整頓而成的公園。園內的眼鏡橋是日本第一座石橋，名列國家重要文化財。4月到5月時杜鵑花盛開，為園內一帶增添不少繽紛色彩。

製作粔籹已傳承七代200年

E 杉谷本舗

1811年創業的老店。米製粔籹是諫早粔籹的特徵，與「興名」、「興身」、「興家」有關，因此在當地有不少一家三代的客人買來作為吉利的禮品。尤以口感酥脆的白色粔籹是本店的暢銷商品。

舒爽的高原風景在眼前擴展開來

D 白木峰高原

位於海拔1057公尺五家原岳山腰的寬廣高原。春有約10萬朵油菜花、秋有約20萬朵五顏六色的大波斯菊一同綻放。高原內設有「大波斯菊宇宙館」、「諫早市兒童之城」等設施。

用故鄉稅來支援！

諫早市故鄉援助捐款

諫早從江戶時代起就是鄰近地區聞名遐邇的「鰻魚產地」。同時也是著名長崎稻米產地，使用剩餘米製成的「諫早粔籹」也很有名。

うなぎ・割烹 北御門 蒲燒鰻3條入

捐款金額：34000円

創業約140年的老店「うなぎ・割烹 北御門」以「生吃、火烤、醬汁」為著眼點，引出鰻魚本身美味所製成的鰻魚。

菓秀苑森長 長崎蛋糕三昧及puchi OKOC禮盒

捐款金額：10000円

懷舊卻又新穎的菓秀苑森長「粔籹」，搭配世界聞名的森長人氣長崎蛋糕禮盒。

申請辦法
- 上諫早市官網點選故鄉稅網站
- 根據捐款金額申請回禮品
- 如要扣除稅金，請依規定手續辦理

うなぎ・割烹 北御門
うなぎかっぽうきたみかど

諫早名產「樂燒鰻」的名店

鰻魚是諫早的名產料理。諫早特有的調理法「樂燒鰻」是將醬烤鰻魚放進樂燒的容器內，連同容器一起用火加熱，稍微燜個3～5分。多一道蒸的工序讓鰻魚變得更鮮美。

0957-22-0167 L11:00～19:30 休週一（逢假日則營業） 所長崎県諫早市八天町4-3 諫早站開車5分 P免費 MAP附錄②15B-3

鰻樂燒御膳的「梅膳」2750円。依照鰻魚片數分成樂燒膳、竹膳和上蒲膳

將背部開膛的鰻魚插入竹籤，邊塗醬汁邊烤製15～20分

北御門

1883年創業。1樓是櫃台，用餐在2樓或3樓

※刊載內容為2022年11月時的資料。回禮金可能視捐款金額變動，或有缺貨、受理截止的情況。

景色絕佳的「界 霧島」露天浴池

要享受九州溫泉 就到溫泉旅館品牌「界」

星野集團溫泉旅館「界」遍布日本全國。住宿之餘還能充分感受各地的魅力裝潢、享盡款待的舒適感。配合旅遊行程來此住宿，相信九州之旅會變得更加愉快！

何謂「界」？

星野集團遍布日本全國的溫泉旅館品牌。特色是提供追求和風舒適的空間，以及只有在該地、該季節才能體驗的款待之道。

2022年11月25日開業！

長崎縣 雲仙町 界 雲仙

◆かいうんぜん LINK→P.7•74

2022 年 11 月於日本首座國立公園之一暨溫泉勝地雲仙開業。館內採用混合和（日本）、華（中國）、蘭（荷蘭）要素的長崎文化，充滿異國情調。

MAP 74

✆050-3134-8096
（預約中心／受理9:30～18:00）
IN15:00、OUT12:00
¥1泊2食31000円～
所長崎県雲仙市小浜町雲仙321
交長崎機場開車約1小時30分
P44輛（免費）

當地特色客房「和華蘭之間」。住宿空間有一半以上是露天浴池的「附客房露天浴池」為其特徵

特別宴席料理「飛魚高湯涮涮鍋宴席」。島原烏龍麵是收尾料理

共51間客房

彩繪玻璃繽紛美麗的大浴場

當地特色客房「柿澀之間」以大型落地窗為特徵，能眺望如畫般的別府灣風景

在「戲劇溫泉街」逗留

大分縣 別府市

界 別府

◆かい べっぷ LINK→P.88

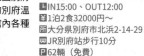

建於源泉數及湧出量居日本之冠、名符其實的溫泉王國別府市。以「戲劇溫泉街」為概念，館內構造彷彿熱鬧的別府溫泉街。能欣賞隨著時光推移，眼前的別府灣景色及館內各種情景產生戲劇性變化。

MAP 89C-1

050-3134-8096（預約中心／受理9:30～18:00）
IN15:00、OUT12:00
¥1泊2食32000円～
所大分県別府市北浜2-14-29
JR別府站步行10分
P62輛（免費）

以眾人聚集的廣場為意象的「湯之廣場」。還有足湯、木桶造型的手湯等

以豐後鍋為首，擺滿多彩料理的特別宴席料理

感受由布院原鄉風景的梯田四序旅館

大分縣 由布市

界 由布院

◆かい ゆふいん LINK→P.7・95

以「感受梯田四序的休憩旅館」為概念，位於旅館中心的寬廣梯田是由布院的原鄉風景。梯田所描繪的四季風景稱作「梯田四序」，可搭配溫泉欣賞。本館有5間獨棟客房，分成建於梯田中及麻櫟林中這兩種。

MAP 99B-1

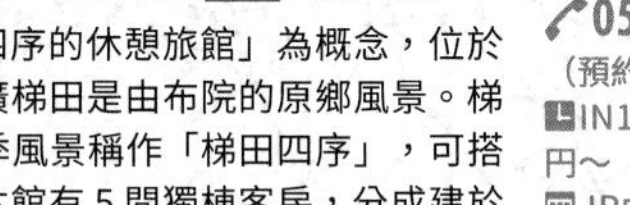
050-3134-8096（預約中心／受理9:30～18:00）
IN15:00、OUT12:00 ¥1泊2食35000円～ 所大分県由布市湯布院町川上398
JR由布院站開車10分（預約制有提供車站免費接送服務） P45輛（免費）

六種類型的客房皆為當地特色客房「螢籠之間」

晚餐能品嘗山豬肉、獾肉等山野恩惠的特別宴席料理

能一邊眺望秀峰由布岳一邊泡澡的露天浴池

遙望櫻島絕景的溫泉旅館

鹿兒島縣 霧島市

界 霧島

◆かい きりしま LINK→P.141

建於宮崎縣和鹿兒島縣縣界的高千穗峰山腰上，地理位置開放，所有客房都能俯瞰浮在錦江灣上的櫻島。前往大浴場的沐浴小屋需搭乘軌道車移動。晚餐能品嘗具鹿兒島特色的黑豬肉涮涮鍋宴席料理。

050-3134-8096 MAP 附錄②29C-3
（預約中心／受理9:30～18:00）
IN15:00、OUT12:00 ¥1泊2食31000円～
所鹿児島県霧島市霧島田口霧島山2583-21 鹿兒島機場開車約45分 P50輛（免費）

「黑豬肉涮涮鍋」為主菜的特別宴席料理

值得一看的當地樂「天孫降臨 ENBU」

共49間客房，都是擁有絕佳景觀的當地特色客房「薩摩白砂大地之間」

共12間客房皆附露天浴池

大分縣 九重町

界 阿蘇

◆かい あそ LINK→P.101

位於阿蘇九重國立公園內，8000坪用地僅有12棟附露天浴池和室內浴池的獨棟客房。客房裝潢使用以熔岩為材料製成的茶具等天然素材。露天浴池的溫泉可以讓肌膚觸感變柔軟，24小時隨時都能享受泡湯。

MAP 附錄②28B-4
050-3134-8096
（預約中心／受理9:30～18:00）
IN15:00、OUT12:00 ¥1泊2食55000円～ 所大分県九重町湯坪瀬の本628-6
大分自動車道九重IC開車約60分 P15輛（免費）

共12間客房，都是採用阿蘇破火山口天然素材的當地特色客房「破火山口之間」

春夏季名產為「番茄壽喜燒」

所有客房的陽台都設有朝森林方向突出的露天浴池

提供：星野集團

匯集諸多美食的九州最大都市

福岡

博多・太宰府

ふくおか・はかた・だざいふ

匯集尖端趨勢的九州最大都市

博多・天神

●はかた・てんじん

P.26

特色介紹

當地美食聞名全國

博多和天神是日本全國遠近馳名的美食之都，擁有以博多拉麵為首的各式各樣名產美食。

旅行的起點在JR博多站

博多站擁有日本國內最大的車站大樓「JR博多CITY」，是福岡的陸上門戶。除了可以在此搭乘JR和地鐵之外，亦有附設巴士總站，前往福岡縣內外各地的交通相當便利。

說到天神夜生活就想到攤販

天神是九州第一商圈。入夜之後就會有許多攤販出來擺攤，散發招攬觀光客光顧的氛圍。

享受方式①

博多美食

博多美食是福岡之旅的目的之一。有豚骨湯頭讓人食欲大開的博多拉麵、口感彈嫩讓人食指大動的牛腸鍋等，不勝枚舉。

享受方式②

參拜太宰府天滿宮

以祭祀學問之神而聞名全國的太宰府天滿宮，是福岡最具代表性的觀光地。在大約80家商店林立的參道上邊走邊吃，巡遊古蹟和博物館也很有趣。

享受方式③

糸島兜風

糸島是福岡最有人氣的兜風地區。這裡也能逛咖啡廳和雜貨店，品嘗使用糸島蔬菜、糸島豬肉等糸島特產食材的午餐。

福岡縣

博多・天神 P.26

太宰府 P.42

糸島 P.44

門司港 P.46

柳川 P.48

博多、天神開車40分

糸島 ●いとしま P.44

高人氣度假地區

特色介紹

享受沿著海岸線兜風

海岸沿線能眺望以白色鳥居和夫婦岩為象徵的櫻井二見浦,是條人氣兜風路線。

隨處可見能眺望大海的時尚咖啡廳

能嘗到以日本全國知名度漸高的糸島特產蔬果等製成的午餐及甜點。

雜貨店集中在此

隨處可見生活雜貨選物店和手工雜貨工房。可在此邂逅創作者講究的作品。

以祭祀學問之神聞名的天滿宮

博多、天神搭電車16分+5分

太宰府 ●だざいふ P.42

特色介紹

祭祀菅原道真的太宰府天滿宮

太宰府天滿宮以眾多考生前來參拜祈求金榜題名而聞名,是太宰府的觀光勝地。

作為「令和」的淵源地而蔚為話題

新年號「令和」的典據來自大伴旅人詠唱的和歌,由於其宅邸遺址位於太宰府而備受矚目。

推薦在參道上邊走邊吃

有名產梅枝餅、甘王草莓甜點等手拿美食,最適合邊走邊吃。

穿越時空前往復古街道

博多、天神開車1小時15分

門司港 ●もじこう P.46

特色介紹

保留復古建築

以門司港站為首,建於明治至大正時期的復古洋樓林立的港都。巡遊各地的洋樓是觀光必去行程。

名產是烤咖哩

這道美食發源於洋食店眾多的門司港。據說是某家咖啡廳將剩餘咖哩做成焗烤風,放入烤箱烤製而誕生。

在水鄉城鎮隨小船搖晃巡遊護城河

博多、天神搭電車49分

柳川 ●やながわ P.48

特色介紹

保留城下町的面貌

柳川作為立花氏11萬石的城下町而繁盛一時。這裡也是詩人北原白秋的誕生地,相關淵源景點也值得一看。

巡遊護城河是必去行程

搭搖櫓船約1小時、行經約4公里的路線——悠閒地「巡遊護城河」是柳川觀光的代名詞。

名產是蒸籠鰻魚飯

柳川當地美食鰻魚自江戶時代後期起就是在地名產。鰻魚的烤法及醬汁口味展現出每家店不同的特色。

必讀 規劃行程的訣竅

在縣內移動時搭乘大眾運輸

福岡市內的觀光代步工具以地鐵最方便。前往觀光地太宰府、柳川,可從西鐵福岡(天神)站搭西鐵電車;若要前往門司港,先搭特急或新幹線到小倉站再轉乘比較快。

福岡市外加1地區的行程以3天2夜爲佳

第一天逛博多、天神,第二、三天再去參拜祭祀學問之神的名勝太宰府天滿宮、在門司港來趟復古漫步、在柳川巡遊護城河等,選一些從福岡市出發可當天輕鬆來回的地區。只在福岡市停留的話,2天1夜的行程也OK。

住宿選這裡!

博多、天神地區的住宿相當多樣化,從經濟實惠的商務旅館到高級飯店都有,前往郊外地區及福岡縣外的交通也很方便。週末客房大多會客滿,儘早預約為佳。

CHECK 巡遊方式建議

涵蓋福岡縣內的西鐵電車&巴士

西鐵電車的西鐵福岡(天神)站~西鐵柳川站之間、太宰府線、甘木線全線,以及福岡、久留米、佐賀、筑豐地區的西鐵集團一般路線巴士(部分區間除外),一天內可在上述範圍自由上下車的「FUKUOKA 1DAY PASS」2650円。

前往福岡市的主要景點搭地鐵最方便

地鐵一日乘車券為成人640円。帶小孩的家庭可使用「家庭地鐵一日券」(每個家庭1000円)、「家庭雙人券」(1名成人+1名小學生800円)比較划算。需確認使用條件。在某些設施出示車票,入場費就有優惠。一日乘車券在地鐵各站的售票機、家庭地鐵一日券及家庭雙人券在車站的售票口等處販售。

使用送梅枝餅的優惠套票前往太宰府

優惠車票「太宰府漫步車票」960円,包含西鐵福岡(天神)站或藥院站到太宰府站的來回車票,附贈「梅枝餅(2個)兌換券」。亦有設施入場優惠等。

福岡市是聞名全國的美食之都。以正統拉麵為首，還有名產攤販料理、牛腸鍋等美食，務必在當地品嘗看看。接下來就以排行榜形式來介紹福岡美食！

食排行榜

九州第一大城 博多·天神

●はかた·てんじん

本地區的keyword

博多美食　JR博多CITY　攤販

天神商圈和JR博多站周邊、保留下町風情的中洲及海灣地區很受歡迎。享受以豚骨拉麵、牛腸鍋為首的名產美食及攤販料理也是旅遊樂趣之一。

廣域MAP	附錄②3
住宿資訊	P.164
洽詢專線	博多站綜合服務處 092-431-3003 福岡市觀光服務處(天神) 092-751-6904

交通方式

- 鐵道：福岡機場站 —地鐵機場線(5分)— 博多站（※到天神站11分）
- 巴士：福岡機場 —西鐵巴士直達(15分)— 博多站BT
- 車：福岡機場 —國道3、385號(約3.5km)— 博多站
- 車：福岡機場 —縣道551號(約2km)— 機場路收費站 —福岡都市高速環狀線(約6km)— 天神北 —縣道602號(約850m)— 天神站

巡遊方式建議

福岡市內主要觀光景點可搭地鐵前往。地鐵一日乘車券為640円。此外，搭乘在福岡市內全區都有路線、市中心每次150円的西鐵巴士也很方便。

第1名 博多拉麵

細麵×豚骨的協奏曲

擁有眾多狂熱粉絲 長濱拉麵的始祖

拉麵

550円(可能變更)

拉麵DATA

- 濃郁度 ★★★
- 湯頭 豚骨
- 麵 極細、直麵
- 配料 叉燒、蔥花（可依個人喜好添加芝麻、紅薑）

配料

擺上叉燒、蔥花、紅薑等配料。桌上也隨時備有辣味酸菜和調味豆芽菜，有些店可自由添加配菜

湯頭

使用的豚骨部位、備料方法及燉煮時間都會左右味道。可分成透明、白濁等不同顏色的湯頭

麵

使用長濱拉麵率先採用的極細麵，有許多店可以加麵

麵條硬度選普通的話，進到店裡坐著等即可！

長濱

元祖 長浜屋

●がんそ ながはまや

菜單只有極細麵加豚骨湯頭的拉麵，入店之後就會開始按照人數煮麵。若想指定麵條硬度，進門後告知店員「偏硬」或「偏軟」等即可。

MAP 39A-3

092-711-8154

所 福岡県福岡市中央区長浜2-5-25 1F　交 博多站搭西鐵巴士23分，港一丁目下車步行即到　營 5:00～翌1:45左右（週二到22:00，可能變更）　休 無休

位於魚市場旁的立體停車場1樓

原來如此！博多拉麵的基本常識

一 博多拉麵源自烏龍麵攤販

1940至1950年代，福岡市內有許多攤販誕生，幾乎都是賣烏龍麵。1946年創業的攤販「赤暖簾」推出的豚骨拉麵廣為流傳，自1965年起福岡的攤販就開始推出拉麵了。

二 客製化口味

福岡有多家拉麵店可依照個人喜好客製化麵的硬度、湯頭口味及佐料分量等。順帶一提，麵條可分成「生麵」、「過水硬麵」、「非常硬」、「偏硬」、「偏軟」等硬度，名稱也會因店而異。

三 一定要加麵

「加麵」是指吃完一碗麵後僅加點麵條，或是指稱加點的麵條。這是因為博多拉麵以細麵為主流，點大碗的話麵條容易糊掉而變難吃，才會設計出這種系統。

福岡的名店雲集！7大美味拉麵

全球擁有60家分店的博多一幸舍總店

拉麵	780円
拉麵DATA	
濃郁度	★★★★
湯頭	豚骨
麵	細、平打麵
配料	叉燒、木耳、蔥花

博多

博多一幸舍 博多本店

●はかたいっこうしゃ そうほんてん

能品嘗引出豚骨最大鮮味與甘甜的綿密湯頭、口感佳的自製細平打麵、與拉麵極搭的叉燒等配料，堪稱渾然天成的「元祖泡系」拉麵。

☎092-432-1190 MAP40E-3
所福岡県福岡市博多区博多駅前3-23-12
交博多站步行4分
L11:00～23:30（週日到20:30，湯頭售完打烊）
休無休

建於明治公園附近

在福岡市內包括本店有五家店鋪

清爽湯頭搭配極細麵的拉麵人氣鼎盛！

天神

Shin-Shin 天神本店

●シン シン てんじんほんてん

除了豚骨以外，還加了雞骨、洋蔥、胡蘿蔔等為基底熬成的湯頭滋味爽口。麵條使用的是在博多算相當細的 0.85 毫米「極細麵」。是當地出身的博多華丸、大吉等眾多名人會光顧的人氣店。

☎092-732-4006 MAP41B-2
所福岡県福岡市中央区天神3-2-19
交地鐵天神站步行5分 L11:00～翌2:30（週日到23:30） 休無休

拉麵	760円
拉麵DATA	
濃郁度	★
湯頭	豚骨
麵	極細、直麵
配料	叉燒、木耳、蔥花

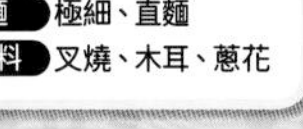

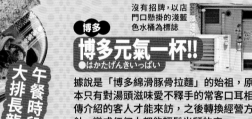

沒有招牌，以店門口懸掛的淺藍色水桶為標誌

博多

博多元氣一杯!!

●はかたげんきいっぱい

據說是「博多綿滑豚骨拉麵」的始祖，原本只有對湯頭滋味愛不釋手的常客口耳相傳介紹的客人才能來訪，之後轉換經營方針，變成任何人都能輕鬆光顧的店。

☎090-1362-4311 MAP39B-3
所福岡県福岡市博多区下呉服町4-31-1 ゾンターク博多1F 交地鐵吳服町站步行7分 L11:00～19:30
休不定休

拉麵	800円
拉麵DATA	
濃郁度	★★
湯頭	豚骨
麵	中細直麵
配料	叉燒、木耳、蔥花

別家店鋪沒有的滋味綿密純白湯頭

煎得酥脆的煎餃5個250円，10個400円

午餐時段必定大排長龍的名店

博多

博多一雙 博多站東本店

●はかたいっそう はかたえきひがしほんてん

中午就出現排隊人潮的人氣店。店主憑藉構思出的乳豬頭骨、關節骨及脊椎骨等部位的黃金比例，花一天熬煮至骨頭軟爛為止。表面的脂泡被愛好者暱稱為「豚骨卡布其諾」，藏有博多一雙的美味祕密。

MAP39C-4
☎092-472-7739
所福岡県福岡市博多区博多駅東3-1-6
交博多站步行8分
L11:00～24:00
休不定休

拉麵	780円
拉麵DATA	
濃郁度	★★★★★
湯頭	豚骨
麵	平打細麵
配料	叉燒、木耳、蔥花、海苔

每碗拉麵都是使用獨立虹吸壺煮高湯

吧檯上一整排的虹吸壺相當吸睛

高湯是關鍵的拉麵

藥院

大重食堂 警固本店

●おおしげしょくどう けごほんてん

使用虹吸壺煮湯頭的「虹吸拉麵」為其招牌。店主是以和食為主製作創意料理的廚師，因此高湯是以七種柴魚片熬製的和風湯底。

MAP41A-4
☎092-741-0141
所福岡県福岡市中央区警固1-8-20 交地鐵藥院大通站步行10分
L11:00～23:00
休不定休

虹吸拉麵	1000円
拉麵DATA	
濃郁度	★★
湯頭	和風湯底
麵	中粗、直麵
配料	滷蛋、叉燒、木耳、蔥花、海苔

名產!! 天神的攤販美食 第2名

以天神和中洲地區為中心約100家

原來如此！攤販的基本常識

1 確認天氣預報和公休日

就算有點風雨，攤販仍能照常營業，不過當遇到暴風雨天大多會臨時休息。另外，週日公休的攤販很多，但公休日視店鋪而異，所以最好事先確認想去的攤販何時公休。

2 入店前先上廁所

攤販附近大多有公共廁所，但是最好事先上廁所。由於攤販的座位數少，仍嚴禁久留。可以說想上廁所的時候就是該離去的時候。

3 應於晚上9點前入店

順路到攤販續攤的人很多，最後一班電車前後為高峰期。建議第一次逛攤販的人要避開人多時段，在晚上9點前入店。在工作人員有餘裕待客的時段來店，也比較容易提問。

開朗的法國人老闆在此恭候 創意隨性法式料理

起司火鍋吐司 600円
使用大量多種起司烤成的土司，上面淋上蜂蜜

店主兼主廚雷米先生

絕品！烤蝸牛 800円
法國料理的招牌菜。手作奶油和大蒜香味撲鼻

Chez Rémy
●レミさんち

由店主兼主廚雷米先生展現廚藝的攤販。工作人員都是法國人。該店年輕女性顧客多，氣氛讓人容易光顧，週末一開店通常直接客滿。可品嘗蝸牛、法式鹹派、馬鈴薯麵疙瘩等法式料理。

MAP 41C-3
☎092-986-2117
所 福岡県福岡市中央区渡辺通4 天神ロフト前
交 地鐵天神站步行7分
L 18:00～24:00
休 週日、一

攤販地圖（天神）

博多屋台バー えびちゃん、あや、だいふく、忠助、満龍、まみちゃん、ふくちゃん亭、春駒、雲仙、与作、小金ちゃん、あごだし亭きさいち、対州軒、河ちゃん、八方亭、玄海、たかちゃん、都、華、那須乃大八、白龍、天一、博多っ子、なんしょうと屋、天神のりゅう太くん、ともちゃん、昭和通、天神北交差点、郵便局中央、天神橋口、天神、福岡パルコ、渡邊通、新天町商店街、西鉄グランドホテル、天神西、岩田屋本店新館、岩田屋本店本館、ソラリアプラザ、なかちゃん、千代、さつまや、西鐵福岡（天神）站、福岡三越、警固公園、警固神社、味府、安さん、宗、Telas&mico、屋台 情熱の千鳥足、Chez Rémy、なおちゃん、こがちゃん、HIBARI、おかもと、永ちゃん、ことぶき屋、ちょうちん、鬼多郎天神店、あほたれ～の、博多っ子純情屋台 喜柳、大丸福岡天神店、てっちゃん、屋台屋 ぴょんきち、まるよし、姫ちゃん、しんきろう、錦ちゃん、鬼太郎、渡辺通4、天神南、福岡市役所、アクロス福岡、中央署、福岡市文学館、西鉄イン福岡、地鐵機場線、四丁目

あごだし亭きさいち
●あごだしていきさいち

為了開攤販而從東京移居福岡的私市先生所經營，細心熬煮飛魚湯頭的關東煮專賣店。價格實惠，高球一杯 500 円。
※ 菜單可能變更

☎080-4694-9187 MAP 41B-2
所 福岡県福岡市中央区天神2 天神ビル前
交 地鐵天神站步行即到
L 18:00～23:30 休 不定休

蘿蔔泥梅烏龍麵 750円
麵條使用從長崎縣五島列島送來的「五島烏龍麵」

東京出生的店主所做的飛魚高湯料理

飛魚高湯關東煮 220円～
從招牌到原創有超過30種關東煮食材

顧客在ㄈ字型攤位上聊得很起勁

攤販名產「炒拉麵」的發源店

炒拉麵 780円
1968年誕生的庶民美食。使用豚骨湯頭及醬汁調味

小金ちゃん
●こきんちゃん

炒拉麵是福岡攤販的名菜單之一。該店在1968 年創業時，就構思出以拉麵麵條製成炒麵的菜單。是一到週末就會大排長龍的人氣店。

☎090-3072-4304 MAP 41B-2
所 福岡県福岡市中央区天神2 ホテルモントレ ラ・スール福岡向かい 交 地鐵天神站步行5分 L 18:10～24:00（週五六及翌週一逢假日時，週日到翌1:00） 休 週四、日（週一逢假日時則週日營業，週一休）

明太子煎蛋捲 700円
將博多名產捲成煎蛋捲的人氣菜單之一

掛著繪有琴酒標籤的門簾

蔓越莓與檸檬的酸味相當清爽的「Oishii」及「Green Tea Fizz」

鮪魚排 1100円～
用炭火將油脂豐富的鮪魚烤得焦香

烤卡芒貝爾起司佐橘子醬 880円
絕妙的搭配，適合當下酒菜

博多屋台バー えびちゃん
●はかたやたいバー えびちゃん

在攤販王國福岡也相當少見的攤販酒吧。老闆靈巧地搖動雪克杯，提供超過100種原創雞尾酒。

☎090-3735-4939 MAP41B-2
所福岡県福岡市中央区天神4 日本銀行前
交地鐵天神站步行5分
L19:00～翌1:00 休不定休、暴風雨天時

屋台 情熱の千鳥足
●やたい じょうねつのちどりあし

由西中洲的野味料理店經營的攤販。使用整頭購入的鹿及山豬熬成的湯頭不帶腥味，相當美味。除了關東煮、拉麵等攤販的招牌菜單之外，也有提供自創的野味料理。

☎090-5690-6855 MAP41C-3
所福岡県福岡市中央区渡辺通4 天神ロフト前
交地鐵天神站步行7分
L18:00～翌1:00 休不定休

關東煮 各150円(肉為250円)
除了野味肉之外，還有白蘿蔔、油豆腐、竹筍等

在福岡僅此才有！以野味料理為主的攤販

鹿肉香腸 800円
將鹿肉鮮美凝聚做成自製香腸。辛香料很提味

あほたれ〜の
週六限定的可樂餅很受歡迎！

塔可餅 700円
淋上手工製莎莎醬，視個人喜好擠上檸檬汁食用

あほたれ〜の

開朗的店主與顧客對談如流，笑聲不斷的攤販。只在週六才會登場的限量60個可樂餅單個就重達300g，特別受女性歡迎。

☎080-5247-9819 MAP41C-3
所福岡県福岡市中央区天神1 大丸福岡天神店前 交地鐵天神站步行4分
L18:00～翌2:00 休不定休

週六限定可樂餅 1個250円
保留馬鈴薯口感的可樂餅，吃起來相當鬆軟

也別錯過中洲地區的人氣店！

博多屋台 中洲 十番
●はかたやたい なかす じゅうばん

這家攤販建於河面上有霓虹燈光搖曳的那珂川沿岸，有著高大的紅色招牌。主要使用廣受好評的優質福岡縣糸島產食材，提供多種日西不拘的菜單。是福岡攤販中少數供應生啤酒的店鋪。

☎092-408-7327 MAP40D-2
所福岡県福岡市博多中洲1 清流公園街区
交地鐵中洲川端站步行10分
L18:00～翌2:30 休暴風雨天時

攤販由少見的女性工作人員招攬顧客

1人份小鍋的糸島產博多和牛牛腸鍋800円

可以在河景攤販品嘗備受肯定的糸島特產食材

糸島豬伊都之寶豬排 900円
攤販的招牌菜單。沾蘿蔔泥醬油吃起來相當爽口

沒有門簾，容易光顧的氣氛

糸島蔬菜的普羅旺斯雜燴普切塔 500円
使用當天採購的糸島產蔬菜做的普切塔，適合當下酒菜

鐵串燒 400円～
使用宮崎縣產雞肉、福岡捕撈的真鯛等九州產食材製成串燒，為攤販限定菜單

Telas&mico
●テラスとミコー

藍色外觀與紅屋頂、黃椅子的搭配引人注目。這家攤販由福岡市中央區春吉的多國籍料理店所經營，店內提供熱門的豬排骨等菜單。

☎092-731-4917 MAP41C-3
所福岡県福岡市中央区渡辺通4 天神ロフト前
交地鐵天神站步行7分
L18:45～24:00 休週一日、暴風雨天時

手沖咖啡每杯600円。也可以立飲

添加大量韭菜和大白菜。韭菜具有維持膠原蛋白的作用
燉煮8小時的牛尾湯頭與內臟的鮮美相互融合

富含膠原蛋白和維他命。有的店只使用小腸，有的店則會使用牛心、重瓣胃等多種內臟

富含膠原蛋白&維他命！

第3名 牛腸鍋

中洲

牛腸鍋 慶州 西中洲店

●もつなべ けいしゅう にしなかすてん

有醬油、白味噌、鹽味牛尾及博多醬油這四種牛腸鍋，以及兩種石烤內臟。其中人氣最高的是鹽味牛尾口味，湯頭溫潤美味。

092-739-8245 MAP41C-2

所福岡県福岡市中央区西中洲2-17
交地鐵天神站步行10分
L16:00～23:00 休無休

1樓是桌位座，2樓是下嵌式座位

鹽味牛尾牛腸鍋 1人份1760円

有日本國產牛小腸、大白菜、洋蔥、雞肉丸子等

博多滿足全餐 1人份5000円

除了牛腸鍋之外，還有一口煎餃、沖獨活、炙烤明太子等福岡名產共十道菜。附2小時飲料無限暢飲

位於中比惠公園對面的大樓1樓

博多

博多牛腸鍋 前田屋 總店

●はかたもつなべ まえだや そうほんてん

有許多名人及運動選手來光顧的牛腸鍋店。內臟只使用上等新鮮的日本國產和牛。牛腸鍋除了單點之外也有全餐菜單，超過3人時必須在來店前一天以前預約。

MAP39C-3

092-292-8738

所福岡県福岡市博多区博多駅東2-9-20
交博多站步行7分
L17:00～23:00（週六日、假日為11:00～14:00也有營業） 休無休

這是副餐！

能品嘗佐賀縣呼子直送的花枝「活花枝生魚片」100g 1650円

讓名人及運動選手大為滿足的國產和牛牛腸鍋

和牛牛腸鍋 味噌口味 1595円

有味噌、醬油、辣牛腸鍋這三種口味。點餐以2人份起跳。只有一個人來店時可以點1人份

原來如此！牛腸鍋的基本常識

1 起源於壽喜燒!?

牛腸鍋是在二戰結束後不久誕生，源自於將內臟和韭菜放到鋁鍋烹調而成的醬油口味湯頭。據說福岡市早良區「牛腸鍋 萬十屋」推出的壽喜燒風牛腸鍋，是現在博多牛腸鍋的原型。

2 先放入所有材料燉煮再轉小火

先用大火煮至湯頭沸騰，等蔬菜煮軟後再轉小火。煮到高麗菜下沉後就能食用。有些店的店員會幫忙顧火鍋。

3 湯頭減少時可以加湯

基本口味為醬油和味噌這兩種。湯頭的種類也會因店而異

吃的時候湯會漸漸煮乾，可以請店員幫忙加湯。有些店鋪加湯要付費，請事先確認。

博多・天神 P.26
太宰府 P.42
糸島 P.44
門司港 P.46
柳川 P.48

田しゅう鍋 1人份1694円
※點餐以2人份起跳
使用五種味噌混合而成的湯頭，韓國藥念醬的辣味相當麻辣。推薦以燉飯收尾

這是副餐！

大名
もつ鍋 田しゅう
●もつなべ たしゅう

緊接在紫蘇風味後是一股辛辣的「紫蘇風味明太子」660円

由曾在知名牛腸鍋店修行十年的店主所經營。牛腸鍋有醬油、味噌、和風高湯（各1人份1595円）以及使用辣味增的「田しゅう鍋」這四種口味。內臟只用國產和牛的小腸。為了讓顧客在最美味的時刻享用牛腸鍋，以剛煮好的狀態端上桌。

時尚的店內。皆為桌位座

☎092-725-5007 MAP41A-3
所福岡県福岡市中央区大名1-3-6 フラップスビル102
交地鐵天神站步行7分 營17:00～24:00 休不定休

博多
博多牛腸鍋 一慶
●はかたもつなべ いっけい

在牛腸鍋的發源地福岡，有味噌、鹽、壽喜燒風等多種口味，其中推廣「炙烤牛腸鍋」的始祖就是這家店。經過醃製、燻製後再炙烤的內臟入鍋香氣四溢，將鮮味濃縮其中。

☎092-409-3382 MAP40F-3
所福岡県福岡市博多区博多駅中央街8-1JRJP博多ビルB1 交博多站步行5分
營11:00～23:00 休無休

除了半包廂、桌位座之外，也有吧檯座，一個人也可以輕鬆入店。單人即可享用的中午牛腸鍋定食為1720円及2170円

經燻製炙烤再燉煮正宗牛腸鍋的深奧美味！

炙烤牛腸鍋 1738円
有「醬油」、「味噌」以及醬油加味噌的「混合口味」三種任選。可一次品嘗原味牛腸鍋及炙烤牛腸鍋的套餐2970円起

牛腸鍋 1人份1386円
搭配老闆娘的祕傳醬油湯頭，品嘗嚴選綜合內臟及九州產蔬菜。照片為5人份

堆成小山的高麗菜和韭菜令人大感衝擊！

天神
元祖牛腸鍋 樂天地 天神今泉總本店
●がんそもつなべ らくてんち てんじんいまいずみそうほんてん

1978年創業，在福岡市內擁有11家店鋪的牛腸鍋專賣店。掀起牛腸鍋的風潮，堅守使用六種日本國產黑毛和牛內臟以及爆量韭菜的博多牛腸鍋形式。也是將強棒麵作為收尾食材的發源店，吸飽鮮美湯頭的強棒麵滋味絕佳。

☎092-738-1767 MAP41B-3
所福岡県福岡市中央区今泉1-19-18 2～3F 交西鐵福岡（天神）站步行即到 營17:00～23:30 休無休

這是副餐！
使用牛腸鍋高湯來提味的「醋內臟」（209円）

店內皆為下嵌式座位

直接向肉品批發商進貨九州產和牛牛腸

牛腸鍋醬油口味 1人份1520円
在長時間熬煮雞骨製成的琥珀色湯頭中，加入福岡縣宗像產醬油及九州產和牛內臟調製，相當美味

天神
牛腸鍋 笑樂 本店
●もつなべ しょうらく ほんてん

牛腸鍋有「醬油」、「白味噌」、「鹽」這三種口味任君選擇。以九州產和牛小腸為主，再加入牛心、重瓣胃等多種內臟，味道更有深度。

本店為三層樓建築，1樓是吧檯座，2、3樓是桌位座

MAP41C-3
☎092-761-5706
所福岡県福岡市中央区西中洲11-4 交地鐵天神站步行10分 營17:00～23:00（週五六到24:00，週六日12:00～14:20也有營業） 休無休

川端
牛腸鍋 大山
●もつなべ おおやま

有獨家混合的「味噌」、沾柚子醋及蘿蔔泥品嘗的「水炊鍋風」，以及最受歡迎的「醬油」這三種口味。使用和牛當中最好吃的年輕牛隻內臟。

MAP40D-1
☎092-262-8136
所福岡県福岡市博多区店屋町7-28
交地鐵呉服町站步行即到
營16:00～23:00（可能變更）
休不定休

以「博多」為意象的店內皆為下嵌式座位。3樓也有座位

這是副餐！

添加大量蔥花的醋漬內臟759円

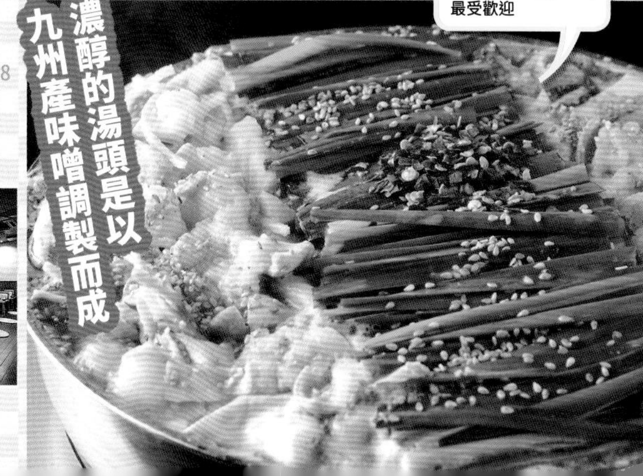

濃醇的湯頭是以九州產味噌調製而成

味噌牛腸鍋 1人份1595円
※點餐以2人份起跳
只使用和牛小腸的牛腸鍋。「味噌」口味最受歡迎

福岡的7大美食排行榜

來福岡的藝人也變成粉絲 福岡的傳統烤雞肉串

烤雞肉串為 110 円起。諸如豬五花捲、雞胗、小番茄、肉丸等，有超過 50 種食材

第4名 「雞肉」只是基本盤 食材豐富乃是福岡特色！

烤雞肉串

福岡雞肉串燒店的雞肉自不用說，還有豬、牛、海鮮以及用蔬菜包捲豬肉的捲串等，豐富多樣的食材為其特徵。店家大多會端出切塊高麗菜作為開胃菜，這是福岡特有的吃法。

將切塊高麗菜淋醋醬食用，當作烤雞肉串的解膩小菜，這種吃法起源自該店

川端

天下の焼鳥 信秀本店

●てんかのやきとり のぶひでほんてん

1964 年創業以來，在眾多客人當中也有不少來福岡的藝人，堪稱讓烤雞肉串變成福岡名產的功臣。為精選國產雞肉灑上沖繩產天然鹽，使用最高級的備長炭燒烤，可品嘗福岡傳統烤雞肉串的味道。

MAP 40D-1
☎092-281-4340
所 福岡県福岡市博多区下川端町8-8
交 地鐵中洲川端站步行即到 L 16:30～22:30
休 週一

店內擺滿了名人的照片

博多

須崎屋台かじしか

●すざきやたいかじしか

過去大受歡迎的攤販開店復活。該店名產串燒菜單一如既往地豐富，為了串燒來訪的客人也相當多。還追加了在攤販時代沒有販售的生魚片等，以新鮮海產製成的海鮮菜單。店內也設有攤販坐位，建議事先預約。

MAP 39B-3
☎092-710-6739
所 福岡県福岡市博多区奈良屋町5-14
交 地鐵中洲川端站步行8分 L 18:00～23:30
休 週日

生魚片拼盤2人份1980円

串燒的標準菜色介於150円到320円之間

博多和牛壽喜燒串

攤販時代的名產串燒至今仍大受歡迎！
萵苣明太子起司捲

宮崎產金柑「玉玉」

第5名 香香脆脆的

烤雞皮

近來，「烤雞皮」作為「福岡的隱藏名產」備受矚目。透過費工細心烘烤，烤出不同於一般滋味的「烤雞皮」。

烤雞皮 1支132円
原本不易入味的雞皮經過細心醃製，造就出無法輕易模仿的美味
美味關鍵在於經過七次燒烤

警固

かわ屋

●かわや

招牌商品「烤雞皮」是先素烤除去油脂，再沾醬汁燒烤。重複多次工序讓表面十分香脆，內部雞肉的甘甜與醬汁味道融合，相當美味。

☎092-741-4567 MAP 41A-4
所 福岡県福岡市中央区警固2-16-10 吉武ビル1F 交 地鐵赤坂站步行9分
L 17:00～24:00 休 週三

就連平日也經常客滿而難以入內用餐的人氣店家

博多雞皮® 醬烤 1支153円
使用創業以來不斷添加的祕傳醬汁而香氣十足，一入口鮮味立刻在口中擴散開來
可品嘗鹽味、醬汁兩種口味的人氣店
博多雞皮® 鹽味 1支153円
經過多次素烤後除去油脂，加上鹽味烤成的獨門串燒。吃起來香香脆脆，和啤酒、燒酎都很搭，讓人一口接一口

博多

博多とりかわ大臣 KITTE博多串房

●はかたとりかわだいじん キッテはかたくしぼう

「博多雞皮」只使用柔軟無腥味的國產雞頸皮，經過多次素烤除去 70%左右的油脂，使鮮味濃縮。口味有醬汁和鹽味，不妨品嘗比較看看。

MAP 40F-3
☎092-260-6360
所 福岡県福岡市博多区博多駅中央街9-1 KITTE博多B1
交 博多站步行3分
L 11:00～23:00
休 無休

豬腳、五花肉等是博多特有的招牌食材

博多・天神 P.26
太宰府 P.42
糸島 P.44
門司港 P.46
柳川 P.48

只靠水和雞肉的鮮味煮出清澈湯頭

第6名

土雞鮮味濃縮其中的絕品

水炊鍋

據說是明治後期某家料亭**受到法式清湯和中國雞湯啟發而想出的**。用雞骨湯頭來煮雞肉和蔬菜，再淋上柚子醋食用。最後加入白飯或烏龍麵收尾，就能填飽肚子。

水炊鍋全餐 B全餐 5830円
淋上苦橙汁花一年熟成所製的特製柚子醋品嘗

平尾

水たき元祖 水月
●みずたきがんそ すいげつ

創業於1905年，是「博多水炊鍋」的發源店。僅使用水和新鮮雞肉製成的湯頭相當美味，味道清爽又引出了雞肉鮮味。收尾的麵線地獄炊也頗受歡迎。需事先預約。

MAP 39B-4
092-531-0031
所 福岡県福岡市中央区平尾3-16-14 交 西鐵福岡（天神）站開車10分 L 17:00～20:30（預約制） 休 週一（逢假日則營業） P 免費

創業地為福岡市博多區須崎町。1960年遷到現在的地址

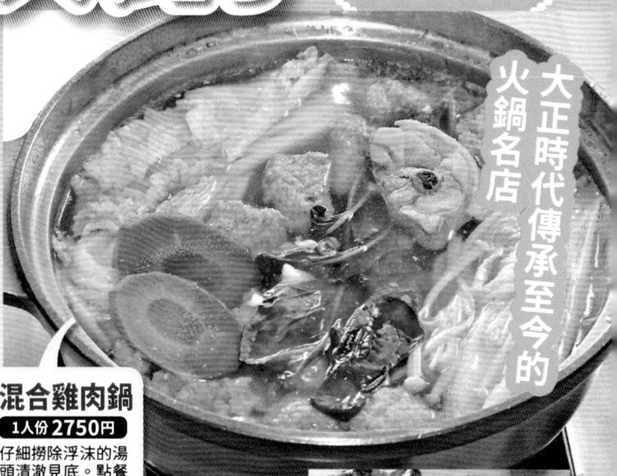

大正時代傳承至今的火鍋名店

混合雞肉鍋 1人份 2750円
仔細撈除浮沫的湯頭清澈見底。點餐以2人份起跳

收尾的雜燴粥套餐附白飯、蔥花、漬物及蛋，1人份 330円

川端

博多味處IROHA
●はかたあじどころ いろは

第四代店主繼續將美味傳承的水炊鍋暨壽喜燒店。招牌水炊鍋使用離子水烹煮精選的九州產赤雞，僅使用鹽來調味。白濁的湯頭含在口中時，溫潤濃醇的味道令人驚艷。

MAP 40D-1
092-281-0200
所 福岡県福岡市博多区上川端町14-27 交 地鐵中洲川端站步行即到 L 18:00～22:00 休 週一

用料單純而突顯土雞的深邃風味

土雞水炊鍋全餐 1人份 5170円
在昆布的第一道高湯加入鹽、九州產赤雞，熬成滋味豐厚的獨特湯頭

有不少常客是名人，店內牆上掛滿了簽名板

大名

岩戸屋
●いわとや

柔軟香醇的雞肉來自宮崎及鹿兒島。有含帶骨肉的「水炊鍋」、加入絞肉的「混合鍋」，以及含雞腿肉、絞肉及雞胗的「高湯鍋」。

MAP 41A-3
092-741-2022
所 福岡県福岡市中央区大名1-12-38 岩戸屋ビル5F
交 地鐵赤坂站步行10分
L 17:30～22:00 休 週日

第7名

酥脆且熱騰騰的

一口煎餃

福岡的煎餃多為一口**大小，口感輕巧**。煎得焦香的外皮裹著滿滿的肉餡與蔬菜，吃起來就像零食讓人停不下來。

餃子 8個 500円
表皮酥脆，口感彈嫩有勁

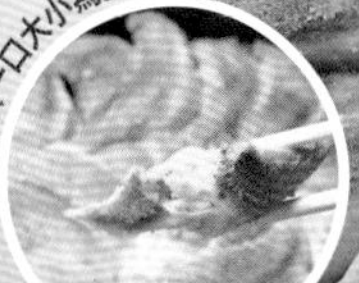

以一口大小為主流

設有吧檯座，一個人也能來

內餡飽滿只有一口大小

煎餃 10個 380円
口感輕盈，也適合當下酒菜

博多

旭軒
●あさひけん

創業超過60年的煎餃專賣店。內餡使用14種材料製成，搭配大量蔬菜，相當健康。帶有大蒜的風味，以皮薄酥脆的口感為特徵。醬油口味雞翅也很受歡迎。

092-451-7896 MAP 40E-2
所 福岡県福岡市博多区博多駅前2-15-22
交 博多站步行即到 L 15:00～23:30
休 週日（逢假日前日則營業，週一休）

享譽全國的「鐵鍋煎餃」

博多

博多祇園鐵鍋
●はかたぎおんてつなべ

聞名全國的「鐵鍋煎餃」始祖。圓鐵鍋內鋪滿的煎餃表面酥脆且香氣撲鼻。煎餃皮、柚子醋及柚子胡椒都是店家自製。內餡只用當天採購的食材製作。

092-291-0890 MAP 40E-2
所 福岡県福岡市博多区祇園町2-20
交 地鐵祇園站步行3分
L 17:00～22:30 休 週日、假日

本店的前身在四十幾年前是攤販，據說是鐵鍋煎餃的始祖

博多・天神

中洲・天神漫步

從下町漫步到熱鬧的商圈

老店櫛比鱗次的拱廊、可參觀傳統工藝工匠技術的資料館等，保留懷舊博多風情的中洲地區，百貨公司及時尚大樓林立，九州首屈一指的商圈天神。在擁有兩種不同面貌的福岡市漫步吧。

Start! 地鐵中洲川端站

1 以「櫛田神」之名眾所熟知 櫛田神社

景點

●くしだじんじゃ

位於上川端商店街南端附近的博多總鎮守。作為福岡市代表性祭典博多祇園山笠祭最後一天「追山笠」的出發地聞名。境內的博多歷史館對外展示文化財山笠的繪馬及社寶。

MAP 40D-2

092-291-2951

所 福岡縣福岡市博多區上川端町1-41 L 自由參拜（博多歷史館為10:00～16:30） 休 博多歷史館為週一（逢假日則翌日休） ¥ 博多歷史館為300円 P 20分100円（9:00～17:00為參拜訪客30分內免費）

櫛田的銀杏樹齡超過1000年
照片：福岡市

建於757年

博多的懷舊風情復甦 「博多町家」故鄉館

●「はかたまちや」ふるさとかん

介紹傳統博多的生活與文化。有能體驗傳統工藝彩繪的「展示棟」和伴手禮店。

MAP 40D-2

092-281-7761

所 福岡縣福岡市博多區冷泉町6-10
L 10:00～18:00（展示棟到17:30）
休 第4週一（逢假日則翌平日休）
¥ 200円（町家棟、伴手禮店為免費）

町家棟和伴手禮店可免費參觀利用

CHECK 博多老店林立的拱廊 上川端商店街

●かみかわばたしょうてんがい

開設在博多川畔的商人街道，保留古早下町情懷。諸如川端善哉等老店在此林立，充滿懷舊氛圍。

MAP 40D-2

2 廣受博多人喜愛近140年 かろのうろん

美食

創業超過100年，守護傳承好味道的老店。「うろん」在博多方言意指烏龍麵，有嚼勁且彈力適中，入喉滑順。高湯活用了羅臼昆布的風味，味道清淡溫和。

MAP 40D-2

092-291-6465

所 福岡縣福岡市博多區上川端町2-1
L 11:00～19:00（售完打烊）
休 週二（逢假日則翌日休）

牛蒡天婦羅烏龍麵 (600円)
加入口感清脆的牛蒡天婦羅

博多烏龍麵的特徵是？

博多烏龍麵的特徵是麵條蓬鬆柔軟，除了昆布、柴魚片之外，也會使用沙丁魚乾等海鮮熬製鮮味濃郁的高湯。經典配料為切成棒狀的牛蒡天婦羅及圓形天婦羅。

MODEL COURSE

START! 地鐵中洲川端站
〈步行〉6分
1 櫛田神社
〈步行〉2分
2 かろのうろん
〈步行〉7分
3 鈴懸本店
〈步行〉7分
4 舊福岡縣公會堂貴賓館
〈步行〉14分
5 漫步大名街道
〈步行〉13分
6 元祖博多明太重
〈步行〉5分
GOAL! 地鐵天神站

博多・天神 P.26
太宰府 P.42
糸島 P.44
門司港 P.46
柳川 P.48

本館建築為重要文化財。館內設有咖啡廳

復古禮服體驗可從五套禮服中任選自己喜歡的樣式。僅限館內試穿

4 非常上相的洋樓
景點 舊福岡縣公會堂貴賓館
●きゅうふくおかけんこうかいどうきひんかん

建於天神中央公園一角。1910 年興建作為來賓接待所，為法國文藝復興樣式的建築。夜晚會全年點燈。

MAP 41C-2
☎092-751-4416
所 福岡県福岡市中央区西中洲6-29 L 9:00〜18:00 休 週一（逢假日則翌日休） ¥ 入館費200円，復古禮服體驗2000円〜

CHECK
天神中央公園的景點
HARENO GARDEN EAST & WEST
●ハレノガーデン イーストアンドウエスト
MAP 41C-2
匯集了販售豆漿咖啡、義式料理、麵包、拉麵等各種類型的店家。

3 在老和菓子店的咖啡廳小歇
咖啡廳 鈴懸本店
●すずかけほんてん

以鈴鐺造型最中「鈴乃最中」聞名的和菓子店，附設咖啡廳。店內統一採用典雅的色彩，有種沉靜的氣氛，可以在單人沙發座上好好放鬆。

☎092-291-0050 MAP 40D-1
所 福岡県福岡市博多区上川端町12-20 ふくぎん博多ビル1F L 9:00〜19:00（用餐到18:00，甜點到18:30） 休 無休

鈴之芭菲 (980円)
玻璃杯內裝滿水果、水羊羹及三種口味任選的冰淇淋等

氣氛時尚。位於博多座前，有不少穿和服的客人

鈴籠 10入 (1566円)
使用新潟縣產糯米製成的招牌商品鈴乃最中

鈴乃○餅 1個 (108円)
口感軟糯的餅皮夾著十勝產紅豆製的內餡

5 尋找時尚咖啡廳
咖啡廳 漫步大名街道

與天神商圈相隔一條天神西通的大名位於西側。這裡有許多在社群媒體備受矚目的咖啡廳和甜點店等。

假日大排長龍的法式吐司專賣店
Ivorish 福岡本店
●アイボリッシュ ふくおかほんてん
☎092-791-2295 MAP 41B-3
所 福岡県福岡市中央区大名2-1-44
交 地鐵天神站步行7分
L 10:00〜17:00 休 週二

莓果饗宴（標準分量）2090円

適合曬網美照的可麗餅大受歡迎的咖啡廳
marbre blanc 紺屋町通り店
●マーブル ブラン こんやまちどおりてん
MAP 41B-3
☎092-716-3668
所 福岡県福岡市中央区大名1-11-29 交 地鐵天神站步行10分
L 12:30〜21:30（週五到22:30，週日為12:00〜20:30）
休 不定休

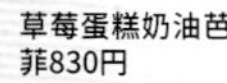

草莓蛋糕奶油芭菲830円

6 大排長龍的人氣店！
美食 元祖博多明太重
●がんそはかためんたいじゅう

日本第一家明太子料理專賣店，「元祖博多明太重」為其招牌料理。白飯上擺著一條用薄昆布包捲而成的鮮美明太子。

MAP 41C-2
☎092-725-7220
所 福岡県福岡市中央区西中洲6-15 交 地鐵天神站步行5分 L 7:00〜22:00 休 無休

元祖博多明太重 (1848円)
明太子醬汁有四種辣度可選

福岡市內一日自由乘車券 1000円

福岡露天觀光巴士 1570円

搭西鐵巴士輕鬆移動♪

在福岡市內移動，搭乘路線遍及主要觀光地的西鐵巴士最方便。一天之內可以不限次數搭乘福岡市內路線巴士的「福岡市內一日自由乘車券」，一名成人可免費帶一名小學生。透過 APP 或是在博多巴士總站、西鐵天神高速巴士總站等處均可購票。雙層巴士「福岡露天觀光巴士」（MAP 41 C-2）可從車內眺望福岡巨蛋及福岡塔，相當愉快。請事先上網或電話預約，或是在預定發車時間的 20 分鐘前在福岡市役所內售票櫃台購買車票。

西鐵客服中心 ☎0570-00-1010
福岡露天觀光巴士預約：九州高速巴士預約中心
☎0120-489-939（手機、PHS、IP電話請撥☎092-734-2727）

從天神稍微走遠一點

欣賞藝術、享受咖啡時光
福岡市美術館 ●ふくおかしびじゅつかん

坐落於大濠公園一隅的美術館。2019 年起改裝成更有魅力的空間。館內收藏達利、米羅等 20 世紀後世界級大師及九州出身畫家的作品等。

MAP 39A-4 LINK P.38

インカ・ショニバレCBE《ウィンド・スカルプチャー（SG）II》2021年
撮影：山中慎太郎（Qsyum!）

全國屈指可數的水景公園
大濠公園 ●おおほりこうえん

利用福岡城外壕興建的福岡市民休息景點。以外圍約 2 公里的水池為中心，許多人在此慢跑、健走，好不熱鬧。

MAP 39A-4
☎092-741-2004
（大濠・西公園管理事務所）
所 福岡県福岡市中央区大濠公園 交 地鐵大濠公園站步行即到 自由入園（停車場5:00〜23:00，10〜4月為7:00起）
P 2小時內220円（之後每30分170円）

園內散布著餐飲店和咖啡廳等

集結購物&美食&玩樂資訊

JR博多站最新導覽

現在福岡最熱門的景點就是博多站，以 AMU PLAZA 博多、博多阪急、博多 DEITOS、AMU EST 構成的「JR 博多 CITY」為首，商業設施都聚集在此，各設施都有連通地下 1 樓。

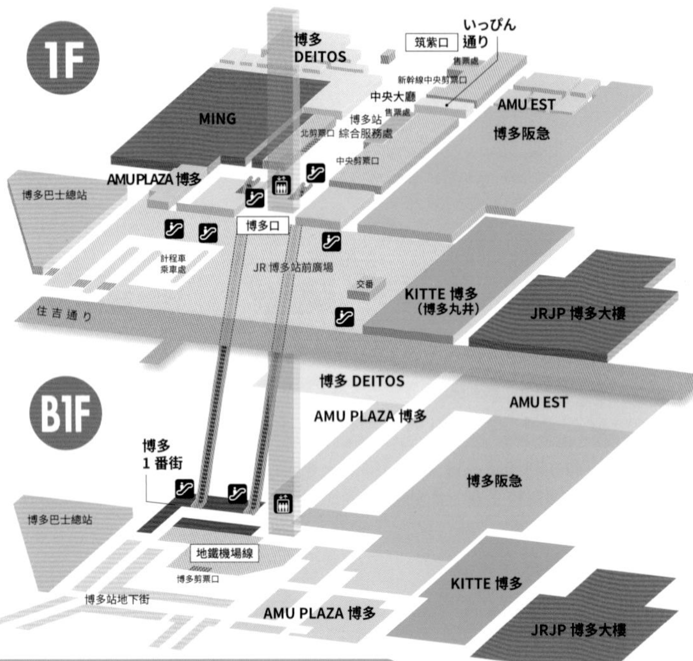

西側是博多口，東側是筑紫口

博多站的西側出入口是博多口，有新幹線剪票口的東側稱作筑紫口。在博多口匯集了 AMU PLAZA 博多、KITTE 博多、JRJP 博多大樓等眾多複合設施。

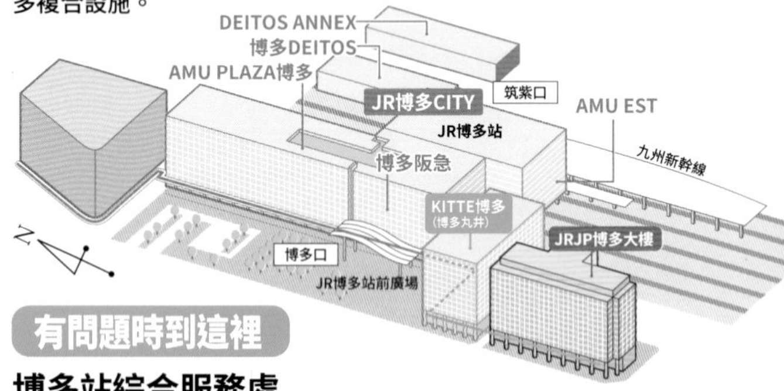

有問題時到這裡

博多站綜合服務處

●はかたえきそうごうあんないじょ

位於 JR 博多站 1 樓中央大廳的服務處。主要提供福岡市內觀光服務、交通服務及租車等資訊。

092-431-3003

8:00～19:00 休無休

站內有成排值得關注的商店！

博多站中央大廳匯集了許多備受矚目的商店。いっぴん通り除了使用大量生奶油的奶油夾心餅乾專賣店「PRESS BUTTER SAND」和以焦糖、果實為主題的「MISTER CARAMELIST」之外，也有許多便當店及伴手禮店林立。

排除購買好口碑名店美食

AMU PLAZA博多

●アミュプラザはかた

JR 博多 CITY 的核心設施。9、10 樓為匯集全國各地名店的餐廳樓層「城市美食街 KOOTEN」，地下 1 樓有咖啡廳及甜點店等。

092-431-8484 MAP 40F-3

(AMU PLAZA博多資訊站)

10:00～20:00（餐廳樓層為11:00～22:00，最晚到24:00）

休不定休

9F めんたい料理 博多 椒房庵

●めんたいりょうり はかた しょぼうあん

以辣明太子聞名的「椒房庵」所經營的餐館。以能同時品嘗明太子和鯛魚茶泡飯的名產「博多明太子鯛魚蓋飯」為首，提供博多美食菜單。

092-409-6611

11:00～15:30、17:00～21:00

明太子×鯛魚茶泡飯的新名產

博多明太子鯛魚蓋飯 2800円

可享用擠檸檬汁、蛋黃高湯山藥泥及茶泡飯這三種吃法

水果相當美味的咖啡廳

綜合水果鬆餅 1595円

鬆餅上擺滿許多水果店才有的新鮮水果

9F Campbell Early 博多店

●キャンベル·アーリー はかたてん

配合水果種類及熟成程度，可品嘗芭菲、鬆餅、新鮮果汁等。以甘王草莓為首，提供眾多當令水果。

092-409-6909 11:00～21:30

最適合找伴手禮

博多阪急

●はかたはんきゅう

在關西廣受支持的百貨公司。地下 1 樓是食品雜貨樓層，匯集超過 50 種品牌的化妝品賣場特別受歡迎。

MAP 40F-3 LINK 附錄①3

092-461-1381

10:00～20:00（可能變更）

休不定休

B1F うまちか!

經典伴手禮、當地話題甜點及食品等品項齊全。館內一角亦設有集結九州及關西當地美食的美食廣場。

豪華明太子仙貝 5包入／各種口味540円

暢銷點心「明太子仙貝」的升級版。有海膽、蝦子、番茄羅勒、起司等口味，還有季節限定品

從大衆酒館到全國各區名店

JRJP博多大樓

●ジェイアールジェーピーはかたビル

地下1樓是白天就能小酌的餐飲店街「駅から三百歩横丁」。1樓有以呼子生花枝聞名的「河太郎」，2樓有大排長龍的「俺のフレンチ 博多」等。

MAP 40F-3

牛蒡天婦羅烏龍麵 660円
使用糸島產小麥製成的麵條滑順有嚼勁

讓烏龍麵居酒屋享譽全國的人氣店

B1F 二〇加屋長介
●にわかやちょうすけ

從福岡拓展到全國的「烏龍麵居酒屋」先驅。可享用彈性恰到好處的烏龍麵、芝麻鯖魚、牛筋等超過70種居酒屋菜色。日本酒種類齊全。

☎092-409-0302
營11:00～23:00

花枝全餐 5500円
有鹽辛、花枝燒賣及飯糰等的花枝饗宴

在博多品嘗活花枝生魚片

1F 河太郎 博多站店
●かわたろう はかたえきてん

以活花枝生魚片聞名的呼子店鋪。從養魚池現撈的活花枝生魚片口感鮮脆且甘甜美味。

☎092-260-9442
營11:00～13:30、17:00～21:00（飲料到21:30）

也有當地菜單的站內食堂

博多1番街

●はかたいちばんがい

博多14家人氣店及老店等比鄰而立，供應豐富的當地菜單。有的店從早上7時就開始營業，從早餐、午餐、晚餐到小酌都能盡情享用。

MAP 40F-2
☎092-431-1125（MING資訊站）
營7:00～23:00（視店鋪而異） 休無休

たんやHAKATA
●たんやハカタ

能以平價品嘗牛舌早餐定食而在社群媒體上造成話題，一早就大排長龍。麥飯可免費續碗，還有另外加價的配菜。

☎092-415-1114
營7:00～22:00

牛舌早餐定食 780円
早餐時段為早上7時到10時30分（週六日、假日到早上10時）。受理時間結束前都可以排隊。

大排長龍！平價早餐

吸引旅客目光的商品雲集

博多DEITOS

●はかたデイトス

擁有以博多名點為主集結許多伴手禮的「伴手禮市場」、拉麵等麵類料理店林立的「博多麵街道」，以及熟食及甜點等人氣店集結的「いっぴん通り」等。

MAP 40F-2 LINK 附錄①3
☎092-451-2561（AMU EST・DEITOS服務台）
營休視店鋪而異

1F 福太郎 博多DEITOS店
●ふくたろう はかたデイトスてん

以「明太子仙貝」聞名的明太子製造商「福太郎」的商店，有許多明太子創意商品。店內一角設有內用區，可試吃比較明太子並購買喜歡的商品。

☎092-433-1331
營8:00～21:00（咖啡廳為11:00～16:30）

試吃比較明太子
店內的內用區只有三個吧檯座

博多豚骨半熟蛋拉麵 870円
有彈性的細麵和濃郁湯頭相當搭

女性愛點的豚骨拉麵

2F 拉麵二男坊
●らーめんじなんぼう

位於2樓「博多麵街道」的拉麵店。經過仔細事先處理，徹底降低豚骨腥味的湯頭相當濃稠，卻又帶點高雅的鮮味，深受女性顧客歡迎。

☎092-414-2255
營11:00～23:30（週六為10:00起，週日、假日為10:00～22:30）

人氣&話題餐飲店集結！

KITTE博多

●キッテはかた

地下1樓及9、10樓的飲食樓層「うまいと」以全國人氣店為首，集合了拉麵、烤雞皮、牛腸鍋等在地話題名店。1樓到7樓有首度在九州設立分店的「博多丸井」進駐。

☎092-292-1263 MAP 40F-3
營視店鋪而異
休6月第3週二

B1F 博多天乃
●はかたあまの

能以平價嘗到在當地博多開店50年的高級料亭好味道的定食。從食材品質、高湯風味及熟練的刀法，能感受到師傅的技巧。

☎092-260-6366
營7:30～22:00

平價享受高級割烹料理滋味

自製明太子蓋飯 1940円
擺上整條講究的自製明太子。最後可淋上特製高湯做成茶泡飯

貓咪濾掛咖啡 1包120円
使用博多方言的貓咪包裝。5包入600円

小羊羹 300円
能一口吃下的糖果型羊羹

博多牛蒡天婦羅烏龍麵 500円
可輕鬆品嘗博多名產牛蒡天婦羅

2F DÔCORE ふくおか商工会ショップ
●ドォコレ ふくおか しょうこうかいショップ

增添現代品味的福岡新經典，從特產品到年輕作家的手工藝作品都有，向全國推廣福岡縣自豪的「優質產品」。各項商品的時尚設計也相當有趣。

☎092-577-1655
營10:00～21:00

92家店鋪的博多、九州伴手禮大集合

MING

●マイング

直通博多站中央大廳的名店街。除了福岡之外，還匯集了九州各地的名點、明太子、海產等食品，最適合來此挑選伴手禮。還有雜貨店、餐飲店及超市等。

MAP 40F-2 LINK 附錄①3
☎092-431-1125（MING資訊站）
營9:00～21:00（部分7:00～23:00，視店鋪而異） 休無休

博多罐裝糖果、博多貼紙罐裝糖果 各473円

博多特有的圖案好可愛

博多限定美食手帕、博多手帕 各660円
均為博多限定的人氣商品。顏色種類豐富，挑選時也很開心。

にっぽんCHACHACHA博多ストア
●にっぽんチャチャチャ はかたストア

擺滿許多以拉麵、明太子等美食以及建築物、文化等博多及九州為圖案的商品。刺繡手帕、日本製口金包以及罐裝糖果等時尚可愛的伴手禮齊全。

☎092-409-0066
營9:00～21:00

博多風美庵
●はかたふうびあん

以甘王草莓、貓眼葡萄等水果為首，販售在地福岡產食材製成的點心。博多甘王草莓牛奶年輪蛋糕是在麵糊中加入草莓，再裹上白巧克力的年輪蛋糕。

☎092-471-3666
營9:00～21:00

博多甘王草莓牛奶年輪蛋糕 4入702円
方便食用的棒狀造型，採個別包裝。

以福岡名產「甘王草莓」做的年輪蛋糕

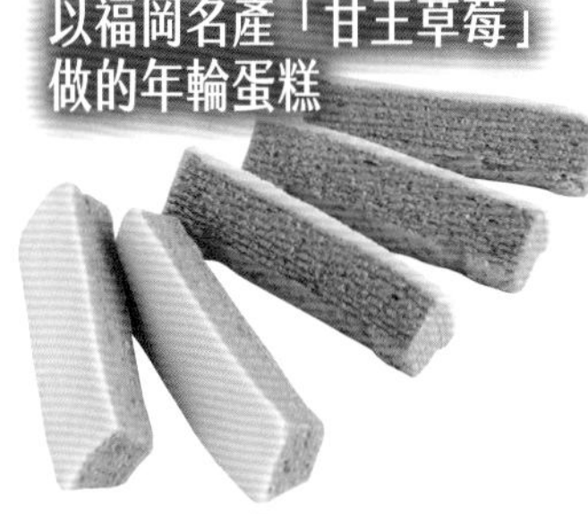

美術館 MAP39 A-4

福岡市美術館
●ふくおかしびじゅつかん
☎092-714-6051 景點

與翠綠樹林調和的美術館
建於大濠公園內。展示米羅、達利等 20 世紀後作家的作品以及鄉土淵源作品。附設咖啡廳及美術館商店，在公園漫步途中可順道來訪。

所福岡県福岡市中央区大濠公園1-6 交地鐵大濠公園站步行10分 L9:30～17:00（7～10月的週五六到19:30） 休週一（逢假日則翌平日休） ¥收藏展參觀費200円 P1小時200円

インカ・ショニバレCBE《ウィンド・スカルプチャー（SG）II》2021年
撮影：山中慎太郎（Qsyum!） Copyright Yinka Shonibare CBE, 2021. Courtesy of James Cohan Gallery, New York

Outlet MAP附錄②3 B-4

福岡瑪麗諾亞城
●マリノアシティふくおか
☎092-892-8700 複合設施

以實惠的價格購物
以大型摩天輪為地標的臨海購物中心。內有服裝店、家居裝潢店、大型專賣店、娛樂設施及餐飲店林立。

所福岡県福岡市西区小戸2-12-30 交博多站搭西鐵巴士43分，マリノアシティ福岡下車步行即到 L10:00～20:00（視店鋪而異） 休無休 P5小時內免費（週六日、假日、特定日為2小時內，之後1小時300円）

⊙地標摩天輪「天空之輪」

複合設施 MAP40 D-3

博多運河城
●キャナルシティはかた
☎092-282-2525 複合設施

繽紛流行的市街玩具箱
匯集了餐飲店、商店、劇場等多種設施的景點。用地中央有一條全長約 180 公尺的運河流通，作為休息場所相當熱鬧。每天在舞台都會上演噴水秀。

所福岡県福岡市博多区住吉1-2 交博多站搭西鐵巴士7分，キャナルシティ博多前下車步行即到 L10:00～21:00（餐飲店為11:00～23:00，視店鋪而異） 休無休 P30分200円

⊙日本代表性拉麵店雲集的「拉麵競技場」

⊙運河中央的太陽廣場

CANAL CITY HAKATA 2022 © FJ. Entertainment Works

科學館 MAP39 A-4

福岡市科學館
●ふくおかしかがくかん
☎092-731-2525 景點

大人也能樂在其中的星象館
擁有能重現極接近自然星空的最先進巨蛋劇場（星象館）、參加體驗型的展示，大人小孩都能愉快學習的科學館。

所福岡県福岡市中央区六本松4-2-1 交地鐵六本松站步行即到 L9:30～21:30（基本展覽室到17:30，巨蛋劇院需確認） 休週二（逢假日則翌平日休） ¥基本展覽室510円（巨蛋劇院需確認）

⊙5樓基本展覽室的「宇宙」區

水族館 MAP附錄②3 B-3

海洋世界海之中道
●マリンワールドうみのなかみち
☎092-603-0400 景點

海洋生物近在身邊！
以「九州大海」為主題，展示 350 種、超過 3 萬隻海洋生物的水族館。透過水及光影、交錯的影像與音響，重現九州各地的海洋。海豚及海獅秀值得一看。

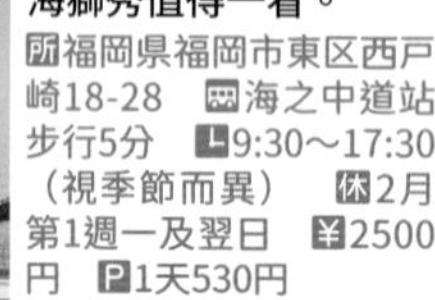

所福岡県福岡市東区西戸崎18-28 交海之中道站步行5分 L9:30～17:30（視季節而異） 休2月第1週一及翌日 ¥2500円 P1天530円

⊙每天舉辦的海豚秀超熱門

博物館 MAP附錄②3 B-4

福岡市博物館
●ふくおかしはくぶつかん
☎092-845-5011 景點

認識福岡的起源
介紹與亞洲交流熱絡的福岡歷史與生活的博物館。館內展示著國寶金印「漢委奴國王」、黑田節中有名的名槍「日本號」等文物。

所福岡県福岡市早良区百道浜3-1-1 交博多站搭西鐵巴士25分，博物館北口下車步行5分 L9:30～17:00 休週一（逢假日則翌平日休） ¥常設展200円 P免費

⊙面向「よかトピア通り」而建

城址 MAP39 A-4

福岡城址
●ふくおかじょうあと
☎092-711-4784（福岡市經濟觀光文化局史蹟整頓活用課） 景點

筑前福岡藩52萬石的居城
鄰接大濠公園。為福岡藩初代藩主黑田長政修築的福岡城遺址。現在仍保留多聞櫓、（傳）潮見櫓及下之橋御門等。

所福岡県福岡市中央区城内 交地鐵大濠公園站步行5分 自由參觀 P1小時150円

⊙春天有美麗櫻花點綴繁華遺址

塔 MAP附錄②3 B-4

福岡塔
●ふくおかタワー
☎092-823-0234 景點

福岡首屈一指的瞭望景點
使用 8000 片半反射鏡包覆的外觀相當銳利。有 234 公尺高，是日本最高的海濱塔。從 123 公尺高的觀景室能將福岡市區及博多灣盡收眼底。

所福岡県福岡市早良区百道浜2-3-26 交博多站搭西鐵巴士28分，福岡タワー南口下車步行即到 L9:30～21:30 休6月最後一週的週一二 ¥800円 P2小時300円（超過2小時需確認）

⊙海濱百道的象徵
⊙也推薦從觀景室欣賞夜景

巨蛋 MAP附錄②3 B-4

福岡巨蛋
●ふくおかペイペイドーム
☎092-844-1189（代表） 玩樂

在巨蛋觀賞職棒比賽
會舉辦以職棒比賽為首的各種運動賽事、演唱會及會議等多種活動。亦有參觀後台的導覽。巨蛋旁邊也有複合娛樂設施「BOSS E・ZO FUKUOKA」可以玩整天。

所福岡県福岡市中央区地行浜2-2-2 交博多站搭西鐵巴士21分，九州医療センター下車步行即到 P費用視活動而異

⊙具備日本首座開閉式屋頂
©SoftBank HAWKS

神社 MAP39 C-2

筥崎宮
●はこざきぐう
☎092-641-7431 景點

坐落在從箱崎濱延伸的參道盡頭
與宇佐、石清水並稱為三大八幡宮。一之鳥居的梁柱為獨特的三段式構造，由黑田長政所建。拜殿和本殿都是國家重要文化財。

所福岡県福岡市東区箱崎1-22-1 交地鐵箱崎宮前站步行即到 L6:00～19:00（社務所為8:30～17:00） P1小時200円（可能視季節變動）

⊙三間一戶入母屋造檜皮葺屋頂的樓門

福岡市
0 300 600m
景點 玩樂 美食 咖啡廳 溫泉 購物 住宿 活動 複合施設
周邊圖
附錄②3B-4・7A-1
A
B
C
1
2
3
4
博多港
東區
中央區
博多區
南區
箱崎ふ頭
東浜
沖浜町
那の津
荒津
長浜
大名
天神
中洲
西中洲
春吉
渡辺通
薬院
警固
舞鶴
赤坂
大濠公園
城内
桜坂
六本松
南公園
平尾
清川
住吉
美野島
竹下
東光
吉塚
千代
馬出
箱崎
筥松
原田
社領
香椎線
鹿児島本線
環状線
地下鉄箱崎線
地下鉄七隈線
西鉄福岡(天神)駅
西鉄天神大牟田線
九州新幹線
JR九州ホテルブラッサム福岡
博多南線
篠栗線
山陽新幹線
空港線
粕屋線
貝塚駅
香椎駅
箱崎九大前駅
箱崎宮前駅
箱崎駅
馬出九大病院前駅
吉塚駅
千代県庁口駅
呉服町駅
中洲川端駅
祇園駅
櫛田神社前駅
博多駅
博多站
天神駅
天神南駅
赤坂駅
渡辺通駅
薬院駅
薬院大通駅
桜坂駅
六本松駅
西鉄平尾駅
東比恵駅
西鉄二日市駅
大橋
春日駅
新鳥栖駅・博多南駅
福岡IC
小倉駅
篠栗駅
福岡空港駅
半道橋IC
東区役所
福岡市役所
中央区役所
博多区役所
福岡県庁
東公園
筥崎宮 P.38
櫛田神社
中洲攤販
JR博多CITY
博多運河城
博多元氣一杯!! P.27
博多美食文化博物館 HAKUHAKU 附錄①16
P.32 須崎屋台かじしか
P.26 元祖 長浜屋
P.33 水たき元祖 水月
福岡城址 P.38
大濠公園 P.35
福岡市美術館 P.35・38
福岡市科学館 P.38
舞鶴公園
福岡市動植物園
ザ・ベーシックス福岡 P.30
博多牛腸鍋 前田屋 總店
博多一雙 博多站東本店 P.27
博多港国際ターミナル
国際ターミナル
ベイサイドプレイス
第2ターミナル
博多埠頭
マリンメッセ福岡
ゆめタウン博多
ザ・ワンファイブマリン福岡
ニッセイホテル福岡
ベニキアカルトンホテル福岡天神
博多サンライトホテル 檜乃扇
ホテルWBFグランデ博多
ホテルルートイン博多駅南
福岡リーセントホテル
Camellia Line・JR九州高速船
九州郵船(往壹岐、對馬、比田勝)
野母商船(往五島)
市營渡船玄海航路(往玄界島)
對州海運(往嚴原)
P.40 博多・天神

交通資訊

也要確認從博多站發車的運河城線巴士。

D E F
1 2 3 4

博多區
上呉服町
御供所町
店屋町
冷泉町
祇園町
中洲(1)
中洲(2)
中洲(3)
上川端町
下川端町
春吉(1)
春吉(2)
春吉(3)
住吉(1)
住吉(2)
住吉(3)
住吉(4)
住吉(5)
博多駅前(1)
博多駅前(2)
博多駅前(3)
博多駅前(4)
博多駅南(1)
堅粕(2)
堅粕(3)
清川(1)
高砂(1)

博多站
JR博多CITY
AMU PLAZA 博多
博多DEITOS
博多阪急
KITTE博多
JRJP博多大樓
博多運河城 P.38
櫛田神社 P.34
博多區役所
福岡日航酒店 P.164
福岡全日空皇冠假日酒店 P.164
福岡運河城華盛頓酒店 P.164
博多屋台 中洲十番 P.29
天下の焼鳥 信秀本店 P.32
牛腸鍋 大山 P.31
博多味處IROHA P.33
鈴懸本店 P.35
上川端商店街 P.34
「博多町家」故郷館 P.34
かろのうろん P.34
博多祇園鐵鍋 P.33
旭軒 P.33
めんたい料理 博多 椒房庵 P.36
博多一幸舍 博多本店 P.27
博多とりかわ大臣 KITTE博多串房 P.32
博多牛腸鍋 一慶 P.31
MING P.37
P.37・附錄①3
P.36・附錄①3

鹿児島本線
博多南線
九州新幹線
山陽新幹線
環状線
那珂川
櫛田神社前駅
中洲川端駅
呉服町駅
祇園駅
博多駅
吉塚駅
春日駅・新鳥栖駅
博多南駅
博多港
香椎
小倉駅

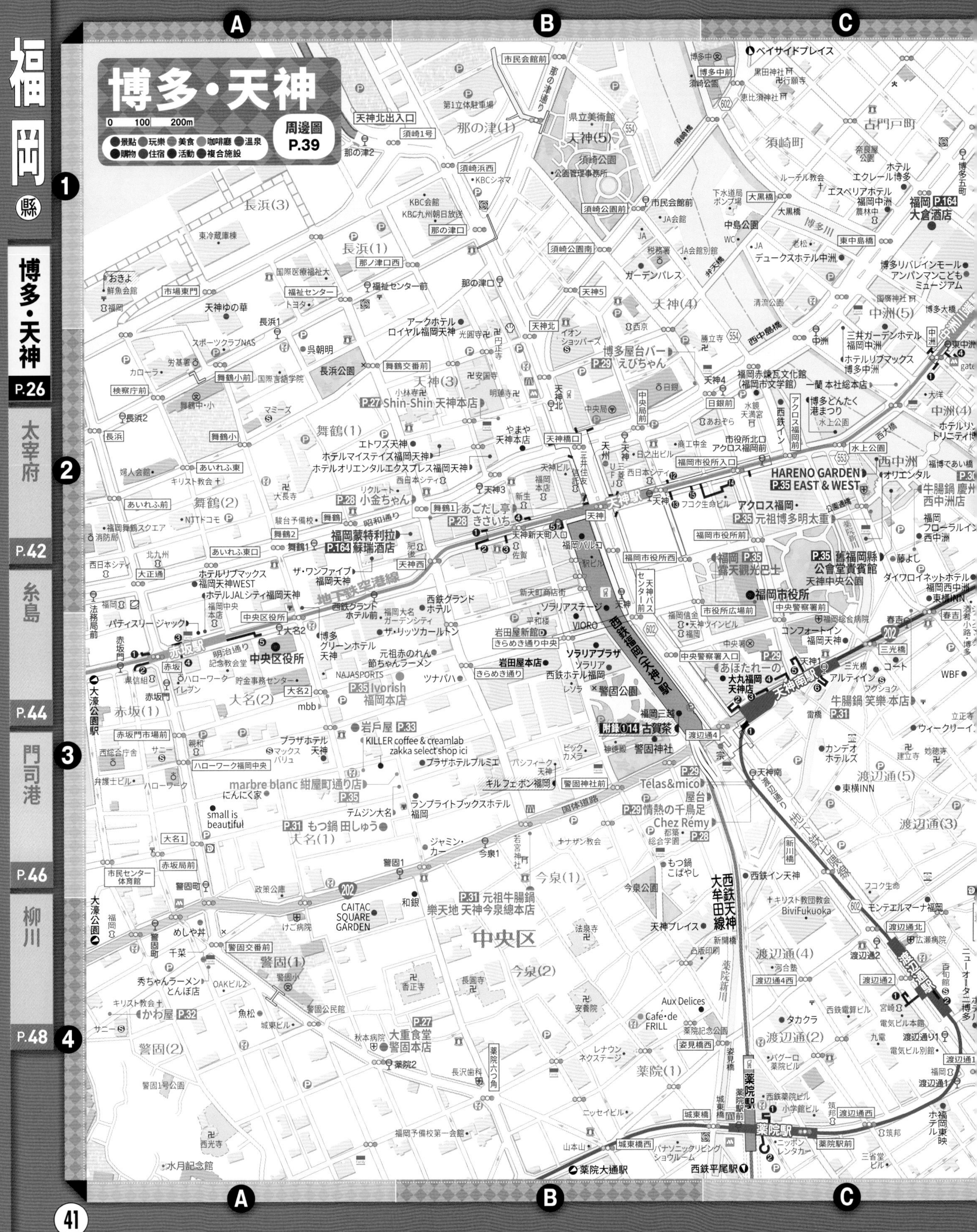
博多・天神
0 100 200m
景點 玩樂 美食 咖啡廳 溫泉
購物 住宿 活動 複合施設
周邊圖 P.39
福岡縣
博多・天神 P.26
太宰府 P.42
糸島 P.44
門司港 P.46
柳川 P.48
A B C
1 2 3 4
天神北出入口
須崎1号
那の津(1)
那の津2
市民会館前
那の津通り
第1立体駐車場
県立美術館
天神(5)
須崎公園
公園管理事務所
須崎浜西
KBCシネマ
KBC会館
KBC九州朝日放送
那の津口
長浜(3)
東冷蔵庫棟
長浜(1)
那ノ津口西
国際医療福祉大
福祉センター
福祉センター前
那の津口
市場東門
おきよ鮮魚会館
天神ゆの華
長浜1
トヨタ
アークホテルロイヤル福岡天神
光圓寺
スポーツクラブNAS
呉朝明
長浜公園
舞鶴交番前
天神(3)
安國寺
明蓮寺
小林寺
正寺
カローラ
労基署
舞鶴小前
国際言語学院
検察庁前
舞鶴中・小
長浜2
長浜
マミーズ
P.27 Shin-Shin 天神本店
舞鶴(1)
舞鶴小
エトワズ天神
ホテルマイステイズ福岡天神
ホテルオリエンタルエクスプレス福岡天神
やまや天神本店
あいれふ東
婦人会館
キリスト教会
西日本シティ
大長寺
リクルート
P.28 小金ちゃん
舞鶴(2)
あいれふ前
NTTドコモ
駿台予備校
舞鶴
昭和通り
舞鶴1
P.28 あごだし亭きさいち
天神3
新生
福岡舞鶴スクエア
消防局
舞鶴2
舞鶴1
福岡蒙特利拉
P.164 蘇瑞酒店
肥後
天神新天町入口
佐賀
天神西
北九州
あいれふ東口
西日本シティ
大正通
ホテルリブマックス福岡天神WEST
ザ・ワンファイブ福岡天神
地下鉄空港線
ホテルJALシティ福岡天神
法務局前
福岡中央
パティスリー ジャック
中央区役所前
西鉄グランドホテル前
福岡大名ガーデンシティ
西鉄グランドホテル
赤坂門
赤坂駅
大名2
ザ・リッツカールトン
博多グリーンホテル天神
明治通り
記念教会堂
中央区役所
元祖赤のれん節ちゃんラーメン
県信組
ハローワーク
セブンイレブン
貯金事務センター
NAJASPORTS
ツナパハ
赤坂
大濠公園駅
大名(2)
大名2
P.35 Ivorish 福岡本店
mbb
赤坂門
赤坂(1)
赤坂門市場前
岩戸屋 P.33
KILLER coffee & creamlab zakka select shop ici
プラザホテル天神
マックスバリュ
ホテルプルミエ
親和
サニー
西総合庁舎
ハローワーク福岡中央
弁護士ビル
ハローワーク
marbre blanc 紺屋町通り店
にんにく家
P.35
small is beautiful
テムジン大名
ランプライトブックスホテル福岡
P.31 もつ鍋 田しゅう
大名(1)
大名1
赤坂局前
市民センター体育館
警固町
政策公庫
202
警固1
ジャミン・カー
今泉1
CAITAC SQUARE GARDEN
和銀
P.31 元祖牛腸鍋 樂天地 天神今泉總本店
大濠公園
福岡
めしや丼
けご病院
中央区
警固町
千菜
警固交番前
警固(1)
警固小
秀ちゃんラーメン とんぼ店
OAKビル2
警固公民館
キリスト教会
かわ屋 P.32
魚松
城東ビル
サニー
P.27 大重食堂 警固本店
秋本病院
香正寺
長圓寺
警固(2)
薬院2
長沢歯科
薬院六つ角
警固1号公園
西光寺
福岡予備校第一会館
水月記念館
今泉(1)
今泉(2)
法泉寺
安養院
Aux Delices
Café de FRILL
薬院記念公園
姿見橋西
レナウンネクステージ
薬院(1)
ニッセイビル
城東橋
城東橋西
パナソニックリビングショウルーム
山本山
薬院大通駅
西鉄平尾駅
薬院駅
薬院駅前
ニッポンレンタカー
西鉄薬院ビル
小学館ビル
筑邦
渡辺通西
三省堂ビル
天神(4)
須崎公園前
市民会館前
JA会館
JA
税務署
JA会館別館
ガーデンパレス
天神5
西京
イオンショッパーズ
天神北
博多屋台バー P.29 えびちゃん
勝立寺
西中島橋
554
天神4
日銀前
日銀
あおぞら
中央局前
中央局
天神北
天神橋口
天神
日之出ビル
西日本シティ
三井住友
明治安田
天神ビル
福岡本店
商工中金
市役所北口 アクロス福岡前
福岡市役所入口
アクロス福岡
元祖博多明太重 P.35
フコク生命ビル
天神駅
福岡パルコ
駅ビル
福岡市役所西
天神バスセンター前
福岡市役所前
福岡露天觀光巴士 P.35
福岡市役所
P.35 舊福岡縣公會堂貴賓館
天神中央公園
新天町商店街
ソラリアステージ
平和楼
VIORO
岩田屋新館
きらめき通り中央
岩田屋本店
ソラリアプラザ
西鉄ホテル福岡
きらめき通り
警固公園
福岡三越
附錄①14 古賀茶
渡辺通4
警固神社
ビックカメラ
パシフィーク天神
キルフェボン福岡
警固神社前
西鉄福岡(天神)駅
福岡信金
天神ツインビル
福岡
市役所広場前
中央署
中央警察署入口
あほたれ～の P.29
大丸福岡天神店
天神南駅
天神1
中央警察署前
福岡総合病院
コンフォートイン福岡天神
Télas&mico P.29
屋台
P.29 情熱の千鳥足
Chez Rémy
都築総合学園 P.28
国体道路
ナザン教会
右宮神社
もつ鍋 こばやし
今泉公園
西鉄天神大牟田線
天神プレイス
新開橋
凸版印刷
薬院新川
天神南
渡辺通り
地下鉄七隈線
博多中
博多中前
須崎公園
黒田神社
行願寺
東比須神社
602
須崎橋
須崎町
古門戸町
奈良屋公園
ルーテル教会
ホテルエクレール博多
博多五町
エスペリアホテル福岡中洲
福岡 P.164 大倉酒店
下水道局ポンプ場
大黒橋
中島公園
博多川
東中島橋
ベイサイドプレイス
弁天橋
老松
デュークスホテル中洲
博多リバレインモール
アンパンマンこどもミュージアム
清流公園
国鉄神社
中洲(5)
博多大橋
中洲川端
三井ガーデンホテル福岡中洲
ホテルリブマックス博多中洲
東中洲
福岡赤煉瓦文化館(福岡市文学館)
一蘭 本社総本店
水鏡天満宮
西鉄イン
アクロス福岡前
博多どんたく港まつり
水上公園
中洲(4)
大洋
ホテルトリニティ
西中洲
HARENO GARDEN P.35 EAST & WEST
オリエンタル
牛腸鍋 慶州 西中洲店
福岡フローラルイン西中洲
藤よし
ダイワロイネットホテル福岡西中洲
東横INN
春吉
202
三光橋
コート
アルティイン
フクシマ
WBF
牛腸鍋 笑樂 本店 P.31
雷橋
立正寺
ウィークリーイン
カンデオホテルズ
建立寺
妙徳寺
渡辺通(5)
東横INN
渡辺通(3)
新川橋
西鉄イン天神
フコク生命
602
モンテエルマーナ福岡
キリスト教団教会
BiViFukuoka
渡辺通北
広瀬病院
渡辺通2
渡辺通(4)
河合塾
渡辺通4西
渡辺通2
渡辺通駅
宮崎
タカクラ
西鉄電気ビル
電気ビル本館
渡辺通(2)
九電
渡辺通り1
電気ビル別館
パグーロ薬院ビル
福岡
渡辺通1
ホテル福岡東映
筑邦
姿見橋
薬院駅前
百貨店
ニューオータニ博多

祈求開運

以祭祀學問之神聞名的太宰府天滿宮，除了保佑金榜題名之外，還有除厄、闔家平安等各種庇佑。不妨巡遊境內，祈求開運吧。

參拜學問之神 太宰府

だざいふ

本地區的keyword
太宰府天滿宮
參道漫步
九州國立博物館

以前統治九州的太宰府政廳設立在此。這裡也是學問之神菅原道真的淵源地，到處都有述說歷史的古蹟名勝。參道上有大約80家商店櫛比鱗次。

廣域MAP 附錄②3・7

洽詢專線 太宰府市観光服務處 ☎092-925-1880
太宰府館 ☎092-918-8700

交通方式

鐵道：博多站 →地鐵機場線(5分)→ 天神站 →步行(5分)→ 西鐵福岡(天神)站 →西鐵天神大牟田線特急、急行→ 西鐵二日市站 →西鐵太宰府線(5分)→ 西鐵太宰府站

巴士：博多站BT →西鐵巴士 太宰府定期巴士「旅人」(40分)→ 太宰府

車：福岡機場 →縣道45號、國道3號、縣道76・35號(約15km)→ 西鐵太宰府站

巡遊方式建議

西鐵太宰府站到太宰府天滿宮會經過大町參道及馬場參道，以步行移動。前往九州國立博物館可使用隧道。大停車場位於車站南側。出租自行車（1天500円～）在車站附近候客。

祈求學業進步、除厄及闔家平安

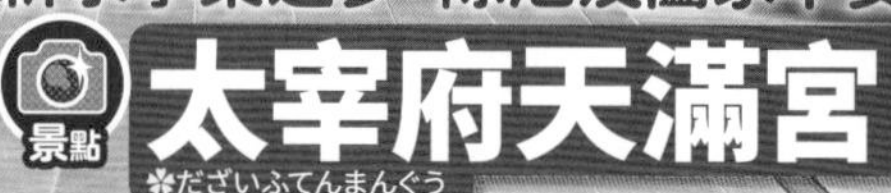

景點 太宰府天滿宮

だざいふてんまんぐう

祭祀學問之神菅原道真的全國天滿宮總本宮。起源為運送道真遺骸的牛車牛隻趴在這個場所動也不動，因而在此興建祠堂。境內種有大約200種、6000棵梅樹，1月下旬到3月上旬是最佳賞花時期。

☎092-922-8225 MAP42

所福岡県太宰府市宰府4-7-1 交西鐵太宰府站步行5分 L6:30～18:30（視時期而異），寶物殿9:00～16:00 休無休，寶物殿為週一（逢假日則開館） ¥寶物殿500円 P500円

活動月曆

1月25日～2月28日	節分除厄祈願大祭
2月25日	梅花祭
3月第1週一	曲水之宴
4月20日	更衣祭
9月21～25日(2022年的情況)	神幸式大祭
10月中旬(農曆9月10日)	秋思祭

在境內觀賞藝術

2006年起在境內舉辦的「太宰府天滿宮藝術計畫」。以「開放性」、「獨特性」為關鍵詞，有不少著名藝術家的現代藝術作品散布其中。

The Problem of History 歴史について考える
(C)Simon Fujiwara, 2013
Courtesy of Dazaifu Tenmangu Shrine, TARO NASU
Photo by Sakiho Sakai (ALBUS), Junko Nakata (ALBUS)

護身符&御神籤

幸福護身符 1000円
以帶來幸福的歐亞鴛為造型

梅御守 1500円
內含梅種子的護身符。祈求健康與長壽

御神籤 100円
會隨季節更換顏色，像是新春有象徵梅花的粉紅色、秋有紅葉色等，相當繽紛

萬葉香氣洋溢的人氣景點

太宰府天滿宮

開運

御神牛

位於手水舍旁，據說能讓撫摸部位的疾病好轉。源自於將丑年出生的道真遺骸運送到此地的牛隻。

太鼓橋

架在心字池的橋。太鼓橋、平橋、太鼓橋分別象徵「過去、現在與未來」，據說過橋能淨化身心。

假殿

國家重要文化財御本殿將進行睽違124年的大翻修，2023年5月到2026年左右改至「假殿」參拜。

周邊的中途景點

每次去都有新發現

九州國立博物館

景點 ●きゅうしゅうこくりつはくぶつかん

僅次於東京、奈良及京都的日本第四所國立博物館。在介紹日本和亞洲各國文化交流歷史的文化交流展覽室，有重現遣唐使的房間等，自古以來與亞洲交往密切的九州特有內容，可以欣賞國寶、重要文化遺產等珍貴文化財。免費進場的1樓「亞洲吧」為可接觸亞洲、歐洲各國文化的體驗型展覽室。

MAP 42
050-5542-8600（客服中心）
所 福岡縣太宰府市石坂4-7-2
L 9:30～16:30
休 週一（逢假日則翌日休）
¥ 文化交流展700円（特別展費用另計） P 500円
※費用可能變更

注目商品
針聞書模型 1個610円
1樓的博物館商店可以購買各種原創周邊商品

元號「令和」的淵源神社

坂本八幡宮

景點 ●さかもとはちまんぐう

境內的大伴旅人歌碑

據傳在天文弘治年間請到應神天皇作為祭神的神社。神社附近有很可能是大伴旅人宅邸的地方，年號「令和」的典故源自於萬葉集《梅花之歌第三十二首 序文》當中的片段，據說是730年在大伴旅人宅邸舉行的梅花之宴上所詠唱的，因此作為令和的淵源神社而受到矚目。

作為坂本地區的守護神坐鎮此地

MAP 42
092-928-3100（社務所）
所 福岡縣太宰府市坂本3-14-23 西鐵都府樓站步行15分 L 境內不限（社務所為週六日、假日的10:00～16:00） 休 社務所為週一～五（假日開所）

CHECK

梅枝餅

外酥內軟的梅枝餅是太宰府的名產。境內及參道上的店家都能外帶購買，每個130円。根據菅原道真的生日及祭日，每月25日都會推出添加艾草的梅枝餅。

照片：九州旅ネットフォトギャラリー

參道漫步

參拜過後可以在全長400公尺的參道漫步。參道上有大約80家店比鄰而立。

吃太宰府特有的合格拉麵來開運

一蘭 太宰府參道店

美食 ✿いちらん だざいふさんどうてん

天然豚骨拉麵專賣店「一蘭」的旗艦店。該店特有的合格拉麵麵條長度為59（與日文的「合格」諧音）公分，是一般麵條的2倍，還有推出用合格（五角）碗盛裝的「通通合格」等。

092-921-5117 MAP 42
L 11:00～16:30（週六日、假日為10:00～17:30）
休 無休

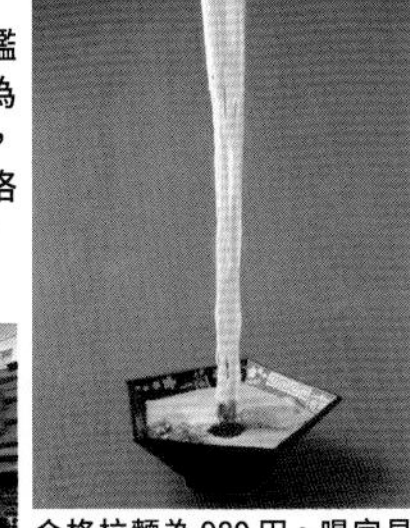

合格拉麵為980円。喝完見底之後，碗底會浮現「決定」（代表確定）的字樣

明太子速食受到矚目!

福太郎 太宰府店

購物 ✿ふくたろう だざいふてん

福太郎以明太子為形象的吉祥物「ぷちこさん」很吸睛。除了能買到「明太子仙貝」及明太子之外，也備有外帶菜單。

092-924-0088 MAP 42
L 9:00～17:00
休 無休

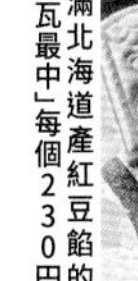

「明太子烤飯糰」230円。附明太子或芥菜紫蘇等配料各280円

太宰府特色和菓子是招牌商品

太宰府參道 天山

購物 ✿だざいふさんどう てんざん

該和菓子店著名的「鬼瓦最中」以太宰府政廳遺址出土的鬼瓦為造型。最中有紅豆粒餡、白豆沙餡及抹茶餡三種口味。冬春之際甘王草莓甜點最熱門。

092-918-2230 MAP 42
L 8:30～17:00 休 不定休

塞滿北海道產紅豆餡的「鬼瓦最中」每個230円起

11月到4月販售的「甘王草莓大福最中」650円起

在一天內享盡沿海絕景與傳說中的美食

糸島海濱兜風

在美麗的沿海縣道54號兜風是糸島觀光的經典行程。享受人氣咖啡廳和工房巡禮吧。

白天時湛藍大海及白色鳥居相映成趣

START 西九州自動車道今宿IC
車30分
❶ 櫻井二見浦
車8分
❷ CURRENT
車7分
❸ Bistro & Cafe TIME
車25分
❹ 工房とったん
車40分
GOAL 西九州自動車道今宿IC

糸島

享受絕景和美食

●いとしま

本地區的keyword
- 海濱兜風
- 能眺望大海的餐廳
- 巡遊工房和畫廊

從福岡市區開車約40分，來到擁有田園風景和遼闊美麗大海的糸島。沿海散布著時尚餐廳，還有手工藝作家及藝術家經營的工房、畫廊等。

廣域MAP
附錄②3

洽詢專線
糸島市觀光協會
✆092-322-2098

交通方式

車：福岡機場 —縣道551號(約2km)— 機場路收費站 —福岡都市高速環狀線・西九州自動車道(約27km)— 前原IC —縣道12號(約2km)— 筑前前原站

巡遊方式建議

景點到處都有，所以建議駕車巡遊。沿海的縣道54號有「志摩日落大道」之稱，以黃昏美景受到好評。看夕陽兜風相當愉快。

午餐套餐
2950円～（可能變更）
除了三種任選的主菜之外，還有附今日濃湯、前菜及飲料。照片是烤糸島豬肉

一邊眺望大海一邊享用糸島恩惠

2 CURRENT

美食

●カレント

能從店內及露天座俯瞰玄界灘的高地咖啡餐廳，地點絕佳。可品嘗使用糸島產蔬菜、糸島豬里肌肉等「糸島特產」食材製作的創意義式料理。

✆092-330-5789 MAP附錄②3A-4
所 福岡県糸島市志摩野北2290
交 筑前前原站開車18分 L 10:00～17:00
休 不定休 P 免費

南國度假村氛圍洋溢

糸島最靠近大海的咖啡廳

3 咖啡廳 Bistro & Cafe TIME

●ビストロ アンド カフェ タイム

這家咖啡餐廳位於從二見浦開車約10分、內行人才知道的隱密海灘大口海岸。位置極佳自不用說，使用糸島產蔬菜及鮮魚製成的料理也很受歡迎。以色彩明亮的餐具、砧板等來擺盤，相當有品味。

MAP附錄②3A-4

092-332-8607

所福岡県糸島市志摩桜井4423-7 筑前前原站開車18分 L11:00～16:30 休不定休 P免費

從露天座可眺望玄界灘

使用移動房屋的店鋪

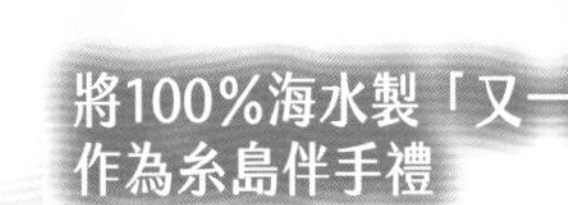

法式吐司 1000円

醬料會隨季節及進貨狀態改變

煮鹽50g378円、150g864円；烤鹽50g540円

「撒鹽食用布丁」的花鹽原味（照片左）及焦鹽焦糖布丁各450円

使用長崎縣長崎市傳統的香酸柑橘「ゆうこう」製成的「又一鹽柚子醋」1000mℓ486円

將100%海水製「又一鹽」作為糸島伴手禮

4 購物 工房とったん

●こうぼうとったん

位於糸島半島西北端的製鹽所。海水從日曬到用大鍋煮，得費時15天左右才能製成鹽。將鹽烤過製成的烤鹽質地細緻，味道溫和。

MAP附錄②3A-4

092-330-8732（代表）

所福岡県糸島市志摩芥屋3757 筑前前原站開車25分 L10:00～17:00 休不定休 P免費（週六日、假日為300円）

週末時停車場位子可能不夠，可利用附近的收費停車場

「日本海濱、夕陽百選」的景色令人著迷

1 景點 櫻井二見浦

●さくらいふたみがうら

作為福岡縣指定名勝入選「日本夕陽百選」。用注連繩相繫的夫婦岩非常有名，夏至時沉入兩岩之間的夕陽相當美。

MAP附錄②3A-3

092-322-2098（糸島市観光協會）

所福岡県糸島市志摩桜井 筑前前原站開車25分 P免費（8:00～20:00）

糸島的夫婦岩以夕陽名勝聞名

中途SPOT

當地作家的手工作品

購物 糸島くらし × ここのき

●いとしまくらし ここのき

位於筑前前原站前商店街的選物店。店內陳列使用糸島木材及特產品製成的食品、餐具、手工藝雜貨等，住在糸島的70位作家作品。

092-321-1020 MAP附錄②3A-4

所福岡県糸島市前原中央3-9-1 筑前前原站步行7分 L10:00～18:00 休週二 P免費

混合草莓、檸檬等當地水果製成的果醬

每年有130萬人來訪的直銷所

購物 伊都菜彩

●いとさいさい

JA糸島的產地直銷市場。面積約1500平方公尺的賣場是九州規模最大的直銷設施。陳列蔬菜及白米等農產品、海鮮、花、加工品等超過1000種商品。

092-324-3131 MAP附錄②3B-4

所福岡県糸島市波多江567-1 波多江站開車5分 L9:00～18:00 休無休 P免費

每逢週末開店前就大排長龍

糸島牛肉咖哩 515円

燉煮糸島牛和糸島蔬菜製成的咖哩調理包

草莓控的福音、草莓店經營的咖啡廳

咖啡廳 いちごや cafe TANNAL

●いちごや カフェ タンナル

由栽培草莓的「磯本農園」經營的咖啡廳。提供將特產草莓加以變化的芭菲、生乳酪蛋糕等多種甜點菜單。

092-338-2949 MAP附錄②3A-4

所福岡県糸島市志摩吉田1640-2 筑前前原站開車10分 L11:00～19:00（咖啡廳到18:00） 休無休 P免費

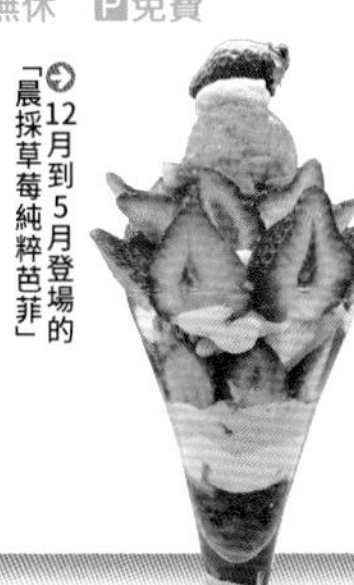

12月到5月登場的「晨採草莓純粹芭菲」

喝的甘王草莓醋 甘王草莓蜜餞 2020円

使用甘王草莓製成的醋加上大塊果肉的蜜餞組合。甘王草莓醋用碳酸水和牛奶稀釋相當好喝

福岡縣

門司港

可感受懷舊風情的港都

●もじこう

本地區的keyword

懷舊街道

洋樓巡禮

烤咖哩

過去作為貿易港口繁華一時，建於明治至大正時期的紅磚洋樓及木造建築散布其中，洋溢著懷舊氛圍。很早就開始發展洋食文化，務必要嘗嘗看由此而生的烤咖哩。

宗像・福津　小倉　門司港　糸島　博多・天神　太宰府　福岡縣　佐賀縣　大分縣　柳川　熊本縣

也有人力車候客！

每區1.2公里，每人4000円起，2人5000円起

✆093-332-4444

（えびす屋 關門）

🕒10:00～17:00

休不定休

隨興漫步復古城市

被異國香氣和海風吸引

門司港最大的看點是散發異國氣氛的復古洋樓。建築物集中在臨海地帶，可以在此四處遊逛。以重要文化財門司港站爲起點出發吧。

行程範例

所需時間：4小時

START ①門司港站

▼步行650m

②舊門司稅關

▼步行即到

③大連友好紀念館

▼步行500m

④舊大阪商船

▼步行即到

⑤舊門司三井俱樂部

▼步行即到

⑥海峽廣場

▼步行3分

JR門司港站 GOAL

廣域MAP	附錄②2F-1
洽詢專線	門司港懷舊綜合資訊站 ✆093-321-4151
交通方式	

鐵道：博多站 —JR鹿兒島本線快速（1小時40分）— 門司港站

鐵道：博多站 —新幹線（15分）— 小倉站 —JR鹿兒島本線（14分）— 門司港站

車：福岡機場 —國道201號(約7km)— 福岡IC —九州自動車道(約68km)— 門司IC —縣道25號(約9km)— 門司港站

巡遊方式建議

景點集中故可四處漫步，租自行車也是一種方式。在舊門司稅關旁的 JOYiNT 門司港（✆093-321-2272）有出租電動自行車，一天 800 円。

1 門司港站 景點

●もじこうえき

建於 1914 年，在 1988 年其站舍成為第一個名列國家重要文化財的鐵道車站。現在保存修繕工程已經完成，恢復成了創建之初的復古站舍。1 樓的舊一、二等等候室變成綠色窗口，舊三等等候室設有「星巴克」。 MAP46

✆0570-04-1717（JR九州服務中心）

所福岡県北九州市門司区西海岸1-5-31

650m

2 舊門司稅關 景點

●きゅうもじぜいかん

建於 1912 年，一直到昭和初期都作為稅關廳舍使用的洋樓。1 樓有休息所、稅關廣報展覽室等。從上層的觀景室可以欣賞關門海峽。

✆093-321-4151 MAP46

（門司港懷舊綜合資訊站）

所福岡県北九州市門司区東港町1-24

🕒9:00～17:00 休無休 ¥免費

左右對稱的美麗紅磚建築

是門司港現存歷史性建築中少有的明治時期磚造建築

門司港 周邊圖 附錄②2F-1

0 100 200m

③大連友好紀念館 P.47　下関　出光美術館駅　老松公園　②舊門司稅關 P.46　門司港レトロ觀光線　レトロ観西橋　門司港 P.47 ④舊大阪商船　P.47 BEAR FRUITS　関門海峡花火大会　プレミアホテル門司港　⑥海峽廣場 P.47　港町　門司港駅前　門司港駅入口　⑤舊門司三井俱樂部 P.47　和洋Restaurant 三井俱樂部 P.47　錦町　P.46 門司港站①　九州鉄道記念館駅　桟橋通り　港湾合同庁舎前　旧大連航路上屋　P.47 九州鐵道紀念館　門司税務署前　清滝4　門司海青小　西海岸1　ナカバラ　鹿児島本線　清滝1　清滝1 鉄道記念館前　清滝(4)　清年神社　清滝東公園　門司高下　門司区役所前　清滝(1)　小倉駅　門司区役所　清滝(3)　門司区　門司IC

博多・天神 P.26
太宰府 P.42
糸島 P.44
門司港 P.46
柳川 P.48

GOAL 門司港站

步行3分

門司港烤咖哩500円

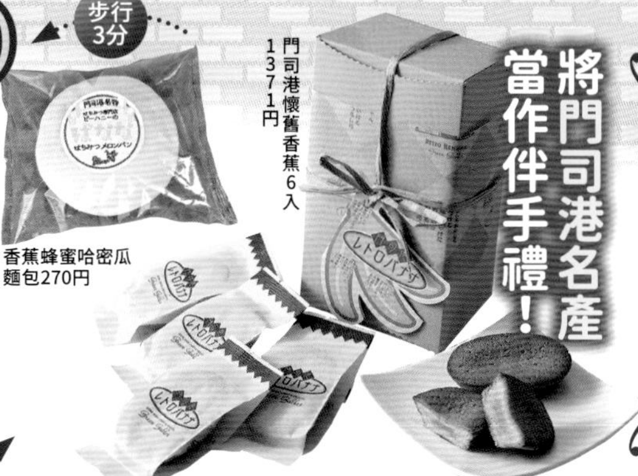
香蕉蜂蜜哈密瓜麵包270円

門司港懷舊香蕉6入1371円

將門司港名產當作伴手禮！

6 海峽廣場

複合設施

●かいきょうプラザ

除了與香蕉有關的伴手禮之外，還有烤咖哩調理包、海產等多樣化伴手禮。館內附設餐飲店、紅磚玻璃館及八音盒博物館。

MAP 46

093-332-3121

所 福岡縣北九州市門司区港町5-1

L 10:00～20:00（餐飲店為11:00～22:00，視店鋪而異） 休 無休 P 有簽約停車場

重生的國家重要文化財站舍

復原後的門司港為外牆塗有貼石風砂漿的木造建築，部分採用鋼筋來補強結構

步行即到

5 舊門司三井俱樂部

景點

●きゅうもじみついくらぶ

以前作為三井物產社交俱樂部所使用的建築。1樓有餐廳及活動大廳，2樓有林芙美子紀念室以及重現當年愛因斯坦博士夫婦住宿房間模樣的紀念房間。

093-321-4151 MAP 46

（門司港懷舊綜合資訊站）

所 福岡縣北九州市門司区港町7-1

L 9:00～17:00 休 無休 ¥ 2樓為150円

愛因斯坦紀念房間

愛因斯坦博士也曾住過的社交俱樂部

歐洲傳統的木桁架建築

在這吃午餐！

和洋Restaurant 三井俱樂部

●わようレストラン みついくらぶ

093-332-1000

L 11:00～14:00、17:00～20:00 休 不定休

添加香蕉的香雅飯（1375円）

步行即到

4 舊大阪商船

景點

●きゅうおおさかしょうせん

以幾何學形態為基調的分離派風格建築，以八角塔屋為特徵。以前塔屋也具有燈塔的功能。亦有展示北九州市出身的插畫家渡瀨政造作品的畫廊。

093-321-4151

（門司港懷舊綜合資訊站）

MAP 46

所 福岡縣北九州市門司区港町7-18

L 9:00～17:00

休 無休（畫廊更換展示品時）

¥ 渡瀨政造畫廊150円

頌揚門司港美貌的優雅外觀

橘色磁磚與白色石材形成對比的外觀讓人印象深刻

500m

步行即到

3 大連友好紀念館

景點

●だいれんゆうこうきねんかん

紀念北九州市與中國大連市締結姊妹市15週年所建的建築物。1樓是「中國料理 大連あかしあ」，2樓是可自由休息的空間及大連市介紹專區。

MAP 46

093-321-4151

（門司港懷舊綜合資訊站）

所 福岡縣北九州市門司区東港町1-12

L 9:00～17:00（大連あかしあ為11:00～21:30）

休 無休 ¥ 免費入館

德式風格建築是門司港的交流據點

仿照大連市歷史性建築物而建

周邊的中途景點

門司港發源的洋食「烤咖哩」

BEAR FRUITS

美食

●ベア フルーツ

能品嘗門司港在地美食之一烤咖哩。咖哩以數種蔬果與十幾種辛香料花時間熬煮而成。不可預約。

093-321-3729 MAP 46

所 福岡縣北九州市門司区西海岸1-4-7 1F

交 門司港站步行即到 L 11:00～21:30（週五六、假日前日到22:30） 休 無休

超級烤咖哩935円

深受鐵道迷&小孩歡迎

九州鐵道紀念館

景點

●きゅうしゅうてつどうきねんかん

為九州鐵道總公司所有，具門司港特色的鐵道相關景點。館內展示著重現九州鐵道沿線的「九州鐵道大全景模型（立體透視模型）」等。

093-322-1006 MAP 46

所 福岡縣北九州市門司区清滝2-3-29

交 門司港站步行即到 L 9:00～16:30

休 第2週三（7月為第2週三四，8月為無休）、逢假日則翌日休 ¥ 300円

可看見懷舊蒸氣機關車與客車的車輛展示場

福岡縣

柳川

●やながわ

作為城下町繁盛一時的水都

本地區的keyword

搭搖櫓船巡遊護城河

北原白秋誕生地

蒸籠鰻魚飯

柳川是詩人北原白秋的誕生地，江戶時代作為立花氏11萬石城下町而繁盛一時。來此就要搭乘搖櫓船「巡遊護城河」、品嘗名產蒸籠鰻魚飯。

享受充滿情懷的風景 從巡遊護城河到漫步城下町

可欣賞隨四季變遷的花花草草，度過悠閒時光

造訪柳川首要體驗的就是水鄉澤國特有的遊川行程「巡遊護城河」。之後前往過去作為城下町而繁盛一時的城鎮，巡遊與藩主立花氏、柳川出身的詩人北原白秋有所淵源的景點等。

巡遊護城河預覽照

5月下旬到6月上旬是大朵花菖蒲的賞花時期。賞櫻時期也很推薦

並倉是明治後期作為味噌及醬油製造工廠所建的紅磚倉庫。可遙望欣賞

行程範例

所需時間 4小時

Start 西鐵柳川站
◀步行300m
1 巡遊護城河
◀搖櫓船1小時
2 柳川藩主立花邸 御花
◀步行400m
3 北原白秋故居·紀念館
◀步行550m
御花前巴士站
◀巴士 西鐵巴士10分
西鐵柳川站 Goal

廣域MAP	附錄②7A-4
洽詢專線	柳川市観光服務處 ☎0944-74-0891

交通方式

鐵道：西鐵福岡(天神)站 —西鐵特急(50分)— 西鐵柳川站

車：福岡機場 —縣道45號、國道3號(約4km)— 金之隈收費站 —福岡都市高速環狀線(約4km)— 太宰府IC —九州自動車道(約46km)— 三山柳川IC —縣道775號、國道443號(約9.5km)— 西鐵柳川站

巡遊方式建議

從西鐵柳川站步行數分即可抵達巡遊護城河的乘船場，以觀光為目的來搭乘之餘，也可以當作一種交通方式。此外，西鐵電車有推出優惠票券，諸如以划算價格成套販售的「柳川特盛套票」就包含了從西鐵主要車站到西鐵柳川站的來回車票、巡遊護城河船票、鄉土料理餐券。

柳川藩主立花邸 御花

景點

●やながわはんしゅたちばなてい おはな

明治時代的伯爵府邸「西洋樓」、「大廣間」及庭園「松濤園」均維持舊時風貌。在收藏5000件美術工藝品的史料館，有展示自外國傳入的大名道具。園內有旅館、餐館及伴手禮店，一應俱全。

建於1910年的洋樓。可看到昔日華麗壯觀的家具

☎0944-73-2189 MAP48

所福岡県柳川市新外町1 L10:00～16:00
休無休（可能臨時公休） ¥入園費1000円 P限住宿旅客使用

立花家史料館展示的初代藩主立花宗茂的甲冑

體會大名家華麗的文化

包含松濤園在內的所有用地皆為「立花氏庭園」名列國家名勝

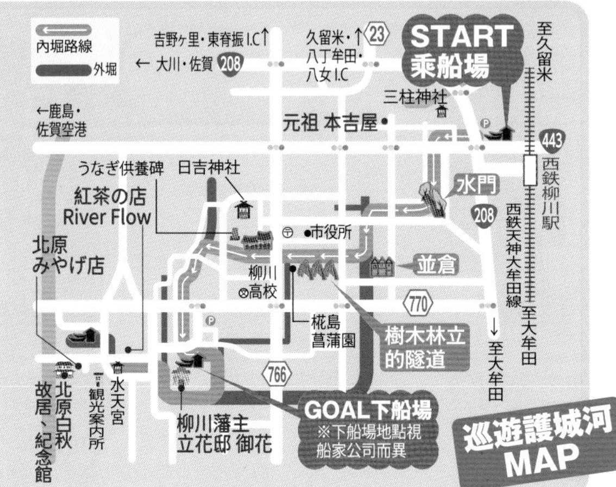

北原白秋故居、紀念館

景點

●きたはらはくしゅうせいか・きねんかん

緬懷偉大詩人的身影

故居留有白秋的塗鴉

保存並對外公開創造了《枸橘之花》等諸多名作的詩人北原白秋的故居。附設紀念館展示著白秋的親筆書及遺物、原稿、歷史資料等諸多文物。12月29日到1月3日休館。

✆0944-72-6773

MAP48

所福岡県柳川市沖端町55-1
L9:00～16:30（可能變更）
休無休　¥600円　P有公共停車場

可購買與白秋有關的美酒。標籤上「菊美人」的文字出自白秋之手

北原白秋【きたはらはくしゅう】

1885年出生於在柳川經營釀酒廠的老家。19歲以前都是在柳川生活，其後就讀早稻田大學。以1909年發表了《邪宗門》為首，寫下《回憶》、《東京景物詩》等詩集以及《赤鳥》等童話、童謠雜誌，在日本文學史上留下偉大足跡。

蒸籠鰻魚飯

名產!

「蒸籠鰻魚飯」是誕生自鰻魚特產地柳川的名產。據說是發源店的元祖本吉屋，不僅使用從江戶時代傳承下來的獨門醬汁，並採用與創業當時相同的製法烹調。朱漆木盒內擺有烤得香噴噴的鰻魚。

元祖 本吉屋

●がんそもとよしや

✆0944-72-6155 MAP48

所福岡県柳川市旭町69　L10:30～19:30　休週一（逢假日則翌日休）
P免費

附上鰻魚肝湯及醋漬鰻魚的蒸籠定食5500円

何謂**蒸籠鰻魚飯**

將混入醬汁的白飯放滿蒸籠，再擺上蒲燒鰻魚蒸成的鰻魚料理。是過去鰻魚特產地柳川的名產。

巡遊護城河

玩樂

●おほりめぐり

隨著搖櫓船搖晃巡遊名勝

一邊聽著船夫夾雜方言的導覽，一邊悠閒地巡遊縱橫城鎮的溝渠。前往舊柳川城內堀的行程需時約1小時。2月由於行程縮短，需洽詢。

MAP48

✆0944-74-0891（柳川市內觀光服務處）

所西鐵柳川站步行5～10分有4處乘船場
L9:00～需洽詢　休無休（需洽詢）
¥1560～1700円　P免費

12月到2月有暖桌船

船夫唱的《守株待兔》是白秋根據中國古代故事所作的童謠

保留在城鎮各處的海鼠牆。將平瓦平鋪後，在縫隙間填上漆喰使其隆起建成

守株待兔～♪

難度最高的地方是彌兵衛門橋。橋底下的寬度只夠船勉強通過

順道經過這裡!

手工「雛吊飾」相當華麗

北原みやげ店

購物

●きたはらみやげてん

北原白秋故居、紀念館旁的伴手禮店。柳川的傳統女兒節吊飾「雛吊飾」、「柳川手鞠」是由手藝純熟的奶奶一個個手工製成。有大、中、小等各種尺寸。

✆0944-72-2876　MAP48

所福岡県柳川市沖端町51
L10:00～16:00
休無休

➔雛吊飾700円起

↓個別販售的「柳川手鞠」及人偶可當作鑰匙圈

品嘗紅茶和手工甜點小歇一下

紅茶の店 River Flow

咖啡廳

●こうちゃのみせ リバー フロー

位於溝渠沿岸的紅茶專賣店，茶葉種類約60種。可以一邊欣賞溝渠，一邊品嘗芳醇紅茶及自製蛋糕。甜點使用福岡縣產麵粉，全部手工製作。

✆0944-74-0211　MAP48

所福岡県柳川市稲荷町13-4　L10:00～17:30　休週三、四（逢假日則營業）
P免費

↑町家風建築。店內裝潢以大正浪漫為意象打造而成

↑司康500円。司康和配料可任選

長崎

到處散發異國情調
日本有最多島嶼的縣

豪斯登堡・佐世保

ながさき・ハウステンボス・させぼ

散步好愉快
充滿異國情調的坡道市街

長崎市

●ながさきタウン

P.52

特色介紹

旅途的起點 從長崎站開始
JR長崎站周邊有高速巴士總站、路面電車車站等聚集在此。

建有國寶＆世界遺產洋樓
巡遊哥拉巴園、大浦天主堂等值得一看的世界遺產及國寶洋樓，相當愉快。

千萬美元的夜景是一大看點！
從海拔333公尺的稻佐山眺望長崎市夜景，欣賞「世界新三大夜景」。

享受方式❶

當地美食

擁有許多美味道地的當地美食，像是強棒麵、皿烏龍麵、土耳其飯、佐世保漢堡、檸檬牛排等！

享受方式❸

美麗的海景

四面環海的長崎擁有971座離島，島嶼數量位居日本第一。代表性的九十九島絕景讓旅遊情緒更為高漲。

享受方式❷

教會巡禮

以名列世界遺產的大浦天主堂為首，縣內隨處可見充滿基督教文化的教會。莊嚴的彩繪玻璃也相當漂亮。

長崎市 P.52
豪斯登堡 P.68
佐世保 P.72
雲仙 P.74
島原 P.75
平戶 P.76

長崎市搭電車1小時35分

豪斯登堡 ●ハウステンボス P.68

特色介紹

九州第一主題樂園
152公頃的廣大園地內有風車轉動的花田、運河及遊樂設施等，充滿魅力！

燈光秀相當有人氣！
被評為日本全國第一夜景的燈光秀值得一看。

重現歐洲街道

以前靠南蠻貿易繁盛一時的港都

長崎市開車2小時

平戶 ●ひらど P.76

特色介紹

漫步「可看到寺院和教會的道路」
自古以來作為西洋貿易窗口而繁盛一時。能看到教會與寺院相鄰的獨特風景。

住在平戶城的「城泊」備受矚目！
日本百大名城當中第一個常設住宿設施「平戶城CASTLESTAY懷柔櫓」備受矚目。

溺灣交織的絕景和美式城鎮

長崎市搭電車2小時

佐世保 ●させぼ P.72

特色介紹

九十九島的絕景獨一無二
九十九島是由大大小小總計208個島嶼構成的名勝，幾乎全區都被指定為西海國立公園。

要用餐時就吃「佐世保漢堡」
將起源自美國的漢堡加以變化而成，是當地特色漢堡的先驅。

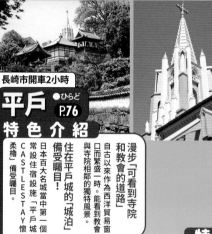

長崎市搭電車（JR和島鐵）1小時40分（中途轉乘）

島原 ●しまばら P.75

可巡遊湧泉的城下町

特色介紹

名產是使用湧泉製作的「寒湯圓」的水都
會湧出雲仙岳伏流水的水都。以湧泉冰鎮的「寒湯圓」是島原的靈魂甜點。

當地鐵道「島鐵」運行
島原鐵道是行駛於諫早站～島原港站的地方線。能在車上享用午餐及甜點的「島鐵CAFE TRAIN」也有運行。

溫泉蒸氣冉冉升起「地獄」為看點

長崎市開車1小時30分

雲仙 ●うんぜん P.74

特色介紹

巡遊雲仙地獄的知名溫泉勝地
以噴出蒸氣的雲仙地獄為中心設有溫泉街。

夏季涼爽、冬季看得到霧冰
海拔700公尺的高原度假地。冬季雲仙岳的霧冰十分夢幻。

必讀 規劃行程的訣竅

通常是以長崎機場作爲旅行的起點
從本州方向出發的交通方式以搭乘飛機為主。長崎機場位於大村市內，搭機場接駁巴士前往長崎市及佐世保等主要地區大約45分。

如果想走遠一點，建議從雲仙到小濱、從佐世保到黑島
從雲仙到面向橘灣的溫泉地小濱車程約20分。從佐世保相浦港到世界遺產黑島天主堂所在的黑島，搭黑島客船約50分。搭乘渡輪享受短期船旅可謂長崎的特色。

住宿選這裡！
喜歡泡溫泉可以住在雲仙，想欣賞夜景可以住在長崎市稻佐山的旅館。另外，想暢遊豪斯登堡的話，最好安排2天1夜的行程比較妥當。

CHECK 巡遊方式建議

在長崎市搭長崎電氣軌道的電車很方便
長崎市的觀光景點幾乎都集中在市區，可利用長崎電氣軌道的路面電車前往。每次乘車為140円，划算的電車一日乘車券為600円。

長崎機場到豪斯登堡也有船隻航行
人氣景點豪斯登堡也能從長崎機場搭船前往。一天約2～3班來回（需確認航行日），需時50分左右，票價為單程2200円、來回3900円。往佐世保站方向也有共乘廂型計程車（需上網預約 http://www.jumbotaxi.info/）。

長崎市

東西文化完美融合

ながさきタウン

江戶時代作為國際貿易港興盛一時的長崎，是東西文化融合、帶有異國情調的城市。擁有哥拉巴園、大浦天主堂等豐富景點，強棒麵、皿烏龍麵等當地美食為其魅力。

福岡縣
佐賀縣
平戶
佐世保
豪斯登堡
長崎縣
長崎市
雲仙
島原
伊王島

廣域MAP 附錄②15 **住宿資訊** P.164
洽詢專線 長崎市客服中心 ✆095-822-8888
交通方式

巴士：長崎機場 → 長崎巴士、長崎縣營巴士（43～56分）→ 長崎站前
※到長崎新地總站35分

車：長崎機場 → 縣道38號、國道444號（5.6km）→ 大村IC → 長崎道（28.5km）→ 長崎IC → 長崎出島道路、國道499、202號（5km）→ 長崎站前

大浦天主堂周邊漫步

以「荷蘭人」心情遊逛洋式建築與石板街道

以哥拉巴園為起點巡遊大浦天主堂，是長崎市最受歡迎的觀光行程。在曾是外國人居留地的東山手，逛一逛以前有「荷蘭人」之稱、西洋人走過的坡道吧。

延伸到大浦天主堂旁的坡道所見的景色

從坡道對面可以看到長崎港的景色

漫步指南

利用石橋電車站旁的哥拉巴天道，就能從哥拉巴園第二入口入園。不妨搭乘這個斜行電梯到5樓，眺望眼前展開的港都風景

MAP 67A-4
6:00～23:30

Start 長崎站 →（長崎電氣軌道7分）→ 新地中華街電車站 →（長崎電氣軌道7分）→ 石橋電車站 →（步行即到）→ 哥拉巴天道 →（步行即到）→ 1 哥拉巴園

從市區中心往浦上方向行駛，作為市民代步工具的長崎電氣軌道。單次乘車為140円，行駛時間為6:10～23:40

1 一次欣賞九棟復古建築

哥拉巴園

●グラバーえん　景點　世界遺產

集結了與日本近代化密切相關的洋人宅邸，以及從長崎市內搬遷的明治時期珍貴洋式建築。哥拉巴故居是日本現存最古老的木造洋式建築，亦名列世界遺產。

MAP 67A-4 LINK P.54・59・154

哥拉巴故居為獨特的木造平房樣式建築

部分彩繪玻璃是 150 年前的法國製品，據說是日本最古老的
※ 教堂內、博物館內禁止攝影

採用輕盈且耐久性高的肋狀拱頂式天花板

大浦天主堂基督教博物館
●おおうらてんしゅどうキリシタンはくぶつかん

將建於大浦天主堂用地內的「舊羅典神學校」及「舊長崎總主教府」作為博物館加以利用。以淺顯易懂的方式介紹日本基督教的歷史軌跡。舊長崎總主教府 1 樓設有博物館商店「PADRE」。

奇蹟的長崎蛋糕(五三燒) 1350円(0.5號) 2300円(1號) 博物館原創的五三燒長崎蛋糕數量有限

CONPEITO 1200円 據傳金平糖是與基督教一起傳入日本的點心

☎095-801-0707（商店為☎095-801-1991）
🕒8:00～17:30（11～2月到17:00）

日本現存最古老的哥德式教堂

建築物的吸睛特色
天草出身的小山秀之進負責建設，他採用日本建築技術，在外牆塗上日本倉庫等處常見的漆喰。屋頂使用日本瓦鋪成切妻式屋頂

2 大浦天主堂
●おおうらてんしゅどう 景點 世界遺產

正式名稱為「日本二十六聖人殉教者聖堂」。江戶末期，法國人貝爾納・珀蒂讓神父為了居留的外國人，交由修築哥拉巴宅邸的小山秀之進負責施工。這座日本現存最古老的哥德式教堂是談論長崎基督教歷史的重要存在。
※ 參觀教堂的禮儀詳見 P.155！

MAP 67A-4
LINK P.59•155
☎095-823-2628
所長崎縣長崎市南山手町5-3
🕒8:00～17:30（11～2月到17:00） 休無休
¥1000円（與博物館通用）

步行即到 → 2 大浦天主堂 → 步行4分 → 3 カフェレストラン KIZUNA → 步行4分 → 4 哥拉巴通 → 步行2分 → 5 瑠璃庵 → 步行6分 → 6 長崎孔子廟 中國歷代博物館 → 步行10分 → 荷蘭坡 → 步行4分 → 大浦海岸通電車站 → 長崎電氣軌道4分 → 新地中華街電車站 → 長崎電氣軌道7分 → Goal 長崎站

3 參觀完大浦天主堂的歸途 不妨來杯抹茶奶昔
カフェレストラン KIZUNA
●カフェレストラン キズナ 咖啡廳

位於大浦天主堂附近小巷道內的咖啡廳。以奶昔為首，土耳其飯、長崎強棒麵、長崎枇杷咖哩等菜單也很齊全。

MAP 67A-4
☎095-822-8211
所長崎縣長崎市南山手町4-28
🕒11:00～14:00
休週日 P免費

可以從民宅之間眺望長崎港的明亮店內

抹茶奶昔（680 円）。抹茶奶昔口感鬆脆，中間夾有紅豆餡

在以坡道聞名的長崎，最有名的坡道是荷蘭坡。這條一路延伸至活水女子大學的陡坡充滿異國情調
MAP 67A-3

4 一邊走下坡 一邊購物
哥拉巴通
●グラバーどおり 景點

也有咖啡廳和美術館

MAP 67A-4
從大浦天主堂往能看到長崎港方向延伸的道路。路上有許多伴手禮店及雜貨店林立。又名為「下松荷蘭坡」。

6 色彩鮮艷 華麗的廟
長崎孔子廟 中國歷代博物館
●ながさきこうしびょうちゅうごくれきだいはくぶつかん 景點

由華僑有志之士創建的正統孔子廟。廟內的石像及建材都是從中國運送過來。

☎095-824-4022 MAP 67A-4
所長崎縣長崎市大浦町10-36
🕒9:30～17:30
休無休 ¥660円

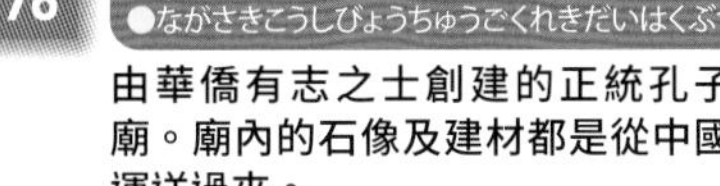
創建於1893年

5 日常可使用的 餐具應有盡有
瑠璃庵
●るりあん 購物

MAP 67A-4
LINK 附錄①16

以當地出身工藝作家暨店主的竹田克人為中心，鼓勵年輕藝術家創作的玻璃工房。亦有吹玻璃、彩繪玻璃等體驗課程。

☎095-827-0737
所長崎縣長崎市松が枝町5-11 🕒9:00～18:00
休週二 P免費

在工房的一角展示、販賣作品

哥拉巴園

●グラバーえん

✆095-822-8223 MAP 67A-4 LINK P.59•154
所 長崎県長崎市南山手町8-1
L 8:00～17:40（夏季等時期有實施夜間營業，需確認）
休 無休 ¥620円

大浦天主堂周邊漫步

長崎市觀光人氣No.1

CLOSE UP! 哥拉巴園

位於南山手的哥拉巴園過去是外國人居留地，如今是長崎的代表性人氣觀光景點。園內九棟洋式建築當中，哥拉巴故居名列世界遺產。

實用資訊
在路面電車的石橋電車站下車，搭乘哥拉巴天道從第二入口進場。可一邊欣賞長崎港的景色，一邊前往出口。

歷史之泉
以船錨和窗戶為意象，中間是以有田燒陶板鑲嵌而成的壁泉和噴泉景點

舊長崎高商表門衛所
從相當於現在長崎大學經濟學部的學校移建而來

舊斯蒂爾紀念學校
1887年建於東山手9番地的舊校舍。內有出租禮服的服裝店「復古照相館」

共濟會會所的石柱
住在長崎的英國人用作門柱。石柱頭部刻有共濟會會所的標誌。

俯瞰長崎港的美景！
從位於園內最高處的舊三菱第二船塢宿舍舊址所見的風景，可以當成旅行回憶

A 舊三菱第二船塢宿舍舊址

●きゅうみつびしだいにドックハウス

原是興建在三菱長崎造船所第二船塢旁的洋式建築。當船隻由於修理等因素停泊在船塢的期間，船員們會留宿於此。

夜間營業時，從2樓可以看到美麗的長崎夜景

位於造船所內的前船員宿舍

注目
位於園內位置最高處，從2樓時尚的殖民地建築風陽台可以眺望長崎港。

興建在哥拉巴園內最高處

C 林格故居

●きゅうリンガーじゅうたく

穩重與優美兼具的石造建築。原屋主弗雷德里克・林格在貿易業、各國商社代理業以及發行英文報紙等方面竭盡心力，為長崎經濟界貢獻良多。

長崎經濟界權威曾在此生活

注目
為平屋建築，三面擁有露台風的開闊陽台，鋪滿了海參威產石板。洞孔都做成垃圾口這點也很引人注目！

外圍為石牆，內部為木造洋式建築

B 奧爾特故居

●きゅうオルトじゅうたく

日本茶貿易商威廉・約翰・奧爾特的故居。陽台上立有石造圓柱，設有頂著切妻屋頂的門廊。在同時期的洋式住宅中，格局分外廣大且豪華。

※因實施耐震保存工程，2022年11月起暫停參觀

注目
這是長崎尚存的石造洋式建築當中最大者。室內的食堂及寢室等處擺有高雅的家具，重現當時的樣子。

日本茶貿易商送給妻子的大豪宅

托斯卡納柱式（列柱）的石柱極具特色

也來這裡瞧一瞧吧！

哥拉巴花園商店 ●グラバーガーデンショップ

位於哥拉巴園出口前的哥拉巴花園商店除了原創雜貨、點心之外，也有陳列長崎特色伴手禮。其中又以心石相關伴手禮人氣最旺。

以心石為主題的玻璃製品（1320円）

哥拉巴園原創金平糖1罐550円

以心石為造型的「哥拉巴心石脆餅」540円

自由亭喫茶室 ●じゆうていきっさしつ

由草野丈吉所開設，第一間由日本人主廚經營的西洋料理店「自由亭」。在哥拉巴故居附近移建復原的建築物中作為喫茶室，可品嘗冰滴咖啡、長崎蛋糕及蛋糕等。

L 9:30～16:45（視時期而異）
休 無休

哥拉巴故鄉蘇格蘭的傳統點心，蔓越莓塔750円

在復古咖啡廳享受午茶時光

復古照相館 ●レトロしゃしんかん

位於奧爾特故居對面的舊斯蒂爾紀念學校內的復古照相館，備有女用禮服及男用、童用服裝。雨天時攝影方案為租借15分1000円，園內散步方案為租借30分2000円。

L 10:00～16:00 休 無休

穿上喜歡的禮服化身西洋女士

雨天時僅能室內攝影。需自備相機

D 哥拉巴故居

世界遺產

● きゅうグラバーじゅうたく

蘇格蘭出身的商人湯瑪士·布雷克·哥拉巴的故居，據說是由日本木匠小山秀之進負責施工。使用熊本縣天草產石材、將日本瓦與煙囪互相結合等，乍看之下是洋式建築卻隨處可 見和風設計。2021年12月下旬大規模改建工程完成，室內展示也煥然一新。除了介紹哥拉巴父子的功績之外，也在部分房間重現哥拉巴家居住時代的生活氣氛。

注目

2015年榮登聯合國教科文組織的世界文化遺產「明治工業革命遺蹟」構成資產。明治初期洋式建築的稀有性以及屋主哥拉巴在日本的豐功偉業備受肯定。

建築學、歷史性價值都很高！

關於「哥拉巴」的小知識

1859年來到長崎，三年後成立哥拉巴商會。自此留下諸多業績，對日本近代產業發展貢獻良多。與知名幕末武士們的交流廣為人知。

[INFORMATION]

哥拉巴故居的展示煥然一新！

故居內分成三區，介紹建築物的特徵、哥拉巴及其家族成員。並且根據往昔舊照重現當時的生活情況。

尋找心石

用地內的某處有心形鋪路石。心石一共有四塊，傳聞只要觸碰即可使戀情開花結果，情侶將手疊在心石上就會獲得幸福，找到所有心石的話會有好事發生。

MAP

E 華克故居

●きゅうウォーカーじゅうたく

以販售清涼飲品大獲成功的羅伯特·奈路·華克次子——華克二世於1915年購入。華克二世相當親日，建築物也採用和風元素。

注目

該故居是將部分建築物移建復原而成，因此相較於園內其他宅邸更顯小巧，只有4間房間。從位於入口另一側的小陽台眺望的長崎港景色備受好評，是一個小小的隱藏景點。

親日人士所有的和風故居

具備和風屋簷及義式暖爐的日西合璧建築

置有桌子的接待室

復原19世紀初的出島

好多日本初次！「初始之地」

①出島 景點

●でじま

自1636年興建以來一直到幕末都是歐洲的交流據點。從出島傳到日本各地的事物及學問很多，堪稱「初始之地」。一邊懷想當時的模樣，一邊參觀吧。

MAP 67A-2 LINK P.58

從長崎新地中華街到眼鏡橋

從小中國到風情洋溢的石橋

從作為日本初始之地的出島，前往中國料理店、雜貨店林立的長崎新地中華街。在中華街遊逛商家、結束購物行程之後，就前往長崎觀光的人氣景點眼鏡橋。

中國貿易公司

●ちゅうごくぼうえきこんす

店內陳列著貓熊、李小龍等獨特的角色商品、雜貨及中國茶等，種類豐富。

MAP 67B-3
095-823-3222
10:00～19:00
休無休

附濾茶網馬克杯1400円
放入茶葉沖泡後再拿起濾茶網，就能直接飲用的杯子

繡珠鞋（童用）各1600円
以串珠排成花朵圖案裝飾的童鞋

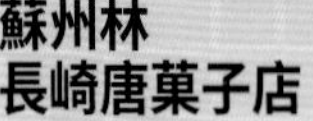

蘇州林 長崎唐菓子店

●そしゅうりん ながさきとうがしてん

中國點心外帶專賣店。店內陳列著約15種點心。

MAP 67B-3
095-825-6781
10:00～21:00
休無休

月餅 216円～
不同於一般對月餅的印象，使用上等紅豆製成的內餡味道高雅不甜膩

Start 長崎站 → 長崎電氣軌道4分 → 出島電車站 → 步行4分（從出島表門橋進入時）→ ①出島 → 步行5分 → ②長崎新地中華街 → 步行即到 → 新地中華街電車站 → 長崎電氣軌道8分 → 眼鏡橋電車站 → 步行3分

稍微走遠一點

祈求永久和平
平和公園
●へいわこうえん

小山丘上有長崎的和平象徵——和平祈念像坐鎮在此。指著天空的右手象徵原爆的威脅，水平伸出的左手代表和平，輕輕閉上的雙眼是在為原爆犧牲者祈求冥福。

從眼鏡橋電車站步行5分到市役所電車站，搭長崎電氣軌道18分，平和公園下車步行即到。

●景點 ●玩樂 ●美食 ●咖啡廳 ●購物 ●住宿 ●活動 ●複合設施 ═ 漫步行程範例

全長 22 公尺、高 5 公尺

與水面倒影合起來看酷似眼鏡

3 眼鏡橋 ●めがねばし 景點

據傳由興福寺第二代住持、中國江西省出身的默子如定禪師於 1634 年架設，是現存最古老的拱形石橋。護岸埋有能讓戀情開花結果的心石。屬於國家重要文化財。

MAP 67B-2 LINK P.59
095-822-8888
（長崎市客服中心）
所長崎県長崎市魚の町
自由參觀

長崎人熟悉的中國點心店

4 萬順 眼鏡橋店 購物

●まんじゅん めがねばしてん

1884 年創業的老店。以花林糖風的唐人捲、金錢餅、月餅等中國點心為首，生產直銷鄉土點心。店前擺有現做的商品。

MAP 67B-2
095-893-8804
所長崎県長崎市諏訪町6-3 彩ビル1F
L9:30～18:30 休無休

一般大小的唐人捲為4條378円

將長崎眾所熟悉的點心「唐人捲」變成方便食用、大約 3 公分的一口點心「小唐人捲」（→附錄① 5）

使用法芙娜巧克力做的濃郁巧克力蛋糕600円

洋溢著古董的氛氛

5 elv cafe ●エルブ カフェ 咖啡廳

人氣午餐為自製鄉村麵包熱三明治套餐（1600 円）、自製蔬菜咖哩套餐（1600 円）等三種。這些套餐都有附飲料和沙拉。

095-823-5118 MAP 67B-2
所長崎県長崎市栄町6-15
L12:00～18:00（週五21:00～23:00也有營業）
休週一、第2週日

據說這裡的中華門建材是從中國福州市運來！

享受邊走邊吃&購物樂趣

2 長崎新地中華街 購物 美食

●ながさきしんちちゅうかがい LINK P.59

在江戶時代是廣納中國唐朝貿易船貨物、倉庫林立的地區。在東西南北長約 100 公尺的十字路上，中國料理店和中國雜貨店櫛比鱗次。

MAP 67B-3 所長崎県長崎市新地町10-13

MinMin

●ミンミン

狹小的店面擺滿了從中國進貨的吊飾、擺飾及收納盒等。

MAP 67B-3
095-823-3588
L9:30～21:00
休無休

中國毛巾 880円
中國服裝造型的毛巾。附手帕，毛巾可拆下來清洗

金豬擺飾 400円
金色的豬在中國很吉利

福建

●ふくけん

以中國點心為主，供應麵類、點心等中國食材商品，種類豐富。

MAP 67B-3
095-824-5290
L9:30～20:00
休無休

蓮華 85円
心形中國點心。添加葡萄乾及花生的黑餡風味絕佳

彩虹唐人捲 各150円
將揉好的麵團做成棒狀後扭轉，油炸製成的中國點心

3 眼鏡橋 → 步行即到 → 4 萬順 眼鏡橋店 → 步行即到 → 5 elv cafe → 步行5分 → 市役所電車站 → 長崎電氣軌道5分 → Goal 長崎站

眼鏡橋周邊景點

以和平的象徵鴿子及鶴振翅動作為概念的和平之泉

和平祈念像出自長崎出身的北村西望之手

MAP 66A-1
095-822-8888
（長崎市客服中心）
所長崎県長崎市松山町
自由入園
P1小時260円
（超過1小時需確認）

接觸江戶時代的西洋文化

經過復原的鎖國時代到幕末的建築物

鎖國時代，唯一對歐洲開放的門戶

出島聚焦特寫！

在日本鎖國時代，出島是唯一獲准對歐洲開放門戶的地方。近年因推動恢復事業使許多建築物復甦，更有當時的氛圍。接下來要聚焦論及長崎街道歷史時不可或缺的出島魅力！

What's 出島

江戶幕府以阻止基督教傳教為目的，用於收容散居在長崎市內的葡萄牙人所建的人工島。1636年在長崎海灣內突出的海岬前端，由25名「出島町人」共同出資完成。1922年被指定為國家史蹟。

舊長崎內外俱樂部

1903 年興建的洋樓，有部分改建，是哥拉巴園內林格故居的屋主弗雷德里克·林格等人所建的瓦葺洋式建築。附設餐廳「長崎內外俱樂部」。

能夠在建築歷史悠久、保留當時氛圍的店內，品嘗土耳其飯以及長崎縣產蔬菜做的出島咖哩等

景點 出島

●でじま

目前正在復原當時面積 15000 平方公尺用地內 19 世紀初的出島。對外開放以荷蘭商館長事務所兼住處的商館長房間為首的復原建築，以及明治時期洋樓等 21 棟建築。

MAP 67A-2 LINK P.56

☎095-821-7200（出島綜合服務處）

所長崎県長崎市出島町6-1 交長崎站搭長崎電氣軌道4分，出島下車步行4分 營8:00～20:40 休無休 ¥520円

舊出島神學校

1878 年興建，為日本現存最古老的基督教新教神學校。經過修繕的 1 樓設有可在此小歇一下的休息所。

一番船船頭部屋

荷蘭船船長的住處。1 樓是作為倉庫的土間；2 樓是擺有桌子、床等西式家具的榻榻米房間，真實重現了西洋室內裝潢的寢室。

副商館長房間

荷蘭副商館長（ヘトル）所使用的房間。1 樓為販售出島限定商品等的博物館商店，2 樓是 5 分鐘就能快速換裝的和服出租體驗「出島はいからさん」。

商館長房間

荷蘭商館長（甲比丹）所使用的房間。1 樓有展示出島歷史及生活相關資料。其中，2 樓 17.5 疊榻榻米大的房間重現了商館長交接儀式的模樣，相當有意思。

周邊的中途景點

複合設施 長崎出島碼頭

●ながさきでじまワーフ

集結了餐飲店及海鮮市場等的長崎港沿岸複合設施。吹著海風在甲板上散步相當舒服。點燈的夜晚光輝燦爛。

MAP 67A-2

☎095-828-3939（長崎出島碼頭管理事務所）所長崎県長崎市出島町1-1 交出島電車站步行3分 營休視店鋪而異 P1小時120円（到3點，之後每30分130円）

也很適合約會的海邊景點

長150公尺的棧道沿岸店家林立

咖啡廳 café 若葉堂 長崎出島店

●カフェ わかばどう ながさきでじまてん

位於出島對面大樓的 2 樓。從靠窗吧檯可以看到出島內的「舊出島神學校」和「出島之木」。法式鹹派的餅皮、漢堡的醬料及甜點等都是店內手工製作。

MAP 67A-2

☎095-895-8217

所長崎県長崎市出島10-3 町田産業ビル2F 交出島電車站步行3分 營11:00～15:00（週六日、假日15:00～17:00也有營業），晚上為預約制（需確認）休週一

一邊眺望復古建築一邊享受午茶時光

午餐菜單的手揉漢堡排及可樂餅 1045 円。迷你甜點加購價 275 円

忍不住發出感動的讚嘆聲

千萬美元 夜景&燈光秀

揚名國際璀璨的夜景景點

從稻佐山山頂展望台看到的長崎市夜景

名列「世界新三大夜景」，其景色被評為價值千萬美元的夜景都市長崎。街上隨處可見的教會與寺院等處也會點燈，整個城市宛如寶石般璀璨。從首屈一指的觀景景點稻佐山欣賞這片壯觀的景緻吧。

稻佐山山頂展望台

景點

★いなさやまさんちょうてんぼうだい

矗立在海拔 333 公尺稻佐山山頂的觀景台，以長崎最有名的夜景景點廣為人知。圓柱狀建築物的 4 樓屋頂為觀景空間，腳下鋪有無數個 LED 燈。觀景空間也隨著夜景化為光的藝術。

MAP 66A-3

095-822-8888（長崎市客服中心）

所長崎県長崎市稲佐山山頂 L8:00～22:00 P20分內免費（之後每30分100円，週六日、假日及旺季有停車限制）

也可以搭電梯到屋頂

邊欣賞享譽全球的夜景邊吃晚餐
稻佐山餐廳 ITADAKI

美食

●いなさやまレストラン イタダキ

位於稻佐山山頂展望台 2 樓，在整面玻璃窗的店內能欣賞全景夜景。可享用以稻佐山土耳其飯為首，活用長崎產品烹調的創意料理。午餐時段到下午 2 時為止。

050-3317-0100 MAP 66A-3

所長崎県長崎市稲佐町364 稲佐山山頂展望台2F L11:30～16:00（14:00以後是午茶時段）、17:00～20:30 休第2週二

稻佐山土耳其飯 1430円

從靠窗包廂座看到的景色

到稻佐山山頂展望台有四種方式

1 搭乘路線巴士＋軌道車

JR長崎站搭長崎巴士15分，稻佐山公園下車，搭軌道車8分

2 搭乘預約制循環巴士＋空中纜車

請至長崎空中纜車官網預約巴士

HP https://www.inasayama.com/ropeway/（搭乘當天12:00起受理）

長崎站前
↓ 行駛時間19:17～20:47（1天4班，間隔30分） 免費循環巴士8分（※免費循環巴士也會在合作飯店前發抵）
淵神社站
↓ 長崎空中纜車5分
稻佐岳站
↓ 步行3分
稻佐山山頂展望台

洽詢

長崎空中纜車

MAP 66A-2

095-861-3640

所長崎県長崎市淵町8-1 ▣長崎站搭長崎巴士5分，ロープウェイ前下車步行即到淵神社站 L9:00～22:00 休天候不佳時 ¥單程730円、來回1250円 P免費

長崎稻佐山軌道車

MAP 66A-2

095-861-7742（稻佐山公園管理事務所）

所長崎県長崎市大浜町1200（中腹駅） ▣JR長崎站搭長崎巴士15分，稻佐山公園下車步行即到 L9:00～22:00 休無休（天候不佳時停駛） ¥單程300円、來回500円

3 搭乘計程車

JR長崎站搭車約20分。搭小型車來回＋觀光1小時30分大約6000円。

4 開車

觀景台旁的山頂停車場20分內免費（週六、連假有停車限制，詳情請至官網確認）。亦可從位於8合目的山腰停車場（免費）搭乘軌道車。

HP https://www.inasayama.com/

也別錯過各地的燈光秀！

眼鏡橋

燈光秀時間 日落～22:00

➡P.57

長崎新地中華街

燈光秀時間 ～22:00

➡P.57

哥拉巴園

燈光秀時間 僅夏季等夜間開園時

➡P.52・54・154

興福寺

燈光秀時間 ～22:00

➡P.61

大浦天主堂

燈光秀時間 ～22:00

➡P.53・155

各項活動也很豐富，何時來訪都能玩得盡興

在伊王島享受
多采多姿的度假時光

前往 i+Land nagasaki！

i+Land nagasaki

●アイランド ナガサキ

蔚為話題的度假設施，有七種住宿設施、八種餐飲設施分布其中。再者，除了在日本首次舉辦的「ISLAND LUMINA」等各項活動之外，連九州規模最大的溫泉 SPA 主題公園也有登場。不論是住宿還是不住宿滯留，都能按照個人喜好歡度度假時光。

☎095-898-2202 MAP 附錄②15C-4

所長崎県長崎市伊王島町1-3277-7 P免費

ACCESS

❶從長崎港碼頭搭高速船「鷹巢」、「俊寬」20 分
❷從長崎站搭接駁巴士 45 分（預約制，免費）
❸從長崎自動車道長崎 IC 開往長崎南環狀線。在新戶町 IC 下縣道 237 號、國道 499 號，往野母崎方向約 15 分。在江川十字路口往西行駛縣道 29、250 號約 15 分，通過伊王島大橋後行駛縣道 118 號約 5 分

浮於長崎港西南方約 10 公里處海上的伊王島上有度假設施「i+Land nagasaki」，住宿自不用說，也可以享受美食及溫泉。除了搭乘長崎港出航的高速船之外，也可以開車通過連接沖之島和長崎市香燒的伊王島大橋抵達。

度假時光❶ 住宿

客房皆為海景房的TERRACE LODGE

NAGI HOTEL的陽台設有吊床，能提升度假心情

七種寬敞舒適的客房

有各種客房建築，可挑選喜歡的房型入住而頗受好評。以只有雙床房的 KAZE HOTEL 為首，還有可攜帶愛犬同住的 BARK LODGE、附吊床的 NAGI HOTEL 等。有小孩同行者則推薦入住提供全套兒童款家具及裝潢的 KID LODGE GLAMPING。

IN14:00、OUT11:00
¥1泊2食15840円～

度假時光❷ 美食

全天候型的海濱BBQ在春至秋季舉辦

純用餐也OK！也能享受BBQ

島嶼特有的海鮮料理為其自豪特色之一。除了和食及洋食之外，屋外屋內都有可以一邊欣賞海景一邊享用 BBQ 的設施。包括酒吧、咖啡廳在內的八種餐飲設施也有部分店家提供純用餐的服務。需確認各家餐廳的營業時間。

☎095-898-2083

RESTAURANT URARAKA的菜單是結合季節的和食。照片為秋季菜單示意圖

度假時光❹ 活動

只要身高 120 公分以上，任誰都能體驗 SUP

提供淑女車、附兒童椅腳踏車、越野公路車等七種自行車任選

租自行車享受環島以及海上運動！

除了 SUP 及划皮艇等海上運動之外，還可以租自行車享受環島樂趣。也很推薦巡遊島內四間咖啡廳。

¥SUP（立槳衝浪）體驗費用1小時2500円（需事先預約）；租自行車2小時大人用600円、兒童用300円（住宿旅客免費）

度假時光❸ SPA

全年都能進行療癒溫泉巡禮的主題公園

SPA 主題公園為全天候型。提供出租泳裝，空手來也能享受

溫泉包含了 100％掛流式的「天然溫泉 YUYU SPA」和「長崎溫泉 Ark Land Spa」。「長崎溫泉 Ark Land Spa」是以九州規模最大為傲的 SPA 主題公園。提供別出心裁的 12 種 SPA，住宿旅客都能免費使用。

天然溫泉 YUYU SPA

☎095-898-2202
6:00～23:00 休無休 ¥800円（週六日、假日為1000円）

長崎溫泉 Ark Land Spa

☎095-898-2000
9:00～22:30（包租浴池到22:00）
休無休 ¥800円（週六日、假日為1000円），加價200円可使用SPA主題公園
※包租浴池需確認

長崎市 P.52
豪斯登堡 P.68
佐世保 P.72
雲仙 P.74
島原 P.75
平戶 P.76

更多長崎市推薦景點！

寺院 MAP 67 C-2

興福寺
●こうふくじ
☎095-822-1076 景點

眺望唐寺的庭園，抹茶暖人心脾

國家重要文化財大雄寶殿是必看景點。境內建有舊唐人屋敷門、媽祖堂及鐘鼓樓。在日本也是四季豆、明朝體文字等的發源寺院。

所 長崎県長崎市寺町4-32 交 長崎站搭長崎電氣軌道5分，市役所下車步行8分 L 8:00～17:00 休 無休 ¥ 300円 P 免費

創建於1620年的日本最古老唐寺

美術館 MAP 67 A-3

長崎縣美術館
●ながさきけんびじゅつかん
☎095-833-2110 景點

在水邊的美術館欣賞藝術

館藏品以明治以後的長崎相關作品為首，包括畢卡索、達利等東洋少數有一定規模的西班牙美術等約 8000 件。每年分數次輪流展示。

所 長崎県長崎市出島町2-1 交 長崎站搭長崎電氣軌道4分，出島下車步行3分 L 10:00～20:00（展覽室到19:30） 休 第2、4週一（逢假日則翌日休） ¥ 收藏展420円（企劃展費用另計） P 有簽約停車場

只到美術館商店及咖啡廳消費也OK

資料館 MAP 66 A-1

長崎原爆資料館
●ながさきげんばくしりょうかん
☎095-844-1231 景點

真實傳達原爆的威脅

展示被原子彈轟炸的慘狀、投下原子彈的經過、核武開發歷史、祈求和平等極具故事性的展覽。

所 長崎県長崎市平野町7-8 交 長崎站搭長崎電氣軌道10分，原爆資料館下車步行5分 L 8:30～17:00（視時期而異，需確認） 休 無休 ¥ 200円 P 1小時100円（之後每30分100円）

展覽室有展示以原寸大小重現浦上天主堂的側牆等

紀念館 MAP 67 C-2

長崎市龜山社中紀念館
●ながさきしかめやましゃちゅうきねんかん
☎095-823-3400 景點

龍馬設立的日本第一家公司

據說是坂本龍馬組建的日本第一家商社「龜山社中」的遺址。該館復原到接近當時的形態，館內展示龍馬相關物品。

所 長崎県長崎市伊良林2-7-24 交 長崎站搭長崎電氣軌道9分，新大工町下車步行11分 L 9:00～16:45 休 無休 ¥ 310円

展示繡有坂本家家紋的黑底羽二重紋服等

長崎蛋糕 MAP 67 B-2

長崎菓寮 匠寬堂
●ながさきかりょうしょうかんどう
☎095-825-1511 購物

極品「天地悠悠」受到矚目

使用傳統技法烘焙的五三燒當中，為慶祝秋篠宮悠仁親王殿下誕生而精心製作的「天地悠悠」是本店最高級的商品。

所 長崎県長崎市魚の町7-24 交 長崎站搭長崎電氣軌道7分，在新地中華街轉乘往螢茶屋的班車8分，眼鏡橋下車步行3分 L 9:00～19:00 休 無休 P 免費

鏡橋建於眼前

天地悠悠採個別包裝8入3350円

雜貨 MAP 67 A-3

IROHAYA出島本店
●いろはやでじまほんてん
☎090-3071-1688 購物

宣揚九州各地的優質商品

精選讓人感到溫暖的手工商品，件件都能感受到生產者故事的食品及雜貨。匯集了以長崎為中心的九州優質商品。

所 長崎県長崎市出島15-7 NK出島スクエアビル1F 交 長崎站搭長崎電氣軌道7分，新地中華街下車步行即到 L 11:00～18:00 休 週二

尋找旅行紀念品

遊覽船 MAP 67 A-2

馬露貝嘉號（八正海運 軍艦島登陸周遊行程）
●マルベージャ
（やまさかいうん ぐんかんじまじょうりくしゅうゆうコース）
☎0800-200-8180（八正海運） 玩樂

登陸已成為廢墟的軍艦島

在過去作為煤礦城鎮繁盛一時、2015 年以「明治工業革命遺蹟」之一榮登世界文化遺產的軍艦島上舉辦登陸之旅。可以從全長 230 公尺的通道參觀島內。

所 長崎県長崎市元船町17-3 交 長崎站搭長崎電氣軌道3分，大波止下車步行5分 L 軍艦島登陸周遊行程出航9:00、13:00（需確認） 休 除了安全檢查之外，暴風雨天時行程可能會變動、停航 P 有公共停車場

設施參觀費310円，乘船費用另計4200円

長崎必吃美食排行榜

充滿獨創性的料理值得關注！

作為國際貿易港繁盛一時的長崎，從飲食文化也能看出受到西洋與中國影響。強棒麵和皿烏龍麵就是長崎代表性當地美食的雙料冠軍。也別忘了品嘗加入外國料理元素獨自發展的桌袱料理，以及分量十足的土耳其飯。

第1名 白濁湯頭的鮮味在口中擴散 強棒麵

起始於1899年「中華料理 四海樓」創始者陳平順為了中國留學生所研發的便宜、大分量又營養的料理。麵條使用獨特的唐灰汁麵，湯頭以調和雞骨、豚骨的白濁湯頭為主流。配料含有大量海鮮和蔬菜。

麵
偏黃色的強棒麵是使用麵粉加唐灰汁製成的唐灰汁麵。獨特的風味融入湯頭中

湯頭
基本上使用雞骨、豚骨調和而成的雙重湯頭。也有只用雞骨或只用豚骨的店

研發雞骨7、豚骨3黃金比例的老店

強棒麵 990円
添加花枝、蛤仔以及半片、竹輪等魚漿製品，配料豐富

新地
會樂園
かいらくえん

1927年，由福建出身的上一代店主開的中國料理店。強棒麵的湯頭當時使用100%雞骨高湯，經過不斷摸索，研究出雞骨高湯7、豚骨高湯3的黃金比例。一心追求獨特的味道，麵條、醬油等都是使用特別訂購的強棒麵專用材料。

☎095-822-4261 MAP 67 B-3
所 長崎県長崎市新地町10-16
交 長崎站搭長崎電氣軌道7分，新地中華街下車步行即到
L 11:00～14:45、17:00～19:50
休 每月3次不定休

位於長崎新地中華街的北門入口，建有中式豪華大門

創業123年始祖美味非吃不可！

強棒麵 1210円
製法及湯頭的味道和研發當時一樣，現在則添加厚花枝及甜味濃郁的蝦子等數種海鮮，使鮮味更上一層樓

南山手
中華料理 四海樓
ちゅうかりょうり しかいろう

身為強棒麵和皿烏龍麵的創始店而聞名。使用整隻雞及豚骨、雞骨熬煮3、4個小時製成的白濁湯頭滋味深厚，令人回味無窮。2樓的博物館有展示強棒麵的歷史及創業時的餐具等。開館時間與開店時間一樣，可自由入館。

☎095-822-1296 MAP 67 A-4
所 長崎県長崎市松が枝町4-5 交 長崎站搭長崎電氣軌道7分，在新地中華街轉乘往石橋的班車6分，大浦天主堂下車步行即到
L 11:30～15:00、17:00～20:00 休 不定休

見識一下出色的刀工！小巷內的隱藏名店

什錦強棒麵 1400円
將胡蘿蔔切成在中國象徵吉利的蝙蝠形狀。肉使用瘦肉而非豬五花肉，味道更爽口

思案橋
康樂
かんろ

位於容易忽略的思案橋橫丁小巷內，是內行人才知道的名店。自1948年創業以來，著名的湯頭除了僅以雞骨熬製、使用淡口醬油之外，還加上祕傳配方。美味升級的什錦強棒麵當中，有花刀切成的紅蘿蔔、花枝、蘑菇等15種豐富配料。

☎095-821-0373 MAP 67 B-3
所 長崎県長崎市本石灰町2-18 交 長崎站搭長崎電氣軌道12分，思案橋下車步行即到 L 18:00～22:00 休 週一

添加豐富當令食材的特製強棒麵

特製強棒麵 1265円(未稅)
以豚骨湯頭為基底卻意外爽口，不禁讓人喝到一滴不剩

長崎站周邊
皇上皇
こうじょうこう

擁有多樣原創菜單的臺灣廣東料理店。最有人氣的特製強棒麵以每天熬煮的豚骨基底湯頭為特色。沒有腥味，海鮮及蔬菜的鮮味融入湯中，滋味頗有深度。

MAP 67 A-1
☎095-808-1502
所 長崎県長崎市尾上町1-1 AMU PLAZA長崎5F 交 長崎站步行即到 L 11:00～21:30
休 無休 P 有共用停車場

麵條與芡汁的絕妙組合 第2名
皿烏龍麵

減少強棒麵的芡汁將其加以變化的料理，也因此配料幾乎都和強棒麵相同。麵條以炸得酥脆的細麵或有嚼勁且炸得微焦的粗麵為主，許多店都可以根據個人喜好挑選。在長崎通常會淋上伍斯特醬及醋食用。

務必來試吃長崎第一的極細麵！

芡汁
細麵的話，為了讓麵條可以充分沾裹，配料幾乎都是100%淋上芡汁的狀態。調味比強棒麵稍甜

細麵
與粗麵一樣都有添加唐灰汁，香脆的口感有如零食。時間一久就會變軟，也有不少人喜歡這種口感上的變化

皿烏龍麵 1100円
大量蔬菜、蝦、花枝、豬肉等配料的熟度絕妙，與極細麵的口感及風味平衡絕佳

新地
ちゃんぽん·皿うどん 蘇州林
ちゃんぽん·さらうどん そしゅうりん
※目前暫停營業，日後恢復營業請至官網確認。

以號稱麵條長崎第一細的皿烏龍麵聞名。由於麵條很細，連麵芯都炸得酥脆。濃稠的芡汁配料有豐富的蔬菜，相當健康。店內也有販售皿烏龍麵的麵條，在家也能享受道地美味。2包入540円。

MAP 67 B-3
095-823-0778
所 長崎県長崎市新地町11-14 交 長崎站搭長崎電氣軌道7分，新地中華街下車步行3分
L 11:00～20:30
休 週三 P 免費

店前有販售外帶點心

當地人自不用說在全國也備受矚目！

粗麵
基本上皿烏龍麵的粗麵和強棒麵是同一種麵。麵條本身不僅吸收鮮味，也很有飽足感

無湯
皿烏龍麵原本就是作為無湯強棒麵而誕生的料理。粗麵皿烏龍麵大多看不到濃稠的芡汁，只有盛放麵條和配料。不過因店而異，也是有店家會和細麵一樣淋上芡汁

粗麵皿烏龍麵 950円
煎過的麵條口感軟糯有嚼勁，突顯了蔬菜的甘甜

眼鏡橋
眼鏡橋 共樂園
めがねばし きょうらくえん

位於長崎市中心濱市拱廊旁的中國料理店。味道自不用說，分量、價格等都讓人滿足而頗有名氣，週末時生意興旺到會顯示等候時間。

離觀光景點眼鏡橋很近

095-822-8257 MAP 67 B-2
所 長崎県長崎市古川町5-4 交 長崎站搭長崎電氣軌道7分，在新地中華街轉乘往螢茶屋的班車8分，眼鏡橋下車步行即到 L 11:00～14:30、17:00～19:30 休 週二

皿烏龍麵 900円
100%雞骨湯頭加上大量花枝、蛤仔等豐富配料

分量十足，價格經濟實惠！

新地
中華菜館 福壽
ちゅうかさいかん ふくじゅ

以福建料理為基底的中國料理店。曾被電視節目介紹過的「什錦強棒麵」（1300円）與一般強棒麵的配料不同，添加了切塊蔬菜、花枝及肉丸等，提味用的芝麻油香氣十足。「そぼろ（什錦）」在長崎方言中意指「料多」。

095-821-3032 MAP 67 B-3
所 長崎県長崎市新地町2-5 交 長崎站搭長崎電氣軌道7分，新地中華街下車步行即到 L 11:00～14:30、17:00～20:30（週日到20:00） 休 不定休

位於長崎新地中華街的盡頭，深受當地人支持

將提案者父親的味道加以變化

第3名 種類無限多

土耳其飯

九州最古老咖啡廳的土耳其飯極富特色

關於源頭眾說紛紜，可能是廚師活用冷飯構思出類似抓飯的料理，應顧客要求擺上配料而來。有長崎人的靈魂美食之稱。

特製土耳其飯 1620円
擺上炸豬排、漢堡肉及炸蝦。最後淋上小牛高湯製成的紅酒醬

濱町
bistroボルドー
ビストロ ボルドー

主廚的父親是研發土耳其飯的廚師。能夠品嘗將始祖味道加以變化的土耳其風飯，以及迎合現代的新土耳其飯。3樓洋溢著可悠閒品酒的氣氛。

MAP 67B-2
☎095-825-9378
所 長崎県長崎市浜町8-28 インポートビル2、3F
交 長崎站搭長崎電氣軌道12分，思案橋下車步行即到
L 11:00～23:00
休 無休

Ryoma土耳其 1780円
靈感來自坂本龍馬的日西合璧原創土耳其飯

海鮮土耳其 1580円
使用海鮮製成的白醬滋味醇厚

懷舊土耳其飯 1580円
在奶油飯、炸豬排及義大利麵上淋咖哩醬的標準土耳其飯

濱町
ツル茶ん
ツルちゃん

1925年創業的九州最古老咖啡廳。供應11種土耳其飯，包括將土耳其料理土耳其烤肉加以變化的「非常土耳其」、以據說是漢堡前身且誕生自荷蘭的炸熱狗（Frikandel）為靈感想出的「Frikandel 土耳其」等。飯後推薦品嘗始祖長崎風奶昔小杯。

MAP 67B-2
☎095-824-2679
所 長崎県長崎市油屋町2-47 リバソンクレインビル1～3F
交 長崎站搭長崎電氣軌道12分，思案橋下車步行即到
L 10:00～21:00 休 無休

第4名 圍著圓桌享用大盤料理

桌袱料理

在料亭及喜慶宴席上會端出的長崎傳統料理。被稱為「和華蘭料理」，在朱紅色圓桌上擺滿受到西方及中國影響而國際色彩濃厚的菜色。

桌袱料理
白天10560円～、晚上15840円～
可品嘗壽司、紅燒肉等傳統美味的夜間桌袱料理（照片為示意圖）

維新志士們曾經營過的味道

寺町
料亭一力
りょうてい いちりき

在長崎的料亭當中首屈一指的老店，據說以前維新志士們也曾經光顧。以能一邊眺望細心修整的庭院一邊享用的桌袱料理為首，所有餐點皆預約制。午間的「姬重桌袱」（5500円）也很有人氣。

創業於1813年的老店，位在閑靜的寺町通

☎095-824-0226 MAP 67B-2
所 長崎県長崎市諏訪町8-20
交 長崎站搭長崎電氣軌道5分，市役所下車步行5分 L 11:30～13:30、17:00～19:30（午晚皆需預約）
休 不定休 P 免費

輕鬆享用桌袱料理

寺町
長崎桌袱濱勝
ながさきしっぽくはまかつ

幾乎所有供應桌袱料理的店都採預約制。而且除了中午特別菜單以外，鮮少受理一人預約，不過在濱勝也有提供不需預約就能輕鬆享用的菜單。由於價格實惠而人氣頗高。

☎095-826-8321 MAP 67B-2
所 長崎県長崎市鍛冶屋町6-50
交 長崎站搭長崎電氣軌道12分，思案橋下車步行3分
L 11:00～20:00 休 不定休

悠哉桌袱1人份 4300円
可少量品嘗多樣料理的悠哉桌袱。從壽司到梅椀總共11道菜

第5名 以大碗為特徵的名店美味

茶碗蒸

1866年吉宗的招牌料理。傳統美味經過歷代傳承，如今已能稱作長崎人的靈魂美食。使用蓋飯碗盛裝的大分量加上豐富配料，讓人相當滿足。

以滑溜順口、馥郁鮮味為其特徵

濱町
吉宗 本店
よっそう ほんてん

堅守創業以來味道的茶碗蒸，蒸得軟嫩的蒸蛋內含星鰻、香菇等十種山珍海味配料。味道清淡有深度，口感十足。

MAP 67B-2
☎095-821-0001
所 長崎県長崎市浜町8-9
交 長崎站搭長崎電氣軌道11分，觀光通下車步行3分
L 11:00～20:00 休 週一、二

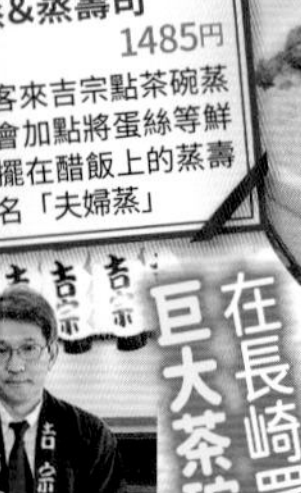
茶碗蒸&蒸壽司套餐 1485円
許多常客來吉宗點茶碗蒸時，常會加點將蛋絲等鮮艷配料擺在醋飯上的蒸壽司。又名「夫婦蒸」

敲擊鞋櫃掛牌而非梆子來發出聲響迎客

在長崎眾所熟悉的巨大茶碗蒸

在人氣咖啡廳小歇片刻

在觀光之餘歇歇腳，到當地人常去的咖啡廳。一邊品嘗水蜜桃蛋糕、奶昔等長崎特有甜點，一邊享受悠閒的午茶時光。

長崎限定的長銷西點

水蜜桃蛋糕 458円
梅月堂於昭和30年代初發售的甜點。由於相當暢銷，至今已成為長崎市內眾多店家的招牌商品

濱町

梅月堂本店

●ばいげつどうほんてん

說到長崎最熱門的蛋糕，就想到「水蜜桃蛋糕」。擺上糖漬水蜜桃與鳳梨的蛋糕，是西點店「梅月堂」發售以來最暢銷的商品。1樓是西點店，2樓設有咖啡廳「salon de fine」。

MAP 67B-2
☎095-825-3228
所 長崎県長崎市浜町7-3
交 長崎站搭長崎電氣軌道11分，觀光通下車步行即到
L 10:30～17:30（販賣為10:00～19:00） 休 無休

咖啡廳採用古典的歐式裝潢

長崎站周邊

Cafe & Bar Umino

●カフェ アンド バー ウミノ

在長崎，奶昔是「吃的」食物而非飲料。作為冰品的奶昔是以湯匙食用。冰粒半解凍的狀態，其滑順口感讓人無法擋。長崎老店「喫茶 Umino」的姊妹店持續製作味道自創業以來不曾改變的奶昔。

☎095-829-4607 MAP 67A-1
所 長崎県長崎市尾上町1-1 AMU PLAZA長崎5F
交 長崎站步行即到
L 11:00～22:00
休 無休
P 有共用停車場

氣氛典雅的咖啡廳酒吧

檸檬風味的食用型奶昔

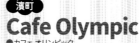

奶昔 720円
冰沙細緻，口感柔軟。檸檬風味鮮明，餘韻清爽

傳統咖啡廳的大杯奶昔

長崎站周邊

アンティーク喫茶&食事 銅八銭

●アンティークきっさアンドしょくじ どうはっせん

分量多到要溢出玻璃杯的奶昔種類豐富。除了招牌奶昔之外，還有抹茶、橘子、香蕉、鳳梨及可可這六種口味。四種口味任選的土耳其飯（1450円）也很有人氣。

☎095-827-3971 MAP 67B-1
所 長崎県長崎市上町6-7
交 長崎站搭長崎電氣軌道2分，櫻町下車步行3分 L 11:00～19:00
休 第1、3、5週六

抹茶奶昔 790円
添加大量宇治抹茶，味道濃郁。微苦的抹茶與甘甜的內餡很搭

飾有長崎玻璃、龜山燒等古董的店內

濱町

Cafe Olympic

●カフェ オリンピック

名產是每年更新紀錄的特大芭菲。目前最大的芭菲「長崎夢塔」高1.2公尺。以19種口味的土耳其飯為首，餐點菜單也充滿玩心。擺上奶油可樂餅、漢堡、炸豬排咖哩、肉醬及沙拉的特大土耳其飯（3025円）竟然重達2公斤。

☎095-824-3912 MAP 67B-2
所 長崎県長崎市浜町8-13 仲見世8番街ビル2F 交 長崎站搭長崎電氣軌道11分，觀光通下車步行即到
L 11:00～20:30
休 不定休

位於濱市拱廊中心的店

挑戰紀錄！充滿玩心的巨大芭菲

長崎夢塔（1.2公尺芭菲） 9350円
以蛋糕、泡芙等多種甜點層層堆疊的特大芭菲。不妨與親朋好友分食享用

長崎蛋糕套餐 850円
套餐內容包含長崎蛋糕、第八代店主以明治時代備受珍重的巧克力所開發的「巧克力長崎蛋糕」以及飲料。飲料可從多種飲品中任選

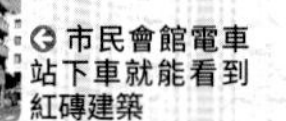

店內陳列著龜山燒、古伊萬里等古董陶器

市民會館電車站下車就能看到紅磚建築

一邊看著路面電車一邊享用長崎蛋糕

眼鏡橋

SEVILLA

●セヴィリヤ

位於創業超過340年的長崎蛋糕老店「松翁軒」2樓的咖啡廳。店內氣氛沉穩，可以一邊眺望有路面電車行駛而過的長崎特色風景，一邊享用長崎蛋糕和咖啡。

☎095-822-0410（松翁軒） MAP 67B-2
所 長崎県長崎市魚の町3-19 交 長崎站搭長崎電氣軌道5分，市役所下車步行即到
L 11:00～17:00（1樓為9:00～18:00）
休 無休 P 免費

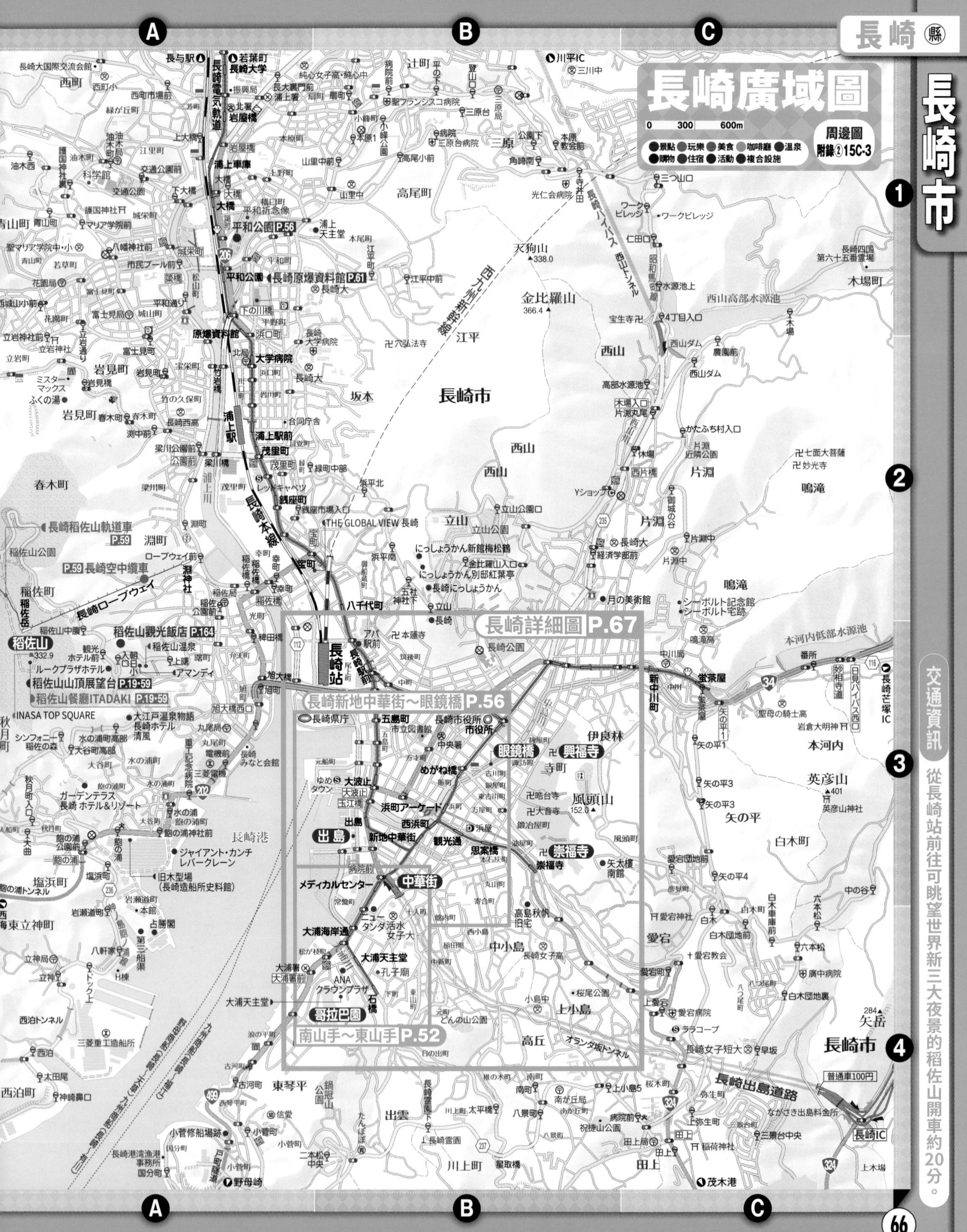

交通資訊

從長崎站前往可眺望世界新三大夜景的稻佐山開車約20分。

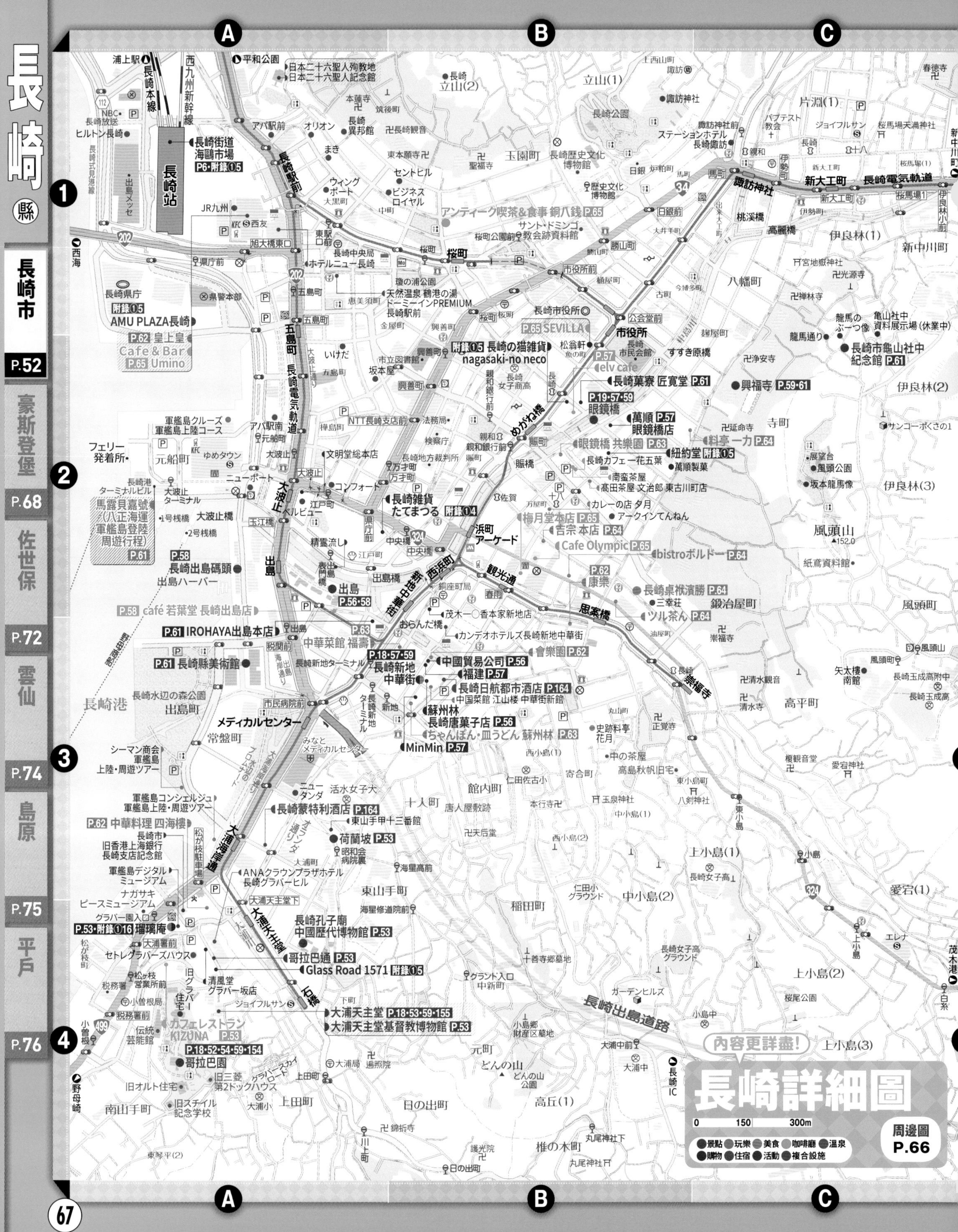
長崎
縣
長崎市
P.52
豪斯登堡
P.68
佐世保
P.72
雲仙
P.74
島原
P.75
平戶
P.76
A
B
C
1
2
3
4
長崎詳細圖
內容更詳盡!
0 150 300m
●景點 ●玩樂 ●美食 ●咖啡廳 ●溫泉 ●購物 ●住宿 ●活動 ●複合設施
周邊圖 P.66
浦上駅
平和公園
日本二十六聖人殉教地
日本二十六聖人記念館
長崎本線
西九州新幹線
長崎街道 海鷗市場
P6・附錄①5
長崎站
AMU PLAZA長崎
附錄①5
長崎県庁
P.62 皇上皇
Cafe & Bar Umino
P.65
長崎駅前
五島町
長崎電気軌道
桜町
アンティーク喫茶&食事 銅八銭 P.65
長崎市役所
市役所
P.65 SEVILLA
附錄①5 長崎の猫雑貨 nagasaki-no neco
P.57 elv cafe
長崎菓寮 匠寛堂 P.61
P.19・57・59 眼鏡橋
萬順 眼鏡橋店 P.57
めがね橋
興福寺 P.59・61
長崎市亀山社中記念館 P.61
諏訪神社
新大工町
長崎電気軌道
料亭一力 P.64
眼鏡橋 共樂園 P.63
紐約堂 附錄①5
長崎雑貨 たてまつる 附錄①4
梅月堂本店 P.65
吉宗本店 P.64
Cafe Olympic P.65
bistroボルドー P.64
浜町アーケード
観光通
思案橋
P.62 康樂
長崎卓袱濱勝 P.64
ツル茶ん P.64
馬露貝嘉號(八正海運 軍艦島登陸周遊行程)
P.61
P.58 長崎出島碼頭
出島 P.56・58
P.58 café 若葉堂 長崎出島店
P.61 IROHAYA出島本店
P.63 中華菜館 福壽
P.61 長崎縣美術館
P.18・57・59 長崎新地中華街
中國貿易公司 P.56
福建 P.57
長崎日航都市酒店 P.164
會樂園 P.62
蘇州林 長崎唐菓子店 P.56
ちゃんぽん・皿うどん 蘇州林 P.63
MinMin P.57
長崎港
メディカルセンター
長崎蒙特利酒店 P.164
P.62 中華料理 四海樓
荷蘭坂 P.53
長崎孔子廟 中國歴代博物館 P.53
哥拉巴通 P.53
Glass Road 1571 附錄①5
P.53・附錄①16 瑠璃庵
大浦天主堂 P.18・53・59・155
大浦天主堂基督教博物館 P.53
カフェレストラン KIZUNA P.53
P.18・52・54・59・154 哥拉巴園
長崎出島道路
風頭山
伊良林(1)
伊良林(2)
伊良林(3)
寺町
鍛冶屋町
風頭町
高平町
愛宕(1)
上小島(1)
上小島(2)
上小島(3)
中小島(2)
稲田町
東山手町
十人町
館内町
出島町
常盤町
元船町
南山手町
上田町
日の出町
高丘(1)
椎の木町
元町
どんの山
玉園町
立山(1)
立山(2)
八幡町
片淵(1)

能玩得更盡興的必讀資訊！

豪斯登堡暢遊攻略!!

九州第一的主題樂園——豪斯登堡。擁有燈光秀、四季花卉、最新娛樂設施、美食、伴手禮等眾多豐富特色。想要玩遍豪斯登堡，最好事先掌握以下四大重點！

POINT 2

必看！

壓軸是光與花的世界 兩大活動

將夜晚街道裝飾得無比華麗的燈光秀以及四季花卉之美，讓人好想去豪斯登堡！憑著壓倒性魅力不斷吸引眾多旅客的兩大活動值得矚目！

連續十年榮獲彩燈大賞第一名 光之王國

被評為「日本第一」的夜景令人感動。以冬季 1300 萬顆燈泡的燈光秀為首，還有多種 3D 光雕投影及雨傘街等，隨季節變換自如的燈光表演讓人目不轉睛。

期間需確認 玻璃館被白雪般的光輝簇擁

阿姆斯特丹城

白銀世界

同時點燈是高潮段落

建於阿姆斯特丹城廣場的玻璃館，變成散發耀眼光芒的教堂。日落後，被白銀燈光簇擁的模樣美得令人屏息。教堂旁還有高約 15 公尺、用 1 萬顆水晶裝飾的聖誕樹。

全年 隨季節改變種類

遊樂設施區

雨傘街

燈光隨著熱鬧的音樂舞動。照片為夏季版本

以頭頂上方吊有大約 700 支傘的雨傘街為舞台，進行音樂照明秀。會隨季節更換的表演內容也令人期待。

全年 值得一看的夜間秀

光之幻想城

燈光幻想曲

表演時間約6分鐘

以廣場穹頂為中心展開光與音樂的燈光秀。

話題不斷！九州最具代表性的主題樂園 豪斯登堡

本地區的keyword

- 光之王國&花卉節
- 豐富多樣的遊樂設施
- 美食&伴手禮

可以看到一片歐洲街景、四季花卉綻放，是日本規模最大的主題樂園。豐富多樣的活動、遊樂設施、美食及商店等都具備豪斯登堡獨有的特色，園區規模之大堪稱一天之內玩不完。

廣域MAP 附錄②15C-1

洽詢專線 綜合服務中心 ✆0570-064-110

交通方式

●長崎機場出發

- 巴士：長崎機場 — 西肥巴士（59分）— 豪斯登堡
- 船：長崎機場 — 安田產業汽船（50分）— 豪斯登堡 ※航行日需確認
- 車：長崎機場 — 縣道38號、國道444號（6.5km）— 大村IC — 長崎道（13.5km）— 東彼杵IC — 國道205號（19km）— 豪斯登堡

●長崎站出發

- 鐵道：長崎站 — JR快速濱海快線（1小時35分）— 豪斯登堡
- 巴士：長崎站 — 西肥巴士（1小時15分）— 豪斯登堡 ※2023年9月以後的行駛需確認
- 車：長崎站 — 國道202、499號（1.7km）— 長崎出島道路（5km）— 長崎IC — 長崎道（41.8km）— 東彼杵IC — 國道205號（19km）— 豪斯登堡

DATA MAP 附錄②15C-1

所 長崎県佐世保市ハウステンボス町1-1　L 9:00～21:00（最後入場可能視季節變動）　休 無休　P 1次800円～　HP https://www.huistenbosch.co.jp/

票價

票種	成人（18歲以上）	青少年（國高中生）	兒童（小學生）	學齡前兒童（4歲～學齡前）	優待	內容
1DAY 護照	7000円	6000円	4600円	3500円	5000円	入場＋護照可享受指定設施
3點後護照	5000円	4300円	3300円	2500円	3600円	

※「優待」對象為 65 歲以上、孕婦及其同行者 1 位、3 歲以下兒童及其同行者最多 2 位、寵物 1 隻限 1 位。需出示身分證件　※ 此為 2023 年 4 月的費用。還有其他票券。內容可能未經預告逕行變更，詳情請至官網確認

豪斯登堡的中心街區「阿姆斯特丹城」

POINT 1 出發前一定要知道！

園內分成兩大區域九個園區

152公頃的廣闊園地以大門區隔，由主題公園區域和港口區域這兩大區域構成，當中又分成各具特色的九個園區。從港口區域進入主題公園區域時，必須出示豪斯登堡入場門票。

事先上網購票就能順利入園

以最熱門的「1DAY護照」為首，部分門票可以至豪斯登堡官網購買。如此一來，遊玩當天不必排隊購票就能順利入園。

確認在寬廣園內移動的便利交通工具！

園內的移動方式除了步行之外，還可以利用租自行車、運河遊覽船、園內巴士以及觀光計程車。租自行車為1小時500円起，觀光計程車為小型車的話，最多可載4人且每人300円。

航行在環繞園內、全長6公里運河上的遊覽船

也有傍晚以後的門票

旅行時順道或目的是看燈光秀的人，建議購買傍晚以後的門票。

特別門票

即限定上網購買的特別門票。票價不分票種，每人3000円。優惠是可以從13種指定設施中任選3種優先入場，以及使用特別休息室的權利。需注意特別門票的數量有限。

記得在P.71確認以歐洲飯店為首的豪斯登堡住宿資訊

POINT 3 從美麗的花田到刺激的遊樂設施 推薦景點都在這裡！

豪斯登堡的廣大園內有許多精彩景點。以下精選幾個能欣賞隨四季變化的花海、驚險刺激卻又令人興奮不已的景點！

港口城

在豪斯登堡重現荷蘭宮殿

豪斯登堡宮殿

忠實重現荷蘭的宮殿。本苑的巴洛克式庭園是在18世紀設計卻沒能實現的「夢幻庭園」。對稱的幾何圖案相當美。

亦附設豪斯登堡美術館

高塔城

105公尺高的象徵性塔樓

德姆特倫高塔

從園內任何地方都能看到105公尺高的地標高塔。80公尺高的5樓有觀景室。

該塔從地下1樓到地上2樓是餐飲店林立的餐廳街

花道

豪斯登堡的代表性風景

花道

有三連風車與整片花海的園區。春有鬱金香、冬有三色堇等，一年四季有各種花卉盛放。

園區一角設有開放式咖啡廳

在製造光之花的祕密研究所可以感覺到聲音及香味，用全身五感體驗

光之幻想城

用五感享受的萬花療癒空間

萬花幻想城

可以欣賞各種以花為主題的影像及展覽的空間。共有三層樓，每層樓都有不同的表演，可在此享受療癒時光。

會隨訪客變化，創造的光之花園

冒險公園

體驗日本規模最大的刺激

冒險公園

諸如從11公尺高起點一口氣滑行穿梭的單人座過山車遊樂設施「天空鐵道過山車～大風～」、9公尺高的空中遊樂設施「天空之城」等，有眾多活動身體遊玩的設施。

穿越繩索與園木的空中冒險「天空之城」

站在牆壁前，就能在四季花卉中找到自己專屬的花朵及花語

娛樂設施城

真實驚險的VR體驗

VR世界

能夠透過VR體驗西日本第一個激流漂流及超反向蹦極。加上全CG呈現的VR360度影像及MX4DR影院座椅，戴上最新型4KVR眼鏡就能體驗讓人不禁大叫的逼真感！

除了震動之外，還會刮暴風及噴水等，讓體驗更真實

色彩鮮艷的廣闊花田

花卉節

一年四季不論何時來訪，都能欣賞彷彿要將152公頃園內所有庭園與建築淹沒的廣大花海。特別是2月上旬到4月上旬的「100萬朵鬱金香祭」、5月上旬到下旬的「2000種100萬朵玫瑰祭」期間，最讓人想來這裡欣賞花海。

2月下旬～4月中旬 100萬朵鬱金香祭

活動期間，鬱金香會逐漸綻放。其中又以「花道」、「豪斯登堡宮殿」為推薦的拍照景點。

形成美麗分層的鬱金香花田

5月上旬～下旬 2000種100萬朵玫瑰祭

豪斯登堡擁有2000種、100萬株玫瑰，受到世界頂尖玫瑰權威、法國的亞蘭·梅揚（Alain Meilland）讚為「奇蹟般的場所」。活動期間，廣大的園內被細緻華麗的玫瑰香所包圍。其中的「玫瑰運河」及「玫瑰迴廊」值得一看。

被譽為「奇蹟般的場所」，長130公尺的玫瑰瀑布

POINT 4 名產美食&精美伴手禮

可以玩樂一整天的豪斯登堡也有豐富的美食及伴手禮。以下就從多種類型的餐飲店及商店當中，聚焦介紹備受矚目的美食及伴手禮！

高塔城

埃爾馬索 ★エルマーソ

提供多種以長崎當地美味海鮮及當令食材製成的地中海料理。以充滿海鮮鮮味的濃郁高湯製成的風味西班牙海鮮燉飯，以及特製馬賽魚湯都是本店的推薦菜色。

11:00～15:00、17:00～21:00

以藍白為基調的明亮店內

長崎的豐富海鮮×地中海料理

巴倫西亞套餐 4200円
夜間套餐全餐。可享用以海鮮與季節蔬菜製成的西班牙海鮮燉飯、油封荷蘭風車豬肉等

推薦菜單
義大利麵套餐（午餐）…………1500円
西班牙海鮮燉飯套餐（午餐）…1600円

高塔城

Pinoccio ★ピノキオ

使用特別訂製的有田燒登窯改良而成的烤窯，烤出的披薩受到好評，是豪斯登堡當中相當有人氣的店。以約400°C烘烤的餅皮口感酥脆，回味無窮。

11:00～21:00（可能視季節變動）

披薩尺寸為28公分，分量十足！

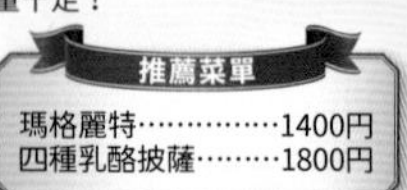
推薦菜單
瑪格麗特……………1400円
四種乳酪披薩………1800円

以特別訂製的烤窯烤出的披薩

Pinoccio特製馬鈴薯培根披薩
1600円
香脆的炸馬鈴薯與乳酪絕配！

將食材裹滿濃稠的起司

起司鍋 1人份2000円
將麵包及溫蔬菜沾上起司鍋內融化的起司來食用。點餐以2人份起跳

1樓除了起司賣場之外，也有輕食、鬆餅等速食店

娛樂設施城

Cheese Waag ★チーズワーフ

仿照荷蘭荷恩起司秤量站的起司專賣店。在2樓的餐廳可享用起司鍋，搭配海鮮、溫蔬菜及麵包的起司鍋套餐相當受歡迎。

餐廳11:00～15:00、17:00～21:00
（1樓商店為9:00～21:00）

推薦菜單
漢堡多利亞………1500円

透過和食來品嘗長崎當令美味

長崎和牛三昧膳 3200円
包括炙烤肋排、牛排、炸牛排及茶泡飯，有四種吃法的「長崎四吃」套餐

阿姆斯特丹城

佐世保漢堡認證店 大壩 ★させぼバーガーにんていてん ダム

提供佐世保名產漢堡的漢堡店。豪邁夾起佐世保漢堡招牌配菜培根與蛋的國王漢堡，是本店的強打菜單。

10:00～18:00

推薦菜單
配料豐富的特製多蜜醬長崎和牛漢堡……………1250円

100%長崎和牛肉餡淋上特製多蜜醬的長崎和牛漢堡

口感十足的漢堡

國王大壩漢堡
800円
麵包表面稍微烤香，夾有厚肉排及大量蔬菜！

港口城

花之家 ★はなのや

以長崎為中心，使用豐富當地食材的和食店。也有兒童菜單，可以一家三代盡情享用。除了五島烏龍麵、壽司、天婦羅等套餐菜單之外，也有提供單點料理。

11:00～21:00
（視季節變動）

七種生魚片拼盤加上天婦羅、鯛魚味噌湯等，以海鮮為主的「花之家生魚片御膳」2980円

推薦菜單
長崎真鯛茶泡飯御膳………3000円
長崎地獄門便當……………1800円

高塔城

DE RODE LEEUW ★ロード・レーウ

以佐世保名產檸檬牛排廣受好評的店。將剩餘醬汁淋在白飯上食用是佐世保流的吃法。也有四種醬汁任選的漢堡及日本國產和牛牛排等菜單。

11:00～15:00、17:00～21:00
（可能視季節變動）

推薦菜單
多蜜醬漢堡排……………1350円

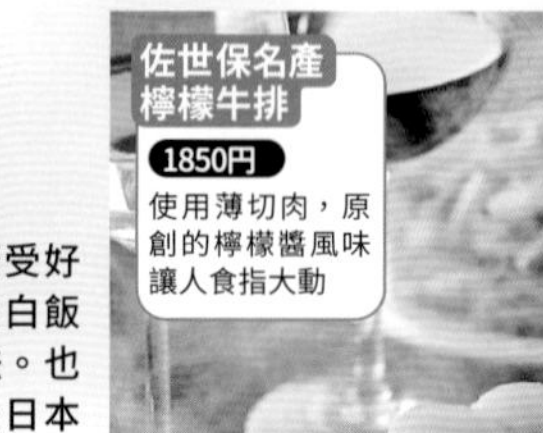

檸檬牛排是招牌菜單

佐世保名產檸檬牛排
1850円
使用薄切肉，原創的檸檬醬風味讓人食指大動

※費用可能變更

長崎縣
長崎市 P.52
豪斯登堡 P.68
佐世保 P.72
雲仙 P.74
島原 P.75
平戶 P.76

推薦的伴手禮

可愛的「朱莉」周邊商品

布偶
朱莉2200円／朱莉女孩2800円／朱莉寶寶2000円

吉祥物鑰匙圈 各2000円

豪斯登堡的吉祥物「朱莉」。布偶及鑰匙圈廣受各年齡層歡迎。

新角色「盧克&露娜」也值得關注！

布偶 各2800円

吉祥物新角色「盧克」和「露娜」。除了布偶之外，還有鑰匙圈和太陽眼鏡等。

豪斯登堡的建築變成了雪花球！

雪花球內有風車、德姆特倫高塔等豪斯登堡的象徵性建築。底座上裝飾的立體鬱金香及街景相當可愛。請至園內的綜合商店等處購買。

雪花球 各700円

NAGASAKI景點
15入 650円、30入 1200円

繪有長崎和豪斯登堡風景的巧克力。內含牛奶巧克力和甜巧克力的綜合商品。可至阿姆斯特丹城的「點心之城」購買。

美麗風景化身巧克力

SCHOON BOOB 1300円

起司風味豐富的蛋糕

美味的祕密在於鬆軟海綿蛋糕與烤乳酪構成的雙層不同質地。是豪斯登堡的招牌伴手禮，可以常溫保存。請至阿姆斯特丹城的「起司城」購買。

奶油乳酪&餐桌醬油套組 1700円

以和風方式品嘗奶油乳酪

在阿姆斯特丹城的「起司城」販售的人氣商品。在奶油乳酪上淋餐桌醬油（TAFEL SAUS，含高湯的專用醬油），如同吃冷豆腐般食用。可隨個人喜好添加蔥花及柴魚片。

千年之森長崎蛋糕300g
10片入1100円

以繪有高塔城的包裝盒為標誌

與長崎蛋糕專賣店「異人堂」推出的合作商品。手烤蛋糕的溫潤感以及留在底層的粗糖清脆口感堪稱絕妙。在娛樂設施城的「長崎蛋糕城」販售。

豪斯登堡的直營飯店&周邊飯店

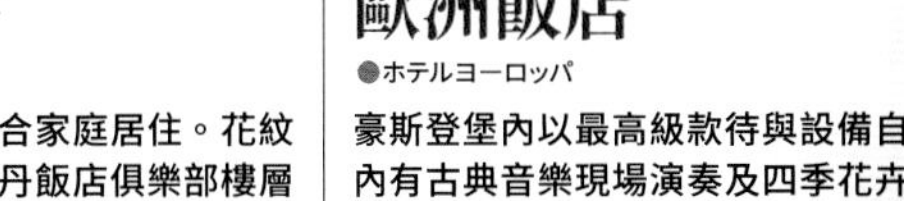

享受新感覺的娛樂飯店

豪斯登堡機器人飯店

●へんなほてる はすうてんぼす

豪斯登堡的全球首家機器人飯店。主要工作人員都是機器人，榮獲金氏世界紀錄認證「第一家由機器人擔任員工工作的飯店」。

MAP 附錄②15C-1
0570-064-300（豪斯登堡綜合預約專線）
所長崎県佐世保市ハウステンボス町6-5 ￥附早餐7700円～（電話預約時手續費另計） 交豪斯登堡站步行15分 IN15:00、OUT11:00 P免費（也有收費停車場，需確認）

周邊飯店 充滿異國氛圍的度假飯店

JR豪斯登堡大倉酒店

●ほてるおーくらじぇいあーるはうすてんぼす

步行2分可至豪斯登堡入國大門。館內有4間餐廳和酒吧、源泉掛流溫泉「琴乃湯」、飯店商店等，設備相當完備，充滿度假村的感覺。

MAP 附錄②15C-1
0956-58-7111
所長崎県佐世保市ハウステンボス町10 ￥T20000円～ 交豪斯登堡站步行5分 IN15:00、OUT11:00 P免費（退房後到12:00）

周邊飯店 被花與綠意包圍的隨興度假地

長崎豪斯登堡日航酒店

●ほてるにっこうはうすてんぼす

步行3分可至豪斯登堡入口處的官方飯店。有飯店專用大門，前往園區交通也很方便。可以享受舒適的飯店度假。

MAP 附錄②15C-1
0956-58-0211
所長崎県佐世保市ハウステンボス町6 ￥附早餐11000円～ 交豪斯登堡站步行10分 IN15:00、OUT11:00 P免費（需確認）

主題公園區域內唯一的飯店

阿姆斯特丹飯店

●ホテルアムステルダム

客房寬敞，設計種類多樣，適合家庭居住。花紋裝飾令人印象深刻的阿姆斯特丹飯店俱樂部樓層也很有人氣。首日需出示入場護照。

MAP 附錄②15C-1
0570-064-300（豪斯登堡綜合預約專線）
所長崎県佐世保市ハウステンボス町7-7 ￥附早餐19900円～（4人同房時） 交豪斯登堡站到入國口前的園內飯店行李寄放所步行即到（園內ウェルカム巴士站到飯店有園內巴士） IN15:00、OUT11:00 P免費

位於豪斯登堡中心地帶

被舒適的寧靜包圍的海濱飯店

華特馬酒店長崎豪斯登堡

●うぉーたーまーくほてるながさきはうすてんぼす

位於豪斯登堡園內，可悠閒度過的海濱飯店。朝陽升起時，眺望大村灣的景緻相當壯麗。園內飯店行李寄放所到飯店有免費接駁巴士。

MAP 附錄②15C-1
0956-27-0505
所長崎県佐世保市ハウステンボス町7-9 ￥附早餐13800円～ 交豪斯登堡站到接駁巴士乘車處步行7分 IN15:00、OUT11:00 P免費

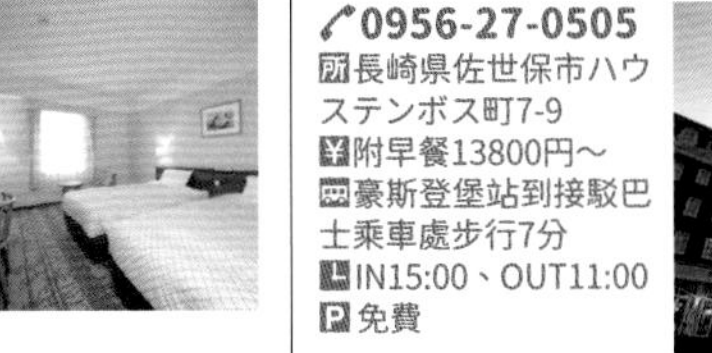

到主題公園區域步行約5分

享受非日常的豪斯登堡頂級飯店

歐洲飯店

●ホテルヨーロッパ

豪斯登堡內以最高級款待與設備自豪的飯店。館內有古典音樂現場演奏及四季花卉迎賓。搭觀光船入住、退房也是魅力之一。

MAP 附錄②15C-1
0570-064-300（豪斯登堡綜合預約專線）
所長崎県佐世保市ハウステンボス町7-7 ￥附早餐28100円～（3人同房時） 交豪斯登堡站到入國口前的園內飯店行李寄放所步行即到（入國口前的園內飯店行李寄放所到飯店有接駁巴士） IN15:00、OUT11:00 P免費

面向運河興建的瀟灑飯店

如同在別墅度假的湖畔私人別墅

森林小別墅

●フォレストヴィラ

豪斯登堡內四周有大自然環繞的別墅風樓中樓型飯店，由99戶構成。1樓是客廳，2樓有2間臥室，也很適合家庭或朋友居住。

MAP 附錄②15C-1
0570-064-300（豪斯登堡綜合預約專線）
所長崎県佐世保市ハウステンボス町7-7 ￥附早餐19300円～（4人同房時） 交豪斯登堡站到入國口前的園內飯店行李寄放所步行即到（入國口前的園內飯店行李寄放所到飯店有接駁巴士） IN15:00、OUT11:00 P免費

以湖為中心興建別墅

享受大自然及悠閒時光！

九十九島遊覽船&名產美食

散布在佐世保灣外到平戶約25公里範圍的九十九島，是由208座島嶼構成的風景區。不妨搭乘遊覽船將美麗風景烙印在腦海中，並享用名產美食！

這裡可以看到照片中的絕景！

可以從船越展望所（MAP72A）欣賞近在眼前的九十九島。此處在附近的幾座觀景台當中海拔最低，能欣賞到九十九島充滿魄力的景緻。

搭乘大型遊覽船欣賞九十九島的景緻！

佐世保

●させぼ

在美式風格的街上享受絕景及美食！

本地區的keyword
- 九十九島絕景巡禮
- 九十九島珍珠海洋遊覽區
- 當地美食

說到佐世保的樂趣，就會想到巡遊風光明媚的九十九島，以及品嘗漢堡、檸檬牛排等當地美食。此外，由於美國海軍基地設立在此，所以街上到處洋溢著美式氣氛。也可以享用冬季的美食九十九島牡蠣。

廣域MAP 附錄②9C-4

洽詢專線 佐世保觀光資訊中心 ☎0956-22-6630

交通方式

巴士：長崎機場 —西肥巴士（1小時29分）— 佐世保站前巴士中心

車：長崎機場 —縣道38號、國道444號（6.5km）— 大村IC —長崎道、西九州道（55km）— 佐世保港IC —縣道11號（1.5km）— 佐世保站前

享受九十九島的大自然美景

九十九島珍珠海洋遊覽區 玩樂

●くじゅうくしまパールシーリゾート

可從各種不同的角度暢遊西海國立公園九十九島的海洋度假設施。近距離欣賞群島的遊覽船、重現九十九島大海的水族館等，都是九十九島的代表性觀光景點。

MAP 72A
☎0956-28-4187
所 長崎県佐世保市鹿子前町1008 交 佐世保站搭西肥巴士25分，パールシーリゾート・九十九島水族館下車步行即到 L 休 視設施而異 P 費用視停車場而異（需洽詢）

遊覽區內也有商店及餐飲店，可悠閒享受

搭遊覽船欣賞九十九島之美

九十九島遊覽船 玩樂

●くじゅうくしまクルージング

巡遊九十九島群島的遊覽船在海上航行。除了以海洋女王為意象的「九十九島遊覽船珍珠皇后號」之外，還有穩定性卓越的雙體帆船「99TRITON」。

九十九島遊覽船珍珠皇后號

預定出航時刻 MAP 72A
10:00、11:00、13:00、14:00、15:00左右
所需時間 約50分
乘船費用 1800円

雙體帆船「99TRITON」

將兩艘船相連在一起的雙體帆船「99TRITON」

預定出航時刻 MAP 72A
9:30、10:50、12:10、13:30、14:50、16:10左右
※9:30、16:10左右的航班視季節停航
所需時間 約1小時
乘船費用 3200円

來品嘗當地美食！佐世保漢堡&檸檬牛排

享受

HIKARI漢堡 本店

●ハンバーガーショップ ヒカリ ほんてん

巨大漢堡的發源店，也是當地人經常光顧的人氣店。烤得焦香的肉餡、甘甜煎蛋加上本店自製美乃滋，是這裡才吃得到的美味。

MAP 72B
0956-25-6685
所長崎県佐世保市矢岳町1-1
佐世保站搭西肥巴士8分，佐世保市総合医療センター入口下車步行5分
10:00～19:45（售完打烊）
休週三 P免費

50年以上不變堅守手作的美味

巨大雞肉特製漢堡 790円

位於西九州自動車道佐世保中央IC附近

佐世保漢堡

佐世保是日本漢堡的傳入地。據說是源自於1950年左右，直接向美國海軍打聽漢堡食譜而來。漢堡的大小及味道每家店各有堅持。

足以與正統的美國漢堡匹敵

特製漢堡 ※價格需確認

Big Man 上京町本店

●ビッグ マン かみきょうまちほんてん

使用店家自製培根與肉餡、富含維他命與礦物質的太陽蛋，以及香醇的原創美乃滋等。本店也是廣為人知的培根蛋漢堡創始店。

0956-24-6382 MAP 72B
所長崎県佐世保市上京町7-10
佐世保站步行7分
10:00～19:30
休不定休
P有公共停車場

店內設有2個吧檯座、13個桌位座

LOG KIT 本店

●ログキットほんてん

特製漢堡是老闆重現在美國海軍基地內吃過的味道，不論是味道還是分量都不輸道地的漢堡。厚切培根及大量蔬菜讓人垂涎欲滴。

0956-24-5034 MAP 72B
所長崎県佐世保市矢岳町1-1 2F 佐世保站搭西肥巴士8分，佐世保市総合医療センター入口下車步行5分
11:00～15:00
休週一、二

1樓是機車店，2樓是漢堡店

特製漢堡 935円

現已成為招牌！培根蛋漢堡的發源店

九十九島錯綜複雜的溺灣和大大小小的群島描繪出絕景。不妨搭遊覽船好好巡遊吧

九十九島的名產美食在這裡！

「九十九島牡蠣」

九十九島牡蠣是九十九島的特產之一。特色是形狀雖小卻肉質緊實，而且鮮味濃郁。經營九十九島牡蠣養殖業的Marumo水產附設牡蠣小屋。10月上旬到5月有真牡蠣、夏季有岩牡蠣，全年都能享用烤牡蠣。

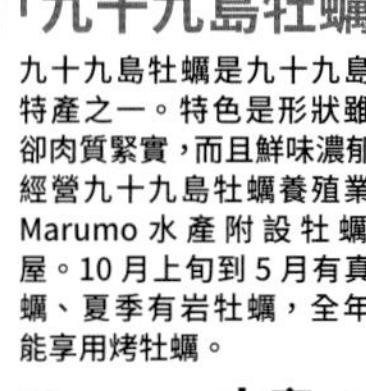

九十九島牡蠣1公斤950円

Marumo水產 ●マルモすいさん
0956-28-0602 MAP 附錄②9C-4
所長崎県佐世保市船越町944 佐世保站搭西肥巴士31分，船越下車步行6分 9:00～16:00
休無休 P免費

Rivera Cafè

●レストハウス リベラ

1971年創業的餐廳。使用長崎縣產牛、佐賀牛製作的檸檬牛排，淋上醬油基底醬汁相當美味。使用100%和牛肉餡的佐世保漢堡也很受歡迎。

MAP 72B
0956-32-7977
所長崎県佐世保市白南風町1-16 エスプラザ1F
佐世保站步行即到
10:00～20:00
休週三

店內設有8個吧檯座與20個桌位座

甜辣醬能突顯特產牛肉的美味

附沙拉、白飯的檸檬牛排2500円。僅平日午餐2200円

檸檬牛排

在以厚實牛排為主流的時期，為符合日本人口味而發想的料理。薄切牛肉與醬油基底的檸檬風味醬汁為其特徵。

下町の洋食 時代屋

●したまちのようしょく じだいや

1986年創業的洋食餐廳。上一代店主兼主廚也是檸檬牛排的創始人之一。能夠享用慢火燉煮的紅酒燉牛肉等傳統洋食。

MAP 附錄②8D-4
0956-30-7040
所長崎県佐世保市吉福町172-1 三河內站旁的三川內站入口搭西肥巴士5分，江永口下車步行3分 11:00～14:00、17:00～21:00 休週一（逢假日則翌日休） P免費

檸檬牛排套餐1590円

前代店主兼主廚是檸檬牛排的創始人之一

設有桌位座和和式座位，能多元利用

呈現九十九島的海洋世界

九十九島水族館 海閃閃

景點

●くじゅうくしますいぞくかんうみきらら

展示九十九島的海洋生物。在水深4.8公尺、水量650噸的九十九島灣大水槽可以看到約120種、13000隻生物。

9:00～17:30（11～2月到16:30） MAP 72A
休無休 ¥1470円

日本國內罕見的有自然光照射的「九十九島灣大水槽」

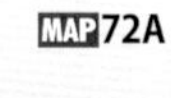

「Aqua shop Kirara」販售的原創水母海閃閃（照片左）、酷閃閃（照片右）很有人氣。各1320円起

長崎市 P.52
豪斯登堡 P.68
佐世保 P.72
雲仙 P.74
島原 P.75
平戶 P.76

雲仙

日本首座國立公園暨溫泉勝地

●うんぜん

本地區的keyword
雲仙地獄
雲仙溫泉
仁田峠

雲仙是日本最早成立的國立公園之一，幾乎位於島原半島的中央，是坐擁優質溫泉的高原度假勝地。以噴氣上升的雲仙溫泉為中心，設有溫泉街。

廣域MAP 附錄②14E-3
住宿資訊 P.164
洽詢專線
雲仙觀光局
☎0957-73-3434

感受大地的恩惠 前往溫泉度假地

宛如地獄景象！親身感受自然威脅

雲仙是四周環繞大自然的高原度假地，能感受大地能量的地獄是必看景點。一邊確認名產美食、不住宿溫泉的資訊，一邊漫步吧。

象徵雲仙的雲仙地獄風景

雲仙地獄 景點

●うんぜんじごく

位於雲仙溫泉街中心的主要觀光地。擁有三十幾個地獄，從噴氣孔冒出的白色水蒸氣以及猛烈噴出的熱泥，可以感受到大自然的威脅。沿著充斥硫磺味的散步路線，一路巡遊阿糸地獄、大叫喚地獄等有冠名的地獄。

☎0957-73-3434（雲仙觀光局） MAP74
所長崎県雲仙市小浜町雲仙320 交島鐵雲仙巴士站步行5分 P1天500円

這裡也要CHECK

雲仙地獄 足蒸浴

位於地獄區域的「雲仙地獄工房」有能親身感受雲仙溫泉地熱的「雲仙地獄 足蒸浴」。將腳放在踏板上就能溫暖腳底，可免費使用。

MAP74

腳底變得暖呼呼

滿滿的雲仙最新資訊！

雲仙山之情報館 景點

●うんぜんおやまのじょうほうかん MAP74

緊鄰雲仙地獄的展示設施。透過展示板及影像，介紹雲仙的自然環境及歷史、火山與溫泉的關係。也有提供到周邊漫步時方便使用的手冊及登山地圖等。

介紹雲仙的自然資訊

☎0957-73-3636
所長崎県雲仙市小浜町雲仙320 交島鐵雲仙巴士站步行5分 L9:00～17:00 休週四（逢假日則翌日休）
¥免費 P免費

充滿異國情調的溫泉旅館

界 雲仙 住宿

●かい うんぜん

星野集團溫泉旅館品牌「界」。採用混合了日本（和）、中國（華）及荷蘭（蘭）要素的長崎發源文化，也有室內空間一半為露天浴池的溫泉勝地雲仙特色客房。

以寬廣露天浴池為特徵的當地特色客房「和華蘭之間」

MAP74 LINK P.7•22
☎050-3134-8096
（預約中心／受理9:30～18:00）
所長崎県雲仙市小浜町雲仙321 交島鐵雲仙巴士站步行5分
¥1泊2食31000円～
LIN15:00、OUT12:00
P免費

溫泉街唯一繼承手烤技術的店

遠江屋本舗 購物

●とおとうみやほんぽ

雲仙名產溫泉仙貝店。是溫泉街唯一會一片片手烤仙貝，以「純一片手烤雲仙溫泉仙貝」為招牌商品的店家。溫泉仙貝巧克力棒、溫泉法蘭酥等原創點心也很受歡迎。基本上週六日及假日都會在店前舉辦溫泉仙貝示範銷售活動。

☎0957-73-2155 MAP74
所長崎県雲仙市小浜町雲仙317
交島鐵雲仙巴士站步行即到
L8:30～19:00 休週四

擺上溫泉仙貝的霜淇淋有九種口味，各380円。現烤溫泉仙貝附仙貝邊為每片100円

MAP 附錄②14F-3

到仁田峠停車場搭空中纜車上到妙見岳能眺望溫泉街（來回1290円）

交通方式

巴士：長崎機場 →島鐵巴士、長崎縣營巴士（31分・47分）→ 諫早站前 → 島鐵巴士（1小時26分）→ 島鐵雲仙

車：長崎機場 → 縣道38號、國道34、57、251號（48.5km）→ 島鐵雲仙巴士站

雲仙 周邊圖 附錄②14E-3

品嘗雲仙美食

有露台的隨興風餐廳

山上咖啡廳 Green Terrace 雲仙

●おやまのカフェレストラン グリーンテラスうんぜん

可品嘗使用以雲仙牛為首的在地食材製成的道地洋食菜單。本店推薦菜色是紅酒燉牛肉及歐姆香雅飯。料理的基底小牛肉湯是使用小牛骨、紅酒及蔬菜等熬煮一週製成。

MAP74
☎0957-73-3277
所長崎県雲仙市小浜町雲仙320 交島鐵雲仙巴士站步行5分
L11:00～15:30 休不定休 P免費

雲仙牛紅酒燉牛肉附麵包或白飯

飯店附設餐廳

山Cafe 力(Ricky)

●やまカフェ リッキー

飯店的餐廳。雲仙時髦歐姆香雅飯淋上主廚以正統手法製成的多蜜醬是美味關鍵。香雅飯醬汁的基底是使用大量當地食材燉煮三週製成的多蜜醬，堪稱絕品美味。

MAP74
☎0957-73-2151
（民藝摩登之宿 雲仙福田屋）
所長崎県雲仙市小浜町雲仙380-2 交島鐵雲仙巴士站步行8分 L11:00～14:30 休不定休 P免費

雲仙時髦歐姆香雅飯附湯及沙拉1100円

島原
しまばら

湧出清澈泉水的城下町

本地區的keyword
島原城
湧泉巡禮
武家屋敷

位於島原半島東端，有雲仙岳的伏流水湧出的水都。是松平7萬石的城下町，街道上還保留濃厚的舊時風貌。使用湧泉製成的「寒湯圓」也很吸引人。

廣域MAP
附錄②14F-3

洽詢專線
島原市島原觀光課
✆0957-63-1111

交通方式

鐵道：長崎站 —JR長崎本線（30分）— 諫早站 —島原鐵道（1小時15分）— 島原站

車：長崎機場 —縣道38號、國道34·57·251號、雲仙Green Road（56.7km）— 島原站前

滋潤心靈的和風情調散步
水之城下町 景點導覽

島原是雲仙普賢岳伏流水湧出的水都。不妨一邊眺望鯉魚游泳的水道，一邊巡遊城下町的景點。

島原城的看點
- 採用安土桃山時期的築城樣式，以五層天守閣為核心，在要地配置大小櫓的構圖
- 從大手御門遺址望去的藍天與白色五層天手閣的對比相當美

安土桃山樣式的壯麗名城

島原城 景點
しまばらじょう

江戶時代由松倉重政築城。現在的天守閣是1964年復原後的建築。館內有展覽吉利支丹的相關史料。城內立有天草四郎的雕像。

✆0957-62-4766 MAP75
所 長崎縣島原市城內1-1183-1
🚃 島原鐵道島原站步行10分
L 9:00～17:30 休 無休
¥ 550円（天守閣、觀光復興紀念館、西望紀念館通用門票）
P 1次330円

天草四郎像
日本代表性雕刻家北村西望的作品。佇立的雕像注視著島原城的天守閣，似在祈求和平

保留舊時的街道風貌

島原城步行5分

武家屋敷 景點
ぶけやしき

對外公開山本邸、篠塚邸、鳥田邸，這些宅邸面朝的道路中央還有水道流經。可參觀昔日武士的生活情況。 MAP75

✆0957-63-1111
（島原市島原觀光課）
所 長崎縣島原市下の丁
🚃 島原鐵道島原站步行15分 L 9:00～17:00
休 無休 ¥ 免費 P 免費

中央的水道過去是生活用水

島原代表性湧水庭園

島原城步行15分

湧水庭園「四明莊」 景點

ゆうすいていえん「しめいそう」

明治後期到大正初期左右興建的建築名列國家的登錄有形文化財，庭園名列登錄紀念物。可以欣賞在一天湧出3000噸泉水的池內悠游的鯉魚，度過放鬆的時光。

從外廊眺望湧水庭園

MAP75
✆0957-63-1121
所 長崎縣島原市新町2-124-1 🚃 島原鐵道島原站步行10分
L 9:00～18:00
休 無休 ¥ 310円

這裡也要CHECK

鯉魚游泳池
新町通的水道有色彩鮮艷的鯉魚在水中悠游，是水都島原的代表性湧泉景點。 MAP75

品嘗島原名產

將蜜汁淋在冰涼的白玉上

寒湯圓 咖啡廳

將白玉湯圓用流水冰鎮約2小時製成的寒湯圓，是活用湧泉的島原名產。可搭配抹茶一起享用。

寒湯圓套餐（880円）

島原水屋敷
しまばらみずやしき
✆0957-62-8555 MAP75
所 長崎縣島原市万町513-1
🚃 島原鐵道島原站步行8分
L 11:00～16:30（團體不可） 休 不定休

與天草四郎有關的鄉土料理

具雜煮 美食

在鯉魚高湯內加入圓形年糕等13種配料製成的年糕湯。據傳起源是島原之亂時的兵糧。單點為1人份1200円。

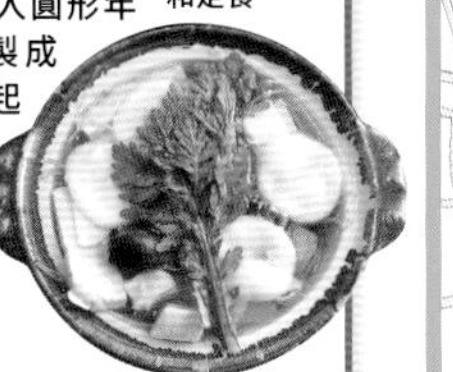

有單點和定食

元祖 具雜煮 姬松屋本店
がんそ ぐぞうに ひめまつやほんてん
✆0957-63-7272 MAP75
所 長崎縣島原市城內1-1208-3
🚃 島原鐵道島原站步行10分
L 11:00～18:00 休 第2週二（可能變更） P 免費

島原 周邊圖 附錄②14F-3
0 200 400m

武家屋敷 P.75 / 島原城 P.75 / 元祖 具雜煮 姬松屋本店 P.75 / 島原水屋敷 P.75 / 鯉魚游泳池 P.75 / 湧水庭園「四明莊」 P.75 / 島原駅 / 島原市役所 / 島原港駅 / 島原湾

●景點 ●美食 ●咖啡廳 ●溫泉

長崎市 P.52
豪斯登堡 P.68
佐世保 P.72
雲仙 P.74
島原 P.75
平戶 P.76

平戶

日本與異國文化互相調和

●ひらど

本地區的keyword：平戶沙勿略紀念教堂、平戶比目魚&平戶和牛、傳統南蠻點心

自古以來作為西洋貿易窗口的繁榮之地。隨處可見教會與寺院比鄰而立，有許多東西文化交融的獨特風景。平戶特產美食也相當有人氣。

廣域MAP
附錄②9B-3

洽詢專線
平戶市觀光課
0950-22-9140
平戶市觀光服務處
0950-22-2015

交通方式

巴士：長崎機場 —西肥巴士（1小時29分）→ 佐世保站前巴士中心 —西肥巴士（1小時30分）→ 平戶新町 —西肥巴士（1分）→ 平戶市役所前 —西肥巴士（1分）→ 平戶棧橋

車：長崎機場 —縣道38號、國道444號（5.6km）→ 大村IC —長崎道、西九州道（66.7km）→ 佐佐IC —縣道18、227號、國道204、383號（24km）→ 平戶市街

建有教堂的城下町 歷史淵源景點

比長崎市出島更早與荷蘭展開交流的平戶，在江戶時期是平戶藩6萬石的城下町。漫步在這座城市，可以看到東西文化交融的獨特風景。

頂著十字架的尖塔高聳入天

強調垂直性的設計令人印象深刻

曾三度訪平戶傳教的聖方濟・沙勿略雕像

平戶沙勿略紀念教堂 景點

●ひらどザビエルきねんきょうかい

創建於1931年的教堂。淡綠色的外牆和尖塔相當引人注目。用地內有首度赴日宣傳基督教的聖方略・沙勿略雕像。

0950-23-8600（平戶観光協會）
所 長崎県平戸市鏡川町269
佐世保站搭西肥巴士1小時31分，平戶市役所前下車步行10分 ※僅外觀開放參觀 P免費
MAP 76

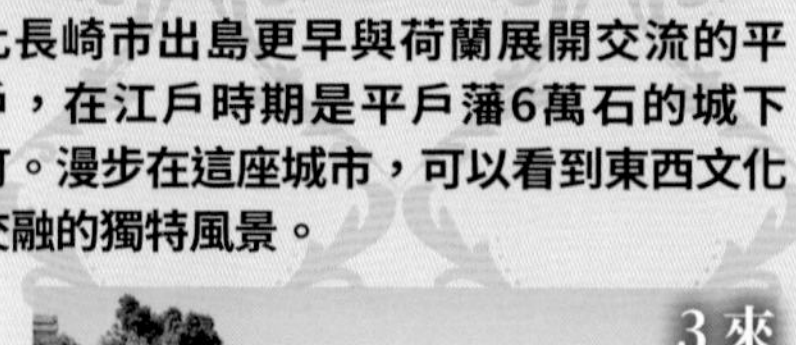
來到現代的380年前樣貌

該建築是將1639年興建的日本首座洋式石造倉庫復原而成

平戶荷蘭商館 景點

●ひらどオランダしょうかん

興建在平戶當時與荷蘭貿易而興盛一時的商館遺址。館內展示著傳承昔日情景的相關資料，像是江戶時代初期與荷蘭貿易帶來龐大利益的盛況等。

0950-26-0636 MAP 76
所 長崎県平戸市大久保町2477
平戸栈橋巴士站步行3分
8:30～17:30 休6月第3週二～四
¥310円 P2小時免費（之後每30分100円）

平戶城 景點

●ひらどじょう

於1962年復原的平戶藩居城。眼前可眺望平戶瀨戶，以大海為天然外堀。天守閣為能透過數位藝術體會平戶歷史的博物館。在觀景所能以自動遠端方式拍下登城紀念照。

0950-22-2201 MAP 76
所 長崎県平戸市岩の上町1458
平戸市役所前巴士站步行10分
8:30～18:00（10～3月到17:00）
休12月30、31日
¥入館費520円
P有公共停車場

以海作為外堀的平戶藩居城

日本唯一一座根據山鹿流兵法修築的城

充滿異國情調的展示品

幾乎所有的建築物都名列國家登錄有形文化財

松浦史料博物館 景點

●まつらしりょうはくぶつかん

展示與舊平戶藩主松浦家有關的武器防具、家具、茶具等約300件文物的博物館。用地內設有可體驗茶道鎮信流的「閑雲亭」。

0950-22-2236 MAP 76
所 長崎県平戸市鏡川町12
平戸栈橋巴士站步行5分
8:30～17:30（閑雲亭9:30～17:00）
休無休 ¥入館費600円 P免費

創業超過500年的點心店

平戶蔦屋 ●ひらどつたや 購物

1502年創業的點心店。利用屋齡400年的古民家爲店鋪，極具風情。販售長崎蜜糕（Casdoce）、鳥羽玉等平戶傳統點心。店內設有內用區，咖啡爲200円。

0950-23-8000 MAP 76
所 長崎県平戸市木引田町431
平戸新町巴士站步行5分
9:00～19:00 休無休
P有簽約停車場

將一口大小的長崎蛋糕裹上蛋黃液後，用滚燙的糖蜜油炸，再灑上砂糖製成的長崎蜜糕5入1080円

想在平戶吃的名產美食

以新鮮豐富的食材自豪

豊鮨 ●ゆたかずし

無菜單全餐（3080円～）擺滿了生魚片和烤魷魚鬚，分量十足。也很推薦「平目御膳」（4180円），可品嘗特產鮮魚「平戶比目魚」的生魚片和握壽司等。

MAP 76
0950-23-2017
所 長崎県平戸市新町101
平戸新町巴士站步行即到 11:30～14:00、17:00～22:00
休不定休 P免費

平戶比目魚的旺季為1月上旬到4月左右

享用平戶近海的海鮮和平戶和牛

平戶瀨戶市場 ●ひらどせといちば

鄰近田平港的直銷站。2樓有餐廳，不僅能品嘗將平戶近海捕獲的海鮮做成的生魚片及海鮮蓋飯，亦有供應平戶牛牛排及漢堡菜單。

MAP 附錄②9B-3
0950-57-1057（直銷站為0950-21-1977）
所 長崎県平戸市田平町山内免345-15
松浦鐵道田平平戸口站步行11分
8:00～18:00（餐廳為11:00～17:00，咖啡廳到16:30）
休第2週三 P免費

平戶和牛肋排2800円，套餐3280円

佐賀 有田・伊萬里・呼子

さが・ありた・いまり・よぶこ

花枝美食與世界有名的陶瓷器極具魅力！

全世界都有粉絲
歷史悠久的陶瓷器之里

佐賀縣
有田・伊萬里 P.78
唐津・呼子 P.80
嬉野・武雄 P.82

有田・伊萬里

●ありた・いまり P.78

特色介紹

瓷器發源地「有田」、祕窯之里「伊萬里」

有田燒、伊萬里燒都是世界知名的陶瓷器。特別是有田，也很積極研究製作新感覺陶瓷器。

最推薦春秋季舉辦活動時！

黃金週有「有田陶器市集」、「伊萬里陶瓷器祭」，秋季有「有田陶瓷器祭」、「鍋島藩窯秋祭」，這些時期會陳列許多價格公道的商品。

嬉野溫泉・武雄溫泉

●うれしのおんせん・たけおおんせん P.82

特色介紹

嬉野和武雄從以前就是溫泉鄉。具有獨特滑溜感的嬉野溫泉、觸感柔和的武雄溫泉都是知名的美肌溫泉，擄獲不少女性的芳心。嬉野作為香氣濃郁的茶葉產地也很出名。這兩個地方都是2022年9月開通的西九州新幹線停車站，越發受到矚目。

唐津・呼子

●からつ・よぶこ P.80

特色介紹

以唐津城為象徵的「唐津」、以早市為名產的「呼子」

面向玄界灘，可眺望美麗海景的地區。每天早上舉行的呼子早市是日本三大早市之一。

呼子到處都有活花枝生魚片店

從魚塘現撈的花枝經過迅速調理製成的活花枝生魚片，是一生一定要吃一次的絕品美食！

風光明媚的景觀&道地活花枝生魚片

必讀 規劃行程的訣竅

亦可擬訂以福岡機場為起點的行程！

如果預計搭飛機抵達，以福岡機場為起點而非佐賀機場會比較方便。尤其是唐津，從福岡機場出發能夠直達JR唐津站，不需要另外搭地鐵轉乘JR。

同時享受有田和伊萬里

從有田站到伊萬里站搭地方鐵道松浦鐵道約25分。尤其是在黃金週的活動期間，不妨擬訂跨足兩地的行程，尋找各種理想的陶瓷器。

想在呼子品嘗活花枝生魚片的話就要提早出門

能品嘗呼子活花枝生魚片的店，每逢週末大多會大排長龍。雖然有些店可以預約，但碰到大型連假等人潮洶湧的時期，可能也會有例外而無法預約，一定要注意。

想走遠一點就到嬉野和武雄

位於佐賀縣南部的嬉野和武雄是佐賀縣代表性溫泉勝地。這兩個溫泉勝地相隔約14公里，距離相當近。兩地都有好幾家溫泉旅館，計畫在這裡住宿也不錯。

尋找專屬碗盤 陶瓷器巡禮GO!

不只有日本，在全世界亦享有極高評價的有田燒和伊萬里燒。就來尋找適合在日常生活中使用、平價又有品味的器皿，盡情遊逛陶瓷器之里。

column

吸引全國各地的陶瓷器迷

有田陶器市集

●ありたとうきいち MAP78

每年4月29日到5月5日，吸引大約100萬名陶瓷器迷、日本首屈一指的陶器市集。從JR有田站到JR上有田站綿延約3公里的道路沿岸，約有450家店比鄰而立。

☎0955-42-4111（有田商工會議所）

佐賀縣

佐賀的代表性兩大陶瓷器之里

有田·伊萬里

●ありた・いまり

本地區的keyword：有田燒、伊萬里燒／有田陶器市集／窯場巡禮

有田燒和伊萬里燒廣受全日本陶瓷器迷支持。在這兩座城市，從傳統作品到現代風格的作品一應俱全，可以逛商店及窯場尋找自己喜歡的器皿，享受購物樂趣。

廣域MAP 附錄②8D-4

洽詢專線

有田町商工觀光課 ☎0955-46-2500
有田觀光協會 ☎0955-43-2121
伊萬里市城市推廣推進課 ☎0955-20-9031
伊萬里市觀光協會 ☎0955-23-3479

交通方式

鐵道：佐賀站 —JR長崎本線、佐世保線特急（40分）— 有田站；伊萬里站 —松浦鐵道（25分）— 有田站

車：
往有田：佐賀站 —國道264、263號(6.5km)— 佐賀大和IC —長崎道、西九州道(47.6km)— 波佐見有田IC —縣道4、218、234號(3.5km)— 有田站前
往伊萬里：佐賀站 —國道264、263號(6.5km)— 佐賀大和IC —長崎道(26.2km)— 武雄北方IC —國道34、498號、一般道路、縣道239、240號(20.1km)— 伊萬里站前

巡遊方式建議

從有田站前往販售陶瓷器的店家林立的「內山地區」，可以在觀光服務處租自行車前往（500円，電動自行車為1000円+保證金各1000円）。從伊萬里站到窯場散布各處的大川內山，搭西肥巴士約15分。

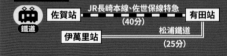

有田 窯場巡禮地圖

周邊圖：附錄②8D-4

KILN ARITA ●キルン アリタ

位於有田站前的觀光服務處。除了有租車專區之外，也有受理租自行車的服務。

☎0955-42-4052（觀光服務處）
⏰9:00～17:00
休無休

以登窯為概念的外觀

將建窯用磚塊及耐火磚用紅土加以固定的「耐火磚牆」

九州最大的陶瓷器博物館

佐賀縣立九州陶瓷文化館

●さがけんりつきゅうしゅうとうじぶんかかん

九州各地的陶瓷器齊聚一堂。可仔細鑑賞肥前的古唐津、初期伊萬里、柿右衛門、鍋島等名作。

☎0955-43-3681
⏰9:00～16:30
休週一（逢假日則翌日休） ¥免費（特別企劃展可能會收費）
P免費

體會有田燒的歷史

Kaneao ●カネアオ

創業120年的陶瓷器店「成富本店」經營的有田燒與波佐見燒選物店。以隨興且平價的生活雜器為主。

MAP78
☎0955-43-3070（成富本店）
⏰11:00～17:00
休不定休

田清窯「結」系列（從照片上方依順時針方向）2200円、1650円、2420円

外觀是復古商屋，店內卻很時尚

林間隙光系列的馬克杯85（4180円）和盤子165（3850円）

香蘭社

●こうらんしゃ MAP78

有田的代表性窯場之一。「by koransha」作為為日常生活帶來樂趣與華麗的餐具品牌，以高品質且具設計感的「日常餐具」為概念提供商品。

☎0955-43-2132
⏰8:00～17:25（週六日、假日為9:30～17:00）
休無休

ARITA PORCELAIN LAB 有田旗艦店

●アリタ ポーセリン ラボ ありたきかんてん

延續200年的彌左衛門窯第七代松本哲所創立的品牌。備有採用傳統紋樣與技法的時尚有田燒。附設咖啡廳。

MAP78
☎0955-29-8079
⏰11:00～17:00
休週二 LINK 附錄①6

JAPAN BLUE的調味料皿 2420円

有田燒和伊萬里燒

日本最初的瓷器有田燒是從伊萬里港出貨到日本全國各地，因此在江戶時代被稱作伊萬里燒，指的是以有田為中心生產的瓷器。特徵是帶有獨特光澤的白瓷及美麗的彩繪。另外，在伊萬里南部的大川內山設有江戶時代佐賀藩鍋島家的御用烤窯。佐賀藩在此設置關所，以防當時是非賣品的瓷器外流，用作獻給將軍家、送給大名家的禮品，現在稱之為鍋島燒。構圖大膽卻描繪精細的圖案堪稱日本瓷器的巔峰。現在大多依照生產地區稱其為「有田燒」、「伊萬里燒」，採鍋島樣式者則特別稱作「鍋島燒」。

色鍋島公法窯 大川內藝廊
●いろなべしまこうほうがま おおかわちギャラリー

店主中村公法耗時將近30年研究色鍋島，習得堪稱原創的頂尖技術。從端正工整的圖案就能看出作品品質。

MAP 附錄②8D-4
0955-22-7716
所 佐賀県伊万里市大川内町乙1175-3 巴 伊萬里站搭西肥巴士13分，正力坊下車步行4分
L 10:00～17:00（12:00～13:00可能會休息） 休 週四（逢連休則營業） P 免費

野菜盡紋咖啡杯 27300円

太一郎窯
●たいちろうがま

咖啡杯 1套5000円

繼承藍鍋島傳統的同時，巧妙融合現代感來創作作品。除了茶杯、咖啡杯等餐具類之外，紅酒架、室內裝潢製品等多種商品也很齊全。

0955-22-4603 MAP 79
L 9:00～17:00
休 無休

bowl
●ボウル

將屋齡百年的陶瓷器商家整修而成。陳列有400年歷史的有田燒以及有田特色優質日用品。

MAP 78
080-7983-5733
L 12:00～18:00
休 週三

↑1樓是「bowl」，2樓是協助振興有田地區的「有田社區營造公社」

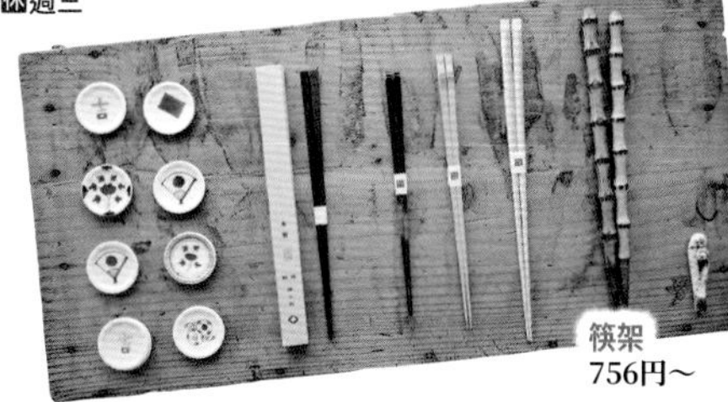
筷架 756円～

伊万里焼せいら
●いまりやきせいら

將鍋島燒傳統色調轉化成現代風，主要生產家用餐具的窯場。事先預約就可以在展示場體驗上畫（1500円～）。

0955-23-2656 MAP 79
L 9:00～17:00 休 無休 P 免費

↑用吳須描繪的模樣

Imari 伊萬里 窯場巡禮地圖
周邊圖：附錄②8D-4

事先調查窯場
伊萬里鍋島燒會館
●いまりなべしまやきかいかん

伊萬里燒的窯場會聯合舉辦陶瓷器展示即售。展場前有小型水車與陶製大川內山導覽圖。附設咖啡廳區。

0955-23-7293
L 9:00～17:00（咖啡廳區為11:00～15:30） 休 無休

金善製陶所
●かねぜん せいとうしょ

MAP 78

工廠用地內設有展示廳，陳列設計種類豐富的商品。也有許多特價商品。

0955-43-3268
L 10:00～16:00
休 不定休

↓店鋪公休日需洽詢

陶咲花
●とうしょうか

MAP 79

隨意杯 1個2800円～

陳列女性陶藝家的作品。白瓷上繪有小花的飯碗、運用色鍋島技法的隨意杯相當受歡迎。

0955-22-8055
L 9:00～17:00 休 無休

←店內一角設有特價品及特賣商品區

瀨兵窯 陶筥
●せひょうがま とうばこ

↓活用木紋，有溫度的店內

以「來自伊萬里的新風」為主題，製作設計感高的日常餐具。作品使用了青瓷、染付、赤繪等各種技法。

MAP 79
0955-23-2278
L 9:30～17:30
休 無休

赤刷毛目變形單口酒壺 4104円

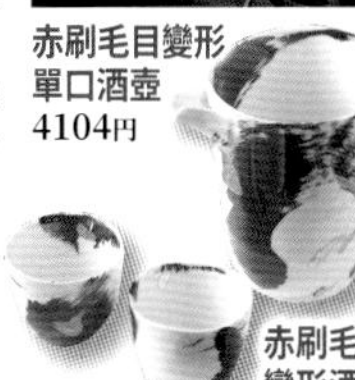
赤刷毛目變形酒杯 1個1404円

使用伊萬里燒器皿的午餐&咖啡廳

在寧靜的山村餐廳吃牛排
民家餐廳 伊萬里亭
●みんかレストランいまりてい

美食

※目前暫停營業，日後恢復營業請至官網確認。

位於大川內山入口的民家餐廳。以主菜伊萬里牛排為首提供的漢堡排、紅酒燉牛肉、咖哩等菜單，都會附上老闆娘的特製手工豆腐及小菜，相當豐盛。

0955-22-3953 MAP 附錄②8D-4
所 佐賀県伊万里市大川内町丙390-2
巴 伊萬里站搭西肥巴士13分，正力坊下車步行即到
L 11:00～14:30
休 週二 P 免費

→伊萬里牛排定食3300円

被古陶瓷圍繞，品嘗伊萬里美味
咖啡餐廳 伊万里ロジエ
●おしょくじときっさ いまりロジエ

美食

1963年創業的咖啡餐廳。使用100%伊萬里牛的漢堡排等料理，皆使用江戶、明治時期的伊萬里燒及有田燒器皿出餐。原創特調咖啡與芭菲也很有人氣。店內陳列著店主所蒐集的國內外珍貴陶瓷器。

0955-23-3289 MAP 附錄②8D-3
所 佐賀県伊万里市伊万里町甲567
巴 伊萬里站步行5分 L 10:30～17:00（17:00後為預約制） 休 不定休 P 免費

→伊萬里牛漢堡排全餐1750円

使用有田燒器皿的午餐&咖啡廳

享用名產美食與咖啡
Gallery 有田
●ギャラリーありた

美食

位於國道35號沿線的餐廳暨展示館。除了能享用有田名產「吳豆腐」之外，還可以從超過2000件有田燒及伊萬里燒的咖啡杯收藏品中，挑選喜歡的杯具享用咖啡等熱飲。

0955-42-2952 MAP 78
所 佐賀県有田町本町乙3057
巴 有田站步行5分
L 11:00～16:30 休 不定休 P 免費

↑吳豆腐膳1650円。器皿皆為有田燒

品嘗名產有田燒咖哩
有田銘品館
●ありためいひんかん

美食

位於JR有田站內的伴手禮店。招牌商品是第七屆九州車站便當大賽榮獲冠軍的「有田燒咖哩」（1980円）。可以在內用區享用，當然外帶也OK。

MAP 78
0955-43-3020
所 佐賀県有田町本町丙972 JR有田站內
巴 有田站步行即到 L 10:00～16:00
休 週三

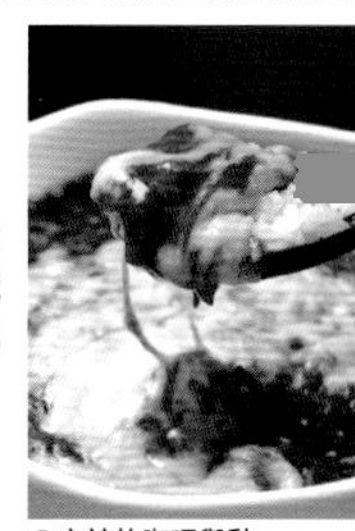
↑辛辣的咖哩與黏稠的起司絕配

河太郎 呼子店的
活花枝生魚片定食3300円

為什麼呼子的花枝那麼有名？

說到底就是那無與倫比的新鮮度及透明度。從魚塘現撈的花枝全身透明，一碰觸其閃閃發光的表面，顏色就會變紅。爽脆的口感與甘甜只有呼子才吃得到。

佐賀縣

海風徐徐的濱海地區

●からつ・よぶこ

唐津・呼子

本地區的keyword

呼子早市

「活花枝生魚片」

唐津城

位於突出玄界灘的東松浦半島，擁有玄海國定公園等風光明媚景觀的地區。呼子最著名的就是以優美唐津城（又名為舞鶴城）為象徵的城下町唐津，以及通透的活花枝生魚片，可以享受遊逛兩地的樂趣。

品嘗活花枝漫步城下町

廣域MAP 附錄②8D-2　住宿資訊 P.164

洽詢專線

唐津站綜合觀光服務處 ☎0955-72-4963
唐津市呼子市民中心產業教育課 ☎0955-53-7165
呼子觀光服務處 ☎0955-82-3426

交通方式

鐵道　巴士：佐賀站 → JR長崎本線、唐津線（1小時10分）→ 唐津站 → 步行（5分）→ 唐津巴士中心（大手口）→ 昭和巴士（30分）→ 呼子

車：佐賀站 → 國道264、263號（7km）→ 佐賀大和IC → 長崎道（15.1km）→ 多久IC → 國道203號（0.5km）→ 多久原IC → 嚴木多久道路、嚴木By-pass（11.5km）→ 相知長部田IC → 國道203・202・204號（15.5km）→ 唐津站前

相知長部田IC → 國道203・202・204號、縣道23・304號、國道204號（30.5km）→ 呼子

巡遊方式建議

旅途的起點從呼子開始。早市不僅吸引人，能品嘗活花枝的店家有些晚上沒有營業，建議在午餐時段享用。從呼子到城下町唐津搭巴士約 30 分。

行程範例

所需時間：7小時

Start 呼子巴士站
步行3分
① 呼子早市
步行15分
② 河太郎 呼子店
步行15分
③ 觀光船海洋之友呼子
步行3分
呼子巴士站
巴士30分
唐津巴士中心（大手口）
步行4分
④ 唐津城
步行10分
⑤ 舊高取邸
步行7分
⑥ 曳山展示場
步行7分
⑦ Caravan 佐賀唐津＊和牛排專賣店
步行4分
JR唐津站 Goal

港都呼子的名產是活花枝以及日本三大早市之一「呼子早市」。在唐津可以從唐津城俯瞰街道，巡遊自江戶時代延續至今的祭典「唐津宮日節」相關景點。

1 一邊試吃 一邊享受購物樂趣

購物 呼子早市

●よぶこあさいち

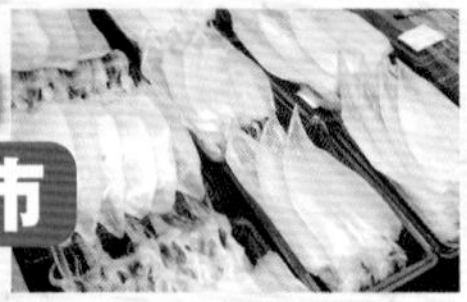

名產花枝一夜乾 4、5片約1000円

每天早上 7 時半到中午左右，在松浦町商店街舉行的早市。這條長約 200 公尺的道路稱為「朝市通」，有許多販售當地產海鮮及當令蔬菜等的攤位林立。

☎0955-82-3426　MAP 80B
（呼子觀光服務處）
所 佐賀県唐津市呼子町呼子松浦町商店街
交 呼子巴士站步行3分
營 7:30～12:00左右
休 無休　P 1小時100円（部分免費）

「木屋」的炸燒賣 4入500円

在「萬坊朝市通り店」可以買到「蒸花枝燒賣」2個320円

在呼子早市能買到新鮮度極佳的海鮮及蔬菜

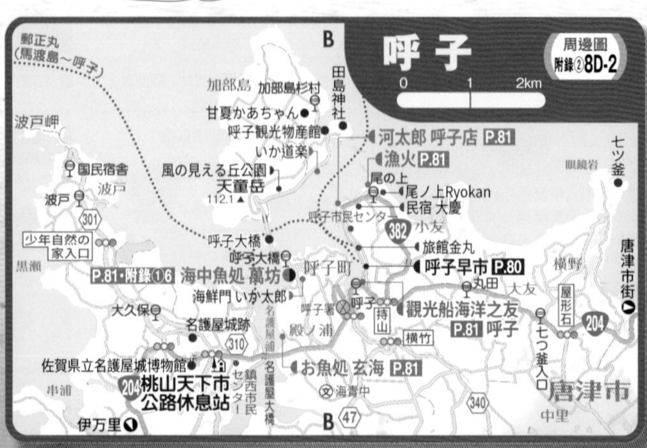

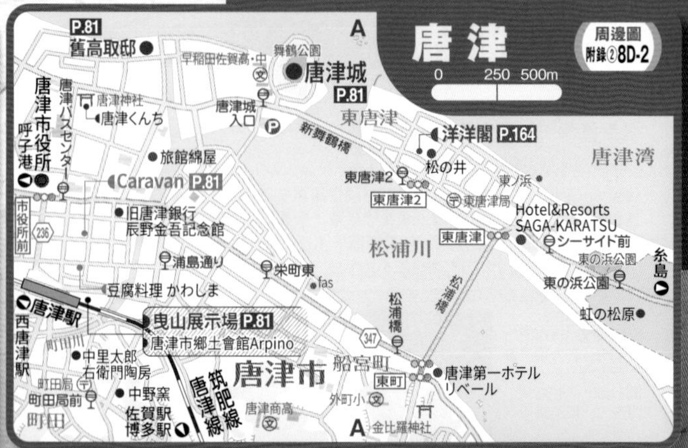

有田・伊萬里 P.78
唐津・呼子 P.80
嬉野・武雄 P.82

●花枝全餐3680円

漁火 ●いさりび
美食

活花枝與多種菜色的美味

以活花枝生魚片為主的花枝全餐，附花枝燒賣、茶碗蒸、湯品等豐富菜色。也有單點菜單。

預約 可(3天前)

0955-82-5224 MAP 80B

所佐賀縣唐津市呼子町呼子1467-1
呼子巴士站搭昭和巴士、共乘兩型計程車11分，尾の上下車步行即到 10:00～15:00
休週三（逢假日有補休，需確認）
P免費

●花枝全餐3300円

海中魚処 萬坊 ●かいちゅううおどころ まんぼう
美食

浮在海上的花枝燒賣發源店

漂浮在呼子大橋附近名護屋灣的店家。有可以一邊欣賞游於魚塘的魚一邊用餐的海中席，以及海上席。

預約 不可

0955-82-5333 MAP 80B

所佐賀縣唐津市呼子町殿ノ浦1946-1
呼子搭昭和巴士8分，呼子大橋下車步行3分 11:00～15:00（週六日、假日為10:30～16:00） 休週四（可能變動） P免費 LINK 附錄①6

●活花枝生魚片膳2860円

お魚処 玄海 ●おさかなどころ げんかい
美食

活魚店端出的活花枝生魚片

由本業是活魚批發商的店主所經營。除了活花枝生魚片之外，菜單上也有玄界灘產海鮮。

預約 可(3天前。黃金週除外)

0955-82-3913 MAP 80B

所佐賀縣唐津市呼子町殿ノ浦508-3
呼子巴士站開車5分
11:00～19:00（週二到15:00，視時期而異，需確認）
休無休 P免費

也很推薦這裡！

2 首家推出活花枝生魚片定食的店
河太郎 呼子店
美食 ●かわたろう よぶこてん 預約 不可

在廚師迅速的刀工下切好的活花枝仍不時跳動，鮮度超群。是呼子第一家推出活花枝定食的店。相當受歡迎，建議週末及假日最好提前來店。

0955-82-3208 MAP 80B

所佐賀縣唐津市呼子町呼子1744-17
呼子巴士站步行15分
11:00～18:30（週六日、假日為10:30起） 休不定休
P免費

5 能感受氣派與風格的卓越設計
舊高取邸
景點 ●きゅうたかとりてい

憑石炭產業致富的高取伊好的宅邸。有建於1905年的大廣間棟，以及應建於1918年的居室棟。

MAP 80A

0955-75-0289

所佐賀縣唐津市北城内5-40
唐津站搭昭和巴士17分，城内二の門下車步行4分
9:30～16:30 休週一（逢假日則翌日休） ¥520円
P1小時免費（之後1小時100円～）

設置在大廣間棟房間內的能舞台

3 搭乘烏賊造型的遊覽船巡遊
觀光船海洋之友呼子
玩樂 ●マリンパルよぶこ

從呼子港發抵的觀光遊覽船在海上航行。有兩種類型，一種是搭乘「烏賊丸」參觀玄武岩因海蝕而形成的七釜洞窟，另一種是搭乘「鯨魚號」觀察海中景象。

0120-425-194 MAP 80B

所佐賀縣唐津市呼子町呼子
呼子巴士站步行3分
9:00～17:00（因船而異）
休無休（海況不佳時停航）
¥七釜遊覽船烏賊丸2000円，海中觀光船鯨魚號2200円
P1小時100円

搭乘「烏賊丸」遊覽七釜

鯨魚號與粉紅鯨魚號都很有人氣

6 華麗的14台藝術品一字排開
曳山展示場
景點 ●ひきやまてんじじょう

使用江戶末期至明治初期所製作的曳山

展示每年11月舉行的「唐津宮日節」的14台曳山（山車）。以金銀裝飾的曳山相當巨大，高約7公尺、重約3噸。

0955-73-4361 MAP 80A

所佐賀縣唐津市新興町2881-1 唐津站步行5分
9:00～16:40 休12月29～31日 ¥310円
P利用共用停車場 ※由於改建，暫時遷移直至2025年完工

4 又名「舞鶴城」
唐津城
景點 ●からつじょう

初代藩主寺澤廣高於1602年起耗時七年修建而成。天守閣經過整建，成為唐津市城市散步綜合導覽設施。從5樓觀景樓層所見的360度大全景不容錯過。

1～4樓為展覽樓層，5樓為觀景樓層

0955-72-5697 MAP 80A

所佐賀縣唐津市東城内8-1
唐津站搭昭和巴士8分，唐津城入口下車步行即到
9:00～16:40（可能視時期變更） 休無休
¥天守閣500円 P有公共停車場

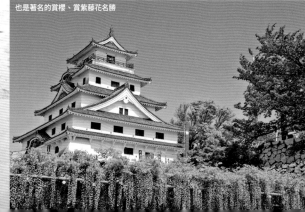

也是著名的賞櫻、賞紫藤花名勝

順路景點

前往名品眾多的唐津燒窯場

隆太窯 ●りゅうたがま
購物

中里隆及其長子太龜、孫子健太勤於製作陶器。繼承唐津燒名門「中里家」傳統技法之餘也加入創造性的作品，外觀樸實卻存在感十足。

0955-74-3503 MAP 附錄②8D-2

所佐賀縣唐津市見借4333-1 唐津站開車10分 10:00～17:00 休週三、四 P免費

●能買到別有韻味的作品

7 將優質佐賀牛做成牛排
Caravan
美食 ●キャラバン

從經過嚴格審查的佐賀牛中，精選最高等級的肉。一邊說明肉的品質及部位一邊切肉，然後放在300°C的鐵板上煎烤。午晚都需預約。

0955-74-2326 MAP 80A

所佐賀縣唐津市中町1845 唐津站步行4分
11:30～14:30、18:00～20:30（需預約） 休週二
P免費

佐賀牛全餐6000円起

嬉野溫泉

日本三大美肌溫泉

●うれしのおんせん

本地區的keyword：美肌溫泉　嬉野茶　公共浴場

嬉野是713年編纂的《肥前國風土記》所記載的溫泉勝地。具有獨特的滑溜感，作為日本三大美肌溫泉之一而人氣鼎盛。有不住宿泡湯設施、旅館的不住宿溫泉等多種選擇，令人欣喜。

廣域MAP 附錄②14D-1

住宿資訊 P.164

洽詢專線
嬉野市觀光商工課 ✆0954-42-3310
嬉野溫泉觀光協會 ✆0954-43-0137

交通方式

鐵道：佐賀站 —JR長崎本線、佐世保線特急（特急20分）— 武雄溫泉站 —西九州新幹線「海鷗號」（6分）— 嬉野溫泉站 —JR巴士（13分）— 嬉野溫泉巴士中心

車：佐賀大和IC —長崎道（約42km）— 嬉野IC —一般道路（約15km）— 嬉野溫泉

巡遊方式建議

嬉野是知名茶葉產地，也是日本三大美肌溫泉之一。使用嬉野巴士中心內的嬉野觀光協會販售的票券「湯遊嬉野」，以划算的價格享受不住宿溫泉也不錯。

首先取得這個！

巡遊溫泉 方便好用的泡湯券

湯遊嬉野

記得確認可利用嬉野溫泉17家溫泉設施的方便票券。還能在每月第3週三的「美肌之日」，以半價優惠享有在加盟旅館工會的旅館不住宿泡湯的服務。
詳情請洽嬉野溫泉觀光協會
✆0954-43-0137。

12張成冊1500円

鹽田川沿岸就是溫泉街

橘色屋頂的市民綠洲

原是從1913年營業至1995年的「古湯溫泉」，應市民要求而復活

寬廣的大浴場明亮而整潔

嬉野溫泉公眾浴場「西博爾德溫泉」

●うれしのおんせんこうしゅうよくじょう「シーボルトのゆ」

橘色屋頂相當引人注目，洋溢著復古氛圍的公眾浴場。內有男女有別的大浴場以及五個包租浴池。雖然沒有餐飲設施，但可以叫外賣送餐。

✆0954-43-1426 MAP附錄②14D-1
所佐賀県嬉野市嬉野町下宿乙818-2 交嬉野溫泉巴士中心步行7分 L6:00～21:30 休第3週三（逢假日則翌日休） ¥泡湯費420円，包租浴池最多5人50分2100円＋泡湯稅每人50円 P有公共停車場

溪流沿岸的露天浴池好舒爽！

融入周遭大自然的露天浴池

椎葉之湯

●しいばのゆ

建於稍微偏離嬉野溫泉街中心的旅館「大正屋 椎葉山莊」的浴池。位於椎葉川沿岸的露天浴池很寬廣。溪流近在眼前的景觀令人神清氣爽，十分開闊。

MAP附錄②14D-1
✆0954-42-3600（大正屋 椎葉山莊）
所佐賀県嬉野市嬉野町岩屋川内椎葉乙1586 交嬉野溫泉巴士中心開車5分 L11:00～20:00 休無休 ¥泡湯費1100円 P免費

也很推薦這裡！

佐嘉平川屋 嬉野店

品嘗入口即化的湯豆腐　美食

●さがひらかわや うれしのてん

從名產溫泉湯豆腐到甜點等，多種豆腐料理一應俱全。加入特製柚子醋、灑上芝麻食用的溫泉湯豆腐是本店限定商品。

MAP附錄②14D-1
✆0954-43-1241
所佐賀県嬉野市嬉野町下宿乙1463 交嬉野溫泉巴士中心步行1分 L10:00～17:00（販賣為9:00～18:00） 休無休 P免費

溫泉湯豆腐定食1500円（可能變更）

相川製茶舗

各種優質嬉野茶及紅茶　購物

●あいかわせいちゃほ

代代經營茶園與販售茶葉的相川源太郎的店。除了釜炒製玉綠茶、蒸製玉綠茶等嬉野產茶葉之外，也有販售原創的「嬉野紅茶」。

MAP附錄②14D-1
✆0954-42-1756
所佐賀県嬉野市嬉野町下宿甲4002-1 交嬉野溫泉站步行10分 L9:00～19:00（咖啡廳到17:00） 休不定休 P免費

嬉野蒸玉綠茶、嬉野生薑紅茶、嬉野紅茶各1080円

中島美香園

將特選冠茶當作伴手禮　購物

●なかしまびこうえん

位於嬉野溫泉街一角的茶鋪。有著可愛和風花紋包裝的茶葉也是人氣伴手禮。亦有販售手工茶葉義式冰淇淋。

MAP附錄②14D-1
✆0954-42-0372
所佐賀県嬉野市嬉野町下宿乙2199 交嬉野溫泉巴士中心步行5分 L10:00～17:00 休週三 ¥嬉野特選冠茶翠芳1620円（100g）、粉末綠茶1080円（100g）、嬉野紅茶540円（50g） P免費

以甘醇為特色的「翠芳」

武雄溫泉

たけおおんせん

就連知名人士也曾經來此泡澡

本地區的keyword
武雄溫泉大眾浴場
武雄特產食材
庭園鑑賞

武雄溫泉的不住宿泡湯可使用以紅樓門為象徵的武雄溫泉大眾浴場，或是旅館的浴池。可以到鍋島藩主及西博爾德曾經泡過的浴池、極富巧思的旅館浴池，享受泉質柔軟的溫泉。

廣域MAP 附錄②8E-4
住宿資訊 P.164
洽詢專線
武雄市商工觀光課 ☎0954-23-9237
武雄市觀光協會 ☎0954-23-7766

交通方式

鐵道：佐賀站 —JR長崎本線、佐世保線特急（20分）— 武雄溫泉站

車：佐賀大和IC —長崎道（約26km）— 武雄北方IC —縣道24號（約4km）— 武雄溫泉

巡遊方式建議

武雄是日本全國屈指可數的古老溫泉勝地，繁盛一時。由於城市景點相當集中，也很推薦到車站站內的武雄溫泉站觀光服務處租自行車四處遊逛。

朱紅色樓門迎接來客

看起來很厚實的武雄溫泉樓門

「武雄溫泉 樓門、新館」是國家重要文化財

負責興建樓門及新館的辰野金吾是佐賀縣出身的建築師，以設計日本銀行總行及東京車站聞名。樓門高 12.5 公尺，有代表東西南北方位的四個干支。同一時期落成的東京車站是以八個干支表示方位，兩者相加正好湊成十二干支。

樓門干支參觀（需時：約20分）
L 9:00～10:00（受理到9:30）
休 週二 ¥450円（含元湯泡湯費）

元湯 建於1876年，挑高天花板令人印象深刻。一大早就有當地遊客前來，很熱鬧

殿樣湯 建於江戶中期的鍋島藩武雄領主專用浴池。浴槽全以大理石打造，附包廂休息室

武雄溫泉大眾浴場

●たけおおんせんたいしゅうよくじょう

入口處建有令人聯想到龍宮城的天平式樓門。包含鍋島藩武雄領主曾經泡過的「殿樣湯」、重要家臣曾經泡過的「家老湯」在內，有五個包租浴池、兩個大浴場、設有露天浴池及三溫暖的「鷺乃湯」。

☎0954-23-2001 MAP 附錄②8E-4

所 佐賀県武雄市武雄町武雄7425 交 武雄溫泉站步行15分
L 鷺乃湯、元湯6:30～23:00（蓬萊湯到20:30；包租浴池的殿樣湯、家老湯、柄崎亭到22:00） 休 無休 ¥ 泡湯費元湯、蓬萊湯450円；鷺乃湯680円；殿樣湯1間1小時3800円；家老湯1間1小時3000円；柄崎亭（包租浴池3間）1間1小時3400円 ※包租浴池平日有優惠 P 免費

新館 復原大正初期興建當時的模樣。館內展有武雄溫泉的歷史

也很推薦這裡！

武雄溫泉物產館

多種武雄伴手禮一應俱全 購物

●たけおおんせんぶっさんかん

JR武雄溫泉站開車約5分鐘可至物產館。店內陳列著武雄特產品、早上採的新鮮蔬菜及伴手禮。

MAP 附錄②8E-4
☎0954-22-4597
所 佐賀県武雄市武雄町昭和805
交 武雄溫泉站步行15分
L 8:30～17:00 休 無休
P 免費

↑除了當地招牌伴手禮之外，也有原創雜貨

→頗受歡迎的「武雄溫泉布丁」

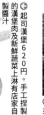

TKB AWARDS

使用武雄特產食材的漢堡 美食

●ティーケービー アワーズ

原肉鋪所經營的漢堡專賣店。夾有武雄特產豬肉「若楠豬」與國產牛製肉餡的起司漢堡很受歡迎。也可以外帶。

MAP 附錄②8E-4
☎080-3958-3411
所 佐賀県武雄市武雄町富岡7811-5 かめやビルA号
交 武雄溫泉站步行10分
L 11:00～15:00、18:00～22:00（週五六到24:00，週日僅中午）
休 週一（逢假日則翌日休）
P 免費

←起司漢堡620円。手工捏製的漢堡肉及新鮮蔬菜上淋有店家自製醬汁

御船山樂園

15萬坪的池泉迴遊式庭園 景點

●みふねやまらくえん

以御船山陡峭的斷崖為背景，廣達15萬坪的庭園。是幕末從京都招聘繪師進行設計打造而成，園內種植櫻花、杜鵑花等大約140種草木。

MAP 附錄②8E-4
☎0954-23-3131（御船山樂園飯店）
所 佐賀県武雄市武雄町武雄4100
交 武雄溫泉站搭JR九州巴士8分，御船山楽園下車步行即到
L 8:00～17:00（活動期間可能到22:00） 休 無休
¥ 400円（活動期間可能變動）
P 免費

↑杜鵑花的季節格外美麗，吸引眾多訪客來訪

佐賀縣
有田・伊萬里 P.78
唐津・呼子 P.80
嬉野・武雄 P.82

溫泉湧出量全國第一！
溫泉縣的代表
大分
別府・由布院
おおいた・べっぷ・ゆふいん
以別府和由布院為首，有「日本第一溫泉縣」之稱
別府 ●べっぷ P.86
特色介紹
必去觀光行程「別府地獄巡禮」
巡遊海、血池、龍卷、白池、鬼石坊主、灶、鬼山這七個地獄以後，就能充分了解別府所擁有的大地力量。
有「別府八湯」之稱的八個溫泉
別府市內有別府、明礬、鐵輪、龜川、觀海寺、堀田、濱脇、柴石這八個溫泉勝地，泉質各不相同。
以溫泉為傲的旅館讓人目不暇給
八個溫泉勝地建有各式各樣的溫泉旅館。溫泉的泉質自不用說，還擁有料理、地理位置等多種魅力。
享受方式①
地獄蒸
以溫泉蒸氣調理的「地獄蒸」是別府市鐵輪地區的名產。也有可以體驗地獄蒸的設施。
享受方式②
當地美食
用便宜好吃的美食填飽肚子！諸如雞肉做的「雞肉天婦羅」，用混合了澱粉、蕎麥粉及麵粉所製的麵條來調理的別府冷麵等等。
享受方式③
漫步由布院
由布院是日本全國數一數二的人氣溫泉勝地。時尚的咖啡廳及美術館散落在豐富大自然中，可享受城市漫步的樂趣。
在九州這裡！
中津
日豊本線
國東半島
大分機場
豐前
宇佐
東九州道
杵築
日出
大分空港道路
速見
日田
玖珠
別府
大分道
天瀨高塚
九重
湯布院
由布院
大分
久大本線
臼杵
津久見
黑川溫泉
佐伯
豐後竹田
豐肥本線
阿蘇
蒲江
蒲江波當津

瀰漫時尚氣氛的溫泉勝地

別府搭巴士52分

由布院 P.92

●ゆふいん

特色介紹

愉快地邊走邊吃&挑選伴手禮的大街

從JR由布院站延伸出去的由布見通到金鱗湖，沿路上有外帶商店、伴手禮店等超過50家商店比鄰而立，週末人潮眾多而相當熱鬧。

有御三家的美譽，以待客之道聞名的知名旅館

在眾多由布院旅館中，有被稱作御三家、令人憧憬的旅館（↓P.94）。公共空間相當完備，非住宿旅客也能加以利用。

別府開車1小時

九重 P.100

●くじゅう

特色介紹

九重連山連綿的高原地區

行經九重高原的山並公路是相當受歡迎的兜風路線。

以日本第一高自豪的「九州『夢』大吊橋」

從全長390公尺、高173公尺的行人專用吊橋所見的景緻相當壯觀。

九州第一的絕景兜風路線

必讀 規劃行程的訣竅

旅行的起點以大分機場爲主

從空中門戶大分機場前往別府可搭機場特急巴士AIR LINER，前往由布院可搭高速利木津巴士。到別府觀光港及大分港，有從大阪及神戶發船的渡輪在航行。

巡遊別府地獄要掌握這個重點

七個地獄當中有五個位在鐵輪地區，血池及龍卷則位在從該處開車約5分可抵達的地方。打算巡遊所有地獄的話，購買通用觀覽券（↓P.86）比較划算。

租車前往國東半島及日田

以租車自駕的方式，就能從別府前往兩子寺等地，到以佛之里聞名的國東半島1小時，從由布院到商家林立的古老街道日田約45分。從九重到熊本縣的阿蘇及黑川溫泉，開車也只需要40分～1小時15分左右。

住宿選這裡！

著眼於泡溫泉的人可以住在別府及由布院，想同時享受溫泉與兜風樂趣的貪心鬼可以住在九重的旅館。不論哪個地區都有很多飯店及旅館，可依照預算來挑選。

CHECK 巡遊方式建議

利用行駛於別府市區的周遊巴士「ぐるっと」和「すぱっと」也是一個方法

搭乘周遊巴士進行別府觀光也不失為一個好方法。有兩種路線的周遊巴士：繞行別府地區一圈的「ぐるっと」，以及往返別府、明礬、鐵輪地區的「すぱっと」。也可以購買龜之井巴士的一日乘車券「My別府Free」（迷你一日券1000円、廣域一日券1700円；迷你二日券1600円、廣域二日券2600円），相當方便。

●洽詢專線
0977-23-5170
（龜之井巴士北濱巴士中心）

巡遊別府～由布院～九重～黑川～阿蘇的九州橫斷巴士值得關注！

預約制的九州橫斷巴士可巡遊別府到熊本縣阿蘇的觀光景點。熊本站前到由布院站前來回2班，到別府站前及黑川溫泉各來回1班，每天一共來回4班。

※需事先確認運行狀況

●洽詢專線
096-354-4845
（熊本高速巴士預約中心）

別府

●べっぷ

溫泉湧出量全國第一

本地區的keyword
別府地獄巡禮
特色溫泉
雞肉天婦羅&冷麵

在湧出量及源泉數量皆為日本之冠的別府溫泉鄉，可以享受豐富多樣的溫泉。「別府地獄巡禮」可以參觀以名列國家名勝的「海地獄」為首的多個地獄，是本地獨有的樂趣。

廣域MAP 附錄②5C-3
住宿資訊 P.164

洽詢專線
別府市觀光協會
☎0977-24-2828

鐵輪溫泉 地獄之旅

かんなわ

在日本第一的溫泉勝地別府，鐵輪溫泉屬於源泉超過100℃的地區。別府地獄巡禮、地獄蒸料理、溫泉設施等別府觀光的經典景點集中在此，可享受地獄之旅。

交通方式

鐵道：大分站 —JR日豊本線（12分）— 別府站

車：大分站 —國道210、10號（約13km）— 別府站

巡遊方式建議

以別府站為起點，行駛到主要景點旁車站的路線巴士相當方便。自駕的話，主要景點都有專用停車場，但是有時會客滿。

參觀七大地獄 別府地獄巡禮

景點 海地獄

●うみじごく

販售地獄中唯一用地獄水煮的溫泉蛋。5顆300円

據說是大約1200年前鶴見岳噴火所形成的地獄。鈷藍色泉水乍見之下十分清涼，實為高達98°C的灼熱地獄。水深超過200公尺，熱氣與噴氣籠罩。是國家指定名勝。

☎0977-66-1577（別府地獄工會） MAP 89A-2
所 大分県別府市鉄輪559-1 交 前往海地獄從別府站搭龜之井巴士23分，海地獄前下車步行即到
L 8:00～17:00 休 無休 ¥1個地獄400円 P 免費

觀光巴士好方便

從JR別府站周遊各大地獄的觀光巴士為每天行駛。以獨特的七五調講述的廣播為其名產。採事先預約制。

☎0977-23-5170
（龜之井巴士北濱巴士中心）
L 每天行駛9:15、13:55（北濱巴士中心），別府站為5分後發車
¥3900円（含七個地獄的入場費）

What's 別府地獄巡禮

MAP 89A-2

「地獄」是指會噴出100°C左右噴氣及熱泥的溫泉噴氣孔。「別府地獄巡禮」是巡遊海、血池、龍卷、白池、鬼石坊主、灶、鬼山這七個地獄的行程。每個地獄都需要入場費，巡遊時若使用能參觀地獄七湯的通用觀覽券會很划算。

在奈良時代《豊後風土記》中記載為「赤湯泉」的「血池地獄」是日本最古老的天然溫泉

通用觀覽券大人一本2200円，2天內有效。所有地獄均可購買

約有80隻鱷魚群居的「鬼山地獄」

鐵輪溫泉與地獄巡禮MAP

周邊圖 P.89

●購物 ●美食 ●住宿
地圖上1公分為100公尺

巴士DATA
鐵輪➡血池地獄前 約6分

巴士DATA
別府站西口⟷鐵輪 約25分
別府站前⟷鐵輪 約37分

七個地獄中有五個集中在鐵輪溫泉。巡遊五個地獄需時1小時半。

鉄輪温泉
亀川駅
血の池地獄前
龍巻地獄
血池地獄
トンネル
鉄輪上
東屋
銀眾閣
鉄輪展望公園
海地獄
御幸
灶地獄
湯乃徳稲荷大明神
鬼山地獄
神和苑
蓮池
足湯
坊主地獄の足湯
鬼石の湯
鬼石坊主地獄
海地獄前
湯沢家
白池地獄
GOEMON めぐり店
鉄輪
地獄蒸工房 鐵輪
与八郎 Cafe & Sweets
鉄輪豚まん本舗
Otto e Sette Oita
おにやま
もと湯の宿 黒田や
おおたに公園
かねわ荘
風呂本
ホテル鉄輪
鉄輪温泉入口
湯快リゾートプレミアム 別府鉄輪温泉ホテル風月
国際観光港
別府IC
九州横断道路
ひょうたん温泉
平田川

享受米其林三星的頂級溫泉

瀧湯

男湯、女湯都有多種浴池。男湯的 19 道瀧湯是創業之初就有的浴池。從大約 3 公尺高落下的溫泉能舒緩肩頸僵硬

溫泉 葫蘆溫泉 ●ひょうたんおんせん

1922 年創業的溫泉設施，2019 年 11 月有部分整修翻新。擁有男女有別的室內浴池及露天浴池、蒸浴、瀧湯、穿浴衣使用的砂浴等多種浴池。館內有 14 間包租浴池，其中 10 間可以電話預約。也有地獄蒸體驗區。

☎0977-66-0527 MAP 89B-2
所 大分県別府市鉄輪159-2 巴 別府站搭大分交通巴士24分，地獄原・ひょうたん温泉下車步行3分 L 9:00～翌1:00（包租浴池到24:00），餐廳11:00～21:00
休 無休（4、7、12月可能臨時公休） ¥860円（21:00以後為660円）；包租浴池3人1小時2300円（每多1人追加700円）；砂浴540円 P 免費

包租浴池

有 4 間露天浴池，10 間室內浴池＋露天浴池。類型各不相同，不論選哪種都附蒸浴

砂浴

是混浴，夫妻或情侶可以一起使用。脫衣所男女有別，穿著浴衣入浴

地獄蒸體驗區

館內有溫泉蒸氣冒出的地獄鍋，可體驗地獄蒸。利用時間為上午 10 點到下午 8 點（週六日、假日到晚上 9 點）。費用 700 円起

品嘗名產料理「地獄蒸」！

What's 地獄蒸

用溫泉蒸氣將蝦、番薯等食材蒸熟的料理。氯化物泉的溫泉蒸氣較多，能讓食物沾染適度鹹味，直接食用也很好吃。

美食 地獄蒸工房鐵輪 ●じごくむしこうぼうかんなわ

是鐵輪溫泉街最多人光顧的地獄蒸專用設施，能使用館內的蒸鍋自己動手蒸。也有販售食材和飲料，所以空手來也 OK。還有免費的足湯。

MAP 89A-2
☎0977-66-3775
所 大分県別府市風呂本5組
巴 別府站搭龜之井巴士20分，鉄輪下車步行即到 L 9:00～20:00（受理到19:00，可能變更）
休 第3週三（逢假日則翌日休）
¥ 地獄蒸鍋使用費15分小400円、大600円 P 免費

能夠體驗地獄蒸

海鮮單點 2000 円。內容視季節而異

這裡好好玩！

1 蒸煮自己喜歡的食材

可以挑選蔬菜、肉、海鮮及蛋等想吃的食材，自己動手調理

2 鐵輪溫泉黃昏散步

每週六日的傍晚 4 時起採預約制，實施約 1 小時的「鐵輪溫泉黃昏散步」。費用為附甜點 500 円。請洽鐵輪湯霧俱樂部（☎0977-67-380 鐵輪蒸湯內）。

菜單內容視季節更動的地獄蒸午餐3000円

美食 Otto e Sette Oita ●オットエセッテオオイタ

可享用以鐵輪傳統的地獄蒸工法，使用縣內產蔬菜及肉類製成的艷麗義式料理。甜點推薦地獄蒸布丁。用餐需預約。

MAP 89A-2
☎0977-66-4411 所 大分県別府市井田2組 巴 別府站搭龜之井巴士20分，鉄輪下車步行5分
L 12:00～14:00、18:00～21:00（皆需預約） 休 週二、三 P 免費

還有好多！中途SPOT

位於鐵輪溫街中心地帶的咖啡廳

咖啡廳 与八郎 Cafe & Sweets ●よはちろう カフェ アンド スイーツ

從糖漿、醬汁、紅豆到煉乳，由甜點師製作的純冰剉冰相當有人氣。除了提拉米蘇之外，還有宇治金時、芒果等。剉冰為 3 月到 9 月限定。

MAP 89A-2
☎0977-27-7002
所 大分県別府市鉄輪風呂本1組
巴 鉄輪巴士站步行即到
L 11:00～16:30
休 週二、三 P 免費

飲料和蛋糕可任選的蛋糕＋飲料可省下55円

巡遊溫泉&散步之餘外帶

購物 GOEMON めぐり店 ●ゴエモン めぐりてん

位於別府地獄巡禮之一「白池地獄」的對面，附設於伴手禮店。最適合散步時邊走邊吃的霜淇淋很受歡迎。

MAP 89A-2
☎0977-67-8029
所 大分県別府市鉄輪御幸5組
巴 鉄輪巴士站步行即到
L 11:00～17:00（可能變動）
休 不定休

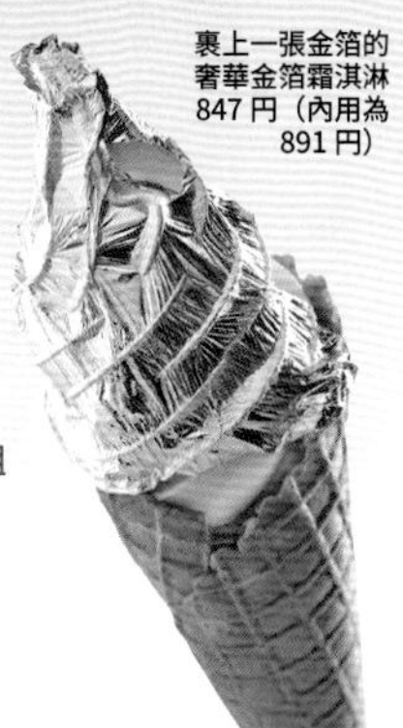

裹上一張金箔的奢華金箔霜淇淋 847 円（內用為 891 円）

體驗自古就有的溫泉療法！

溫泉 鉄輪むし湯 ●かんなわむしゆ

石室內鋪滿石菖蒲並利用溫泉蒸氣升溫，入浴者身穿浴衣躺在上面。石菖蒲能促進排汗，排毒效果極佳。

MAP 89A-2
☎0977-67-3880
所 大分県別府市鉄輪上1組
巴 鉄輪巴士站步行3分
L 6:30～19:30
休 第4週四（逢假日則翌日休）
¥700円，租借浴衣220円（可以攜帶T恤、短褲）
P 免費

蒸浴為 70°C左右的高溫。入浴時間以 7、8 分為基準

別府 前往特色溫泉

掌握兩個關鍵字

素有溫泉王國之稱的別府，坐擁多個泉質、功效各異的溫泉勝地。首先就從「功效」與「兩大公眾浴場」這兩個關鍵字，來享受溫泉評比的樂趣吧！

關鍵字① 功效

在大露天岩石浴池盡情享受明礬溫泉！

充滿乳白色溫泉的大露天岩石浴池

明礬湯之里

●みょうばんゆのさと

這座複合設施內有明礬名產湯之花小屋散布其中，還有展示名列重要無形民俗文化財的藥用湯之花製造方法。除了開放感十足的大露天岩石浴池之外，還有仿照湯之花小屋的包租浴池等等。

MAP 89A-2 LINK 附錄①9

0977-66-8166

所 大分県別府市明礬6組 電 別府站搭龜之井巴士25分，地藏湯前下車步行即到 L 泡湯10:00～19:00（參觀湯之花小屋為9:00～18:00，視設施而異） 休 無休 ¥ 泡湯600円，包租浴池1小時1棟2000円～ P 免費

有湯之花小屋，獲選為國家重要文化景觀

別府溫泉保養樂園

●べっぷおんせんほようランド

以泥湯為主的大規模溫泉設施。泥所具備的功效會因浴池而異，露天礦泥小浴場對治療自律神經、失眠有效，地下礦泥浴場對治療關節痛有效。其中又以對皮膚好的混浴礦泥湯能使肌膚光滑而備受好評。

成分濃稠、保熱度高的「地下礦泥浴場」。嬰幼兒不可入場

※所有浴場都禁止使用洗髮精、肥皂。

0977-66-2221 MAP 89A-2

所 大分県別府市明礬5

電 別府站搭龜之井巴士23分，紺屋地獄前下車步行即到 L 9:00～20:00 休 無休 ¥ 1500円 P 免費

名產是廣闊的泥湯露天浴池

混浴的露天礦泥大浴場。在最深處保持蹲姿能泡到肩膀，可以從浴池底部挖泥巴來敷臉

推薦飯店

以別府溫泉街為意象充滿特色的溫泉旅館

布置別府石的露天溫泉（照片為女用）。室內浴池有源泉掛流的「熱水浴」和「溫水浴」這兩種浴槽

界 別府 ●かい べっぷ

MAP 89C-1 LINK P.23

星野集團的溫泉旅館「界 別府」。館內以和紙燈籠照亮石板路的小巷及夜攤為意象，打造宛如別府溫泉街的構造。以採用傳統技法「豐後絞染」製成的床頭板為首，所有客房均為可充分體驗地區文化的「當地特色客房」，相當有趣。

050-3134-8096（預約中心／受理9:30～18:00）

所 大分県別府市北浜2-14-29 電 別府站步行10分

¥ 1泊2食32000円～ L IN15:00、OUT12:00 P 免費

70間客房都裝有「大型落地窗」，可以如欣賞一幅畫作般眺望別府灣風景

空手資訊  毛巾  浴巾  肥皂   洗髮精  吹風機  收費  免費  無 

關鍵字2

兩大公眾浴場

自古以來為人所熟知的別府溫泉表率——下町浴池

站前高等溫泉

●えきまえこうとうおんせん

1924 年靠當地捐款興建的浴場。在櫃台可以選擇熱水浴或溫水浴。弱鹼性單純溫泉的熱水浴為 43 ～ 45°C，單純溫泉的溫水浴為 41 ～ 43°C。也可以選擇在此住宿（廣間 1 晚 1800 円～，包廂 2800 円～）。

MAP 89C-1

☎0977-21-0541

所 大分縣別府市駅前町13-14

別府站即到

6:00～24:00　休 不定休

¥ 熱水浴200円，溫水浴200円

P 免費（住宿為1天500円）

熱水浴有兩個源泉

溫水浴有兩個溫度不同的浴槽

頂著綠色三角屋頂的白牆德式建築稱作木桁架建築

竹瓦溫泉

●たけがわらおんせん

以 JR 別府站為中心擴展的別府溫泉。在商店街拱廊及小路暗巷內建有共用浴場。1938 年興建的沉穩和風建築散發出威嚴，「竹瓦溫泉」相當於別府的象徵。有男女有別的浴池以及可以共用的砂浴。

MAP 89C-1

☎0977-23-1585

所 大分縣別府市元町16-23

別府站步行10分

6:30～22:30（砂浴為8:00～21:30，可能變動）

休 第3週三（逢假日則翌日休）

¥ 300円（砂浴1次1500円）

建築採用唐破風造風格

名產砂浴。躺下之後，會有工作人員協助鋪砂

復古氣氛的室內浴池

別府灣　亀川溫泉　亀川駅　日豊本線　別府大学駅　別府溫泉　別府駅　東別府駅　濱脇溫泉　柴石溫泉　鐵輪溫泉　観海寺溫泉　明礬溫泉　堀田溫泉　実相寺山　扇山　向平山　吉備山　船原山　東九州自動車道　別府市

GAHAMA terrace　潮騒の宿 晴海　別府競輪場　P.90 Restaurant 東洋軒　海辺のレストラン しおさい P.90　大江戸溫泉物語 別府清風　天空湯房 清海荘　附錄⑲ TOKIWA 別府店　海薫る宿 ホテルニュー松実　ホテル うみね　SPAビーチ　界 別府 P.23･88　Grill Mitsuba P.90　冷乳果工房 GENOVA　竹瓦溫泉 P.89　レックスホテル　六盛 P.91　海鮮いづつ P.91　喫茶なつめ　胡月 P.91　P.90 焼肉一力　活魚廻轉壽司 水天 P.91　豊後牛牛排館 SOMURI P.90　站前高等溫泉 P.89　別府銘品藏 附錄⑲　別府 甘味茶屋 P.91　ホテル別府パストラル　別府市役所　ビーコンプラザ・グローバルタワー　別府公園　別府溫泉 竹と椿のお宿 花べっぷ　ラクテンチ　眺望の宿しおり　美湯の宿 両築別邸　旅亭 松葉屋　P.164 別府溫泉 杉乃井飯店　スギノイパレス　千客の旅情橋ふ 萬力屋　白池地獄　鉄輪豚まん本舗　P.87 鉄輪むし湯　P.87 葫蘆溫泉　P.87 与八郎 Cafe & Sweets　P.87 地獄蒸工房 鐵輪　Otto e Sette Oita P.87　P.87 GOEMON めぐり店　P.86 海地獄　P.86 別府地獄巡禮　鬼石坊主地獄　鬼石の湯　神丘溫泉 豊山荘　御宿湯之丘 P.164　ANAインターコンチネンタル別府リゾート&スパ　P.88 別府溫泉保養樂園　P.88･附錄⑲ 明礬湯之里　青瓷色之湯 岡本屋旅館 P.164　別府扇山ゴルフ倶楽部　GALLERIA MIDOBARU　夢幻の里　テラス御堂原

有13種遊樂設施、動物園、溫泉等的遊樂園。鴨子賽跑很有名

別府　周邊圖 附錄② 5C-3　0　500m　1km

●景點 ●玩樂 ●美食 ●咖啡廳 ●溫泉 ●購物 ●住宿 ●活動 ●複合設施

靈魂美食&鄉土料理 別府美食

當地常見的家庭料理雞肉天婦羅、別府冷麵、豐後水道捕獲的海鮮……別府到處都是美食。就來介紹泡完湯之後好想吃的當地美食。

別府雞肉天婦羅

大正時代，在別府第一家餐廳「東洋軒」誕生的雞肉天婦羅，如今是眾所熟悉的家庭料理。麵衣的顏色及口感、醬汁的味道、有無添加芥末及臭橙等，每家店的手法有所不同。

「研發別府雞肉天婦羅」的老餐廳
Restaurant 東洋軒

●レストラン とうようけん

雞肉天婦羅的發源餐廳。外酥內軟的名產雞肉天婦羅，麵衣僅以蛋液製成而沒有加水。沾上原創醬油及大蒜超好吃。

☎0977-23-3333 MAP 89B-1
所 大分縣別府市石垣東7-8-22
交 別府站搭龜之井巴士10分，船小路下車步行7分
L 11:00～15:00、17:00～21:00
休 第2週二 P 免費

↑開店前就大排長龍的人氣店

裹上鬆軟麵衣的「炸雞片（雞肉天婦羅）」單點1144円

當地人光顧的洋食店
Grill Mitsuba

●グリルみつば

1953年起經營至今的洋食店。提供炸豬排、鐵板燒等豐富菜單，招牌是以創業當時的工法所製的雞肉天婦羅。甜辣醬油風味醬汁與雞肉天婦羅的搭配絕妙。

☎0977-23-2887 MAP 89C-1
所 大分縣別府市北浜1-4-31 交 別府站步行8分 L 11:30～13:30、18:00～20:00（週一僅中午） 休 週二 P 免費

↑有吧檯座及桌位座

炸得鬆軟的雞肉天婦羅（1280円）傳承了創業當時的好味道

海辺のレストランしおさい

●うみべのレストラン しおさい

麵衣輕薄、口感酥脆的雞肉天婦羅定食（1340円）。沾柚子胡椒醬油來品嘗吧

酥脆麵衣搭配柚子風味好健康

窗外就是別府灣，最遠可以遠眺四國佐多岬的景觀引人入勝。使用柔嫩雞胸肉做的雞肉天婦羅口感爽口。亦有鄉土料理糰子湯等。

MAP 89B-1
☎0977-24-1811（港站別府交通中心）
所 大分県別府市新港町6-46 交通センタービル2F
交 別府站搭龜之井巴士9分，別府交通センター下車步行即到 L 11:00～14:30（可能會有包場）
休 不定休 P 免費

豐後牛

大分縣內飼養時間最長、最肥美的黑毛和種當中，肉質等級2等以上者稱作「大分豐後牛」。其中，4等到5等的高級肉稱作「大分和牛」。

豐後牛牛排館 SOMURI

●ぶんごぎゅうステーキのみせそむり

這家牛排館使用最高等級豐後牛做的牛排廣受好評。為了避免肉汁外溢，煎得外熟內生、鎖住鮮美的肉排不切就直接上桌。自製多蜜醬更能突顯牛肉的滋味。

☎0977-24-6830 MAP 89C-1
所 大分県別府市北浜1-4-28 笠岡商店ビル2F 交 別府站步行5分
L 11:30～13:30、17:30～20:30
休 週一（週三僅中午）

↑帶有厚實感的店內。有吧檯座及桌位座

肉質意外地軟嫩，入口即化的豐後牛菲力牛排為全餐8200円起

可以品嘗上等鮮美牛排

焼肉 一力

●やきにく いちりき

菲力骰子牛為1550円。頂級里肌肉為1350円。以軟嫩為特徵的豐後牛，推薦熟度選保留鮮味的一分熟

油脂融化最頂級豐後牛

可以品嘗精選大分名產豐後牛的烤肉店。點餐後才分切的高鮮度牛肉入口即化，相當軟嫩。結合果實及香料的特製醬汁與牛肉很搭。

MAP 89C-1
☎0977-24-6783
所 大分県別府市駅前本町6-37 交 別府站步行即到 L 17:00～23:30 休 週四 P 免費

豐後水道的海鮮

豐後水道是指受到太平洋溫暖海水及營養豐富的瀨戶內海影響，夾在大分縣與愛媛縣之間的海域，急流使得魚隻運動量大，以緊實的肉質為特徵。特產鮮魚以關竹筴魚、關鯖魚最具代表性。

活魚迴轉壽司 水天

●いきうおかいてんずし すいてん

使用自別府市場及大分縣內的佐伯、蒲江直送的海鮮，對食材新鮮度充滿自信的壽司店。師傅手捏壽司的食材有 100 種以上。推薦關竹筴魚、關鯖魚等當地現撈的青魚。進貨品項可能視時期而變動。

MAP 89B-1
☎0977-21-0465
所 大分県別府市石垣西10-2954　交 別府站開車10分
營 11:00～14:00（週六日、假日到14:30）、17:00～21:00
休 無休　P 免費

寬敞的店內有吧檯座與和式座位

將極為鮮美的大分海鮮做成壽司

由布（壽司八貫）2079 円。以鮪魚中腹、軟絲、蝦、鯛魚、紅魽等上等握壽司八貫為主

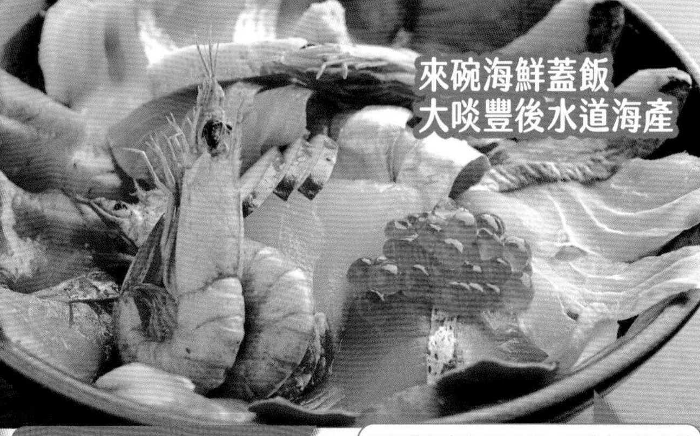

來碗海鮮蓋飯大啖豐後水道海產

海鮮蓋飯定食 1250 円。切成大塊的食材緊實又有彈性

海鮮いづつ

●かいせんいづつ

每天進貨的嚴選天然鮮魚在店內的水槽裡游泳。隨當天進貨改變菜單內容的海鮮蓋飯，擺有鰤魚、鯛魚、紅魽等十種左右的海鮮，相當豐盛。冬季河豚也會登場。

☎0977-22-2449　MAP 89C-1
所 大分県別府市楠町5-5　交 別府站步行10分
營 11:00～14:30、18:00～21:00
休 週一

店內有吧檯座及架高榻榻米座

別府冷麵

不同於使用中華麵的中華涼麵，特色是使用以澱粉、蕎麥粉、麵粉混合製成的獨特口感自製麵條。

胡月

●こげつ

別府冷麵（中）為 800 円。嘗過麵條、湯頭之後，擠些臭橙（9～10月限定）汁也很好吃

使用天然水的頂級湯頭

創業 45 年以上，吸引日本全國粉絲慕名而來的別府冷麵專賣店。使用從地下 68 公尺汲取的清水製成的湯頭滋味圓潤，襯托出彈牙粗麵的風味。

☎0977-25-2735　MAP 89B-1
所 大分県別府市石垣東8-1-26　交 別府站搭大分交通巴士11分，南須賀入口下車步行4分
營 11:00～17:30（週一到16:00）
休 週二　P 免費

口感十足的手延麵

擺上叉燒、蔥花、芝麻等配料的冷麵（830円）

六盛

●ろくせい

混合蕎麥粉和麵粉之後手打成麵，靜置一晚使麵條更有彈性。沾附香醇醬油底湯頭的麵條相當好吃。冷麵與自製辛奇的辛辣極搭。

☎0977-22-0445　MAP 89C-1
所 大分県別府市松原町7-18　交 別府站步行15分　營 11:30～13:45、18:00～19:45（湯頭售完打烊）　休 週三　P 免費

春香苑

●しゅんこうえん

當地的人氣烤肉店。冷麵使用帶有透明感的細麵，能享受滑順的入喉感。配料有以特製醬汁燉煮豬五花製成的叉燒、辛奇、水果等，相當豐富。

☎0977-24-3377　MAP 89C-2
所 大分県別府市南立石一区4
交 別府站搭龜之井巴士8分，観海寺入口下車步行5分　營 11:00～22:30
休 不定休　P 免費

入喉滑順的麵條

中碗 800 円，大碗 900 円，特大碗 1000 円。白菜辛奇的辣度適中，突顯了麵的風味

糰子湯

是指軟糯的麵片（糰子）搭配大量蔬菜的味噌湯。味道純樸、營養價值高，是眾所熟知的大分特有家庭美味。

別府 甘味茶屋

●べっぷ あまみちゃや

可享用手拉麵團、灑滿黃豆粉的大分名產「瘦馬」、豐後善哉、糰子湯等大分的樸素美味。古時茶店風的店內讓人想泡完湯後穿浴衣來訪，享受片刻放鬆時光。

MAP 89B-1
☎0977-67-6024
所 大分県別府市実相寺1-4　交 別府大學站步行15分
營 10:00～20:30　休 不定休　P 免費

糰子湯等的樸實鄉土味是魅力所在

糰子湯定食 1180 円。套餐包含糰子湯、瘦馬、季節白飯、小菜、醃菜。軟糯的麵團為手拉製成

由布院

享受購物及邊走邊吃的樂趣

◆ゆふいん

本地區的keyword
主要道路散步
在人氣店享受午餐&午茶時光
令人憧憬的由布院御三家

許多旅客基於住宿目的來到由布院溫泉。到旅館辦理入住之前，先在主要道路享受購物及邊走邊吃的樂趣吧。素有由布院御三家之稱的知名旅館公共空間也很值得一遊。

廣域MAP	附錄②5C-4	住宿資訊	P.164
洽詢專線	由布市旅遊服務中心 0977-84-2446		

交通方式

鐵道：大分站 —JR特急由布、由布院之森（※需事先確認運行狀況）(50分)— 由布院站

車：大分站 —縣道21號(約4km)— 大分IC —東九州自動車道、大分自動車道(約40km)— 湯布院IC —縣道216號(約4km)— 由布院站

散步、逛景點、吃美食！滿滿的樂趣！

由布院之主要道路散步

由布見通　湯之坪街道　金鱗湖周邊

從由布院站經過湯之坪街道到金鱗湖一帶，是由布院的中心街道。悠閒漫步不到30分的範圍內，有許多外帶專賣店、甜點店、雜貨店及餐廳等聚集於此。就前往主要道路散散步，親身體驗由布院觀光的經典行程吧。

由布院站漆成黑色的木造建築令人印象深刻。這裡就是旅行的起點

便利資訊

由布市旅遊服務中心
◆ゆふしツーリストインフォメーションセンター
鄰接由布院站的綜合觀光服務處。觀光辻馬車及租自行車均在此處受理。
MAP 99A-4
☎0977-84-2446
9:00～17:30　休無休

ゆふいんチッキ
提供從由布院站到旅館、旅館到由布院站的行李托運服務。行李單件600円起，從車站運送行李的受理時間到下午3時為止。運送地點限有加盟由布院溫泉觀光協會的住宿設施。
☎0977-28-4550 MAP 99A-4
9:00～17:00　休無休

由布院觀光的亮點 金鱗湖周邊

◆きんりんこしゅうへん

金鱗湖是觀光必去景點之一，來由布院絕不能錯過的地區。被綠意環繞的金鱗湖周邊有修整過的遊逛步道，也能享受湖畔散步的樂趣。

神祕的湖泊是由布院的象徵

秋季也能欣賞紅葉

景點 金鱗湖 ◆きんりんこ

由於溫泉和清水流入湖內，水溫全年保持在大約21°C，冬季時觸摸湖水會感覺溫溫的。秋冬之際在寒冷的清晨也會出現如夢似幻的霧。

MAP 99C-3
☎097-582-1304（由布市商工觀光課）
所大分縣由布市湯布院町川上1561-1
交由布院站步行25分　自由參觀

建於金鱗湖畔景觀優美的咖啡廳

咖啡廳 Cafe La Ruche ◆カフェ ラ リューシュ

面向金鱗湖的咖啡廳，可品嘗輕食及飲料。1樓是麵包工房，2樓有美術館及商店，美術館可免費入場。可以外帶麵包工房烤的麵包，內用也OK。

美術館的展覽內容隨時變更

露天座是眺望金鱗湖的湖畔特等座

☎0977-28-8500 MAP 99C-3
所大分縣由布市湯布院町川上岳本1592-1
交由布院站步行20分
9:00～17:00（週六日、假日為8:00起），美術館商店10:00～17:00
休週三　P免費

主要道路散步MAP

周邊圖P.99上圖

Bottle Shop Yufuin Winery Yufunokahori
由布院ガラスの森
GABUGABU
やすらぎ湯の坪横丁
Cafe La Ruche
湯之坪街道
YUFUIN FLORAL VILLAGE
下ん湯
金鱗湖
洋灯舎
由布院Milch
九州湯布院民芸村
鞠智
ゆのつぼ共同溫泉
九州自動車歴史館
由布院玉の湯
亀の井別荘
千年橋
由布見通
B-speak
Aコープ
dining KUMU
白滝橋
ジャム工房kotokotoya
辻馬車折返點&休息所
nicoドーナツ湯布院本店
乙丸溫泉館
ドルドーニュ美術館
佛山寺
末田美術館
617
由布院站
JR久大本線
由布市旅遊服務中心
ゆふいんチッキ
觀光辻馬車
城橋
大分川

CHECK

隨馬車搖晃觀光由布院

觀光辻馬車 ◆かんこうつじばしゃ

由馬匹拉著小型客車，在導遊的導覽下巡遊周邊觀光景點。需時約1小時。採預約制，最多9到10人。行駛期間為3月到12月。
☎0977-84-2446（由布市旅遊服務中心）
9:00～15:30（採當天預約制，售完打烊）
休雨天、維護時　¥2200円　MAP 99A-4

當天9點起依照先到順序開始受理。也可以電話預約，但以窗口申辦優先

也可以邊走邊吃！

購物

由布院Milch
●ゆふいんミルヒ

所有甜點均使用由布院產牛奶。起司蛋糕是由鬆軟舒芙蕾、溫潤海綿蛋糕以及餅乾所構成。有現烤及冷藏兩種類型。

MAP 99B-3

0977-28-2800

所 大分県由布市湯布院町川上3015-1
由布院站步行10分 10:30～17:30 休 不定休

以由布院產牛奶製成的甜點

起司蛋糕240円

Bottle Shop Yufuin Winery
●ボトルショップ ゆふいんワイナリー

由布院酒廠直營的商店，販售原創紅酒、烤牛肉以及調味料等。義式冰淇淋以紅酒為首，有地獄蒸布丁冰、柚子等口味。

0977-84-5900 MAP 99C-3

所 大分県由布市湯布院町川上1511-1
由布院站步行15分
9:30～17:00 休 不定休

有16種口味的冰涼義式冰淇淋

義式冰淇淋420円

GABUGABU
●ガブガブ

剛炸好的雞肉天婦羅淋上柚子醋凍食用。也有由布院產香菇天婦羅，均附手工製柚子胡椒。

MAP 99C-3

0977-84-5501

所 大分県由布市湯布院町川上1510-2 由布院站步行15分
10:00～17:00（售完打烊） 休 無休

雞肉天婦羅450円，由布院產生啤酒680円

現炸雞肉天婦羅搭配精釀啤酒

由布岳正前方延伸的道路

湯之坪街道
◆ゆのつぼかいどう MAP 99B-3

從白瀧橋一路延伸到金鱗湖，約1.5公里的道路。從伴手禮到雜貨，有各式各樣的商店林立。也有不少藏在主要道路巷弄內的隱蔽店家。

平日也很多人，相當熱鬧

特色店鋪雲集

複合設施 やすらぎ湯の坪横丁
◆やすらぎゆのつぼよこちょう

古民家風格的建築櫛比鱗次的複合設施。有現烤麵包、玻璃工藝雜貨、淡紅墨頭魚店等，共13家特產品店和餐飲店。

MAP 99B-3

所 大分県由布市湯布院町川上1524-1
由布院站步行15分 休 視設施而異
¥ 免費入場 P 有共用停車場

小巧的店面雲集

湯布院長壽畑的烤安納芋（300円）。也有豬肉塊與芥菜（350円）等等

前往不可思議國度的小旅行

複合設施 YUFUIN FLORAL VILLAGE
◆ユフインフローラルヴィレッジ

重現英國科茲窩街道的小型主題公園。在英式花園風格的用地內，還有能與貓頭鷹、貓咪互動的設施等。

0977-85-5132 MAP 99C-3

所 大分県由布市湯布院町川上1503-3
由布院站步行15分 休 視設施而異
¥ 免費入場

以童話世界觀為主題

新開張的店鋪陸續登場

由布見通
◆ゆふみどおり MAP 99B-3

從由布院站往湯布院十字路口延伸的道路，從白瀧橋斜向前進會通往湯之坪街道。有許多餐飲店和咖啡廳，伴手禮店都集中在車站前。

在由布見通前進的觀光辻馬車

由布院哈密瓜霜淇淋1500円起（時價）。大小適合2、3個人一起分享

能眺望由布見通的吧檯座很有人氣

衝擊性十足的哈密瓜霜淇淋

咖啡廳 dining KUMU
◆ダイニング クム

一整年都可以品嘗豪邁使用半顆哈密瓜製成的哈密瓜霜淇淋，以及瞬間冷凍的水果甜點。烏龍麵、定食等午餐菜單也很齊全。

0977-85-3700 MAP 99A-3

所 大分県由布市湯布院町川上3048-10 由布院站步行8分 11:00～16:30 休 週二（逢假日則翌日休）

富含黃豆的健康甜甜圈

購物 nicoドーナツ 湯布院本店
◆ニコドーナツ ゆふいんほんてん

將揉入黃豆泥的麵糊製成外酥內軟的甜甜圈，最適合邊走邊吃。有蜂蜜臭橙、黃豆粉牛奶等共十種口味。

MAP 99A-3

0977-84-2419

所 大分県由布市湯布院町川上3056-13
由布院站步行3分
10:00～17:00 休 不定休 P 免費

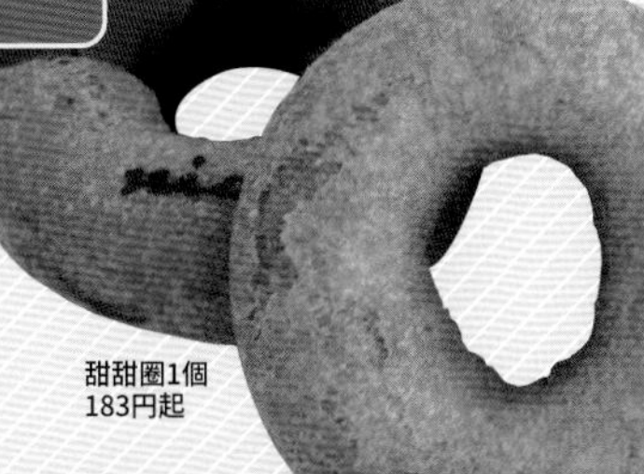

甜甜圈1個183円起

以白牆為基調的建築物

在由布院令人嚮往的旅館歇宿過夜

頂級空間和貼心款待

無意間流露上等質感的老旅館風格

龜之井別莊
かめのいべっそう

↖浴場內充滿源泉掛流的溫泉

↑象徵龜之井別莊、饒富意趣的萱葺門

占地約1萬坪的庭院設置了20間能感受四季風情的客房。有和室、和洋室及樓中樓等類型，所有房間的陳設各不相同。大浴場採用自然採光的設計，從露天浴池可以眺望由布岳。

MAP 99C-3

☎0977-84-3166

所大分県由布市湯布院町川上2633-1 交由布院站開車5分 P免費

↑天花板挑高，具開放感的樓中樓寢室

住宿DATA
IN15:00、OUT11:00
1泊2食39750円～
◆ 客房本館洋室6、獨棟14
◆ 浴池室內浴池男女各1、露天浴池男女各1

非住宿旅客也能使用下列公共空間！

※每月約1次不定休

以高級食材、美味和氣氛款待
山家料理 湯之岳庵
●やまがりょうり ゆのたけあん

美食

以向當地合作農家採購的季節蔬菜、淡水魚等為食材供應料理。

☎0977-84-2970
⏰11:00～21:00

↖將嚴選黑毛和牛（沙朗）淋上特製醬汁製成的午餐限定「牛排膳」（3850円）

↑能眺望庭院綠茵的店內

葛利果聖歌響起的甜點時間
茶房 天井棧敷
●さぼう てんじょうさじき

咖啡廳

將江戶時期樣式的酒屋移建而成。下午5時後會變成酒吧。

☎0977-85-2866
⏰9:00～17:00

↑利用酒桶底打造的圓桌是熱門座位

↑以下雪的由布岳為形象的Mount Yufu（550円）

將老旅館的雜貨帶回家
西國土產 鍵屋
●さいごくどさん かぎや

購物

可以購買龜之井別莊所用的器皿、筷子以及調味料。以天然柚子皮製成的加工品及馬油肥皂等雜貨也很齊全。

☎0977-85-3301
⏰9:00～19:00

↗使用柚子皮製成的入浴劑（1袋410円）

↖黃豆粉及芝麻等三種口味的名產牡丹餅（1個180円）

親身感受融入豐富大自然的真正療癒

由布院玉之湯
ゆふいんたまのゆ

↖配有加大雙人床的和洋室寢室

四周環繞清新綠意的用地內建有主屋、11間獨棟客房、雙棟5間和洋室。和室及和洋室基本上都是雙間的相連房，所有客房皆附檜木浴池。溫泉為備有室內浴池與露天浴池的大浴場。

☎0977-84-2158 MAP 99B-3

所大分県由布市湯布院町川上2731
交由布院站步行15分
P免費

住宿DATA
IN14:00、OUT12:00
1泊2食36450円～
◆ 客房和洋室5、獨棟11
◆ 浴池室內浴池男女各1、露天浴池男女各1

↑客房附的室內浴池為源泉掛流溫泉

↑玄關前的通道有茂盛的雜木林迎接來客

非住宿旅客也能使用下列公共空間！

在林間隙光中享受優雅時光
Tea Room Nicol
●ティールーム ニコル

咖啡廳

使用義大利產戈貢佐拉起司的乳酪蛋糕相當有人氣。可依照喜好淋上蜂蜜享用。

☎0977-85-2160 ⏰11:00～14:00

↖戈貢佐拉起司做的乳酪蛋糕680円。搭配咖啡的套餐為1230円

精選商品一應俱全
由布院市
●ゆふいんいち

購物

供應無添加果醬及調味料等豐富原創商品。亦有大分名產竹工房及布製品。

☎0977-85-2056 ⏰10:00～18:00

↖旅館早餐也有使用的茶杯和茶托（4180円）

充滿土地美味的山村料理
葡萄屋
●ぶどうや

美食

可品嘗以由布院產山菜、土雞等製成的豐盛山村料理。來店前最好先預約。

☎0977-84-4918 ⏰17:30～19:30

↖享受食材美味的全餐（9240円～）有三種

使用一枚板吧檯桌的酒吧
Nicol's Bar
●ニコルズ バー

美食

咖啡廳對面的酒吧傍晚開始營業。可享用雞尾酒及威士忌等。

☎0977-85-2160
⏰17:30～22:00（不定休）

↑能欣賞綠景的桌位座

↖在酒吧的美好夜晚

由布院擁有眾多憑著講究細節的齊全設備、無微不至的款待聞名全國的知名旅館。除了基本的住宿之外，有些旅館還附設對一般民眾開放的餐館、咖啡廳、伴手禮店等公共空間，可以輕鬆前來。

※各旅館的公共空間可能不定休，詳情請洽各設施。

營造充滿獨創性的空間

山莊 無量塔

さんそう むらた

建於稍微遠離由布院街道、自然景觀豐富的高地上。除了用地內的公共空間之外，附近也有幾家巧克力店。住宿的獨棟客房有古民家、飯店型等各種樣式。

☎0977-84-5000 MAP 99C-1
所大分県由布市湯布院町川上1264-2
由布院站開車10分 P免費

住宿DATA
IN15:00、OUT11:00／1泊2食55660円～
◆客房獨棟12 ◆浴池各間客房都有

和洋室「新」的客廳

每間獨棟客房都附有各異其趣的浴池

選物店「匠舖 藏拙」附設住宿旅客專用的談話室

玄關在黃昏時分會浮現旅館名稱

非住宿旅客也能使用下列公共空間！

※每年2次不定休

景觀良好的手打蕎麥麵店

蕎麥 Murata 不生庵

そば ムラタ ふしょうあん

美食

可品嘗使用由布院名水製成的手打蕎麥麵。黑豬肉蕎麥麵是以燉煮整整兩天的黑豬肉為配料。

☎0977-85-2210
L11:00～15:00 休週二、三

厚切黑豬肉讓人食指大動的黑豬肉蕎麥麵(1650円)

洋溢著日本家屋風情的店內

陳列和風時尚餐具與雜貨

匠舖 藏拙

しょうほ ぞうせつ

購物

販售能在旅館及附設設施使用的餐具、雜貨、加工品等。附設住宿旅客專用的談話室。

☎0977-28-4500
L8:30～19:00

臼杵市陶藝家新井真之製作的小花瓶（777円～）

可購買自製巧克力

theomurata

テオムラタ

購物

在店內工房生產原創巧克力。備有許多味道深奧的點心。

☎0977-28-8686 L10:00～16:30

裝入繽紛筒內的巧克力豆各850円

福田的風景療癒心靈

界 由布院

かい ゆふいん

飯店中心的大片梯田是由布院的原鄉風景，以「感受梯田四序的休憩旅館」為概念。「梯田四序」是指梯田描繪的四季風景，能和溫泉一起享受是該館的最大特色。共有45間客房，其中5間是獨棟。

MAP 99B-1 LINK P.7・23
☎050-3134-8096
(預約中心／受理9:30～18:00)
所由布市湯布院町川上398
由布院站開車10分 P免費

住宿DATA
IN15:00、OUT12:00
1泊2食35000円～
◆客房和室20、獨棟5
◆浴池室內浴池男女各2、露天浴池男女各1

客房除了獨棟之外，還有20間和室、20間附露天浴池的客房

「界 由布院」特有的魅力

湯守會提示效果絕佳的泡湯方法

浴池是使用由布院溫泉。泡湯前會有「溫泉入門」時間，由湯守說明讓泡湯更有效果的泡湯方法。有室內浴池與露天浴池，泡湯後可以到休息室喝杯茶。

能一邊眺望秀峰由布岳一邊泡湯的露天浴池

充滿山野恩惠的特別宴席

特別宴席的主菜是能品嘗獾、鹿、山豬及牛肉的「山中野味涮涮鍋」。將四種肉放進融有繁濃郁鮮味的湯中涮過再享用。

除了特別宴席也有季節宴會料理

滿足五臟廟與心靈的幸福時光

由布院 午餐&咖啡廳

在巡遊由布院溫泉的途中，享受午餐及午茶時光。在大自然中栽培的「由布院蔬菜」、使用在地特產「豐後牛」的菜單，受到觀光客的高度關注。連同新鮮的高原空氣一起享受吧。

LUNCH

不受形式侷限的創作風懷石料理

旬菜 鄙屋

●しゅんさい ひなや MAP 99B-3

日西組合料理使用的是向合作農家採購的蔬菜、河海水魚等當令食材。牛箱便當中用鐵網烤得恰到好處、鮮嫩欲滴的和牛，與醬油基底的醬汁完美交融。

☎0977-84-5700
所 大分県由布市湯布院町川上2755-2
交 由布院站步行15分
營 11:30～13:30（前一天以前的預約制）
休 週四

⬆「鄙之膳」的主菜火鍋隨季節更換

Menu
- 鄙之膳……2900円
- 豐之膳……3900円（需前一天以前預約）

牛箱便當 2850円
入口即化的鐵網烤牛肉、特製醬汁及佐料的搭配絕妙。附兩道小菜、味噌湯及醃菜

麻櫟全餐 4730円
大量使用四季豆、青花菜等由布院產蔬菜

用筷子享用的和洋創作全餐

西風和彩食館 夢鹿

●せいふうわさいしょくかん むじか MAP 99C-3

這家店會使用當地採收的蔬菜、白米及土雞等製作創意料理。麻櫟全餐提供兩道前菜、季節蔬菜湯、牛排等共八道料理。可以用筷子愜意品嘗。

☎0977-84-5266
所 大分県由布市湯布院町川上1469-2
交 由布院站開車5分
營 11:00～14:15、17:00～20:00 休 週三

⬆散發沉穩風情的店

Menu
- 午餐全餐魚或雞肉……1980円

由布院漢堡 980円
這底下夾有奶油乳酪，上面淋有店家自製肉醬

Menu
- 特製照燒漢堡……1980円
- 培根歐姆蛋特製漢堡……1980円

感受四季變遷的美麗日本料理

日本料理 山椒郎

●にほんりょうり さんしょうろう MAP 99B-4

由布院料理研究會代表新江憲一經營的餐廳。精心計算可享受時蔬風味的調理法及吃法所製的料理，外觀也很華麗。中午有使用大量蔬菜的組合箱及豐後牛牛排午餐。

☎0977-84-5315 所 大分県由布市湯布院町川上田中2850-5 交 由布院站步行10分 營 11:00～14:00、18:00～21:00
休 週二、三 P 免費

Menu
- 豐後牛牛排午餐……3630円
- 全餐（僅晚上）……7700円

⬆也有能仰望由布岳的露天座

組合箱（山） 2500円
盛有色彩豐富的20種以上蔬菜、豐後牛、土雞等。內容會視當天進貨情況而改變

由布院的當地漢堡

YUFUIN BURGER

●ユフイン バーガー

位於由布院站旁的漢堡店，名產是以天然酵母麵包夾手揉漢堡肉的「由布院漢堡」。100%牛肉製成的肉餡是點餐後才開始煎烤。

⬆外帶內用都OK

MAP 99A-3
☎0977-85-5220
所 大分県由布市湯布院町川上3053-4 クラフト館1F
交 由布院站步行5分 營 11:00～17:00
休 週三（可能不定休）

鬆餅
930円
很適合拍照上傳社群媒體的分量。酸甜的醬汁讓人一口接一口

以手工感爲魅力的鬆餅
Yufunokahori
●ユフノカホリ MAP 99C-3

↑鮮艷色彩營造出可愛氣氛

由母女經營的小咖啡廳。廣受歡迎的鬆餅在鬆軟餅皮上添加大量鮮奶油，佐以當地產藍莓醬畫龍點睛。從餐點類到甜點類一應俱全的法式薄餅是該店招牌菜單。

☎0977-85-3930
所 大分県由布市湯布院町川上1474-8
交 由布院站步行15分
L 12:00～17:00
休 週二、日 P 免費

Menu
法式薄餅……825円～

CAFE

有許多使用蜂蜜製成的甜點
café HIVE
●カフェ ハイブ

蜂蜜專賣店經營的咖啡廳。可品嘗麵糊添加蜂蜜製成的可麗餅、水果思慕昔等。使用湯布院牧場產牛奶製成的霜淇淋有多種口味。

MAP 99C-3
☎0977-85-7002
所 大分県由布市湯布院町川上1502-10
交 由布院站步行15分 L 9:00～17:15（週六日、假日、假日前日到17:45）
休 無休

↑以藍色為基調的店內。亦設有蜂蜜商品販賣區

Menu
蜂蜜奶油可麗餅……380円
HIVE三明治（附湯品）……1200円～

調溫巧克力覆盆子（照片左）
650円
由布院牧場特選抹茶杯（照片下）
各400円
所有綜合霜淇淋都有添加蜂蜜。基本款由布院牧場鮮乳及特選抹茶可任選甜筒或杯裝

季節芭菲（附飲料）
1100円
以鮮奶油蛋糕為意象的冬季版芭菲

堅持使用當地食材手工製作
KOMICHI CAFÉ
●コミチカフェ

↓以木紋為基調，氣氛開朗的店內

位在湯之坪街道一條小徑上的咖啡廳。主要使用大分縣產水果製成的季節芭菲，內含海綿蛋糕並淋有手工醬汁。健康的家庭午餐也很受歡迎。店內可攜帶寵物。

☎0977-84-2611 MAP 99B-3
所 大分県由布市湯布院町川上3001-8
交 由布院站步行10分 L 9:00～17:00（7～9月的週六日、假日為8:00起）
休 週三、第3週四

Menu
手工蘋果派套餐（附飲料）……850円

來點由布院的麵包如何？
購物

添加法國產奶油乳酪
起司麵包 260円
肉桂捲 260円
本店人氣第一的商品。肉桂香氣濃郁的麵包

店內陳列現烤原創麵包
Granma Granpa
●グランマアンドグランパ MAP 99B-4

有時中午前就完售的人氣麵包店。可以在附設的咖啡廳品嘗使用大分縣湯平產雞蛋製成的濃郁乳酪蛋糕。

☎0977-85-5456
所 大分県由布市湯布院町川上2794-2 交 由布院站步行15分 L 8:00～17:00
休 週三、四 P 免費

↑每天早上現烤的麵包一字排開

散發出焙烤核桃香的黑麥麵包
核桃麵包 400円
葡萄乾南瓜麵包 400円
添加了用紅酒浸泡一晚的葡萄乾

大排長龍的手工麵包
パン工房まきのや
●パンこうぼうまきのや MAP 99B-3

可以購買由布院旅館及餐飲店也有使用的人氣麵包。使用天然酵母與國產麵粉製成的麵包風味豐富而深奧。

☎0977-84-3822
所 大分県由布市湯布院町川上1098-1
交 由布院站步行12分
L 10:00左右～售完打烊
休 週二（逢假日則營業）

↑店前飄來陣陣麵包香

樹林環繞、氣氛沉穩的咖啡廳
naYa
●ナヤ MAP 99C-4

↓位在金鱗湖附近的小路旁

位於稍微遠離湯之坪街道的閑靜區域。以倉庫為意象的溫暖氛圍洋溢，可依個人喜好調整咖啡風味。也有販售原本從事雜貨採購的店主精選的雜貨。

☎0977-75-9760
所 大分県由布市湯布院町川上1774-2
交 由布院站開車5分 L 10:00～16:45
休 週五（逢假日則營業） P 免費

Menu
咖啡……450円
焙茶歐蕾……480円

今日塔點
525円～
使用當令食材製作的塔點為每週更換。照片是國產檸檬塔

把甘甜美味的由布院甜點帶回家

由布院甜點伴手禮

從超人氣蛋糕捲到和風創意甜點，以下精選送禮自用兩相宜、讓人想帶回家細細品嘗的由布院甜點！

冷凍後再吃的雪寶

瓶裝雪寶

1個400円

C 放在家中冰箱冷凍後再食用的新感覺雪寶。除了白桃、柚子之外，還有三種莓果、血橙、甘王草莓等多種口味。

B 香脆的炸饅頭

黑糖炸饅頭

1個150円

以黑糖麵皮包裹甜度適中的餡料，以精選食用油炸成的炸饅頭。黑糖風味與紅豆粒餡的甜度平衡絕佳。

一口大小的地瓜燒

安納芋及紫芋的地瓜燒

2入600円

C 將高蜜度安納芋、色彩鮮艷的紫芋揉成圓形烤成的地瓜燒。經過長時間揉製而口感綿滑。

A 每每銷售一空的蛋糕捲

P蛋糕捲

1條1520円

使用土雞蛋及優質糖製成的蛋糕捲。使用低脂肪鮮奶油，不論甜度還是口感都很輕盈。

A 專為大人製作的巧克力蛋糕

巧克力蛋糕

1485円

浸在洋酒中而富有酒香的無花果乾為其特色。香氣濃郁的巧克力蛋糕。

A 精選奶油乳酪的風味極佳

乳酪蛋糕

1條2376円

使用大量北歐產奶油乳酪，製成濃郁而風味豐富的乳酪蛋糕。有伯爵茶及晚柑這兩種口味。

E 以由布院為造型的甜點

由布岳巧克力

1500円

以含杏仁的巧克力包裹添加大量核桃的巧克力蛋糕。

由料理鐵人監製的布丁

鐵人布丁

6入1080円

D 以「料理鐵人」聞名的坂井宏行主廚所監製的布丁，以娟珊牛牛奶和土雞蛋蛋黃為主材料。可在室溫下長期保存。

D 適合邊走邊吃的人氣創意和菓子

布丁銅鑼燒

220円

銅鑼燒夾有阿蘇娟珊牛牛奶製布丁、卡士達醬及微苦焦糖醬。

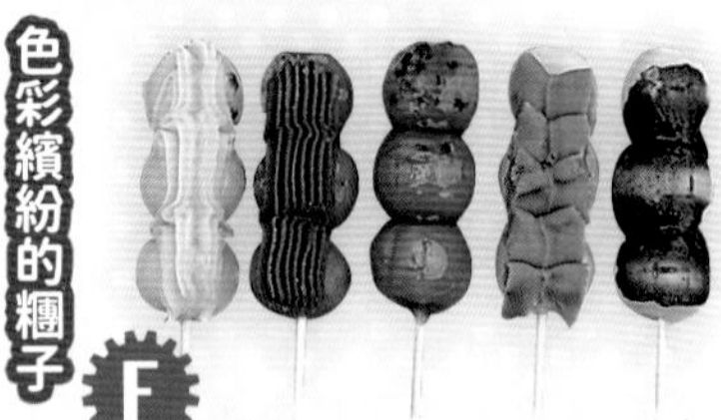

色彩繽紛的糰子

糰子

各200円

F 將粳米用杵臼搗成的糰子口感軟糯有嚼勁。有御手洗、紫芋餡、抹茶紅豆等九種口味。

E 以由布岳為構想的蛋糕

由布奶油棒

原味1個230円（其他口味280円）

甜味適中，口感綿滑。由於是人氣商品，建議在前一天以前先預約。

D 連續17年獲頒世界品質評鑑大賞金獎

普蘭師司怙

6入594円、12入1080円

使用歐洲產杏仁糊做的杏仁奶油餡麵體，搭配自製果醬烘烤而成的大分縣南蠻名點。

SHOP DATA

F 菓匠 花より ●かしょう はなより
MAP 99C-3
0977-75-8765
所 大分県由布市湯布院町川上1488-1
交 由布院站步行20分
L 9:30～日落
休 不定休

E 銀の彩 ●ぎんのいろどり
MAP 99A-3
0977-76-5783
所 大分県由布市湯布院町川上2935-3 交 由布院站步行3分 L 11:00～17:00（週五～日到18:00，均售完打烊） 休 週一、二（其他可能不定休） P 免費

D 御菓子司 花麹菊家 ●おんかしつかさはなこうじきくや
MAP 99B-3
0977-28-2215
所 大分県由布市湯布院町川上1524-1 やすらぎ湯の坪横丁內 交 由布院站步行15分 L 10:00～16:45 休 不定休
P 有共用停車場

C 鞠智 ●くくち
MAP 99B-3
0977-85-4555
所 大分県由布市湯布院町川上3001-1 交 由布院站步行10分 L 10:00～17:00（週六日、假日到17:30）
休 每年數次不定休

B 今泉堂 ●いまいずみどう
MAP 99C-3
0977-84-4719
所 大分県由布市湯布院町川上1608-1
交 由布院站步行20分
L 9:30～17:00
休 週三不定休

A B-speak ●ビー スピーク
MAP 99A-3
0977-28-2166
所 大分県由布市湯布院町川上3040-2 交 由布院站步行5分 L 10:00～17:00（預約為15:00～17:00，5天前開始受理） 休 每年2次不定休

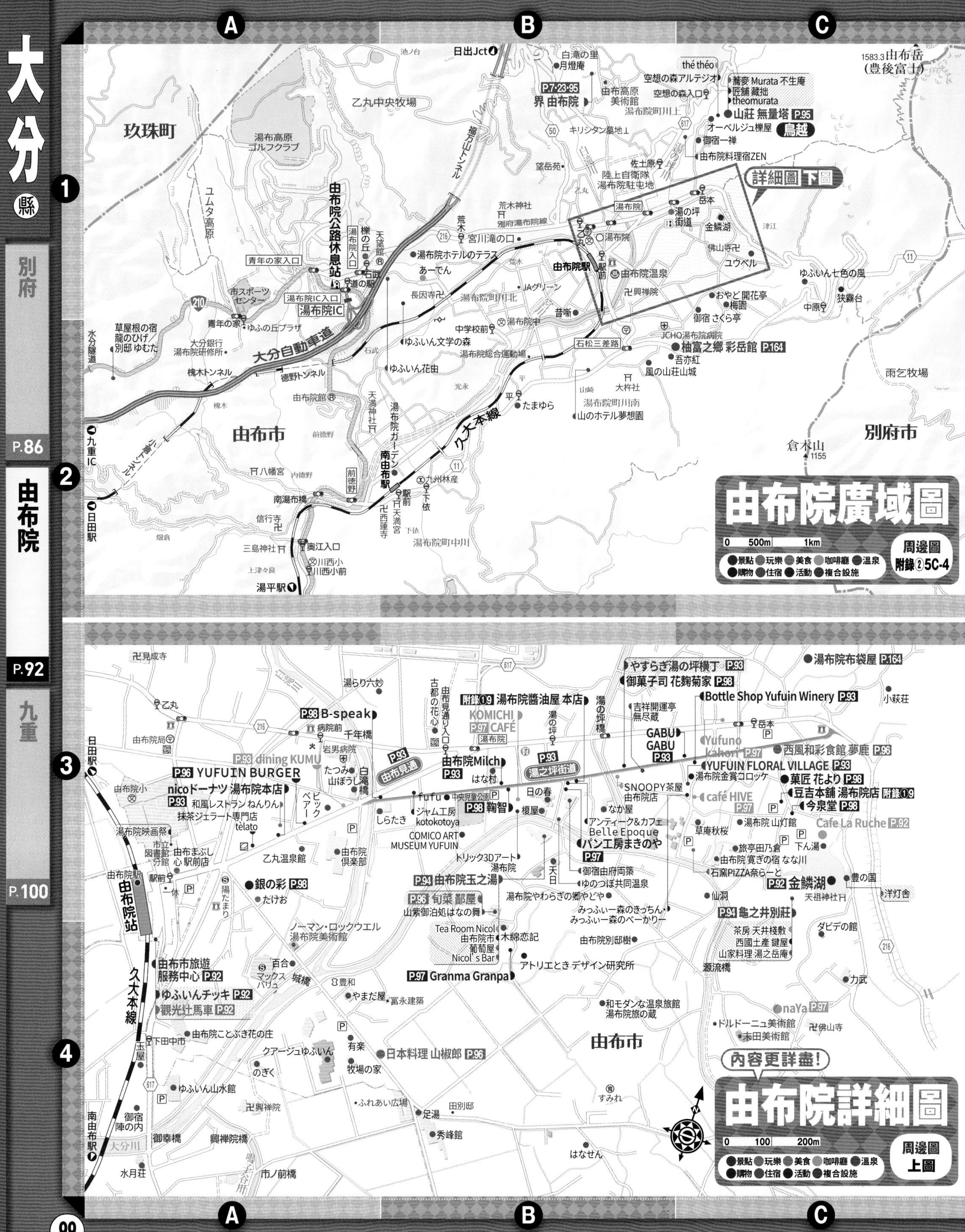

大分縣
別府 P.86
由布院 P.92
九重 P.100
由布院廣域圖
0 500m 1km
周邊圖 附錄② 5C-4
景點 玩樂 美食 咖啡廳 溫泉 購物 住宿 活動 複合設施
1583.3 由布岳（豐後富士）
日出Jct
池ノ台
白滝の里
月燈庵
thé théo
空想の森アルテジオ
空想の森入口
蕎麥 Murata 不生庵
匠舖 藏拙
theomurata
山莊 無量塔 P.95
オーベルジュ櫟屋
鳥越
御宿一禅
由布院料理宿ZEN
P.7·23·95 界 由布院
由布高原美術館
湯布院町川上
キリシタン墓地
乙丸中央牧場
玖珠町
湯布高原ゴルフクラブ
福万山トンネル
佐土原
陸上自衛隊 湯布院駐屯地
望岳苑
詳細圖下圖
岳本
湯の坪街道
金鱗湖
佛山寺
ユウベル
津江
湯布院
湯布院温泉
興禅院
由布院駅
ユムタ高原
由布院公路休息站
荒木神社
別府湯布院線
荒木
宮川滝の口
湯布院ホテルのテラス
あーでん
長因寺
湯布院町川北
JAグリーン
昔噺
おやど 開花亭
梅園
御宿 さくら亭
ゆふいん七色の風
狭霧台
中原
青年の家入口
湯布院IC入口
湯布院IC
石武
草屋根の宿 龍のひげ 別邸 ゆむた
大分銀行 湯布院研修所
市スポーツセンター
青年の家
ゆふの丘プラザ
水分隧道
大分自動車道
槐木トンネル
徳野トンネル
ゆふいん文学の森
中学校前
湯布院中
湯布院総合運動場
ゆふいん花由
石松三差路
JCHO湯布院病院
柚富之鄉 彩岳館 P.164
吾亦紅
風の山荘山城
大杵社
湯布院町川南
山のホテル夢想園
雨乞牧場
由布院 R
天満神社
湯布院ガーデン
久大本線
たまゆら
由布市
別府市
倉木山 1155
九重IC
日田駅
八幡宮
内德野
前德野
南由布駅
九州林産
下依
南湯布橋
信行寺
西蓮寺
天満宮
湯布院町中川
三島神社
奥江入口
川西小前
上津々良
湯平駅
由布院詳細圖
內容更詳盡!
0 100 200m
周邊圖 上圖
見成寺
乙丸
由布院局
湯らり六妙
P.98 B-speak
病院前
千年橋
岩男病院
古都の花心
由布見通り入口
附錄①9 湯布院醬油屋 本店
KOMICHI P.97 CAFÉ
湯の坪
湯の坪橋
やすらぎ湯の坪横丁 P.93
御菓子司 花鶫菊家 P.98
吉祥開運亭 無尽蔵
Bottle Shop Yufuin Winery P.93
湯布院布袋屋 P.164
小萩荘
GABU GABU P.93
Yufuno kahori P.97
西風和彩食館 夢鹿 P.96
YUFUIN FLORAL VILLAGE P.93
湯布院金賞コロッケ
菓匠 花より P.98
豆吉本舗 湯布院店 附錄①9
今泉堂 P.98
café HIVE P.97
SNOOPY茶屋 由布院店
P.93 dining KUMU
P.96 YUFUIN BURGER
nicoドーナツ 湯布院本店 P.93
和風レストラン ねんりん
抹茶ジェラート専門店 telato
たつみ
山ぼうし
白滝橋
ビックベアー
P.93 由布見通
由布院Milch P.93
はな村
P.93 湯之坪街道
fufu
ジャム工房 kotokotoya
P.98 鞠智
榎屋
日の春
なか屋
アンティーク&カフェ Belle Epoque
パン工房まきのや P.97
COMICO ART MUSEUM YUFUIN
トリック3Dアート湯布院
しらたき
草庵秋桜
湯布院 山灯館
Cafe La Ruche P.92
旅亭田乃倉
下ん湯
由布院 寛ぎの宿 なな川
石窯PIZZA奈らーと
P.92 金鱗湖
豊の国
天祖神社
洋灯舎
由布院小
湯布院映画祭
市立図書館分館
由布まぶし心 駅前店
乙丸温泉館
由布院倶楽部
由布院駅
由布院站
駅前
一休
陽だまり
銀の彩 P.98
たけお
P.94 由布院玉之湯
P.96 旬菜 鄙屋
山紫御泊処はなの舞
湯布院やわらぎの郷やどや
御宿由府両薬
ゆのつぼ共同温泉
天日
みっふぃー森のきっちん・みっふぃー森のベーかりー
仙洞
P.94 龜之井別莊
茶房 天井棧敷
西國土產 鍵屋
山家料理 湯之岳庵
ダビデの館
ノーマン・ロックウエル湯布院美術館
Tea Room Nicol 由布院市 葡萄屋 Nicol's Bar
木綿恋記
由布院別邸樹
アトリエとき デザイン研究所
源流橋
由布市旅遊服務中心 P.92
ゆふいんチッキ P.92
觀光辻馬車 P.92
百合
マックスバリュ
城橋
豊和
やまだ屋
冨永建築
P.97 Granma Granpa
和モダンな温泉旅館 湯布院旅の蔵
naYa P.97
ドルドーニュ美術館
末田美術館
佛山寺
力武
由布院ことぶき花の庄
下田中市
玉屋
有楽
クアージュゆふいん
日本料理 山椒郎 P.96
牧場の家
のぎく
ゆふいん山水館
興禅院
ふれあい広場
田別邸
足湯
すみれ
御宿 陣の内
秀峰館
御幸橋
興禅院橋
大分川
南由布駅
水月荘
市ノ前橋
はなせん
A B C
1 2 3 4

九重

九州首屈一指的兜風行程

本地區的keyword
驚險萬分的九重「夢」大吊橋
九重花公園
寒之地獄溫泉

由海拔超過1000公尺的連綿山脈九重連山，及其山腳下的廣闊飯田高原、久住高原構成的高原區域。中央有山並公路貫穿。四季花海為高原一帶增色的風景精彩萬分。

廣域MAP 附錄②5‧6‧11‧12‧28

洽詢專線 九重「夢」大吊橋觀光服務處 ☎0973-73-3800
久住高原觀光服務處 ☎0974-76-1610

交通方式

鐵道：大分站 — JR特急由布（1小時5分）— 豐後中村站

車：大分站 — 縣道21號（約4km）— 大分IC — 東九州自動車道、大分自動車道（約51km）— 九重IC — 一般道路（約1.2km）— 豐後中村站

享受絕景、刺激、四季花海！

高原兜風最佳行程

九州人氣首屈一指的兜風行程，能夠飽覽九重連山、日本第一高的吊橋、廣大花田等諸多看點。掌握好拍照重點，一起出發去兜風吧！

景點

❶九重「夢」大吊橋

●ここのえ"ゆめ"おおつりはし

從日本第一高的吊橋欣賞絕景

高達173公尺，日本第一高的行人專用吊橋。在海拔777公尺的橋上，能夠眺望九重連山的全景、震動瀑布、鳴子川溪谷等。

MAP 附錄②28B-2
☎0973-73-3800（九重「夢」大吊橋觀光服務處）
所 大分縣九重町田野1208
L 8:30～17:00（7～10月到18:00，售票到營業結束前30分）
休 無休（暴風雨天時有入場限制）
¥500円 P免費

⊙從觀景所看到的景緻不容錯過

⊙從橋上看向北方區域，右手邊是落差83公尺的震動瀑布

稍微繞路

桂茶屋

●かつらちゃや

由扮成狐狸和狸子的工作人員迎客的獨特餐館。從露天座能眺望九醉溪的溪谷之美。

MAP 附錄②28B-2
☎0973-79-3744 L 8:00～14:00（冬季為8:30起，用餐為11:00起，可能變更） 休 不定休

大吊橋的美食&伴手禮

集結九重町美味的直銷所

九重「夢」大吊橋物產直銷所 天空館

●ここのえゆめおおつりはしぶっさん ちょくばいじょ てんくうかん

以農產品為中心販售九重町的特產品。有1號館和2號館，前者販售伴手禮及產地直銷品，後者主要販售外帶食品。使用豐後牛、豬肉及鹿肉等在地食材製成的當地漢堡「九重『夢』漢堡」很受歡迎。

MAP 附錄②28B-2
☎0973-79-3305
所 大分縣九重町田野1208 九重「夢」大吊橋設施內
L 8:30～16:30（7～10月到17:30） 休 無休（2號館平日需確認）

⊙九重「夢」漢堡共六種口味。照片為夾著豐後牛肉餡的腿肉漢堡650円

⊙在濃醇牛奶霜淇淋上淋大量九重產藍莓醬的藍莓聖代霜淇淋470円

⊙人氣伴手禮「夢」大吊橋餅乾590円、藍莓樹樁年輪蛋糕760円、烤瘦馬650円

⊙1號館主要販售伴手禮、農產品及農產加工品

所需時間：6小時

- 大分自動車道九重IC START
- 🚗11.4km／縣道40號
- ❶九重「夢」大吊橋
- 🚗5.2km／一般道路、縣道40、621、11號
- ❷國立公園九重山並牧場
- 🚗4.1km／縣道11、621號
- ❸長者原
- 🚗20km／縣道11號、國道442號
- ❹九重花公園
- 🚗38.3km／國道442號、縣道11、40號
- 大分自動車道九重IC GOAL

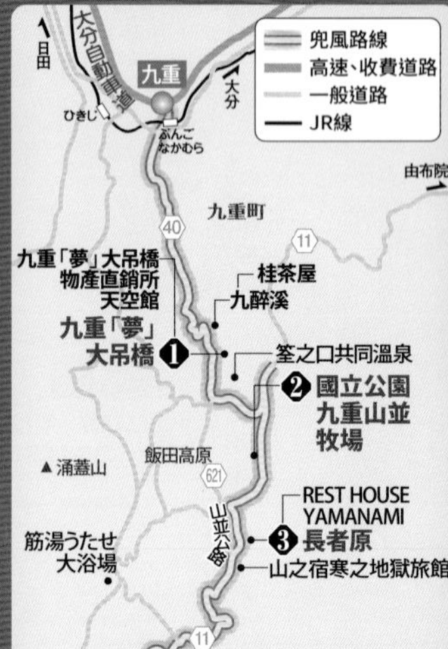

山間的不住宿溫泉

筌之口共同溫泉
●うけのくちきょうどうおんせん

由於川端康成住過而聞名的筌之口共同溫泉。鐵質含量多的土黃色混濁溫泉功效豐富，有一股如鐵般的特有味道。

MAP 附錄②28B-2
0973-73-3800
（九重「夢」大吊橋觀光服務處）
所大分県九重町田野筌の口
L24小時（週三21:00～22:00、週六5:30～8:00為打掃時間不可入浴） 休無休 ¥300円
P有共用停車場

筋湯うたせ大浴場
●すじゆうたせだいよくじょう

位於筋湯溫泉街中心的公共浴池。從3公尺高落下的沖打湯能放鬆肌肉。

MAP 附錄②28B-3
0973-73-3800
（九重「夢」大吊橋觀光服務處）
所大分県九重町湯坪筋湯 L6:00～21:30
休無休 ¥300円 P有公共停車場

山之宿寒之地獄旅館
●やまのやど かんのじごくりょかん

以先泡平均溫度14°C的冷泉再進到暖氣室，使溫泉成分滲透體內的入浴法聞名。冷泉是需穿著泳衣的混浴，7月到9月限定。需確認營業時間。

MAP 附錄②28B-3
0973-79-2124
所大分県九重町田野257
L7～9月的9:00～17:00
休營業期間週三、不定休（需確認營業時間）
¥冷泉入浴費1小時700円
P免費

界 阿蘇
住宿 ●かい あそ

住宿就選這裡

被樹林環繞的附露天浴池獨棟客房

在《米其林指南熊本、大分2018特別版》旅館部門中，榮獲頂級舒適享受的「四紅樓」評等。占地約8000坪的用地內有12間獨棟客房散布其中。客房的裝潢及家具散發出高級質感，而且所有客房的露台均附露天浴池等，能夠在此享受奢華時光。

MAP 附錄②28B-4 LINK P.23
050-3134-8096
（預約中心／受理9:30～18:00）
所大分県九重町湯坪瀬の本628-6 宮地站開車30分
LIN15:00、OUT12:00
¥1泊2食55000円～ P免費

1能夠在大自然中好好放鬆的露天浴池，秋季還可以賞楓
2當地特色客房能感受到阿蘇的大自然與破火山口的魅力
3可享用九州豐富美食的特別宴席料理

走過吊橋需時13分左右

拍照重點
從位於中村入口停車場與北方入口的觀景所捕捉吊橋全景

2 國立公園九重山並牧場
●こくりつこうえんくじゅうやまなみぼくじょう

玩樂

在大自然環繞下與動物嬉戲

以與動物交流為主題的觀光牧場。占地約12公頃，柵欄旁可以看到放養的綿羊、兔子等。可以看到九州首見的正統牧羊犬秀。

MAP 附錄②28C-3
0973-73-0080
所大分県九重町田野1681-14
L9:00～17:00 休週三（12～3月上旬公休） ¥400円 P免費

從友好廣場及騎馬場眺望九重連山

3 長者原
●ちょうじゃばる

景點

連接水分峠到熊本縣一之宮的山並公路沿線的廣大高原。周邊有廣大的蓼原濕原，這一帶被指定為阿蘇九重國立公園。

MAP 附錄②28B-3
0973-73-5505
（九重町觀光協會）
所大分県九重町田野長者原
自由參觀
P免費

濕原上能看到糙毛藍刺頭及櫻草

九重兜風的亮點

長者原遊客中心有一條繞一圈約30分的自然研究路

REST HOUSE YAMANAMI
美食 ●レストハウス やまなみ

這裡也要Check!

在景觀良好的餐廳休息

能就近仰望九重群山的餐廳。使用九重山系湧泉所沖的咖啡、九重「夢」漢堡、蛋包飯等都很受歡迎。

使用大分縣產和牛與當地產雞蛋製成的「鬆軟蛋包飯」1200円

MAP 附錄②28B-3
0973-79-2345
所大分県九重町田野260-2 L9:00～17:00（12～3月為9:30～16:00，餐廳為11:00～15:00）
休週二 P免費

4 九重花公園
●くじゅうはなこうえん

景點

在四季花海的環繞下，悠閒度過療癒時光。春天的粉蝶花及彩虹菊，初夏的薰衣草美不勝收。秋天可以看到一片金黃色的金盞花海。

MAP 附錄②28C-4
0974-76-1422
所大分県竹田市久住町久住4050
L8:30～17:30（視季節而異）
休12～2月 ¥1300円
P免費

四季花卉繽紛妝點久住高原

以九重連山為背景群花盛放

春 色彩繽紛的彩虹菊

秋 紅、白、藍的一串紅形成美麗對比

別府 P.86
由布院 P.92
九重 P.100

想在兜風途中順路拜訪

美食景點要CHECK!! in 九重

坐擁豐富大自然的九重，隨處可見以豐後牛、野味所製的料理及甜點為特色的餐廳及咖啡廳。不妨在兜風途中順路來訪，享受九重美食。

使用高原蛋的鬆軟蛋包飯

特製蛋包飯套餐
1250円
濃郁的自製多蜜醬是美味關鍵

Cafe Boi Boi
●カフェ ボイ ボイ

有提供能從窗戶欣賞阿蘇五岳、可攜帶寵物的露天座。人氣菜單是使用久住高原雞蛋製成的特製蛋包飯。餐後推薦品嘗自製乳酪蛋糕。

MAP 附錄②28C-4
☎0974-76-0333
所 大分県竹田市久住町久住4050-23
交 大分自動車道九重IC開車55分
L 10:00～16:00 休 週三、四 P 免費

使用無水鍋蒸烤而成的乳酪蛋糕400円、套餐800円

將阿蘇五岳的壯觀景緻盡收眼底的露天座

建於國道442號沿線

手工製漢堡排好美味！

午餐套餐
1300円
在主菜料理漢堡排上淋和風醬

けやきの森
●けやきのもり

以瑞士山中小屋為造型的咖啡廳。以添加四種香料的漢堡排為主菜的午餐，以及每日更換的蛋糕套餐最有人氣。附設展示、販售手工藝品的藝廊。

☎0973-79-3900 MAP 附錄②28B-2
所 大分県九重町田野1666-1
交 大分自動車道九重IC開車30分
L 11:00～15:00
休 週二、三（逢假日則營業） P 免費

可看見玫瑰為主的園藝

能眺望美麗庭院度過午茶時光的露天座

豆腐工房さくら草

●とうふこうぼうさくらそう

名產是使用鹽田鹽滷及井水，以傳統鐵鍋燉煮製成的豆腐。鐵鍋豆腐御膳附黃豆甜味鮮明的多種豆腐料理，人氣很高。

MAP 附錄②28C-2
☎0973-79-3118
所 大分縣九重町田野1726-344
交 大分自動車道九重IC開車30分
L 11:30左右～16:30（售完打烊）
休 不定休　P 免費

有許多人在九重兜風途中順道光臨

鐵鍋豆腐御膳 1500円
包含竹籠豆腐、豆乳乳酪蛋糕、布丁等的套餐

可品嘗黃豆濃郁的甘甜滋味

手掌大小的豐後牛可樂餅

豐後牛可樂餅定食 1140円
豐後牛可樂餅有原味及咖哩口味

農家餐廳 Bebenko

●のうかレストラン べべんこ

能眺望九重群山的露天座

提供使用豐後牛的牛排、烤肉蓋飯、咖哩等多種菜單的牧場直營店。豐後牛可樂餅的麵衣輕脆，包著大量的薄長形牛肉。

MAP 附錄②28C-2
☎0973-79-3110
所 大分縣九重町田野南の平2407-1
交 大分自動車道九重IC開車30分
L 10:00～15:00　休 不定休　P 免費

甜點景點在這裡！

◆現擠鮮奶製成的絕品義式冰淇淋

MILK LAND FARM

購物

●ミルクランドファーム

可任選兩種口味的義式冰淇淋各350円

以高原培育的牛隻鮮乳為原料，每天手工製作的義式冰淇淋專賣店。可以嘗到牛奶、藍莓、番茄等會隨季節更換的近十種口味。

☎0973-79-2685　MAP 附錄②28C-2
所 大分縣九重町田野1726-289
交 大分自動車道九重IC開車30分
L 10:00～16:00　休 不定休　P 免費

店鋪就在牛舍旁

◆邊欣賞雄偉景色邊享受午茶時光

Chez-tani 瀨之本高原店

咖啡廳

●シェタニ せのもとこうげんてん

位於度假設施「COCO VILLAGE」內。生蛋糕吃到飽的品項豐富，陳列大約30種樹莓、栗子等四季水果蛋糕及塔點。

MAP 附錄②28B-4
☎0967-48-8077
所 大分縣九重町湯坪瀨の本628-8
交 大分自動車道九重IC開車40分
L 10:00～16:00（蛋糕吃到飽為11:00～14:30）
休 不定休　P 免費

落地窗外的阿蘇絕景一覽無遺

蛋糕吃到飽限時90分 2400円

熊本 阿蘇・天草

くまもと・あそ・あまくさ

感受大自然力量的絕景接連不斷

阿蘇 ●あそ P.106

特色介紹

一望無際的雄壯風景

由於大規模火山噴發所形成的阿蘇破火山口內，以阿蘇五岳為首的雄壯風景自眼前展開。

阿蘇最具代表性的「赤牛」美食

赤牛的油脂適中而味道清爽，是阿蘇最具代表性的特產牛。低熱量、高蛋白的特色深受女性歡迎。

溫泉及湧泉景點也不容錯過

阿蘇擁有多達100處湧源泉。位於阿蘇外輪山正下方的最大溫泉鄉內牧溫泉，境內隨處可見和風旅館、大型飯店等溫泉旅館。

享受方式1

一邊眺望阿蘇絕景一邊兜風

兜風巡遊米塚、草千里等享譽全球的景點勝地，是熊本觀光的經典行程。無邊無際的青綠草原讓人折服。

享受方式2

品嘗熊本美食

諸如代表性美食生馬片、以濃郁豚骨湯頭為特徵的熊本拉麵等，當地美食相當豐富。

照片提供：熊本城綜合事務所

享受方式3

探訪以熊本城為首的歷史遺跡

日本三大名城之一熊本城，是有築城高手之稱的加藤清正最高傑作。不妨搭配熊本藩相關歷史遺跡，前去探訪完全復原的天守閣及復原中的城內情況。

熊本市開車1小時45分

黑川溫泉 P.112

●くろかわおんせん

別出心裁的露天浴池為其魅力

特色介紹

充滿風情的露天浴池巡禮

在周圍約2公里的山區，隨處可見療癒氛圍滿分的溫泉旅館。拿著入湯手形泡遍旅館的露天浴池也相當有趣。

在溫泉街邊走邊吃&尋找伴手禮

溫泉街上有自古經營至今的伴手禮店、咖啡廳及餐館。一邊巡遊露天浴池一邊漫步吧。

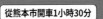

以熊本城為象徵的城市觀光、美食一手包辦！

熊本市 P.116

●くまもとタウン

特色介紹

JR熊本站的「AMU PLAZA熊本」值得關注！

正在進行綜合社區營造的JR熊本站。集結了流行服飾、雜貨、美食，再加上立體庭園、室外庭園等設施的「AMU PLAZA熊本」備受關注。

熊本拉麵&生馬片是兩大名產

有「櫻肉」之稱的生馬片、特色是豚骨湯頭及中粗麵的熊本拉麵，堪稱熊本美食的代表。

從熊本市開車1小時30分

天草 P.124

●あまくさ

蒼藍大海遼闊的海濱區域

特色介紹

能眺望大海的絕佳兜風路線

有「天草五橋」之稱的五座橋梁連接著大大小小120多座島嶼。蔚藍大海與翠綠島嶼交織而成的絕景無盡延伸。

小漁村成為世界遺產

涵蓋崎津教會的崎津聚落於2018年名列世界遺產，成為「長崎與天草地區吉利支丹相關遺產」的構成資產之一。

熊本市搭高速巴士+巴士2小時30分

人吉 P.122

●ひとよし

在城下町風情洋溢的街道上散步

特色介紹

繁榮長達700年左右的城下町

鎌倉時代以後作為相良藩的城下町而繁盛一時，隨處可見人吉城遺址、武家屋敷等保留當時風貌的景點。

球磨川遊船是經典行程

活用日本三大急流之一球磨川的急流，享受泛舟、溪降等自然休閒活動。

必讀 規劃行程的訣竅

在縣內移動開車最方便

以熊本機場為起點前往阿蘇、黑川溫泉方向時，建議開自用車或租車自駕。從熊本市到周邊地區，有開往各地的高速巴士及JR特急列車行駛。

3天2夜網羅精彩景點

從熊本市搭巴士約1小時即可抵達阿蘇，也可以享受當天來回的旅行。如果要跨區遊玩黑川溫泉及天草，建議規劃3天2夜的行程。

住宿選這裡！

熊本市前往各地區的交通便利，而且多家旅館林立，可以根據目的規劃前往溫泉勝地黑川溫泉、阿蘇、天草等地的行程。

CHECK 巡遊方式建議

在熊本市搭路面電車與巴士移動

從JR熊本站到主要觀光景點有路面電車、以熊本城為中心周遊的巴士「しろめぐりん」可以搭乘，作為觀光代步工具相當便利。路面電車單趟170円，しろめぐりん單趟160円。也有一日乘車券，不妨參考看看。

LINK P.116

天草觀光以無限搭乘的巴士最方便

「天草無限搭乘車票」（あまくさ乗り放題きっぷ）二日券4280円、三日券5400円，包含從熊本站、熊本櫻町巴士總站到天草下島本渡的「快速天草號」來回車票，還能享有無限搭乘繞行天草島內的路線巴士的優惠。

阿蘇

世界規模最大破火山口的遼闊生動景觀

あそ

本地區的keyword
阿蘇五岳
山中戶外休閒活動
溫泉度假勝地

以東西約18公里、南北約24公里，世界規模最大的破火山口為中心的地區。推薦巡遊阿蘇五岳等自然景觀名勝的兜風行程。與動物交流的主題公園、戶外休閒活動也相當有趣。

廣域MAP 附錄②11・12・13・26・27

洽詢專線 阿蘇資訊中心 ☎0967-34-1600
南阿蘇觀光服務處 ☎0967-67-2222

交通方式

鐵道：熊本站 — JR特急阿蘇、九州橫斷特急、「阿蘇男孩號」等（約1小時10～30分） — 阿蘇站
阿蘇站 — JR豐肥本線(6分) — 宮地站

巴士：熊本機場 — 產交巴士九州橫斷巴士、山彥號(48分～1小時) — 阿蘇站前
內牧 — 產交巴士17分 — 阿蘇站前
※前往內牧可以搭產交巴士，阿蘇站前搭山彥號約7分抵達宮地站
熊本機場 — 產交巴士高森號、高千穗號(約50分～1小時5分) — 高森中央

車：熊本機場 — 縣道36號、國道57號、縣道339號(33km) — 阿蘇站
熊本機場 — 縣道206・28・117號(31km) — 高森站

巡遊方式建議

行經風光明媚的Milk Road，前往阿蘇首屈一指的絕景景點大觀峰。從大觀峰南下，行駛絕景兜風行程的亮點阿蘇全景線（縣道111號），欣賞阿蘇最棒的名勝草千里之濱的壯觀景色。回程行駛2021年春天開通的新阿蘇大橋前往熊本機場。

阿蘇的絕景兜風

目不暇給的自然美景讓人感動連連

➡5月到8月可以看到大片翠綠色地毯。秋季隨風起伏、閃爍銀色光輝的狗尾草風景也很美

景點 1 Milk Road

●ミルクロード

沿著阿蘇北外輪山縣道339、12、45號，總長度約45公里的道路。這是一條放眼望去草原綿延不斷的絕景道路，能欣賞阿蘇田園風景及阿蘇五岳的觀景所散布其中。 MAP 附錄②27B-3

以下介紹在熊本地震過後仍能行駛的安全道路行程範例。絕景不斷的兜風自不用說，也包含能量景點、當地美食等豐富行程。

中岳 1506m
烏帽子岳 1337m
杵島岳 1321m

行程範例

所需時間：1天

- 熊本機場 START
- ▼10km／縣道36號、國道443、57號、縣道339號
- ① Milk Road
- ▼30km／縣道339號、縣道12號
- ② 大觀峰
- ▼16km／國道212、縣道110號
- ③ 阿蘇神社(舊官幣大社)
- ▼5km／縣道11號、國道57號
- ④ 阿蘇公路休息站
- ▼13km／縣道111號
- ⑤ 阿蘇全景線(草千里之濱)
- ▼43km／縣道111號、國道325、57、443號
- 熊本機場 GOAL

景點 2 大觀峰

一覽阿蘇五岳的觀景景點

●だいかんぼう

這裡可以將形似釋迦牟尼佛涅槃像的阿蘇五岳盡收眼底。外輪山北部海拔936公尺處設有觀景台，當晚秋早晨符合特定氣候條件時可以看到雲海。

MAP 附錄②26E-1
☎0967-32-3856
（阿蘇大觀峰茶店）
※阿蘇資訊中心與大觀峰的位置不同
所 熊本縣阿蘇市山田 P 免費

何謂阿蘇五岳

根子岳、高岳、中岳、烏帽子岳、杵島岳這五座山的總稱，從北外輪山眺望時，看起來就像橫躺的釋迦牟尼佛。以「阿蘇山」之名廣為人知。

⬆緊鄰大觀峰停車場的阿蘇大觀峰茶店名產，是使用當地娟珊牛牛奶製成的娟珊牛奶霜淇淋

阿蘇兜風MAP

一起來感受大自然的偉大

熊本縣

活動

在阿蘇的藍天翱翔

阿蘇NATURE LAND 玩樂

●あそネイチャーランド

舉辦飛行傘、熱氣球等以阿蘇大自然為場地的戶外運動。事先預約制。

↑飛行傘半天體驗1人6500円

MAP 附錄②26D-1
☎0967-32-4196
所熊本県阿蘇市内牧1092-1
交阿蘇站開車8分 L9:00～18:00（11～2月到17:00，預約制） 休週四（逢假日則營業） P免費

活動

在乙姫ペンション村騎馬

阿蘇高原騎馬俱樂部 玩樂

●あそハイランドじょうばクラブ

從有指導者牽馬的新手體驗到騎馬遠行眺望阿蘇破火山口，提供各種騎馬課程及教學。

↑乙姫星空巡山越嶺4400円（附1杯飲料）※當天下午4時以前的預約制，遇雨中止

MAP 附錄②26D-2
☎0967-32-2301
所熊本県阿蘇市乙姫2167-3 交阿蘇站開車6分 L9:00～16:30（部分行程預約制） 休週四 P免費

SPA

KOSUGI RESORT內的不住宿溫泉

阿蘇乙姫溫泉 湯ら癒ら 溫泉

●あそおとひめおんせん ゆらゆら

包租浴池專門設施，有鋪設檜木、磁磚、自然石等共22間浴室。也有設置膠囊式岩盤浴的房間等。

↑附滑梯的「姬」露天浴池

MAP 附錄②26D-2
☎0967-32-5526
所熊本県阿蘇市乙姫2052-3 交阿蘇站開車7分
L11:00～24:00（週日、假日為9:30～22:00）
休無休 ¥包租浴池最多5人1小時2000円～（每多1人追加500円） P免費

SPA

南阿蘇村的不住宿泡湯設施

火の山溫泉 どんどこ湯 溫泉

●ひのやまおんせん どんどこゆ

用地面積1000坪的巨大溫泉設施。石製露天浴池是採用設置約4公尺高巨岩及熔岩的動態設計。推薦烤肉搭配泡湯的方案。午餐點餐到下午1時30分。

↑充滿綠色溫泉的女性用露天浴池

MAP 附錄②27C-3
☎0967-35-1726
所熊本県南阿蘇村下野135-1
交大津站搭產交巴士40分，アーデンホテル阿蘇下車步行即到 L11:00～21:00（附餐泡湯到20:00） 休無休 ¥泡湯費630円，附烤肉方案1700円（午）／2000円（晚） P免費

阿蘇
P.106 黑川溫泉
P.112 熊本市
P.116 人吉
P.122 天草
P.124

門前町商店街漫步

阿蘇神社的參道是當地美食、咖啡廳、雜貨店等商店林立的門前町，光是走走逛逛就很愉快。

MAP 附錄②26E-2

阿蘇とり宮的馬肉可樂餅

在門前町商店街邊走邊吃好愉快。鬆軟馬鈴薯包裹馬肉炸成的阿蘇とり宮馬肉可樂餅1個180円。

☎0967-22-0357

門前町的水基

阿蘇神社周邊自古以來就是湧泉豐沛的地區。隨處可見當地人打造的36座石造、木製水基，將這大自然孕育的甘甜湧泉招待往來的人們。

身心也跟著強化

3 阿蘇神社（舊官幣大社） 景點

●あそじんじゃ（きゅうかんぺいたいしゃ）

祭祀阿蘇的開拓始祖等12尊神的神社。也是熊本最知名的能量景點，境內會湧出據傳有長生不老功效的神之泉。被譽為日本三大樓門之一、於1850年興建的樓門由於熊本地震而倒塌，如今正在進行修復工程。可自由參拜。

☎0967-22-0064 MAP 附錄②26E-2
所熊本県阿蘇市一の宮町宮地3083-1
交宮地站步行15分 L境內不限（御札所為9:00～17:00，無休） P免費（30分以上收費）

↓手水缽內充滿傳說能長生不老的神之湧泉

←2021年6月重建的拜殿

根子岳 1433m

高岳 1592m

↓從阿蘇站向南延伸的縣道111號通稱「阿蘇全景線」。從草千里之濱往高森方向南下，直到國道325號

↓圓錐頂上有巨大凹陷為其特徵、海拔954公尺的米塚（MAP 附錄② 26D-3）。如今禁止進入，僅能從車窗觀賞

眺望米塚、草千里之濱

5 阿蘇全景線 景點

●あそパノラマライン

阿蘇全景線（縣道111號）沿路是阿蘇絕景兜風的亮點。從阿蘇站附近的入口開車20分，眼前會突然出現一片廣大的草原地帶。這就是阿蘇最具代表性的觀光名勝草千里之濱。停車場附近有伴手禮店和餐飲店。

MAP 附錄②26E-3

阿蘇的美味特產品都在這裡

4 阿蘇公路休息站 購物

●みちのえき あそ

阿蘇的草原飛牛餅乾 550円

→使用阿部牧場「ASOMILK」製成的牛奶餅乾。牛奶瓶內裝著小牛造型餅乾

有阿蘇赤牛及乳製品、農產品、熟食等，由地方人氣商店及農家供應的豐富商品。在觀光服務處有專業人員提供最新資訊。

☎0967-35-5088 MAP 附錄②26E-2
所熊本県阿蘇市黒川1440-1 交阿蘇站步行即到 L9:00～18:00（霜淇淋販賣所為9:30～17:00） 休無休 P免費

LINK 附錄①11・附錄②31

喝的優格 200ml250円

→未使用保存劑及添加物，僅以現擠生乳和砂糖製成。味道濃郁卻尾韻清爽

鄰接阿蘇車站的公路休息站

享用大自然的恩惠

阿蘇的絕品餐點

烤得恰到好處的赤牛肉讓人胃口大開

品嘗重箱內的重箱炸牛排飯

在阿蘇用餐，不能錯過在富裕大自然中孕育的名產及鄉土料理。此外，也很推薦能搭配美景用餐的時尚餐廳。

いまきん食堂

●いまきんしょくどう

MAP附錄②26D-1

位於內牧溫泉街的大眾餐館。擺上大塊牛肉的赤牛蓋飯為其名產，溫泉蛋襯托出五分熟赤牛的鮮美。

☎0967-32-0031

所熊本県阿蘇市内牧290 交阿蘇站開車12分 營11:00～15:00 休週三 P免費

MENU

強棒麵……780円
鹽烤童子雞定食……1200円

↑用蠔油醬提味的赤牛蓋飯1860円

ASO GOURMET

赤牛

放牧在阿蘇山周邊的褐毛和種牛。以牧草、稻穀等餵食，使其肉質柔軟。帶有適度油花、味道爽口，深受女性歡迎。

重箱炸赤牛排飯中2475円、大2580円。沾芥末醬油品嘗

古民家餐廳 阿蘇はなびし

●こみんかレストラン あそはなびし

MAP附錄②26E-2

使用湧泉做菜的鄉土料理店，赤牛料理廣受好評。原創的重箱炸牛排飯，酥脆麵衣搭配半熟鮮嫩紅肉的口感形成絕妙平衡。

☎0967-22-0896

所熊本県阿蘇市一の宮町宮地1861 門前町商店街 交阿蘇站開車10分 營11:00～16:00 休不定休

MENU

生馬片……1078円
手撕糰子湯……638円

↓可一併享用芥菜飯及糰子湯的芥菜飯定食（1540円）

從米飯到蔬菜以食材為傲的店

白水乃蔵

●はくすいのくら

MAP附錄②26E-4

可品嘗以赤牛為首的熊本縣產美味肉品的烤肉店。藏定食（3250円）、阿蘇赤牛定食會提供A4等級以上的優質赤牛。

☎0967-62-2636

所熊本県南阿蘇村白川445-1 交阿蘇站開車40分 營11:00～18:00 休週四 P免費

將優質赤牛做成烤肉

MENU

赤牛定食……3800円
赤牛蓋飯……1890円

↑能品嘗赤牛、馬肉及土雞赤雞這三種肉品的藏定食

鄉土料理 ひめ路

●きょうどりょうり ひめじ

MAP附錄②26D-2

位於乙姫ペンション村的餐館，以無農藥栽種的白米及新鮮蔬菜所製的鄉土料理相當有魅力。糰子湯使用充分活用蔬菜鮮味的清爽白味噌烹調而成。芥菜飯的本店自製醃芥菜口感與芝麻風味讓人食指大動。

☎0967-32-4252

所熊本県阿蘇市乙姫1732-1 交阿蘇站開車5分 營11:00～材料用完打烊 休週二、不定休 P免費

MENU

姬路定食……1200円
糰子湯定食……1200円

→該店位在國道57號沿線，相當顯眼

ASO GOURMET

芥菜飯&糰子湯

添加軟糯麵團的糰子湯以及混有阿蘇特產芥菜的芥菜飯，都是代表性鄉土美味。不僅調理簡單，也很有飽足感，是繁忙農家經常食用的料理。

芥菜飯是名產

↑附分量十足糰子湯的芥菜飯定食1375円

山賊旅路

●さんぞくたびじ

MAP附錄②26E-2

以芥菜飯為主菜的定食是本店招牌菜單。採用精心培育的有機栽培自製混合米，顆粒飽滿而口感富有彈性，與切碎的醃芥菜末非常搭。糰子湯的配料相當豐富。

☎0967-34-2011

所熊本県阿蘇市黒川2127 交阿蘇站步行15分 營11:00～15:00 休週三（逢假日則營業） P免費

MENU

芥菜飯……550円
山賊定食……1375円

鄉のパン工房 Glanz-mut

●さとのパンこうぼう グランツムート

能眺望阿蘇五岳的麵包工房。可以在內用區一邊欣賞風景，一邊品嘗店裡買的麵包。也很推薦以國產小麥製麵包夾著自製培根及雞肉的三明治。

MAP附錄②26D-4

☎0967-67-3231

所熊本県南阿蘇村久石2752-1
交阿蘇站開車35分
L9:00～19:00 休週三 P免費

大快朵頤店家自製三明治

↑可以從店內看到阿蘇的山貌

↑芥菜麵包184円，甜甜圈麵包162円

MENU

原創咖啡	418円
咖啡歐蕾	418円
新鮮水果與阿蘇牛奶(藍莓)	517円

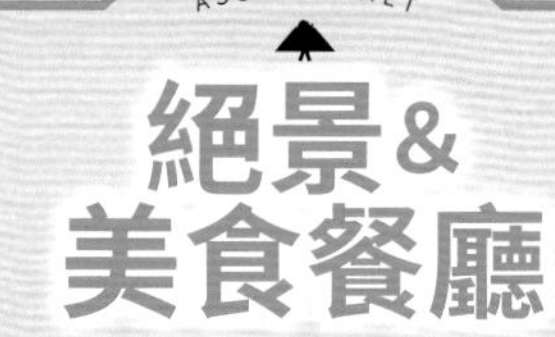

ASO GOURMET

絕景＆美食餐廳

阿蘇最大的魅力在於生氣蓬勃的大自然。一邊眺望自眼前展開的絕景一邊用餐，感覺料理也變得加倍美味了。

溶岩石窯ピッツァ 轍

●ようがんいしがまピッツァ わだち

能嘗到絕品披薩的隱密餐廳

靜靜佇立在森林中的隱蔽餐廳。店主親手打造的熔岩石窯所烤的披薩，使用的是阿蘇的天然水以及從義大利送來的道地起司。恰到好處的烘烤程度與麵皮口感，有著其他地方吃不到的絕妙平衡。

MAP附錄②28A-4

☎0967-48-6011

所熊本県阿蘇市山田1827-3 交阿蘇站開車22分 L11:00～18:00（麵團用完打烊）
休週四、五（逢假日則營業） P免費

↑添加氣味較淡的混合起司及菠菜的卡頌2050円

MENU

戈貢佐拉起司EX	2250円
鬆軟的石窯烤法式鹹派	1480円

↓從熊本市內的米倉移建而來的建築

↑可以一邊聽著流經店旁的河川潺潺，一邊享用現烤的披薩

高森田樂之里

●たかもりでんがくのさと

MAP附錄②26F-4

圍著地爐享用當地產品

活用屋齡200年古民家的店鋪。以高森特產鶴小芋及茄子、在清流捕捉的櫻鱒、自製蒟蒻、豆腐等田樂燒為名產。沾柚子味噌、山椒味噌、季節味噌來享用。

☎0967-62-1899

所熊本県高森町高森2685-2
交阿蘇站開車35分
L11:00～19:30（週六日、假日為10:00起，12～3月中旬的平日到17:00）
休無休 P免費

↑圍繞天花板的穩重梁柱引人注目

↑位於國道265號沿線

MENU

山村定食	2490円
炭烤雞肉定食	2290円

※料理價格皆可能變更

↓田樂燒定食2290円。照片為2人份

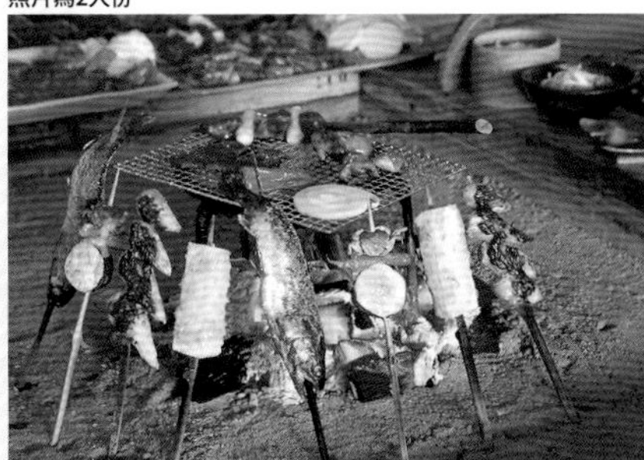

ASO GOURMET

田樂燒

據說早在250多年以前，雲遊各國的村人嘗了京都及島根的田樂豆腐後，將其運用在各種料理上。以竹籤將櫻鱒、豆腐、蒟蒻等食材刺成串，抹上味噌後放到地爐烤香。

高森田樂村

●たかもりでんがくむら

MAP附錄②26F-4

↓能在該店品嘗充滿大地恩惠的田樂燒

以炭火慢烤的田樂燒有六種，包括高森地區特產鶴小芋、鶴小芋與白飯混合而成的芋米棒等。祕傳田樂味噌是使用黑糖引出甘甜和濃醇的味道。

☎0967-62-1327

所熊本県高森町上色見814-2 交阿蘇站開車30分
L10:00～18:00（17:00以後需預約） 休不定休
P免費

以不會對身體造成負擔的美味田樂味噌為傲

↓田樂燒定食(照片為2人份)2100円附糰子湯與芥菜飯

MENU

土雞定食	2000円
肥後赤牛里肌肉定食	3900円

動物主題公園 MAP附錄②27C-3

阿蘇猿猴旋轉劇場

●あそさるまわしげきじょう ☎0967-35-1341 景點

多才多藝的猿猴秀

以猿猴踩高蹺等表演為首，日本唯一名列無形民俗文化財的動物表演值得一看。公演採換場制，開園前10分開始進場。

HP www.asomonkey.com/
所 熊本県南阿蘇村下野793
交 赤水站開車5分
L 公演行程可能變動，需至官網確認 休 無休
¥ 入館費1300円 P 免費

全天候型節目雨天也能欣賞

有益健康公園 MAP附錄②26D-3

阿蘇元氣之森(阿蘇農場樂園)

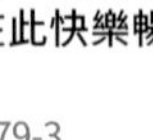

●あそげんきのもり（あそファームランド） ☎0967-67-2100 玩樂

從各種角度增進健康

能就近感受阿蘇大自然的有益健康公園。廣大用地內設有運動設施、餐廳、與動物交流體驗、商店等各式各樣的設施，可以在此快樂暢遊一整天。

所 熊本県南阿蘇村河陽5579-3
交 赤水站開車7分
L 9:00～17:00（視時期及設施而異）
休 無休
¥ 元氣之森大人1600円，兒童800円
P 免費 ※費用可能變更

活用斜坡及山谷等自然地形打造的運動遊樂設施「元氣之森」

赤牛料理 MAP附錄②26E-2

レストラン 藤屋

●レストラン ふじや ☎0967-22-0166 美食

當地美食赤牛專賣餐廳

提供每天採購的極度新鮮赤牛的專賣店。以僅用鹽和胡椒調味來享受肉原有鮮味的牛排為首，還有漢堡排、香雅飯等菜單。

所 熊本県阿蘇市一の宮町宮地4718
交 宮地站步行即到
L 11:00～19:00
休 週四 P 免費

附沙拉、湯、白飯的「赤牛漢堡排套餐」1600円

觀光牧場 MAP附錄②12D-3

酪農大地 阿蘇牛乳牧場

●らくのうマザーズ あそミルクぼくじょう ☎096-292-2100 玩樂

在體驗型觀光牧場玩樂

占地約33公頃的廣大牧場內，飼養著乳牛、山羊、綿羊及迷你豬等。會舉辦擠牛奶、騎馬等體驗，以及動物比賽等活動。

所 熊本県西原村河原3944-1
交 肥後大津站開車30分
L 10:00～17:00
休 不定休 ¥ 500円
P 免費

4歲以上可參加的擠牛奶體驗於下午1時舉行（當天事先報名）

動物主題公園 MAP附錄②26E-2

阿蘇卡德利動物樂園

●あそカドリー・ドミニオン ☎0967-34-2020 玩樂

為人類也甘拜下風的動物秀鼓掌！

可以體驗和熊、狗、羊駝等各種動物交流。動物表演以及黑猩猩小龐之女布丁的表演秀不容錯過。

所 熊本県阿蘇市黒川2163
交 阿蘇站開車3分
L 9:30～17:00（10月中旬～3月中旬為10:00～16:30） 休 12～2月的週三（假日與寒假除外）
¥ 入場費2400円 P 免費

動物全明星出場的「宮澤劇場」

鄉土料理 MAP附錄②26D-2

あそ路

●あそじ ☎0967-35-0924 美食

品嘗名產阿蘇芥菜

據說是阿蘇芥菜飯的創始店。僅用鹽與辣椒醃漬的阿蘇芥菜是當地名產，使用芥菜軟莖以傳統工法製作的「芥菜飯」很受歡迎。

所 熊本県阿蘇市的石1476-1
交 市之川站步行即到
L 11:00～15:00
休 週一（逢假日則翌日休）
P 免費

守護傳統味道的芥菜飯580円

鄉土料理 MAP附錄②26E-2

隠れ茶房 茶蔵カフェ 阿蘇店

●かくれさぼう さくらカフェ あそてん ☎0967-34-0087 美食

復古與新穎交融的空間

從倉庫翻新而成的店內，在土間設有吧檯及架高榻榻米座，充滿摩登氣氛。從窗戶眺望田園也是樂趣之一。以午餐為首供應超過50種品項的飲料菜單也很有人氣。

所 熊本県阿蘇市蔵原625-1
交 阿蘇站開車5分
L 11:30～22:00（17:00以後需預約）
休 週三（逢假日則翌日休）
P 免費

炭烤肥後赤牛100g 2400円

鄉土料理 MAP附錄②26F-4

鄉土料理 高森田樂保存會

●きょうどりょうり たかもりでんがくほぞんかい ☎0967-62-0234 美食

傳承歷史的高森田樂燒老店

位於上色見熊野座神社附近的田樂料理專賣店。將櫻鱒、蒟蒻、豆腐、鶴小芋（芋頭）等食材抹上自製味噌後，放到地爐炙烤。

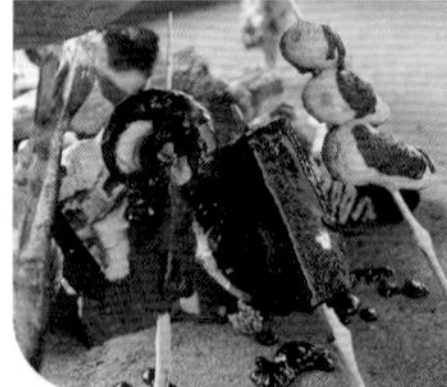

所 熊本県高森町上色見2639 交 南阿蘇鐵道高森站開車10分
L 11:00～15:30（晚上有預約則營業，需洽詢）
休 週二
P 免費

高森田樂燒全餐2700円

咖啡廳 MAP附錄②26D-4

カフェ プルニエ

☎0967-67-2767 咖啡廳

位於南阿蘇的絕景咖啡廳

擁有能眺望阿蘇群山的最佳視野。可品嘗飲料、每日蛋糕等甜點。午餐推薦以綠咖哩為基底的PRUNIE咖哩。

所 熊本県南阿蘇村河陰358-6
交 阿蘇站開車35分
L 11:00～17:00
休 週一、二 P 免費

蛋糕套餐950円可選擇要每日蛋糕或烤起司蛋糕

餐廳 MAP附錄②26F-4

石窯ピッツァスタジオーネ

●いしがまピッツァ スタジオーネ ☎0967-62-3021 美食

引人聞香而來

四周有天然林環繞的餐廳。以滷赤牛牛筋為配料的披薩、阿蘇黑香雅飯（1210円）、赤牛里肌肉蓋飯（1870円）等也很受歡迎。

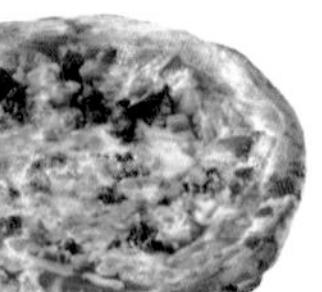

所 熊本県高森町高森3096-4
交 阿蘇站開車32分
L 11:30～日落 休 週二（1～3月中旬僅週六日、假日營業） P 免費

和風滷赤牛肉披薩（標準尺寸）2750円

烤肉 MAP附錄②26D-4

あか牛の館

●あかうしのやかた ☎0967-67-0848 美食

專賣店才吃得到的新鮮赤牛

「阿蘇望之鄉久木野公路休息站」內的餐廳。在能眺望阿蘇五岳的店內，享用充滿紅肉美味的頂級赤牛烤肉。

所 熊本県南阿蘇村久石2815
交 阿蘇站開車35分
L 11:00～16:00
休 不定休 P 免費

雙人套餐5340円（2人份）附里肌肉、烤牛排、沙拉及湯等

阿蘇 P.106
黑川溫泉 P.112
熊本市 P.116
人吉 P.122
天草 P.124

南阿蘇的代表性名水地
白川水源

與大自然嬉戲、被大自然療癒 如此愉快的南阿蘇假日

位於阿蘇破火山口南部的南阿蘇是大自然富饒的地區，四周有群山環繞，平原有廣闊的田園風景。透過眺望美景、休閒娛樂及美食等旅遊樂趣，親身感受阿蘇的大自然吧。

水 源尋覓！騎自行車來趟名水百選之旅

自古以來為人所知的清澈水源

1 池之川水源 景點

●いけのかわすいげん

延伸到岩下神社的道路旁的水源。透過水量來占卜農作物生長情況的兜石，自古以來扮演著判斷豐收與否的重要角色。此外，也是當地居民的飲用水。

據說用來占卜農作物吉凶的兜石

MAP 附錄②26D-4
☎0967-67-2222（南阿蘇觀光服務處）
所 熊本県南阿蘇村中松
立野站開車17分 自由參觀
P 免費

用地內也有休息設施

這裡是重點
租自行車
可以在「阿蘇望之鄉久木野公路休息站」（→附錄①11）用地內的「南阿蘇觀光服務處」（☎0967-67-2222）租自行車。詳情需確認。

在日本庭園風公園內湧出的「誕生水」

2 明神池名水公園 景點

●みょうじんいけめいすいこうえん

公園內有片大約750平方公尺的水池，池底會不斷湧出清水。有座祭祀產神的群塚神社，據說只要喝下這裡的水就能順產，故有「誕生水」之稱。

能看見泉水從石頭之間湧出的樣子

☎0967-67-2222（南阿蘇觀光服務處） MAP 附錄②26E-4
所 熊本県南阿蘇村吉田 立野站開車20分 自由參觀 P 免費

名水之里的代表性水源景點

3 白川水源 景點

●しらかわすいげん

位於祭祀水神的白川吉見神社境內的水源。以每分60噸的氣勢湧出水溫14°C的水透明度高，水中的苔蘚及魚也相當美麗。獲選為日本名水百選。

清澈的水不斷湧出

☎0967-67-2222（南阿蘇觀光服務處） MAP 附錄②26E-4
所 熊本県南阿蘇村白川2040 立野站開車22分 8:00～17:00（可能視季節變動） 休 無休 ¥ 環境維護協助金100円 P 免費

在清水中搖曳的水草相當美

4 竹崎水源 景點

●たけざきすいげん

從小河底部湧出名水的水源地。隨著透明清水搖擺的水草相當美麗，還能觀察棲息在清流中的豆娘。被譽為當地村內最美味的湧泉。

位於縣道28號沿線

☎0967-67-2222（南阿蘇觀光服務處） MAP 附錄②26E-4
所 熊本県南阿蘇村両併 立野站開車25分 自由參觀

吃 得滿足又飽餐一頓！用當地食材製作披薩

奥阿蘇水果園 玩樂

●おくあそフルーツ ガーデン

一邊想像烤好的模樣，一邊放配料

能享受採摘九州罕有的櫻桃、黑醋栗、泡泡樹、桃駁李等水果的設施。除了體驗製作披薩之外，也可以體驗製作烤雞與麵包。

MAP 附錄②12F-3
☎090-3197-3898
所 熊本県高森町野尻711-1
南阿蘇鐵道高森站開車30分 10:00～17:00（製作披薩、麵包需在前一天，製作烤雞需在前兩天以前預約） 休 不定休
P 免費

體驗菜單
製作石窯披薩
可以在露天座及室內品嘗石窯烤的披薩。
30×24cm／1320円

風 輕輕吹拂在田園風景中悠閒漫步

小火車「夕菅號」 玩樂

●トロッコれっしゃ「ゆうすげごう」

在高森站到中松站之間緩慢行駛約25分的小火車。晴天時會開窗行駛，能夠欣賞生氣蓬勃的阿蘇風景。來到重要景點會放慢速度，車內會播放導覽。

MAP 附錄②26E-4
☎0967-62-0058（南阿蘇鐵道高森站）
僅在春假、暑假、黃金週期間、3～11月的週六日及假日行駛（需確認），全車對號座 高森站10:30、11:45、13:30、14:45發車／中松站11:00、12:15、14:00、15:15發車 ¥ 高森站～中松站單程800円 ※預定在2023年夏季全線復駛。內容可能變更

敬請期待小火車特有的緩慢行駛

體驗菜單
眺望美景
座位為全車對號座，坐在北側可眺望阿蘇五岳，坐在南側可眺望南外輪山。

用1片入湯手形泡3間旅館的溫泉

黑川溫泉

くろかわおんせん

位於阿蘇山北部溪流沿岸的人氣溫泉勝地

本地區的keyword
山間祕湯的風情
用入湯手形巡遊溫泉
漫步溫泉街

在筑後川的源流田之原川沿岸有多家旅館雲集，充滿風情的溫泉勝地。各家旅館擁有泉質略有差異的泉源，提供與大自然調和的露天溫泉。別忘了攜帶可任選3家旅館的露天浴池泡湯用入湯手形。

廣域MAP 附錄②11A-1 **住宿資訊** P.164

洽詢專線 南小國町觀光協會 ✆0967-42-1444
黑川溫泉觀光旅館協會 風之舍 ✆0967-44-0076

交通方式

巴士：熊本站 ―九州橫斷巴士(12分)― 熊本櫻町巴士總站 ―九州橫斷巴士2小時35分― 黑川溫泉

※九州橫斷巴士為預約制，1天來回3班（需事先確認運行情況）。預約請洽熊本高速巴士預約中心（✆096-354-4845），或至高速巴士網站申請（https://www.kosokubus.com/）。

車：熊本機場 ―縣道36‧339‧12號、國道212‧442號(約63km)― 黑川溫泉

巡遊方式建議

由於黑川溫泉位於山間，開自用車或租車自駕會比搭乘大眾運輸方便。不過，飯店及商店集中的市區路寬較窄、停車場較少，基本上還是以步行遊逛為佳。某些離市區較遠的旅館也有受理接送服務。

露天浴池

在黑川溫泉最讓人期待的，就是憑1片入湯手形即可巡遊露天浴池，無需住宿就能在3間旅館泡溫泉。這裡有地理位置佳、別出心裁的浴槽、藥效高的源泉等多種充滿魅力的特色溫泉。

沐浴在林間隙光下大讚好棒的溫泉♪

瀧之湯
四周環繞著蓊鬱的樹木，彷彿置身在森林中的瀧湯。身旁有溪流流過

風之舍步行5分

IKOI旅館

いこいりょかん

有露天浴池、檜木浴池、蒸氣室等共13種浴池，在同一家旅館就能享受巡遊溫泉的樂趣。日本名湯祕湯百選的露天浴池「瀧之湯」為男性專用。如果有住宿的話，在女性專用時間可以利用。

✆0967-44-0552 MAP 114

所 熊本県南小国町満願寺黒川6548
L 8:30～20:30（包租池為10:00～14:30） 休 不定休 ¥入湯手形OK（或500円），包租池1人40分800円 P 免費（15:00～翌10:00為住宿旅客專用）

立湯
1.3公尺高的立湯能消除小腿受到壓迫造成的腿部水腫而備受好評。如果是不住宿泡湯，女性可以泡立湯及女性專用露天浴池

泡完之後到這裡

地爐之間
在用地內右手邊的地爐之間是任何人都能使用的區域。附近還有賣溫泉蛋。

滿天之湯
充滿開放感的露天浴池

白天自不用說 夜晚泡湯也很吸引人

風之舍開車3分

療癒之鄉 樹屋

いやしのさと きやしき

名產露天浴池「滿天之湯」位在四周杉木環繞的高地上，尤以夜空特別美麗。辦理入住到晚上9時為男性專用，晚上9時以後為女性專用。

✆0967-44-0326 MAP 115

所 熊本県南小国町満願寺6403-1
L 9:00～20:30（可能變更）
休 不定休 ¥入湯手形OK（或500円） P 免費 LINK P.164

男性露天浴池有木桶浴池及立湯

巡遊露天浴池的起點

黑川溫泉觀光旅館協會 風之舍

くろかわおんせんかんこうりょかんきょうどうくみあい かぜのや

來到黑川，首要拜訪有**免費停車場**的風之舍。在分發溫泉街地圖及手冊等的觀光服務處也有販售**入湯手形**。

MAP 115

✆0967-44-0076

黑色時尚木造建築

所 熊本県南小国町満願寺6594-3
交 黑川溫泉巴士站步行10分 L 9:00～18:00
休 無休 P 免費

巡遊溫泉的配件

入湯手形

1片1300円，可在27間旅館中任選3間旅館的露天浴池泡湯，或是任選2間旅館泡湯加1張可兌換伴手禮及餐點的貼紙。若所有浴池都巡遊一輪，還能得到紀念毛巾及束口袋。在風之舍、各家旅館均有販售。

每到一個地方泡湯就會蓋章

租浴衣

租套與溫泉街風情相當搭配的浴衣吧。樣式簡單的浴衣省去了繁瑣的穿衣步驟，穿脫輕鬆。

浴衣、腰帶及雪駄一套1500円。冬季也會出租羽織

べっちん館

べっちんかん

MAP 115

✆0967-48-8130

所 熊本県南小国町満願寺6595-3
交 風之舍步行即到
L 10:00～15:00 休 無休

風之舍步行8分

若葉旅館

りょかん わかば

以對肌膚溫和的優質泉水聞名的旅館。有男女有別的露天浴池與和風大浴場，特別是女性專用浴池「化妝之湯」主打泡完湯後，肌膚會潤澤到不需要擦化妝水而備受歡迎。

化妝之湯
女性專用露天浴池。附寢湯，相當舒服

MAP114
☎0967-44-0500
所熊本県南小国町満願寺6431 L8:30～21:00
休不定休
¥入湯手形OK（或550円），包租浴池1間40分2000円
P使用共用停車場

男性專用露天浴池「葫蘆之湯」

風之舍步行即到

NOSHIYU旅館

おやど のしゆ

雖然位於黑川溫泉的中心地帶，但是被1200坪庭園環繞的旅館相當寧靜。春天的新綠、秋天的紅葉尤其美麗，在浴池內也能欣賞。

MAP115
☎0967-44-0308
所熊本県南小国町満願寺6591-1
L10:00～18:00
休不定休 ¥入湯手形OK（或500円）
P免費

野天浴池
活用大自然的形狀，四周有雜木林環繞的溫泉。可以泡在浴池裡感受四季。

中庭的亭子
中庭內有設置地爐的茅葺屋頂休息所及亭子，可以隨意小歇片刻。

幽谷之湯
男性專用露天浴池。浴池旁的溪流水勢猛烈

風之舍開車3分

黑川溫泉 奧之湯

りょかん おくのゆ

不同於巡遊露天浴池的旅客往來頻繁的溫泉街中心地帶，是孤立在山中的一軒宿。占地約2000坪的館內被新綠及紅葉簇擁，還能聽見筑後川的潺潺水聲。露天浴池有混浴及女性專用浴池。

☎0967-44-0021 MAP115
所熊本県南小国町満願寺黑川6567
L8:30～20:00（週一五為15:30起） 休不定休 ¥入湯手形OK（或500円）

川浴池
川浴池是設置在筑後川沿岸的混浴浴池，在黑川溫泉當中也是名列前茅的絕景浴池。可欣賞附近壯闊傾瀉而下的瀑布

風之舍開車6分

山水木

やまみずき

位於離溫泉街約2公里遠的山中。在溪流沿岸用巨大岩石組建的露天浴池與大自然調和，既美麗又充滿生氣。

☎0967-44-0336 MAP115
所熊本県南小国町満願寺6392-2
L10:00～15:00（包租浴池為10:00～20:00） 休不定休
¥入湯手形OK（或600円），包租浴池50分2000円～ P免費

茶房 井野屋
位於山水木用地內，不住宿溫泉在此辦理。限定20份的布丁很受歡迎，搭配擺上霜淇淋的布丁霜淇淋與咖啡的套餐950円即可品嘗。

風之舍開車8分

瀨之本高原飯店

せのもとこうげんホテル

建於海拔920公尺的高原上，可遙望阿蘇五岳及瀨之本高原雄壯的自然景觀。泡在露天浴池「絕景鼻之湯」中，就能體會與大自然融為一體的感覺。

MAP附錄②28B-4
☎0967-44-0121
所熊本県南小国町満願寺黑川5644 L8:30～20:00（有時到15:00，10:00～11:00為打掃時間不可使用） 休不定休
¥入湯手形OK（或600円）
P免費

絕景鼻之湯
將浴槽設置在大自然廣大草原中的絕景浴池。白天可眺望隨風起伏的草原風景，夜晚可欣賞滿天星光

泡完之後到這裡
瀨之本休息室
在設有餐廳、商店、加油站等的用地內的大型得來速設施。來瓶深黃色娟珊牛牛奶（220円）休息一下。

風之舍步行10分

黑川莊

くろかわそう

可使用入湯手形入場外來旅客專用的巡遊溫泉浴室樓。男女浴池各備有一個室內浴池及露天浴池。從露天浴池可以看到雄偉的岩山與竹林，搭配優質溫泉一起療癒身心。

MAP115
☎0967-44-0211
所熊本県南小国町満願寺6755-1
L10:30～20:30 休不定休 ¥入湯手形OK（或600円），包租浴池1間45分2500円（來館時需確認） P免費

ラウンジ 山ぼうし
旅館附設的休息室，非住宿旅客也能使用。磨得發亮的糖果色店內別具韻味，能夠在此放鬆的沉穩空間。自製柚子檸檬蘇打650円。
※受疫情影響，營業時間尚不穩定

桐湯
巧妙融入周遭的自然景觀，調和成和風時尚浴槽空間的桐湯。與石砌的竹湯為男女每天輪替使用

 包租浴池 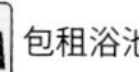 毛巾  置物櫃  休息區  咖啡廳  有、免費（提供或出租）  收費（出租）  無

邊走邊吃&尋找伴手禮 黑川溫泉MAP

巡遊露天浴池的途中到溫泉街四處閒逛

餐館及伴手禮店等林立的中心街區，分布在半徑 100 公尺至 150 公尺的範圍內。即使穿著平時不會穿的浴衣、雪駄或木屐，也能在附近到處閒逛。在巡遊露天浴池的過程中，享受吃午餐、品茗、尋找伴手禮的樂趣。

黑川溫泉的主要街道

櫻通

在 黑川溫泉入口附近，從國道 442 號下坡道，行經黑川橋之後即可抵達「櫻通」。櫻通是溫泉街當中最寬闊的道路，「黑川溫泉觀光旅館協會 風之舍」也在這條路上。

旅館 にしむら
奧之湯
歴史の宿 御客屋
P.112 IKOI旅館
櫻通
P.113 若葉旅館
湯峡の響き 優彩
夢龍胆
黒川橋
雀地獄通
東黒川
川端通
丸宝観光タクシー
黒川温泉
高原通
442
繡球花通
見返坂
瀬之本高原、山並公路

附豆漿霜淇淋及果汁的豆腐套餐竹 2310円

風之舍步行即到

A 購物 活用食材的多種醃漬產品

醃漬專門店 平野商店 ●つけものやのおつけもの ひらのしょうてん

以小國鄉採收的當令蔬菜為主，販售以新鮮食材製成的醃菜。可像吃沙拉般品嘗保留蔬菜風味的淺漬醃菜。

0967-44-0214
所熊本県南小国町満願寺北黒川6592-2 L9:00～17:00
休週三 P有共用停車場

淺漬醃菜 380円～ ※照片為示意圖

特色商店比鄰而立的坡道

いご坂

櫻 通往田之原川方向往下的坡道就是「いご坂」。這是一條左右兩側餐飲店及伴手禮店林立的坡道，走到盡頭會來到「地藏堂」，祭祀著與黑川溫泉起源有關的地藏菩薩。

風之舍步行即到

B 美食 在農家品嘗豆腐套餐

吉祥豆腐 ●とうふきっしょう

以國產黃豆為原料，使用黑川的源流水及天然鹽滷製作豆腐的專賣店。將口感偏硬的豆腐做成冷豆腐及湯豆腐來品嘗，能突顯黃豆的原味。豆腐定食（1760 円～）的白飯及湯豆腐（或冷豆腐）為無限供應。

0967-44-0659
所熊本県南小国町満願寺6618
L10:00～17:00 休不定休 P免費

風之舍步行即到

D 購物 以當地燒酎為中心提供多種酒類

酒之宿 ●さけのやど

這家酒屋販售使用阿蘇米釀造的球磨燒酎。供應標籤上寫有天草向陽寺住持說法內容的「說法燒酎」、使用阿蘇阿部牧場的優格製成的優格利口酒等等。

走在いご坂會看到格局別具風情的酒屋

0967-44-0488
所熊本県南小国町満願寺6696-1
L9:30～18:00 休不定休
P有共用停車場

優格利口酒 ASO•PIECE 200mℓ600円

手巾 各670円

有機毛巾 熊先生 M3850円、S3300円

風之舍步行即到

E 購物 小毛巾專賣店

福祿雜貨店 ●ふくろく

位於いご坂路上的小毛巾店。會隨季節更換花紋的手巾、手帕毛巾、毛巾圍巾等商品一應俱全。

0967-44-0296
所熊本県南小国町満願寺6610
L9:00～18:00 休不定休
P有共用停車場

風之舍步行即到

C 購物 邊走邊吃的手拿美食♪

黑川溫泉DORADORA銅鑼燒店 ●くろかわおんせん どらやきや どらどら

一片片手工烤製的銅鑼燒專賣店。人氣最旺的產品是夾鮮奶油大福的「DORADORA漢堡」，有娟珊牛牛奶、抹茶、咖啡歐蕾、卡士達及黑豆黃豆粉這五種口味。

DORADORA漢堡 300円～

0967-44-1055
所熊本県南小国町満願寺6612-2
L9:30～17:00 休週三、五
P有共用停車場

黑川溫泉附近的美食

天然薯芋菜單種類豐富

山藥泥膳1300円

黑川溫泉開車3分

YAMATAKE天然薯餐廳

●じねんじょりょうり やまたけ

使用自家栽種、黏性強的天然薯，供應多種菜單。什錦燒也是使用天然薯。天然薯麵子湯、添加零餘子的白飯，附滷什錦及小菜等的山藥泥膳相當有人氣。

MAP 115

✆0967-44-0930

所 熊本県南小国町満願寺6994 巴 黑川溫泉巴士站步行5分

L 11:00～19:30

休 不定休（逢假日則營業） P 免費

位於國道442號沿線，建於溫泉街步行約10分可到之處

享用豐富多樣的蕎麥料理

可品嘗三種蕎麥料理的「鈴蘭膳」

黑川溫泉開車15分

蕎麥麵街道 吾亦紅

●そばかいどう われもこう

為保持蕎麥的風味，使用石磨蕎麥粉及當地的湧泉打成麵條。「鈴蘭膳」1950円附蕎麥冷麵、山藥泥蕎麥麵、沙拉蕎麥麵、原創葛豆腐及蕎麥雪寶等共十道菜。

MAP 附錄②12E-1

✆0967-42-1820

所 熊本県南小国町赤馬場3220 巴 阿蘇站搭產交巴士49分，馬場下車步行即到 L 10:30～15:00

休 不定休 P 免費

建於有「蕎麥麵街道」之稱的入口

周邊圖 附錄②28

南小国町 小萩稲荷 P.113黑川溫泉 奥之湯 旅館 壱の井 P.164 山河旅館 黑川溫泉 黑川 田の原 442 317 下放大圖 里の湯 和らく P.113山水木 溫泉旅館 野之花 P.164 地すずめ獄 源流の宿 帆山亭 P.112・164 療癒之鄉 樹屋 山並公路 黒川 森のコテージ 白川 白川溫泉 小國町 七滝 りんどうヶ丘小 秘境七滝溫泉 お宿 華坊 山しのぶ 万作の湯 四季の里はなむら アウトランド小国郷 下鶴 天河山荘 小田溫泉 小田 小田川 山河旅館、田之原溫泉 芳川橋 不動明王奥の院 黒川保育所 芳川

被視為黑川溫泉發源地的地藏堂，據說將用過的入湯手形放在這裡就能實現願望

旅館こうの湯 黒川溫泉御処 月洸樹 P.113 NOSHIYU旅館 醃漬專門店 平野商店 A 黑川溫泉觀光旅館協會 風之舍 黑川溫泉DORADORA銅鑼燒店 C 福祿雜貨店 E 酒之宿 D 和風旅館 美里 ふもと別館麓庵 P.112 吉祥豆腐 B P.112 べっちん館 黑川 駐在所 雜貨来風 い 川端通 いご坂 地藏堂 べっちん坂 温泉公園 黒川荘別館 湯りの宿 保育園前 大型車用 黒川荘 P.113 旅館 湯本荘 ふもと旅館 地藏湯 P.164 YAMABIKO旅館 patisserie 麓 F P.164 山之宿 新明館 お宿 玄河 旅館やまの湯 ふじ屋 咖啡餐廳WAROKU屋 G 丸鈴橋 びょうぶ岩 普通車用 童坂 YAMATAKE天然薯餐廳 田の原川 小國町 黒川トンネル 317 442 九州歴史街道

●旅館 ●伴手禮店 ●溫泉 WC 公共廁所 P 停車場

河川沿岸有旅館、足湯、商店林立

川端通

い ご坂走到盡頭，順著河岸延伸的道路就是「川端通」。自古以來就有許多旅館、伴手禮店、茶房及餐館等聚集於此。在黑川溫泉的海報等處會看到的丸鈴橋也在這條路上。

風之舍步行3分

G 美食

試吃評比以當地食材製作的三種咖哩

咖啡餐廳WAROKU屋

●カフェレストラン わろくや

使用娟珊牛牛奶做的手工優格200円

使用熊本赤牛、肥後赤雞及大地恩惠豬肉，製成的「WAROKU屋三種咖哩」很受歡迎。赤牛烤肉是該店的招牌配菜。

✆0967-44-0283

所 熊本県南小国町満願寺黒川6600-1

L 11:00～16:00（售完打烊）

休 週四 P 有共用停車場

附沙拉、優格 WAROKU屋三種咖哩 1600円

麓蛋糕捲 1200円～

風之舍步行即到

F 購物

品嘗以九州產品製成的甜點

patisserie 麓

●パティスリー ろく

使用九州產鮮奶油及阿蘇產雞蛋做的蛋糕捲風味豐富，是該店的招牌商品。除此之外，也有推出季節限定商品。

✆0967-48-8101

所 熊本県南小国町満願寺6610 L 9:00～18:00

休 週二

P 有共用停車場

也可以坐在店前的長椅上吃外帶甜點

去看看熊本的象徵熊本城的現況吧！

照片提供：熊本城綜合事務所

由於 2016 年熊本地震受到嚴重損害，持續進行修復工程的熊本城。天守閣於 2021 年 6 月時完全修復，對一般遊客開放參觀內部。經由特別參觀通道，能夠參觀熊本城修復的情況。

熊本市

●くまもとタウン

熊本縣的文化、行政中心

本地區的keyword

- 日本三大名城之一熊本城
- 熊本拉麵&馬肉
- 熊本熊廣場

作為肥後藩城下町而繁盛一時。以加藤清正修建的熊本城為首，有多個歷史遺跡分布其中，城市飯店、大型百貨林立的都市元素也是魅力之一。還能享用熊本拉麵、馬肉等鄉土美味。

佐賀縣 福岡縣 小國鄉 黑川溫泉 大分縣 阿蘇 長崎縣 熊本市 天草 熊本県 人吉 鹿兒島縣 宮崎縣

由此參觀熊本城

有一條可以參觀受災情況及修復工程進展的特別參觀路線。北路線設有施工用斜坡，南路線在約6公尺高設有全長約350公尺的特別參觀通道。現在北路線僅開放週日及假日入場。

限制進入區域

特別參觀路線

從特別參觀通道看到的景色

廣域MAP	附錄②13C-3
洽詢專線	櫻之馬場 城彩苑綜合觀光服務處 ✆096-322-5060

交通方式

巴士：熊本機場—產交利木津巴士(49分)—熊本櫻町巴士總站；熊本站—產交利木津巴士(8分)—熊本櫻町巴士總站

車：熊本機場—縣道36號(約19.5km)—熊本站

巡遊方式建議

在熊本市內觀光，搭市電是最好的移動方式。有田崎橋～健軍町之間的 A 系統、上熊本站前～健軍町之間的 B 系統，能前往熊本城、水前寺成趣園等名勝。熊本站前有 A 系統行駛。

わくわく1DAY PASS

只要在熊本市的適用範圍內，一天內可以無限搭乘路線巴士、市電、電鐵電車的車票。區間指定 1（熊本市中心）為 700 円，區間指定 2 為 900 円。也有熊本縣內版（2000 円）。

✆096-325-1121（產交巴士熊本營業所）

熊本城周遊巴士「しろめぐりん」

以熊本站為起點，連接熊本城周邊觀光地的周遊巴士。每 20 分到 30 分一班，車資為單趟 160 円。亦有販售附觀光設施優惠券的一日乘車券（400 円）。

✆096-312-5077（熊本都市巴士）

祭祀加藤清正的神社

加藤神社 ●かとうじんじゃ

MAP 121B-1

從二之丸廣場步行數分即可抵達。境內可就近觀看大小天守、宇土櫓及石牆等。也有展示從倒塌石牆中發現的刻有觀音的石頭。

✆096-352-7316

所熊本県熊本市中央区本丸2-1 交熊本站搭市電17分，熊本城・市役所前下車步行10分 自由參拜 P免費（限參拜者使用）

希望熊本城復原的遊客熙來攘往

春季時擠滿賞花遊客的廣場

二之丸廣場 ●にのまるひろば

MAP 121B-1

位於二之丸停車場旁，能夠眺望大天守、小天守及宇土櫓的景點。廣場內側排列著回收的石牆石塊。

左為宇土櫓，右、中為大小天守

照片提供：熊本城綜合事務所

熊本營業部長的本部

熊本熊廣場

熊本熊的活動據點，除了熊本熊相關資訊之外，也會發布熊本縣的觀光、特產資訊。先至官網確認熊本熊待在辦公室的行程及開館時間再出發吧。

MAP 121C-2

✆096-327-9066

所熊本県熊本市中央区手取本町8-2 テトリアくまもとビル1F 交熊本站搭市電23分，水道町下車步行即到 L10:00～17:00 休不定休（過年期間休） ¥免費入館

熊本熊待在辦公室當天會舉辦約30分的舞台表演

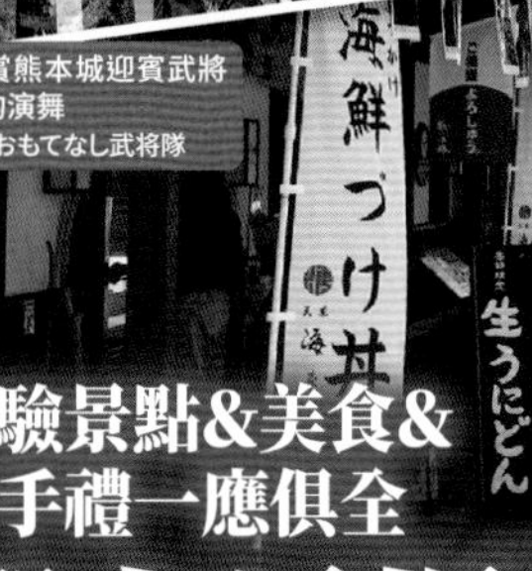
能夠欣賞熊本城迎賓武將隊表演的演舞
ⓒ熊本城おもてなし武将隊

熊本城觀光結束後這裡必去

體驗景點&美食&伴手禮一應俱全

櫻之馬場 城彩苑

●さくらのばば じょうさいえん

熊本城二之丸停車場搭接駁巴士即到的「櫻之馬場 城彩苑」，是仿造城下町家屋的餐飲店、伴手禮店林立的複合設施。在淺顯解說熊本城及熊本歷史的「熊本城博物館 湧湧座」可以欣賞熊本城 VR 及短劇，還有「角色扮演體驗」區等。

複合設施

MAP 121B-2
096-322-5060
（櫻之馬場 城彩苑綜合觀光服務處）
所 熊本県熊本市中央区二の丸1-1
熊本站搭市電17分，熊本城・市役所前下車步行7分
P 2小時200円（之後每小時100円）

跟著導覽巡遊

天守閣內部對一般遊客開放參觀的熊本城。有專人帶領遊客走過約 6 公尺高的特別參觀通道巡遊特別公開區域，提供約 1 小時的導覽服務。

096-356-2333
（くまもとよかとこ案内人の会）
9:00～15:00
¥詳細費用需洽詢

購物就到這裡！

櫻之小路

●さくらのこうじ

心情如同穿梭時光來到城下町

重現江戶時代城下町的小路上，有超過 20 家熊本縣內精選的餐飲店、伴手禮店等林立。各店鋪販售熊本縣名產、只有櫻之小路才買得到的原創商品等。

096-288-5577
9:00～18:00
（餐廳為11:00起，閉店時間視店鋪而異）
休 無休 ¥ 免費入場

外帶

天草海まる的
特級海膽可樂餅
390円
海膽醬比一般海膽可樂餅多 3 倍左右的可樂餅。外皮酥脆，內層香濃軟嫩

熊本城香梅庵的
陣太鼓霜淇淋
440円
將熊本代表性名點「響之陣太鼓」與牛奶冰淇淋混合，加以變化的霜淇淋

美食

阿蘇庭 山見茶屋的
赤牛蓋飯
1700円
赤牛以鮮味豐富的紅肉為特徵。將牛五花肉略微烤過，再擺上半熟蛋及特製味噌醬，很有飽足感的一道料理

購物

福田農場的
甘夏橘子醬
440g 1188円
添加大量熊本縣產甘夏蜜柑的無農藥糖漬橙皮相當新鮮。沒什麼苦味且糖分適中

和食・鄉土料理 花雅的
肥後滿足御膳
2780円
集結了生馬片、芥末蓮藕、納豆乾、糰子湯鍋、田樂燒、芥菜飯、即時糰子等熊本鄉土料理！

搭配熊本城一起參觀

熊本城博物館 湧湧座

●くまもとじょう ミュージアム わくわくざ

透過影像及體驗區來介紹熊本及熊本城相關歷史與文化。除了熊本相關偉人的謎題之外，還有搭轎子拍紀念照等充滿玩心的活動。先在這裡預習再前往熊本城參觀，會有新發現。

096-288-5600
9:00～17:00 休 無休
¥ 入館費300円（有搭配熊本城的通用門票）

公布熊本城的受災、復原狀況
熊本城受災復原光雕投影
●くまもとじょうひさい・ふっきゅうプロジェクションマッピング

透過熊本城立體模型搭配聲音及影像，來表現地震過後熊本城的受災及復原情況。以壓倒性規模讓人感受石牆、磚瓦崩塌及城櫓崩毀的場景。

將影像投射在熊本城模型上

江戶時代的熊本城在大銀幕上復甦
熊本城VR
●くまもとじょうバーチャルリアリティ

透過魄力十足的 VR 重現江戶時代及受災前的熊本城模樣。使用 VR 的城堡看點導覽也很受歡迎。

化身成忍者！
角色扮演體驗
●なりきりたいけん

可以化身為忍者拍紀念照、在館外散步（收費）。也有町娘（市井姑娘）、瓦版屋（報社）的服裝。詳細資訊需洽詢。

加藤清正所修築的近世城郭

熊本城

景點

●くまもとじょう

1588 年肥後北半部領主加藤清正以熊本為據點，於 1607 年落成的城。完全復原的天守閣已對一般遊客開放參觀，可以看到整修之後的展示品。

MAP 121B-1
096-223-5011
所 熊本県熊本市中央区本丸1-1
熊本站搭市電17分，熊本城・市役所前下車步行10分
9:00～16:30
休 無休（12月底需確認）
¥ 800円 P 2小時200円

展示在 1 樓小天守的「天守軸組模型」

天守閣從地下 1 樓到 6 樓共七個樓層，各樓層都有不同主題，可以參觀富有特色的展示品。從 6 樓的觀景樓層能將熊本市區盡收眼底。

從 6 樓觀景樓層南側看到的景觀

提供：熊本城綜合事務所

品嘗在地人最推薦的名店美味

熊本王道美食

提到熊本的代表性麵類料理，就想到熊本拉麵和太平燕。品嘗熊本拉麵的麵條、湯頭、配料之餘，也試著比較與福岡縣博多豚骨拉麵的差異吧。最適合當晚餐的馬肉料理，唯有在發源地才吃得到的豐富種類及稀少部位值得矚目。

京・大將軍

●けい・だいしょうぐん

清爽的豚骨湯頭加入大蒜及大量麻油，擺上帶皮軟爛叉燒的叉燒拉麵很有人氣。厚切叉燒入口即化，無比柔軟。

MAP 121B-3
☎096-364-6773
所 熊本県熊本市中央区本荘5-10-48
交 熊本站搭市電8分，河原町下車步行8分
L 11:00～15:30、17:30～20:00
休 週三、日
P 免費

軟爛的叉燒尾韻猶存

湯頭：以豚骨細火慢熬製成的湯頭味道深奧

配料：因店而異，但以叉燒、木耳、青蔥最常見。用豬油炸得焦酥的大蒜讓味道更有深度

麵條：採用中粗麵的店家居多。麵條有嚼勁而口感佳

濃郁度／★★★
叉燒拉麵 1100円
叉燒會在端上桌前才烤並擺上，以免湯頭涼掉

熊本拉麵

濃郁湯頭和粗麵的絕佳組合

何謂熊本拉麵？
與博多拉麵並列為九州代表性豚骨拉麵。能讓整體味道更鮮明的大蒜為其特徵，美味到令人忍不住喝到一滴不剩。

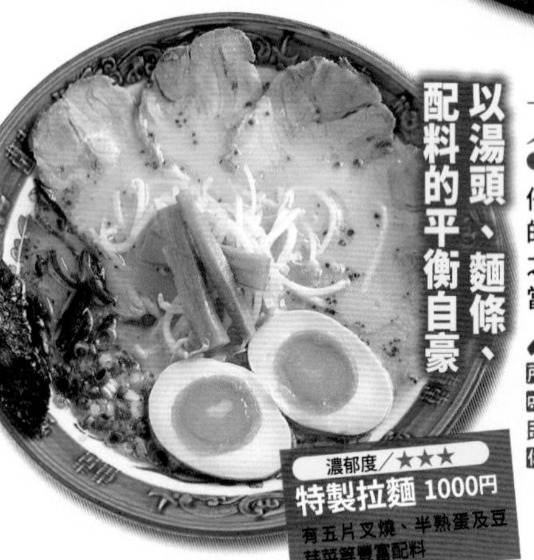

以湯頭、麵條、配料的平衡自豪
濃郁度／★★★
特製拉麵 1000円
有五片叉燒、半熟蛋及豆芽菜等豐富配料

大黑拉麵

●だいこくラーメン

仔細撈出浮渣、燉煮豚骨 5 小時以上製成的湯頭味道醇厚，尾韻卻很爽口。以開業之初就使用的醬油醬汁燉煮叉燒，滋味相當濃郁。

☎096-352-7418 MAP 附錄②13C-3
所 熊本県熊本市北区高平1-1-14
交 熊本站搭產交巴士21分，山伏塚下車步行即到 L 11:00～21:00
休 週四 P 免費

こむらさき 上通中央店

●こむらさき かみとおりちゅうおうてん

1954 年創業。在豚骨、雞骨湯頭中加入蔬菜熬煮而成的獨創湯頭，滋味爽口卻十分香醇。以獨門醬汁燉煮豬五花肉製成的特製叉燒麵也很有人氣。

MAP 121C-1
☎096-325-8972
所 熊本県熊本市中央区上通町8-16
交 熊本站搭市電20分，通町筋下車步行5分 L 11:00～15:30、18:00～21:30
休 無休

據說是熊本拉麵始祖的名店

濃郁度／★★★
國王拉麵 800円
偏細的原創麵條與湯頭絕配

添加炒焦大蒜的王道滋味
濃郁度／★★★
加蛋拉麵 1000円
用湯匙戳破蛋黃，在蛋液還沒融入湯頭之前以麵條沾附品嘗

黑亭 本店

●こくてい ほんてん

可品嘗豚骨拉麵加大蒜的經典熊本拉麵。彈牙的中粗麵沾附長時間熬煮豚骨製成的湯頭，焦酥的大蒜風味讓人食指大動。

MAP 121A-4
☎096-352-1648
所 熊本県熊本市西区二本木2-1-23
交 熊本站步行10分
L 10:30～20:30
休 週四（需確認） P 免費

桂花本店

●けいかほんてん

在熊本縣及東京展店的熊本拉麵店。眾多菜色當中以太肉麵最受歡迎，添加了多達 70g 以豬三層肉燉煮而成的肥肉。有高麗菜、筍乾、海帶芽梗及蛋等豐富配料。

☎096-325-9609 MAP 121B-2
所 熊本県熊本市中央区花畑町11-9 KIビル1F 交 熊本站搭市電17分，熊本城・市役所前下車步行即到
L 11:00～24:00（週日到16:30）
休 無休

添加軟爛的燉肉以及大量蔬菜
濃郁度／★★★
太肉麵 1100円
以豚骨、雞骨熬製的湯頭中，盛有中粗麵及香噴噴的麻油

將佳餚拍得更美味!
「旅行照片」
Tips
「MAPPLE」取材攝影師的「旅行照片」重點建議。

美食篇

好想跟朋友分享在旅遊地點吃的美味料理！這時候如果能拍出美照就好了。現做料理是最棒的。視情況和店員告知一聲，拍完就趁早享用吧。

Tips 1 構圖（角度）

基本上以入座位置的視線為主，自然又有臨場感。稍微拉近鏡頭截掉部分盤子，看起來更有質感而顯得美味1。料理的分量及高度較高者，稍微由下往上拍會更有分量2。定食等料理從正上方拍攝，會感覺很豐盛3。一般人往往貼近料理使用廣角鏡頭拍照，但如此一來側邊會變形，建議鏡頭稍微拉遠，用「放大鏡頭」來拍攝。

Tips 2 燈光

坐在咖啡廳等靠窗座位時，不妨善用自然光來拍照。將料理放在窗邊，利用逆光與斜光拍攝就能呈現立體感，拍得漂亮1。很多時候不用閃光燈拍照效果會比較好，如果料理看起來太暗，可以使用相機的調整功能。

Tips 3 加入配角

只有料理及甜點入鏡當然也行，不過連同飲料、背景一起拍攝的話，可以呈現店內氣氛1。也很推薦從正上方連同托盤及餐墊一起拍攝的角度2。芭菲等較高的甜點就以側面一決勝負吧！只要設定好相機，就能營造景深效果，呈現立體感3。若看到店內有繽紛時尚的牆壁，大膽入鏡也是一種挑戰4。別忘了不要打擾到周遭的其他顧客……。

※ 照片為示意圖

廣受女性好評的清淡麵類料理 太平燕

たいぴーえん

何謂太平燕?

明治後期由中國福建省的廚師引進，擁有約百年歷史的料理。用冬粉取代麵條並以蔬菜為主，相當健康的料理。

會樂園 ●かいらくえん

太平燕的熊本發源店。使用薯類澱粉製成的冬粉嘗起來柔軟有彈性。以雞骨熬煮的湯頭味道清淡，內含大白菜、蛋及蝦子等配料。

MAP 121B-2
☎096-352-2844
所熊本県熊本市中央区新町2-7-11 プレシール新町1F 交上熊本站搭市電9分，洗馬場下車步行即到 營11:30～15:00（材料用完打烊） 休週一、第2、4週二（可能臨時公休） P免費

據說是太平燕發源地的老店

太平燕 900円
清淡香醇的湯頭與彈嫩的蝦子是絕品美味

以大火熬煮雞骨及多種蔬菜約4小時製成的白褐色湯頭。因店而異，也有在高湯中加入豚骨等的做法

使用番薯及馬鈴薯澱粉各半製成的粗冬粉

夫婦倆一起經營的中國料理店

正華園 ●せいかえん

菜單超過100種的大眾餐館。開業當時菜單上就有的太平燕是使用口感彈嫩的國產冬粉，與用整個雞骨熬煮並加入少量大蒜及薑的湯頭相當搭配。

MAP 附錄②13C-3
☎096-345-4658
所熊本県熊本市北区清水亀井町28-3 交熊本站開車15分 營11:30～20:00 休不定休 P免費

從開業當時就有許多常客光顧

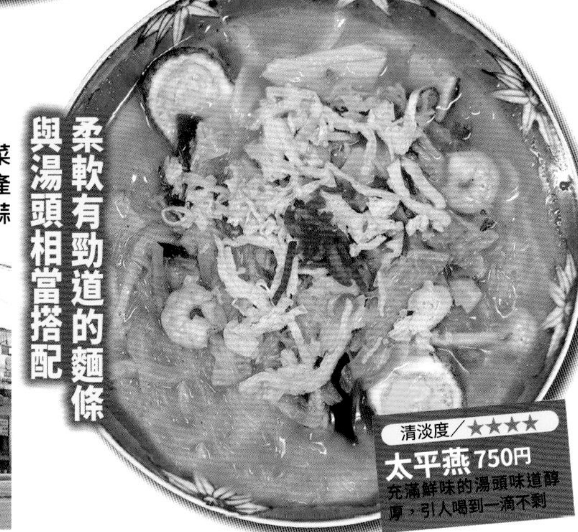

柔軟有勁道的麵條與湯頭相當搭配
清淡度／★★★★
太平燕 750円
充滿鮮味的湯頭味道醇厚，引人喝到一滴不剩

廣東料理 桃李 ●かんとんりょうり とうり

熊本日航酒店的廣東料理店。太平燕的湯頭是用雞骨及豚骨熬製，再加入烤蝦米並使用魚露提味，成就清淡的味道。冬粉經過事先調味而能縮短烹煮時間，因此蔬菜的口感極佳。

MAP 121C-2
☎096-211-1662
所熊本県熊本市中央区上通町2-1 熊本日航酒店2F 交熊本站搭市電20分，通町筋下車步行即到 營11:30～14:00、17:30～19:30 休週一

縣內外的訪客就是衝著這家酒店的太平燕而來
清淡度／★★★
太平燕 1570円
肉質緊實的蝦子及花枝、口感清脆的蔬菜相當美味

能品嘗調味高雅的廣東料理

熊本王道美食

在熊本提到「肉」就想到這個！

馬肉

何謂馬肉？
馬肉呈現漂亮的粉紅色，故又俗稱為「櫻花肉」。不妨試著品嘗生馬片、烤肉、壽司等多種料理。

如櫻花般色澤鮮艷的馬肉新鮮度一目了然

特選涮涮鍋全餐(1人份)8250円
使用最高級特選五花肉的部分。2人以上出餐（照片為2人份）

推薦 涮涮鍋

要吃生馬片就選這道！

特選生馬肉拼盤(3人份)8550円
可品嘗霜降、頸部鬃毛、肋骨部位、紅肉等五種部位的馬肉

還有變化菜單也別錯過！

馬肉鬆奶油披薩1200円
馬肉鬆與特製白醬絕妙搭配的人氣披薩

熊本馬肉DINING 馬櫻 下通店

●くまもとばにくダイニング うまざくら しもとおりてん

精選鮮度高、品質佳的馬肉做成各種日西創意料理。點餐後才分切的馬肉呈現美麗粉紅色，新鮮度一目了然。推薦料理是能享受馬肉鮮美的生馬片及涮涮鍋，蒸籠內裝滿霜降馬肉及繽紛豐富蔬菜的蒸籠櫻花肉也相當有人氣。

096-355-8388 MAP 121B-2
所熊本県熊本市中央区下通り1-12-1光園ビル2F 熊本站搭市電15分，花畑町下車步行6分
17:00～23:00 休無休

Menu

炙燒馬肉	2000円
蒸籠櫻花肉(2人份)	9900円

白色與咖啡色營造出典雅氣氛

馬肉料理 菅乃屋 銀座通り店

●ばにくりょうり すがのや ぎんざどおりてん

加入豐富的熊本縣產食材的馬肉料理專賣店。午餐提供優惠午餐，晚餐提供全餐、生馬片、握壽司、爽脆鍋等多道熱門單點料理。

096-312-3618 MAP 121B-2
所熊本県熊本市中央区下通り1-9-1 ダイワロイネットホテル熊本銀座通り2F 熊本站搭市電15分，花畑町下車步行3分 11:30～15:00、17:00～22:00 休不定休

12月31日與1月1日公休

Menu

綜合生馬片(8種)	4090円
生馬肝	1890円

菅乃屋特選爽脆鍋全餐9900円
主菜是將食材放進富含馬肉及蔬菜鮮味的湯頭輕涮後食用的名產爽脆鍋

推薦 火鍋

可品嘗王道馬肉料理的專賣店

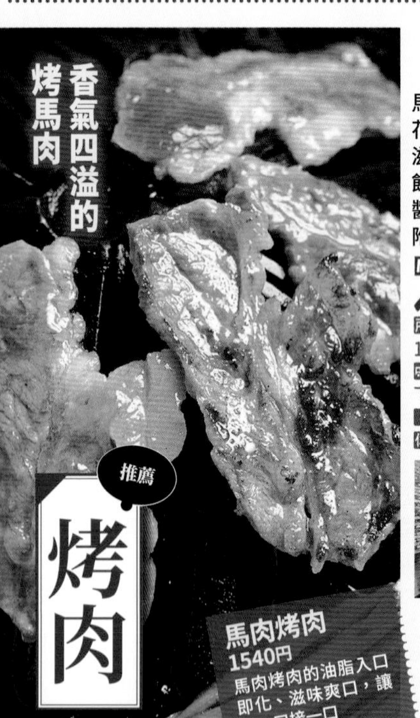

香氣四溢的烤馬肉

推薦 烤肉

馬肉烤肉1540円
馬肉烤肉的油脂入口即化、滋味爽口，讓人一口接一口

らむ

馬肉烤肉為其招牌料理。油花分布極佳的馬肉在鐵板上滋滋作響，香氣四溢且肉汁飽滿。在烤前與烤後沾鹽味醬汁享用是行家吃法。也有附「櫻納豆」的全餐。

MAP 121B-2
096-322-9500
所熊本県熊本市中央区花畑町13-23 花畑ビル1F
熊本站搭市電15分，花畑町下車步行即到
17:00～22:00
休不定休

由桌位座及吧檯座構成

Menu

櫻納豆	880円
らむ全餐	5170円
生馬肝	2530円

馬料理專賣店 天國

●うまりょうりせんもんてん てんごく

與多家牧場簽約，僅使用一匹馬只能取得10公斤的五花肉。菜單以特等霜降生馬片為首，列有握壽司、鹽烤、肉排等20種馬肉料理。也有提供馬肉全餐。

096-326-4522 MAP 121A-4
所熊本県熊本市西区二本木2-13-12
熊本站步行12分 11:30～14:00、18:00～22:30 休無休 P免費

有吧檯座和包廂

Menu

特等霜降生馬片	3300円
推薦全餐	6930円～

推薦 握壽司

特等馬肉握壽司2310円
大片霜降馬肉蓋在醋飯上

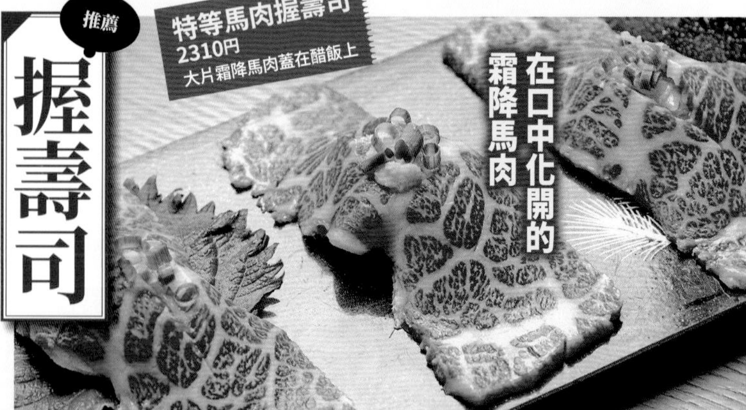

在口中化開的霜降馬肉

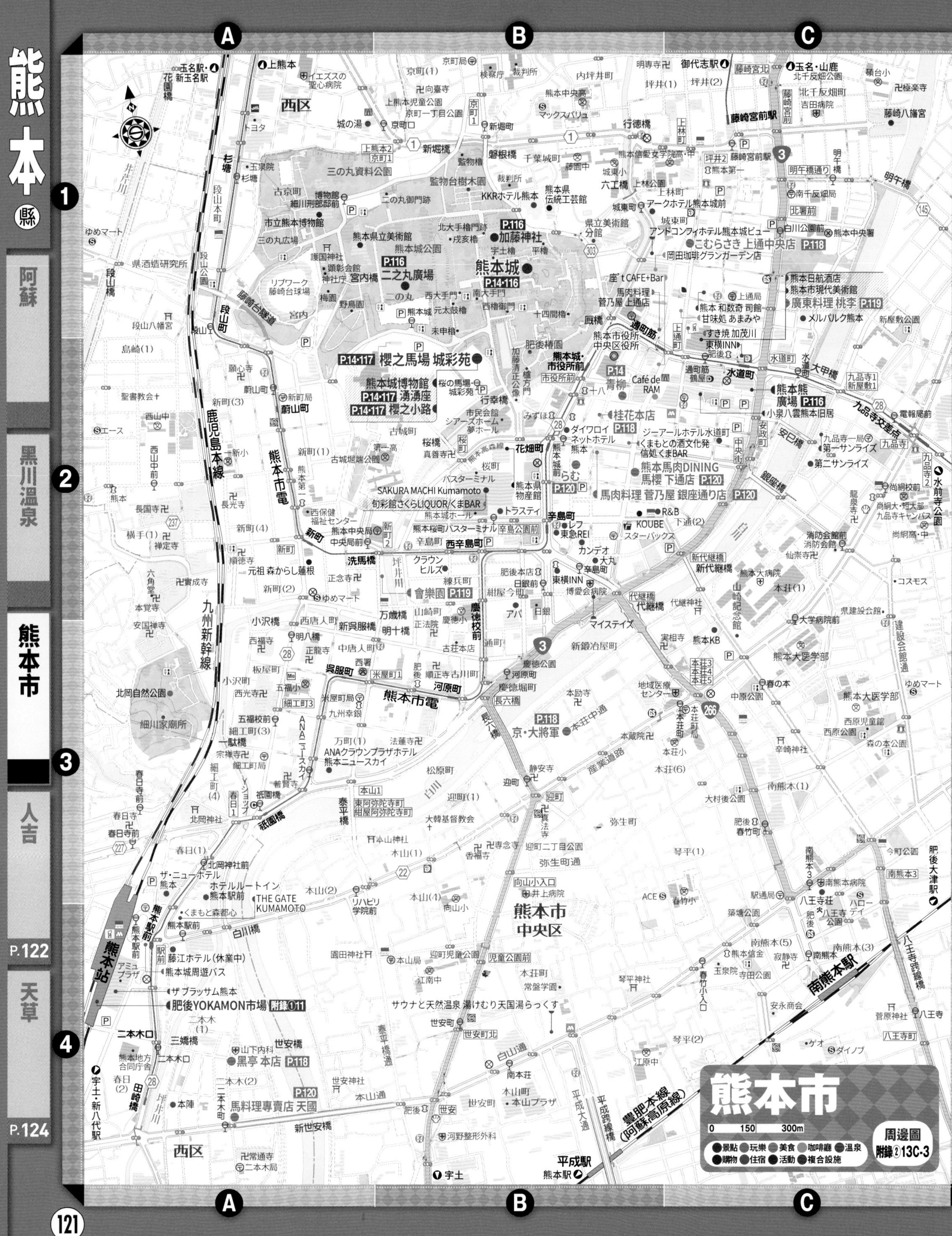
熊本市
0 150 300m
景點 玩樂 美食 咖啡廳 溫泉 購物 住宿 活動 複合設施
周邊圖 附錄② 13C-3
熊本城
P.14·116
加藤神社
P.116
二之丸廣場
P.116
櫻之馬場 城彩苑
P.14·117
熊本城博物館
湧湧座
P.14·117
櫻之小路
P.14·117
熊本市役所
中央区役所
熊本熊廣場
P.116
熊本馬肉DINING 馬櫻 下通店
P.120
馬肉料理 菅乃屋 銀座通り店
P.120
桂花本店
P.118
こむらさき 上通中央店
P.118
廣東料理 桃李
P.119
會樂園
P.119
京·大將軍
P.118
黑亭 本店
P.118
馬料理専賣店 天國
P.120
肥後YOKAMON市場
附錄①11
熊本站
熊本市電
九州新幹線
鹿児島本線
豊肥本線(阿蘇高原線)
南熊本駅
平成駅
熊本市中央区
西区

人吉

在球磨川流域繁盛一時、風情洋溢的城下町

ひとよし

本地區的keyword

相良氏統治700年的城下町

人吉溫泉

球磨川的大自然

日本三大急流之一球磨川流域所在地區。相良氏統治長達約700年的人吉位於中游流域，人吉城遺跡及御用倉庫均保有昔日面貌。還能泡名湯及著名的人吉溫泉消除疲勞！

廣域MAP
附錄②18F-3

洽詢專線
人吉市觀光服務處
✆0966-22-2411

交通方式

巴士：熊本站前 —高速巴士「南風號」(1小時57分)— 人吉IC ⋮步行即到 人吉IC出入口 —產交巴士(17分)— 人吉站前

※JR肥薩線受到2020年7月豪雨影響目前停駛中，從熊本市內前往人吉市內請搭乘高速巴士

車：熊本機場 —縣道36號(約9km)— 益城熊本機場IC —九州自動車道(約75.6km)— 人吉IC —縣道54號(約2km)— 人吉站

巡遊方式建議

要巡遊各處留有城下町風貌的人吉，除了基本的步行之外，租自行車也很方便。租自行車可至球磨川鐵道總公司等處辦理。首先前往歷史悠久的青井阿蘇神社參拜。有時間的話，還可以順路到石板路兩側有白牆商家及工房林立、城下町風情洋溢的鍛冶屋町通逛逛。

人吉 城下町漫步

騎自行車 從JR人吉站出發！

拜訪自鎌倉時代以來，作為相良氏城下町而繁盛一時的人吉。在這座球磨川潺潺水聲悅耳的城市，有國寶級神社、藏造式建築等留有往昔風貌的景點散布其中。從JR人吉站租自行車就能輕鬆移動♪

↩JR人吉站前的機關鐘

在此租車

球磨川鐵道總公司

MAP122
✆0966-23-5011
🕒9:30～17:00 休無休
¥大人用自行車1天500円

↩熊本縣唯一的國寶建築青井阿蘇神社。覆有茅葺屋頂的社殿令人印象深刻

1 造訪桃山建築樣式 莊嚴的青井阿蘇神社

國寶

↑12公尺高的樓門有著陡峭的茅葺屋頂。上層屋簷的四個角落飾有鬼面雕刻，天花板上繪有兩條龍

建於806年。於1610年興建的建築，其歷史超過400年。本殿、廊道、幣殿、拜殿、樓門為國寶。看點在於採用華麗桃山建築樣式，能看見球磨地區獨特社寺建築特徵的社殿。以黑、金、紅等顏色漆塗妝點，刻有社紋鷹羽以及昇龍、祥雲等。

MAP122
✆0966-22-2274
所熊本県人吉市上青井町118
交人吉站步行5分 境內不限
¥免費參拜
P免費

購買御守&商品祈求保佑

竹製書籤 各500円
以社殿內部雕刻為圖案的竹製書籤共十種

御守1000円
以成對鷹羽裝飾的護身符。還有龍神設計的御守

御朱印帳

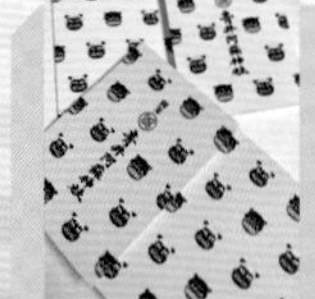

攜帶御朱印帳，初穗料（祈福費）500円。若購買神社原創御朱印帳，含朱印的初穗料2000円。申請朱印的時間為上午9時到下午4時。

這裡也要CHECK

隨意遊逛鍛冶屋町通

青井阿蘇神社騎自行車約5分可至鍛冶屋町通，是個留有濃厚城下町風貌的區域。石板路兩側有白牆商家及工房林立，一間一間遊逛也很有意思。味噌及醬油釀造所「釜田釀造所」除了供應直銷商品之外，也有開放參觀工廠。

↑參觀完味噌及醬油工廠之後，就是試吃與購物時間了

釜田釀造所
かまたじょうぞうじょ
✆0966-22-3164
所熊本県人吉市鍛冶屋町45 交人吉站步行10分 🕒9:00～16:00
休無休 ¥免費參觀 P免費 MAP122

人吉 周邊圖 附錄②18F-3

地圖：城本町、人吉西小、人吉IC、北泉田町、五木、相良藩願成寺駅、願成寺局、願成寺、湯前駅、南泉田町、人吉溫泉站、八代駅、釜田釀造所P.122、上新町、くま川鉄道、P.122、P.123、人吉東小、下新町、上新町、人吉站、球磨川鐵道總公司、球磨川遊船、人吉温泉站～湯前站之間因災害停駛中、芳野、鍛冶屋町通り、イスミ、鍋屋本館、五日町、九日町、清流山水花鮎之里P.123、球磨川、八代站～吉松站之間因災害停駛中、肥薩線、サン、人吉旅館、老神町、大橋、人吉城歴史館、人吉城跡公園、中城町、1 青井阿蘇神社P.122、P.123、新町、麓町、3 人吉城遺址P.123、原城町、吉松駅、八代、灰久保町、織月酒造、大手橋、人吉溫泉、永国寺、裁判所、第一中、寺町、土手町、2 武家屋敷(武家藏)P.123、南町、胸川

阿蘇 P.106
黑川溫泉 P.112
熊本市 P.116
人吉 P.122
天草 P.124

將美景拍得更漂亮！「旅行照片」Tips

「MAPPLE」取材攝影師的「旅行照片」重點建議。

風景篇

邂逅令人感動的風景是旅行的一大樂趣，一點小功夫就能大大改變照片給人的印象。

Tips 1 構圖（角度）

拍大海、山巒的絕景時，不要將整體風景平均地入鏡，總之先稍微放大前景試試看❶。將中心稍微錯開空間就會變寬，能夠營造有深度空間感的風景。當雲朵和天空很美時，反而要放大上方天空所占的比例，如此便能拍出令人印象深刻的照片❷。拍攝有歷史感的街道、有水流經的風景亦同，只要轉移中心就能拍出印象截然不同的照片❸。

Tips 2 燈光（時間）

在天氣晴朗的日子可以把藍天綠景拍得很漂亮，不過中午前後在頂光下也會讓陰影變深❶。此外，在早晨及夕陽的時間帶有許多按下快門的好機會。想讓太陽入鏡時，不妨試試取景時不要將其置於畫面中心❷。太陽西沉的方向會隨季節大幅變動，最好確認方位與時間來擬定計畫。如果要拍夜景，建議選在天空仍偏藍的魔幻時刻或是日落後 20～40 分內❸。使用夜景模式並「關掉閃光燈」為佳。雖然近年來也有不少機型內建強大的防手震功能，但相機和智慧型手機還是盡量保持不動才能拍得更美。

Tips 3 拉近（視角）

不妨有效地使用縮放功能來拍攝。不要用看望遠鏡的感覺來拍照，試著以裁剪風景的用法來享受變化多端的角度。遇到雄壯的風景時，先以全景模式拍攝❶，另一張利用縮放功能來大膽裁剪拍攝對象也不錯❷。

※ 照片為示意圖

騎自行車3分

❷ 在與當主有關的武家屋敷（武家藏）好好放鬆

從簷廊能眺望據說由人吉城內庭園同一位造庭師所造的日本庭園

獨樹一格的沉穩大門，是人吉城建築中唯一留下的堀合門。宅邸為相良藩主作為休息所的茅葺屋頂御假屋住宅，西南戰爭時在田原坂戰敗的西鄉隆盛曾暫時以此為宿舍。在附設的咖啡廳可品嘗使用球磨燒酎製成的原創冰品（350 円，外帶為 300 円）。

☎0966-22-5493 MAP 122
所 熊本県人吉市土手町35-1
交 人吉站步行15分
L 9:00～17:00 休 週二 ¥ 300円
P 免費

原人吉城的堀合門

稍微繞路

熊本代表性美酒
纖月酒造
●せんげつしゅぞう

釀造深受人吉當地居民喜愛的燒酎「纖月」的燒酎酒廠。可免費參觀燒酎的製造過程。能在商店購買工廠限定燒酎、40 年熟成珍貴古酒及限定商品。

設有可試喝約30種美酒的試飲室，以及能購買各種商品的商店

MAP 122
☎0966-22-3207
所 熊本県人吉市新町1
交 人吉站步行10分
L 9:00～16:30
休 無休 P 免費

長年受到當地喜愛的燒酎「纖月」（左）、僅使用川邊河水與流域米釀造的燒酎「川邊」（右）

騎自行車即到

❸ 殘留的石牆經過歷史薰陶的人吉城遺址

擁有 700 年歷史的相良氏居城遺址。現在仍保留面朝球磨川的石牆及復原的櫓等。人吉城遺址經過整頓變成公園，是知名的春季賞櫻、秋季賞楓名勝。

MAP 122
☎0966-22-2411
（人吉市觀光服務處）
所 熊本県人吉市麓町
交 人吉站步行20分
自由參觀 P 免費
※部分地區限制進入，需確認

日本百大名城之一，有「繊月城」之稱的人吉城。整個遺址為國家史蹟

騎自行車8分

GOAL JR人吉站

享受球磨川的大自然

全身濕透地漫步在河川中

走在球磨川好好享受
溪降

不使用船隻，運用垂降、游泳、跳入等方式，在球磨川支流的溪谷中走到目的地的行程。20 公尺寬的瀑布滑水道讓人尖叫連連。可以親身體驗人吉球磨的大自然恩惠。

LAND EARTH 戶外運動俱樂部
☎0966-34-7222 MAP 附錄②18E-3
所 熊本県球磨村渡乙1379-1 交 渡站步行即到 L 9:00～、13:00～（預約受理為9:00～17:00） 休 無休 ¥ 半日行程8000円（需預約）

船夫的掌舵功夫不容錯過
遊覽船（梅花遊覽船）

可以搭乘木造船，悠閒巡遊發船場 HASSENBA 與人吉城遺址之間。春有櫻花、秋有紅葉等看點，是一趟能感受人吉四季、充滿風情的遊覽體驗。需時 30 分。

能欣賞河川沿岸美景與四季野鳥的姿態

球磨川遊船 ☎0966-22-5555 MAP 122
所 熊本県人吉市下新町333-1（人吉發船場） 交 人吉站步行20分 L 梅花遊覽船出航時間10:00、11:00、13:00、14:00、15:00 休 需確認 ¥ 2000円 P 免費

在人吉溫泉好好療癒

佇立在球磨川畔的溫泉旅館
清流山水花 鮎之里
●せいりゅうさんすいか あゆのさと

設有男女有別、各異其趣的大浴場，從露天浴池能眺望球磨川、對岸的人吉城遺址以及遠方的南九州山巒。晚餐為滿是河川與海洋海鮮的創作宴席料理。

☎0966-22-2171 MAP 122
所 熊本県人吉市九日町30
交 人吉站步行15分
L IN15:00、OUT10:00
¥ 1泊2食23100円～
P 免費

附露天浴池的大浴場「山並湯屋」

令人感動的邂逅等人來發現！

巡遊絕景與教會的天草之旅

從九州本土通過五座橋前往天草。以下將介紹沿著海岸線巡遊觀光景點的兜風行程。新鮮海產、風光明媚的景色接踵而來，保證讓人感動不已！

天草

●あまくさ

能享受大海恩惠的島嶼度假勝地

本地區的keyword

風光明媚的海景

觀賞海豚

浪漫的教會巡禮

位於熊本縣西南部，由上島和下島構成的地區。藉由名為天草五橋的五座橋梁連接九州本土，在遺留吉利支丹歷史的島內有多座教會散布其中。沿著海岸線兜風可以看到連續不斷的絕景。

廣域MAP 附錄②18・19

住宿資訊 P.164

洽詢專線
天草四郎觀光協會（上天草市）
0964-56-5602
天草寶島觀光協會（天草市）
0969-22-2243

1 天草五橋 景點

天草松島的絕景近在眼前

●あまくさごきょう

連接九州本土宇土半島與天草群島的五座橋梁總稱。從車窗可以一覽日本三大松島之一的天草松島。

MAP附錄②18D-1
0964-56-5602
（天草四郎觀光協會）
所熊本県上天草市大矢野町～松島町 交三角站開車5～25分 P免費

開車20分

2 有明渟滴之地公路休息站 美食 購物

目標是當地名產章魚料理

●みちのえき ありあけ リップルランド

在有明海一望無際的公路休息站，眼前就是廣大的人工海濱四郎之濱海灘。在打著「日本第一章魚之町」名號的有明町，一定要品嘗章魚天婦羅蓋飯（1000円）、章魚飯套餐（1050円）等多種料理。

MAP附錄②19C-2
0969-53-1565
所熊本県天草市有明町上津浦1955 交三角站開車37分 L9:00～18:00（餐廳為10:00～16:00，溫泉為13:00～20:30） 休無休（溫泉為週三，逢假日則翌日休） ¥泡湯費500円 P免費

能眺望海灘、位置絕佳的公路休息站

特撰海鮮蓋飯2000円（內容視時期而異）

還有這種交通方式

天草航空

天草機場與福岡機場1天來回3班，天草機場與熊本機場1天來回1班，熊本機場與伊丹（大阪）機場1天來回1班。海豚造型的機身相當可愛。

0969-34-1515
（天草航空預約中心）

特急 坐A列車去吧

行駛在熊本站與三角站之間的觀光特急列車。車內設有吧檯，可以聆聽爵士名曲《搭乘A號列車》好好放鬆。需事先確認行駛日。

0570-04-1717
（JR九州客服中心）

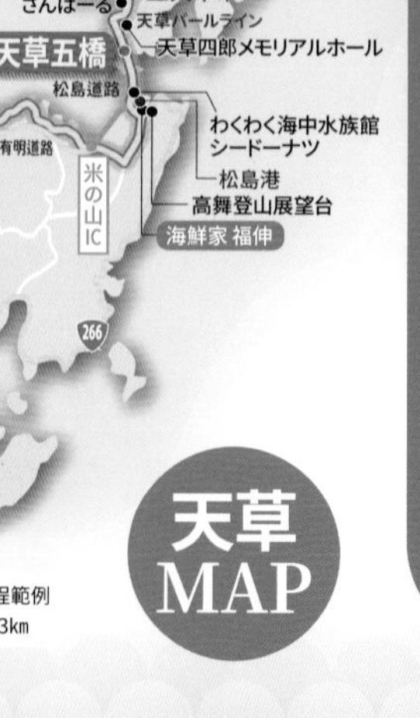

交通方式

電車+渡輪：熊本站 —JR三角線（52分+步行5分）※週六日、假日等有特急行駛→ 三角站 —天草寶島線（20分）※需確認航行日→ 松島、前島（上天草市）

巴士：熊本機場 —產交利木津巴士（49分）→ 熊本櫻町巴士總站 —九州產交巴士（天草快速1小時36分）→ 前島 —九州產交巴士（天草號快速58分）→ 本渡巴士中心

※ 利用「天草無限搭乘車票」很方便→ P.105

車：熊本機場 —縣道36號（約9km）→ 益城熊本機場IC —九州自動車道（18.7km）→ 松橋IC —國道218號、縣道181號、國道266・324號（約71km）→ 本渡巴士中心

主要租車公司

百捷租車 0570-054-317
NIPPON租車 0800-500-0919
JR租車九州站 092-624-2367
豐田租車 0800-7000-111
日產租車 0120-00-4123

巡遊方式建議

島內觀光利用租車自駕比較方便。除了本渡、牛深等市區以外，在其他地方很難找到超商及銀行等。搭乘巴士時，情況可能視時段及星期而異。

阿蘇 P.106
黑川溫泉 P.112
熊本市 P.116
人吉 P.122
天草 P.124

5 妙見浦 景點

●みょうけんうら

↑從十三佛公園眺望的景色

天草西海岸的代表性名勝景點，名列國家名勝天然紀念物。海岸線上 20 ～ 80 公尺高的斷崖綿延，描繪出壯闊的景觀。

MAP附錄②19A-2

☎0969-42-1111
（天草市天草分所社區營造推廣課）
所熊本県天草市天草町下田南
交本渡巴士中心搭產交巴士44分，在下田溫泉轉乘往河浦車庫的班車10分，妙見ヶ浦下車步行10分 P免費

開車10分

4 下田温泉ふれあい館ぷらっと 溫泉

●しもだおんせんふれあいかん ぷらっと

泡源泉掛流足湯好好放鬆

位於天草下島西端的下田溫泉擁有約 700 年歷史，是島內最古老的溫泉。下田溫泉為面向東海的溫泉勝地，能在此享受「不煮、不稀釋、非循環」的源泉掛流足湯。建築物內有舉辦觀光導覽。

☎0969-27-3726 MAP附錄②19A-2
所熊本県天草市天草町下田北1310-3
交本渡巴士中心搭產交巴士44分，下田溫泉下車步行即到 L9:00～17:00
休第4週三（逢假日則翌日休）
¥足湯免費 P免費

開車30分

↑想了解天草觀光資訊及下田溫泉請來此洽詢

→附設使用岩石打造的足湯

開車10分

由五座橋梁架設的國道266號又名天草珍珠線

3 中途景點

去看野生海豚!

天草市海豚中心公路休息站

●みちのえき あまくさしイルカセンター

觀賞海豚是天草最受歡迎的活動。在公路休息站不僅能申請觀賞海豚，還能享受供應在地鮮魚料理的餐廳及特產品販賣區等。

MAP附錄②19B-1

☎0969-33-1600
（觀賞海豚請洽☎0969-33-1500）
所熊本県天草市五和町二江4689-20 交本渡巴士中心開車25分
L9:00～18:00（11～2月到17:00，觀賞海豚為10:00～、11:30～、13:00～、14:30～、16:00～，受理至各時段15分前為止） 休無休
¥觀賞海豚3000円 P免費

→從港口出發約10分後就遇到海豚

開車45分

←大海與綠景相映的美麗教會

教會內罕見的榻榻米地板

7 世界遺產 崎津教會 景點

●さきつきょうかい

世界文化遺產「天草崎津聚落」的象徵。1934 年在舉行過踏繪的庄屋役宅遺址興建了崎津教會，作為基督教復活的象徵。

MAP附錄②19A-3

☎0969-78-6000
（崎津聚落導覽中心）

※如果想參觀教會，必須在2天前以前事先聯絡(株)KASSE JAPAN 九州產交客服中心（☎096-300-5535 HPhttps://www.kyusanko.co.jp/ryoko/pickup/sakitsu-church/）

所熊本県天草市河浦町﨑津539 交本渡巴士中心搭產交巴士53分，在一町田中央轉乘往下田溫泉的班車18分，﨑津教会入口下車步行即到
L9:00～17:00 休無休 ¥免費

※參觀教會時的禮儀請確認P.155!

開車10分

6 大江教會 景點

●おおえきょうかい

建於小山丘上的白牆教會

吉利支丹禁教令頒布以後，經過約 250 年的潛伏，1933 年加尼爾神父與當地信徒合作建造的羅馬式聖堂。附近還有露德聖母像。

MAP附錄②19A-3

☎0969-22-2243
（天草寶島觀光協會）
所熊本県天草市天草町大江1782 交本渡巴士中心搭產交巴士44分，在下田溫泉轉乘往河浦車庫的班車31分，大江天主堂入口下車步行5分 L9:00～17:00
休無休（可能由於教會活動臨時休館） ¥免費
P免費

←教會內禁止攝影

推薦的海鮮美食

天草生海膽本舖 丸健水產

●あまくさなまうにほんぽ まるけんすいさん

進行水產加工與零售的店。將生海膽擺在煮好的白飯上，再鋪上一層海膽的「爆量海膽蓋飯」是必吃料理。濃郁的美味在口中擴散開來。

MAP附錄②19B-1
☎0969-33-1131
所熊本県天草市五和町二江4662-5
交本渡巴士中心搭產交巴士34分，通詞下車步行10分
L11:00～15:00（晚上需預約可商量）
休不定休
P免費

←爆量海膽蓋飯（3300円）附生魚片及沙拉等

いけす料理やまもと

●いけすりょうりやまもと

建於本渡港步行約 10 分可至的國道 324 號沿線。店內有圍著大型水槽的吧檯座與包廂。名產是天草海鮮齊聚一堂的天草豪華蓋飯。

MAP附錄②19B-2
☎0969-23-2103
所熊本県天草市南新町10-11 交本渡巴士中心步行3分
L11:30～14:30、17:00～21:00（週六日、假日為11:00起）
休不定休 P免費

以蓋飯形式品嘗天草近海海鮮

←擺有天草產明蝦與八種海鮮的天草豪華蓋飯（2420円）附一盤鮑魚及海膽

海鮮家 福伸

●かいせんや ふくしん

能夠品嘗以天草近海海鮮做成的生魚片、蓋飯及壽司等。當令海鮮生魚片拼盤的每種食材口感及味道都很出色，新鮮度不用多說。

MAP附錄②18D-1
☎0969-56-0172
所熊本県上天草市松島町合津6003-1
交三角站開車25分
L11:00～21:00
（中間可能休息）
休不定休
P免費

→十種海鮮將蓋飯妝點得鮮艷無比的「特等海鮮蓋飯」3520円

鹿兒島

かごしま・さくらじま・いぶすき

櫻島・指宿

享受櫻島的絕景與溫泉

大地能量全開！

櫻島 ●さくらじま

P.134

特色介紹

鹿兒島的象徵

櫻島與鹿兒島市區隔著4公里寬的海灣，聳立在海面上。從市內各地都能看到櫻島。

名產是巨大白蘿蔔和迷你橘子

特產品是世界最重、最大的「櫻島白蘿蔔」，以及直徑約5公分的迷你尺寸「櫻島小蜜柑」。

有三處溫泉勝地

島內有三處溫泉勝地：北部的白濱溫泉、南部的古里溫泉鄉，以及西部的櫻島岩漿溫泉。

享受方式❶

搭渡輪約15分到櫻島

從鹿兒島市區航行約 15 分即可登陸櫻島的渡輪為 24 小時航行。島內開車 1 小時左右環島一周，可以輕鬆享受觀光之旅。

享受方式❷

巡遊西鄉殿的淵源之地

以鹿兒島出身的西鄉隆盛為首，有不少明治維新重要人物的相關景點。高約 8 公尺的銅像是熱門拍照景點。

享受方式❸

品嘗黑豬肉、白熊冰等美食也是一大樂趣

受惠於豐富大自然與溫暖的氣候，獨自發展而成的鹿兒島飲食文化。品質及生產量皆為日本第一的黑豬肉料理、全國知名的「白熊冰」等美食都很受歡迎。

泡名產砂蒸溫泉來排毒

鹿兒島市搭電車1小時15分

指宿 ●いぶすき P.138

特色介紹

世界罕見的砂蒸溫泉為其名產

利用溫泉的熱度，將身體埋在砂堆中入浴的砂蒸溫泉很有名。一邊聆聽海浪的聲音，一邊好好放鬆身心吧。

豐富多樣的當地美食

擁有用指宿溫泉源泉烹煮之溫泉蛋的「溫泉蛋蓋飯」、大量使用特產柴魚片的「指宿勝武士拉麵」等，有許多值得品嘗的當地美食。

鹿兒島市 ●かごしまタウン P.128

特色介紹

保有薩摩77萬石歷史的都市

以薩摩藩主島津家的別墅「仙巖園」為首，擁有許多島津家相關景點。

明治維新的功臣西鄉隆盛的出身地

提到鹿兒島最有名的人物就想到西鄉隆盛。隨處可見傳承歷史的博物館及銅像等景點。也有許多以西鄉殿為主題的伴手禮。

名產是多汁甘甜的黑豬肉料理

當地人是以鹿兒島特產番薯來飼育黑豬。好想嘗一嘗黑豬肉涮涮鍋及炸豬排。

推動日本歷史的薩摩隼人的故鄉

鹿兒島市搭巴士1小時12分

知覽 ●ちらん P.136

特色介紹

能夠感受江戶時代風情的「薩摩小京都」

留有約270年前武家屋敷的街區，是重要傳統建築群保存地區。名列國家文化財，能夠參觀各具異趣的七座庭園。

傳承戰爭的歷史與和平的尊貴

知覽是太平洋戰爭末期特攻隊的出擊地。有展示特攻隊員的遺書、當時的戰鬥機等物的設施。

巡遊武家屋敷與庭園

享受南九州第一的能量景點與溫泉

鹿兒島市搭電車1小時

霧島 ●きりしま P.140

特色介紹

祭祀天孫降臨諸神的霧島神宮

被譽為南九州首屈一指的能量景點。境內的氣氛神聖，有國寶級建築、御神木等諸多看點。

九州數一數二的溫泉鄉

霧島溫泉鄉是日本屈指可數的火山地帶，有九個溫泉聚集於此。其中又以中心地區丸尾是最多旅館集中的地方。

必讀 規劃行程的訣竅

在鹿兒島市移動就搭市電&路線巴士

只在鹿兒島市區觀光的話，建議搭市電及路線巴士。若要前往縣內各地，可以搭乘JR及路線巴士；若打算前往景點分散的霧島及指宿等，建議租車自駕比較方便。

住宿選這裡！

推薦作為觀光據點相當便利的鹿兒島市、能體驗砂蒸浴的指宿、露天浴池極具魅力的霧島。

CHECK 巡遊方式建議

24小時都可以搭渡輪前往櫻島

從鹿兒島港到櫻島，有鹿兒島市營櫻島渡輪24小時航行。需時約15分，費用為大人200円。可以刷卡或使用電子貨幣。

活用周遊主要景點的巴士及市電

搭乘以鹿兒島中央站為起點周遊主要觀光景點的KAGOSHIMA CITY VIEW（單趟190円）、鹿兒島市電（單趟170円），就能順暢無阻地巡遊鹿兒島市。通用一日乘車券為600円。

從鹿兒島市前往指宿就搭這個

推薦使用「指宿鐵道&巴士車票」（指宿レール&バスきっぷ），即可搭乘「來回JR」或「單程JR＋單程巴士」在鹿兒島中央站～指宿站、西大山站觀光。票價3150円，2天內有效（路線巴士券為1天）。

搭路線巴士巡遊指宿與知覽有優惠

「我行我素自由乘車方案」（のったりおりたりマイプラン）可以搭乘從指宿站發車，周遊長崎鼻、池田湖等主要觀光地的路線巴士自由觀光。一日乘車券為1100円，二日車券為2200円，除了指宿地區以外還能在知覽地區使用。

鹿兒島市

●かごしまタウン

歷史景點及名產美食為其魅力

本地區的 keyword

西鄉隆盛
仙巖園
黑豬肉、鹿兒島拉麵

薩摩77萬石的城下町，有許多與藩主島津家相關的景點。這裡也是西鄉隆盛、大久保利通等明治維新重要人物輩出之地，以城山為首，有鹿兒島市維新故鄉館等相關景點散布其中。

熊本縣
鹿兒島縣
宮崎縣
鹿兒島市
霧島
櫻島
知覽
指宿

廣域MAP	附錄②22D-4	住宿資訊	P.164
洽詢專線	鹿兒島中央站綜合觀光服務處 ☎099-253-2500 觀光交流中心 ☎099-298-5111		

交通方式

巴士：鹿兒島機場 —鹿兒島交通巴士、南國交通巴士（約40分）— 鹿兒島中央站

車：鹿兒島機場 —國道504號（約1km）— 溝邊鹿兒島機場IC —九州道（約36km）— 鹿兒島IC —鹿兒島東西幹線道路、縣道24號（約3km）— 鹿兒島中央站

巡遊方式建議

大眾運輸相當完備。可以配合目的地，靈活運用涵蓋鹿兒島市電及市營巴士的「KAGOSHIMA CITY VIEW」。

前往偉人淵源之地 歷史探訪

一邊巡遊在日本史上留下偉大足跡的偉人相關景點，一邊享受鹿兒島魅力的散步行程。可以搭乘市營巴士「KAGOSHIMA CITY VIEW」巡遊景觀優美的庭園、名列世界遺產的珍貴史蹟等。

KAGOSHIMA CITY VIEW

KAGOSHIMA CITY VIEW是以鹿兒島中央站為起點周遊主要觀光景點的市營巴士。車資為單趟190円，可搭乘市營巴士及市電的一日乘車券為600円。

START JR鹿兒島中央站

搭KAGOSHIMA CITY VIEW 2分
維新ふるさと館(観光交流センター)前步行即到

1 鹿兒島市維新故鄉館 景點

●かごしましいしんふるさとかん

擬真機器人登場，向觀眾詳細解說發生了什麼事件

上演「通往維新之道」、「薩摩留學生西行」兩部戲劇

透過展示品及戲劇感受西鄉隆盛的時代

該博物館位於西鄉隆盛等偉人輩出的加治屋町。設有薩摩藩特有鄉中教育體驗區，還可以在維新體感大廳觀賞運用機器人及影像製作的戲劇。

☎099-239-7700 MAP 133B-3
所 鹿兒島県鹿兒島市加治屋町23-1
L 9:00～16:30 休 無休 ¥ 300円 P 免費

搭KAGOSHIMA CITY VIEW 12分
西鄉銅像前步行即到

2 西鄉隆盛銅像 景點

●さいごうたかもりどうぞう

鹿兒島孕育的英雄的銅像

受到許多薩摩藩士仰慕的西鄉隆盛，自幕末以來歷經約150年的歲月仍被暱稱為「西鄉殿」，是鹿兒島縣民的驕傲。身穿軍服的銅像相當英挺。

MAP 133B-2
☎099-298-5111
（觀光交流中心）
所 鹿兒島県鹿兒島市城山町4 自由參觀

包含臺座在內，銅像高約8公尺。道路對面設有紀念拍照景點

步行5分

3 鹿兒島城遺址（鶴丸城遺址） 景點

●かごしまじょうあと(つるまるじょうあと)

西鄉殿也來過的島津家居城遺址

沒有天守、採屋形建築樣式的鹿兒島（鶴丸）城，是島津家第十八代當主家久於1601年左右著手興建的島津氏居城。1873年毀於火災的該城象徵「御樓門」已經在2020年3月修復完成。

MAP 133B-2
☎099-222-5100（鹿兒島縣歷史美術中心黎明館）
所 鹿兒島県鹿兒島市城山町7-2 L 本丸內為9:00～18:00（外觀可自由參觀） ¥ 免費

御樓門是日本最大的城門，高、寬均為約20公尺

步行5分

4 K10カフェ 咖啡廳

●ケイテンカフェ

與西鄉殿的子孫愉快交談

位於西鄉隆盛銅像旁大樓5樓的咖啡廳。店長長若松宏是西鄉隆盛的後人。可以在店內看到祕藏照片及珍貴資料。

MAP 133B-2
☎099-295-4189
所 鹿兒島県鹿兒島市城山町2-30 二之丸ビル5F
L 10:00～18:00
休 不定休

K10蛋糕捲330円

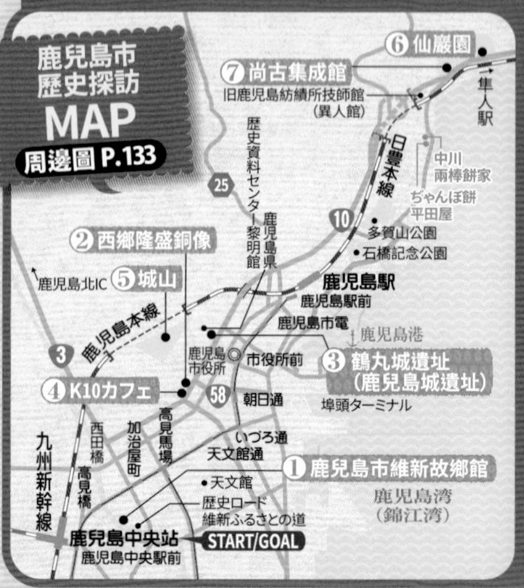

搭周遊市營巴士輕鬆 鹿兒島

象徵集成館事業的西式工廠

本館的建築是以前集成館的機械工廠。由於實施耐震工程，休館至2024年秋季。只有外觀開放參觀

7 尚古集成館

●しょうこしゅうせいかん

景點 世界遺產

收藏初代當主忠久擔任南九州最大莊園「島津荘」下司職的1185年一直到明治期間，長達約800年的島津家歷史資料。本館由於實施耐震工程，目前休館中。別館有舉辦介紹島津家名品的企劃展。

往年春季都會在別館展示女兒節娃娃

☎099-247-1511 MAP 133C-1
所鹿兒島県鹿兒島市吉野町9698-1
L9:00～17:00 休無休 ¥1000円（與仙巖園通用）
P有共用停車場

步行即到

GOAL 鹿兒島中央站

搭KAGOSHIMA CITY VIEW 31分

園內的商店&餐館

匯集鹿兒島代表性工藝品

仙巖園招牌名店

●せんがんえんブランドショップ

購物

可以購買島津齊彬基於海外貿易目的所創造的薩摩切子、從朝鮮帶回來的陶工匠薩摩燒等鹿兒島傳統工藝品。

薩摩切子酒杯28600円起

在沉穩的空間享受鹿兒島傳統之美

L9:00～17:00

享用鹿兒島的茶與名點

仙巖園茶寮

●せんがんえんさりょう

咖啡廳

店內有茶釜可以提供點茶服務。能一邊眺望悉心維護的庭園美景，一邊品茶、享用甜點，稍作休息。

抹茶與點心980円

將鹿兒島發源的冰菓「白熊冰」做成仙巖園風格的「茶寮熊冰」900円

L9:00～16:30

櫻島一覽無遺的絕景餐廳

御膳所 櫻華亭

●ごぜんどころ おうかてい

美食

提供黑豬肉料理、雞肉飯、薩摩料理等菜單，其中最推薦使用島津齊彬愛吃的鯛魚製成的「鯛魚涮涮鍋御膳」。

桌位座、吧檯座及半包廂座位皆能眺望櫻島

可品嘗現捕海鮮的鯛魚涮涮鍋御膳2200円

L11:00～15:30

中庭中央的水池源自於風水，內有八角形的凹洞

可以眺望美麗櫻島的島津家別墅

名列世界遺產的反射爐遺址。石牆上有煙囪和反射爐，全長應有約20公尺

島津齊彬用於煤氣點燈實驗的鶴燈籠

6 仙巖園

●せんがんえん

世界遺產 景點

以櫻島為築山、將錦江灣比作水池的庭園，是島津家第十九代當主光久於別墅所建。也有保留反射爐遺址等第二十八代當主齊彬所推動的近代化事業史蹟，這一帶名列世界遺產。

☎099-247-1551
MAP 133C-1
所鹿兒島県鹿兒島市吉野町9700-1
L9:00～17:00 休3月第1週日 ¥入場費1000円（與尚古集成館通用），參觀御殿費用另計 P1次300円

搭KAGOSHIMA CITY VIEW 10分
城山步行3分

搭KAGOSHIMA CITY VIEW 25分
仙巖園(磯庭園)前步行即到

5 城山

●しろやま

景點

海拔107公尺的山丘，作為西南戰爭時最後的激戰地而聞名。留有西鄉隆盛相關史蹟等，在自然遊步道散步也很不錯。

☎099-298-5111（觀光交流中心） MAP 133B-2
所鹿兒島県鹿兒島市城山町 自由參觀 P有公共停車場

可以從觀景台眺望櫻島及錦江灣

從西鄉隆盛淵源之地將鹿兒島市區盡收眼底

品嘗名產兩棒餅

ぢゃんぼ餅平田屋

●ぢゃんぼもちひらたや

「兩棒餅」專賣店。將柔軟麻糬放在鐵網上烤得恰到好處，再塗上大量砂糖醬油醬汁就完成了。從客座正面還可以看到大海與櫻島。

兩棒餅為10支600円

☎099-247-3354 MAP 133C-1
所鹿兒島県鹿兒島市吉野町9673
L9:30～17:30 休週四

中川兩棒餅家

●なかがわぢゃんぼもちや

可購買鄉土點心兩棒餅。食用前會先用鐵網烤過現做的麻糬，再沾上將味噌和粗糖煮至收汁的餡料。內用會招待茶。

兩棒餅為1人份10支500円

MAP 133C-1
☎099-247-5711
所鹿兒島県鹿兒島市吉野町9673 L10:00～18:00（暑假期間到19:00） 休不定休

購物

吃遍薩摩美食！

鹿兒島美食

受惠於溫暖氣候、寬廣海域的鹿兒島盛產許多美食。以招牌黑豬肉料理爲首，鹿兒島拉麵、薩摩料理等都是備受關注的美食。

黑豬肉

品質、產量皆位居日本之冠的鹿兒島黑豬肉。以添加番薯的飼料來養育的黑豬肉質柔軟，油脂濃郁且甘甜。

僅在中午提供的炸黑豬五花肉套餐1550円。附白飯、味噌湯、小菜以及醃菜

沾蛋液品嘗的涮涮鍋為名產

西鄉全餐6600円（服務費另計）

將涮過的黑豬肉沾蛋液食用

天文館周邊

黑豚料理あぢもり ●くろぶたりょうりあぢもり

不僅是最先介紹黑豬肉料理的專賣店，也是黑豬肉涮涮鍋的發源店。薩摩黑豬肉涮涮鍋是將薄切豬五花肉在湯頭涮過後直接食用，豬里肌肉則是沾蛋液食用。

☎099-224-7634 MAP 133A-2
所鹿児島県鹿児島市千日町13-21 交鹿兒島中央站搭市電8分，天文館通下車步行5分 營11:30～13:00、17:30～20:00（炸豬排區為11:30～14:15）
休週三（其他可能不定休）

鹿兒島中央站周邊

とんかつ川久 ●とんかつかわきゅう

每逢假日，還沒開店就會大排長龍的炸豬排專賣店。使用在霧島高原飼育、獨自熟成的黑豬肉，肉質細緻且飽滿多汁。呈現外酥內軟的鮮嫩粉紅色。

僅平日11時30分和傍晚5時能預約，逾時不候

MAP 133B-3
☎099-255-5414
所鹿児島県鹿児島市中央町21-13
交鹿兒島中央站步行3分
營11:30～14:30、17:00～21:00
休週二（逢假日則翌日休，逢連假則不定休）

天文館周邊

黑福多 ●くろぶた

使用黑豬肉的白味噌火鍋

提供以黑豬腿肉炸成的豬肉煎餅、櫻島熔岩燒、炸豬里肌肉膳等多種菜單，其中本店招牌為「黑豬肉味噌壽喜燒」。以吃涮涮鍋的訣竅將肉放到高湯涮一下，或是煮熟後食用。

MAP 133A-2
☎099-224-8729
所鹿児島県鹿児島市千日町3-2かまつきビル1F
交鹿兒島中央站搭市電8分，天文館通下車步行3分
營11:30～14:00、17:30～21:30
休週一（逢假日則翌日休）

蒸黑豬肉與蔬菜的健康蒸籠料理

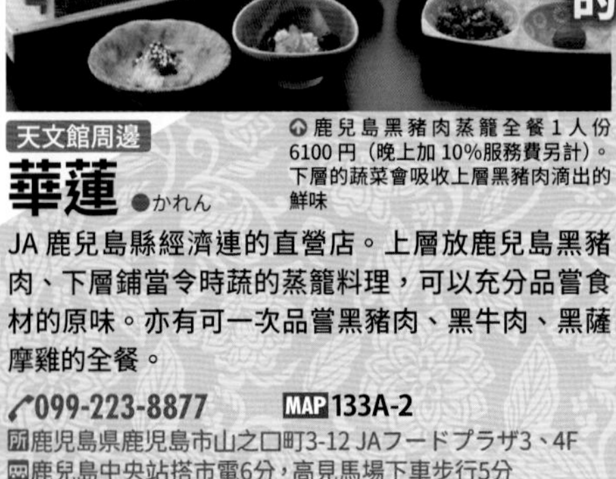

鹿兒島黑豬肉蒸籠全餐1人份6100円（晚上加10%服務費另計）。下層的蔬菜會吸收上層黑豬肉滴出的鮮味

天文館周邊

華蓮 ●かれん

JA鹿兒島縣經濟連的直營店。上層放鹿兒島黑豬肉、下層鋪當令時蔬的蒸籠料理，可以充分品嘗食材的原味。亦有可一次品嘗黑豬肉、黑牛肉、黑薩摩雞的全餐。

☎099-223-8877 MAP 133A-2
所鹿児島県鹿児島市山之口町3-12 JAフードプラザ3、4F
交鹿兒島中央站搭市電6分，高見馬場下車步行5分
營11:30～13:30、17:30～21:00
休第3週日（逢連假則連假最終日休）

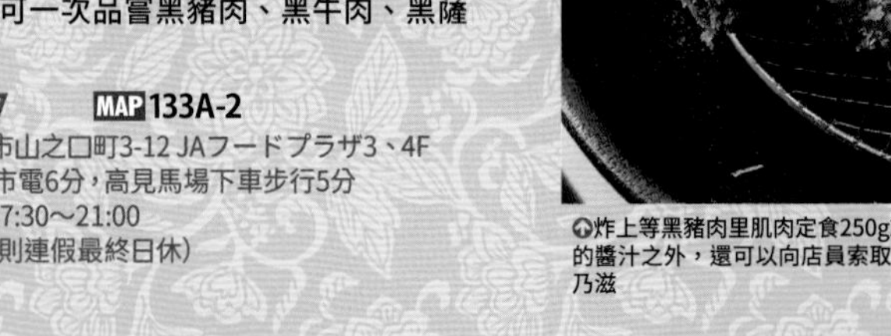

「黑豬肉味噌壽喜燒」2人份6050円

肉的鮮美在口中擴散開來的炸黑豬排

炸上等黑豬肉里肌肉定食250g2500円。除了桌上的醬汁之外，還可以向店員索取岩鹽、芥末以及美乃滋

鹿兒島拉麵

天文館周邊
鹿児島ラーメン 豚とろ
●かごしまラーメンとんとろ

豬頸肉拉麵860円。加半熟滷蛋1000円

豬頸肉叉燒在舌頭上化開

添加燉煮 12 小時叉燒的拉麵相當有人氣。湯頭有濃郁、清爽、偏淡、偏濃等口味，可依個人喜好選擇。

099-222-5857 MAP 133A-2
所鹿兒島県鹿児島市山之口町9-41
鹿兒島中央站搭市電6分，高見馬場下車步行3分
11:00～翌2:00（週五六、假日前日到翌3:00） 休不定休

建於鹿兒島市中心的天文館區域

擺上大量黑豬叉燒及高麗菜絲的拉麵1100円

盛滿黑豬叉燒與高麗菜

雖然豚骨拉麵是主流，在九州卻難得有味噌、鹽味、醬油等多種口味。大多數店家都會端上醃蘿蔔作為茶點。

天文館周邊
ラーメン専門 こむらさき
●ラーメンせんもん こむらさき

1950 年創業。使用以豚骨、帶骨肋肉、全雞、香菇及昆布熬製的和風高湯。不加鹼水、以蒸煮方式增加彈性的細麵能充分沾裹湯汁。

MAP 133A-1
099-222-5707
所鹿兒島県鹿児島市東千石町11-19 鹿兒島中央站搭市電8分，天文館通下車步行3分 11:00～18:00（可能變更，週四到16:00） 休第3週四（可能臨時公休）

天文館周邊
くろいわラーメン

開業超過 50 年，在鹿兒島市內有三間店鋪。使用以國產豚骨、雞骨等混合熬煮而成的湯頭，味道清爽。與炸洋蔥相輔相成，一下子就吃光了。

MAP 133A-1
099-222-4808
所鹿兒島県鹿児島市東千石町9-9 鹿兒島中央站搭市電8分，天文館通下車步行4分
11:00～19:00
休週二

在地耕耘50年以上眾所熟知的熱門店家

炸洋蔥的香氣與甘甜絕妙的拉麵870円

薩摩料理

薩摩炸魚餅、豚骨拉麵等是鹿兒島獨有的傳統美味。樸實且味道深邃，跨越時代傳承下來。

全餐料理為午餐1980円起、晚餐3850円起

大啖傳統的薩摩料理

天文館周邊
熊襲亭
●くまそてい

使用嚴選當地食材、以傳統調理法製成的鄉土料理，該店稱之為「正調薩摩料理」。可以嘗到丁香魚生魚片、薩摩麵豉湯、薩摩炸魚餅等代表性薩摩料理。

099-222-6356 MAP 133A-1
所鹿兒島県鹿児島市東千石町6-10 鹿兒島中央站搭市電8分，天文館通下車步行3分
11:30～14:00、17:30～21:30 休無休

黑毛和牛

鹿兒島是日本全國首屈一指的牛肉產地。經常沐浴在南國太陽下的黑牛，不論味道還是品質都是頂級品。細緻的霜降油脂分布相當出色。

優質黑毛牛肉盡情吃到飽

嚴選七輪全餐8000円。以炭烤爐烤得香噴噴的黑毛牛肉是絕品美味

天文館周邊
七輪焼肉 遊々亭 グルメ通店
●しちりんやきにく ゆうゆうてい グルメどおりてん

限時 90 分鐘的鹿兒島產黑毛和牛吃到飽。除了牛肉以外，還附黑豬頸肉、花枝、香腸、烤蔬菜及沙拉等。

099-222-4564 MAP 133A-1
所鹿兒島県鹿児島市東千石町8-5 ボールズビル2F 鹿兒島中央站搭市電8分，天文館通下車步行3分 17:00～23:00（週六日、假日11:00～14:00也有營業） 休不定休

天文館周邊
炊き肉 牛ちゃん本店
●たきにく ぎゅうちゃんほんてん

將最高級 A5 鹿兒島縣產黑毛和牛與大量蔬菜、多種香辛料一起烹煮的創作鍋料理「炊肉」。將食材放進鍋具中央裝滿醬汁的凹槽攪散，邊煮邊吃。許多來鹿兒島的藝人也會順道光顧，相當有名。

099-223-6305 MAP 133A-1
所鹿兒島県鹿児島市東千石町6-11 大和矢ビル1F
鹿兒島中央站搭市電8分，天文館通下車步行3分
17:00～23:00 休無休

知名音樂人也會光顧的「炊肉」

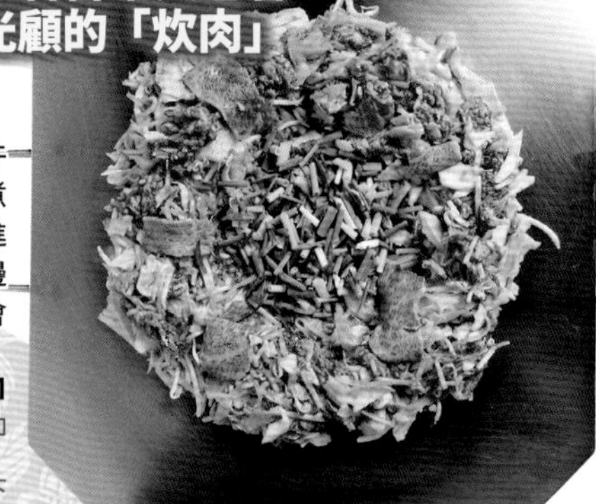
含黑毛和牛肋骨肉的炊肉2750円起。食用時淋上醋，味道會大幅改變

鹿兒島美食

白熊冰

聞名全國的「白熊冰」本家

誕生自鹿兒島的白熊冰。從在剉冰上淋牛奶並擺上水果、蜜豆的原味，一直到別出心裁的特色冰品，每家店端出的白熊冰都各有千秋。

肚子裡面有紅豆餡！

天文館周邊

SANDECO COFFEE 数学カフェ

●サンデコ コーヒー すうがくカフェ

喜歡數學的店主所經營的咖啡廳。立體白熊相當可愛的「水果溫泉白熊之湯」擺滿了當令水果。剉冰內有添加紅豆餡。

MAP 133B-2

☎099-213-9533

所 鹿兒島県鹿兒島市名山町4-1 2F

交 鹿兒島中央站搭市電13分，市役所前下車步行即到

營 10:00～16:00

休 無休

造型更接近熊的水果溫泉白熊之湯1801円。2、3人一起分食吧

天文館周邊

天文館むじゃき本店

●てんもんかんむじゃき ほんてん

1946 年開業的大眾食堂，研發冰品「白熊冰」的店。除了正統的「白熊冰」之外，還有添加霜淇淋、布丁等加以變化的 15 種「白熊冰」。

MAP 133A-2

☎099-222-6904

所 鹿兒島県鹿兒島市千日町5-8

交 鹿兒島中央站搭市電8分，天文館通下車步行3分 營 11:00～18:30

休 不定休

原味白熊冰750円。淋上自製牛奶與蜜汁，再擺上水果作為配料

鹿兒島市南部

奄美の里 My Terrace Cafe

●あまみのさと マイ テラス カフェ

在充滿奄美大島大自然的「奄美之里」內，設有 7 月（預定）起期間限定登場的剉冰區。除了原味的「白熊冰」之外，還能享用「赤熊冰」、「熊爸爸冰」、「熊媽媽冰」這些家族成員大集合的「白熊冰」系列冰品。

MAP 附錄②25 C-1

☎099-268-0331（奄美之里）

所 鹿兒島県鹿兒島市南栄1-8-1 奄美の里1F

交 JR谷山站開車5分

營 11:30～16:30

休 無休 P 免費

人氣女孩「赤熊」是酸甜滋味的剉冰

赤熊800円。使用大量富含維他命C及膳食纖維、有美肌等效果的火龍果汁。

※照片為示意圖。價格及內容可能變更

天文館周邊

カフェ彼女の家 天文館店

●カフェかのじょのいえ てんもんかんてん

以擺滿芒果的「黃熊冰」最受歡迎的咖啡廳。三種芒果醬的香醇甜味與酸味相互調和。也有能外帶的手拿尺寸、淋上清爽自製醬汁的白熊冰。

MAP 133A-1

☎099-223-8256

所 鹿兒島県鹿兒島市中町6-13 正米ビル2F

交 鹿兒島中央站搭市電10分，石燈籠通下車步行即到

營 11:00～18:00 休 無休

鮮艷的黃色衝擊性十足

淋上滿滿三種芒果醬的黃熊冰900円。擺有芒果、香蕉及香草冰淇淋等，口感豐富

鹿兒島茶

氣候溫暖的鹿兒島縣，茶葉栽種面積與栽種量皆為全國第二。出產甘甜與澀味平衡絕佳的「鹿兒島茶」。

鹿兒島中央站周邊

貴茶

●たかちゃ

以白色和木質為基調的和風摩登店內、以花卉及水滴圖案為題的包裝相當時尚。除了煎茶及冷泡煎茶之外，還能享用每週更換口味的霜淇淋等。

☎099-285-2050 MAP 133B-3

所 鹿兒島県鹿兒島市高麗町10-1 ヒルズ高麗本通り1F

交 鹿兒島中央站步行12分 營 10:00～19:00

休 無休 P 免費

適合拍美照的茶屋

霜淇淋400円。抹茶、焙茶、煎茶及紅茶這四種口味每週更換

添加珍珠的日本茶拿鐵600円

由百年以上的製茶批發商經營

茶味濃郁的冰淇淋有綠茶及焙茶口味495円。

鹿兒島中央站周邊

すすむ屋茶店

●すすむやちゃてん

販售煎茶、焙茶、抹茶等超過 20 種鹿兒島縣內茶葉及原創茶具等的日本茶專賣店。在咖啡廳區能享用茶及用茶製作的甜點。

MAP 133B-3

☎099-251-4141

所 鹿兒島県鹿兒島市上之園町27-13

交 鹿兒島中央站步行8分

營 10:00～18:00（咖啡廳到17:45）

休 週三（逢假日則翌日休）

鰻魚

鹿兒島是日本第一的鰻魚產地。氣候溫暖加上經白州台地過濾的地下水，孕育出既沒有腥味又美味的鰻魚。

天文館周邊

うなぎの末よし

●うなぎのすえよし

建於天文館中心區，創業超過 80 年的鰻魚專賣店。作家椋鳩十讚不絕口的蒲燒鰻魚，是使用大隅產高品質鰻魚搭配獨門醬料，以備長炭烘烤而成。

☎099-222-1525 MAP 133A-1

所 鹿兒島県鹿兒島市東千石町14-10

交 鹿兒島中央站搭市電8分，天文館通下車步行即到

營 10:30～20:00（售完打烊） 休 第1、3週二（逢假日、黃金週及夏季可能變動）

創業超過80年的鰻魚店

重箱鰻魚飯為梅1450円、竹2120円、松2820円

鹿兒島市
0 350 700m
景點 玩樂 美食 咖啡廳 溫泉 購物 住宿 活動 複合設施
周邊圖 附錄②22D-4
天文館
周邊圖 下圖
0 50 100m
天文館 上圖
P.129 仙巖園
P.129 御膳所 櫻華亭
P.129 仙巖園招牌名店
P.129 仙巖園茶寮
薩摩的女兒節
P.129 尚古集成館
磯工芸館
薩摩ガラス工芸
Factory
ぢゃんぼ餅
平田屋 P.129
中川兩棒餅家 P.129
旧鹿児島紡績所技師館(異人館)
石橋記念公園・石橋記念館
西郷隆盛銅像 P.128
鹿児島城遺址(鶴丸城遺址) P.128
P.128 K10 カフェ
SANDECO COFFEE 數学カフェ P.132
P.129 城山
SHIROYAMA P.164 HOTEL kagoshima
附錄①13 Kagomania
鹿児島市維新故鄉館 P.128
SATSUMACHI鹿児島中央站 附錄①13
附錄①13 土產橫丁
P.130 とんかつ川久
AMU PLAZA鹿児島 附錄①13
Kurozu Farm CAFE AND MARKET
すずめ屋茶店 P.132
鹿児島鄉土屋台村 P.7
貴茶 P.132
觀光物產館 池畑天文堂 附錄①13
P.131 炊き肉 牛ちゃん本店
七輪燒肉 遊々亭 P.131 グルメ通店
能襲亭 P.131
うなぎの末よし P.132
カフェ彼女の家 天文館店 P.132
くろいわラーメン P.131
ラーメン専門 P.131 こむらさき
天文館 P.132 むじゃき本店
黒福多 P.130
黒豚料理 あぢもり P.130
P.130 華蓮
鹿児島ラーメン豚とろ P.131
九州新幹線
鹿児島本線
日豊本線
指宿枕崎線
鹿児島市電
鹿兒島港
鹿兒島灣(錦江灣)
天保山シーサイドブリッジ
櫻島渡輪
種子屋久高速船(鹿児島～指宿、西之表～宮之浦、安房)
種子屋久高速船(鹿児島～指宿～宮之浦～西之表)
奄美海運(鹿児島～喜界島～古仁屋～平土野～知名)
A"LINE Ferry(鹿児島～名瀬～亀徳～和泊～与論～本部～那覇)
MARIX LINE(鹿児島～名瀬～亀徳～和泊～与論～本部～那覇)
十島村渡輪(鹿児島～口之島～中之島～平島～諏訪之瀬島～惡石島～小寶島～寶島～名瀬)
三島村渡輪(鹿児島～竹島～硫磺島～大里～片泊)
渡輪屋久島2(鹿児島～宮之浦)
COSMO LINE(鹿児島～西之表)
鹿児島中央站
鹿児島駅
指宿駅
郡元駅
南鹿児島駅
鹿児島県庁
鴨池港フェリーターミナル

精選景點之旅

櫻島的外周長為 36 公里。可以搭乘在島內行駛的「櫻島觀光號」，出發巡遊以湯之平展望所為首的觀景景點及名勝。

櫻島

さくらじま

感受大地能量的鹿兒島象徵

本地區的 keyword：熔岩原、湯之平展望所、泡溫泉 感受火山恩惠

櫻島聳立在距離鹿兒島市區約4公里的海上。島內遍布著粗糙不平的熔岩原，能親身感受大自然的威力。除了生氣蓬勃的景色之外，溫泉、美食等也充滿魅力！

廣域MAP 附錄②22E-4

洽詢專線
鹿兒島中央站綜合觀光服務處 ☎099-253-2500
櫻島觀光服務處 ☎099-293-4333

熊本縣、宮崎縣、鹿兒島縣、霧島、鹿兒島市、櫻島、知覽、指宿

交通方式

鐵道+渡輪：鹿兒島中央站 —鹿兒島市電（15分）→ 水族館口 → 鹿兒島本港櫻島渡輪碼頭 —櫻島渡輪（15分）→ 櫻島港

車+渡輪：鹿兒島中央站 —國道3、10號（約4km）→ 鹿兒島本港櫻島渡輪碼頭 → 櫻島港

巡遊方式建議

有巡遊島內主要景點的周遊巴士「櫻島觀光號」運行。打算去島上東部的話，可以利用租車自駕。島內只有一個地方能租車，最好事先預約。
☎099-293-2162（櫻島租車）

至今仍在活動的火山
櫻島是由北岳及南岳兩座主峰構成的複合火山，且是至今仍持續噴出高聳噴煙的活火山。2021 年內一共噴發了 145 次。最多時甚至一年噴發 1000 次以上。

櫻島觀光號

環島約1小時！

以櫻島為起點，繞行湯之平展望所、櫻島旅客服務中心等島內觀景景點及主要觀光地的周遊巴士。交替行駛 A、B 路線，一天共 15 班，繞一圈約 1 小時。櫻島觀光號專用的一日乘車券為 500 円。
☎099-257-2111（鹿兒島市交通局巴士事業課）

路線 ①桜島港 ②火の島めぐみ館 ③レインボー桜島 ④ビジターセンター ⑤烏島展望所 ⑥赤水展望広場 ⑦赤水麓 ⑧国際火山砂防センター ⑨赤水麓 ⑩赤水湯之平口 ⑪湯之平展望所 ⑫桜洲小学校前
※⑦～⑨為僅B行程停車

白濱溫泉、鹿兒島市、櫻島港渡輪碼頭、櫻島、湯之平展望所、御岳（北岳）、中岳、南岳、黑神埋沒鳥居、林芙美子文學碑、有村熔岩展望所、古里溫泉鄉

搭乘櫻島觀光號巡遊島上！

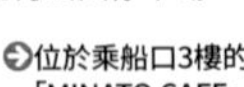

這裡也要CHECK 櫻島港渡輪碼頭

有關於咖啡廳、商店、觀光服務處等對旅遊大有幫助的豐富資訊。4 樓設有可眺望櫻島港及鹿兒島市區的觀景露台。
☎099-293-2525 MAP134
所 鹿兒島県鹿兒島市桜島横山町61-4
交 櫻島港即到
P 有公共停車場

位於乘船口3樓的「MINATO CAFE」

START 櫻島港 → 巴士1分

② 火の島めぐみ館巴士站
「櫻島」火之島特產館公路休息站
みちのえき「さくらじま」ひのしまめぐみかん

購物

由餐廳與特產館構成的公路休息站，販售當地農家提供的蔬菜、水果及加工品等。在餐廳能夠品嘗使用特產櫻島小蜜柑做的烏龍冷麵。

☎099-245-2011 MAP134
所 鹿兒島県鹿兒島市桜島横山町1722-48 L 9:00～17:00（餐廳到14:00） 休 第3週一（逢假日則翌日休） P 免費

櫻島名產美食&伴手禮一應俱全

小蜜柑烏龍冷麵 單點550円
麵中揉入了櫻島小蜜柑皮，可享受清爽的香味。

櫻島小蜜柑饅頭 6入712円
外型與真正的蜜柑一模一樣的饅頭。紙箱也很獨特，收禮者一定會喜歡。

巴士5分

認識櫻島的形成過程

掌握櫻島資訊！

添加櫻島產山茶花油，櫻島小蜜柑的香味相當清爽。「櫻島山茶花護手霜」1650円

使用冷壓製法細心榨油的「櫻島冷榨山茶花油護理油」30ml3300円

④ ビジターセンター巴士站
櫻島旅客服務中心
さくらじまビジターセンター

景點

透過影像及立體透視模型，詳細介紹櫻島噴發的歷史、火山活動及植物情況等。也能在此掌握櫻島的觀光資訊。館內博物館商店有販售櫻島特有的獨特商品。

☎099-293-2443 MAP134
所 鹿兒島県鹿兒島市桜島横山1722-29
L 9:00～17:00 休 無休 P 免費

Check! 有許多體驗企劃
櫻島會舉辦許多享受大自然的各種體驗企劃。在櫻島旅客服務中心有實施事先預約制的徒步導覽等。詳情需洽詢。

櫻島

搭乘櫻島觀光號輕鬆環島♪

中途景點

以雄壯景色為背景，親身感受火山威力　櫻島港步行9分　溫泉

「櫻島」熔岩渚公園足湯

●「さくらじま」ようがんなぎさこうえんあしゆ

緊鄰櫻島港的熔岩渚公園內，設有全長約100公尺的足湯，此為日本最大的戶外足湯。能夠一邊眺望錦江灣及櫻島山脈，一邊放鬆。MAP134

099-298-5111（觀光交流中心）

所鹿児島県鹿児島市桜島横山町1722-3

L9:00～日落　休無休　¥免費　P免費

←當地居民及觀光客的休息場所

享用以溫泉和櫻島為意象的美食　櫻島港步行6分　溫泉　美食

國民宿舍 彩虹櫻島

●こくみんしゅくしゃ レインボーさくらじま

可享受從地下1000公尺湧出的櫻島岩漿溫泉的國民賓館。在附設的餐廳可品嘗以櫻島為意象的菜單及黑豬肉料理。MAP134

099-293-2323

↑可品嘗錦江灣特產魚「櫻勘」的「櫻勘紅鮒御膳」1750円

←溫泉館內設有男女有別的室內浴池、包租浴池、遠紅外線三溫暖等設施

所鹿児島県鹿児島市桜島横山町1722-16　L10:00～22:00（週三為13:00起，餐廳為12:00～13:30）　休無休　¥泡湯費390円　P免費

以噴煙裊裊的櫻島景觀及手工五平餅為傲　櫻島港開車25分　咖啡廳

かふぇ はましま

位於從櫻島港繞島半圈所至之處。店主濱島靖子使用從出身地岐阜採購的紅味噌，烤製的香噴噴五平餅為該店名產。可以一邊欣賞櫻島冒出的噴煙，一邊在此小憩片刻。

099-293-4830　MAP134

所鹿児島県鹿児島市黒神町2584-11

L11:00～日落　休不定休　P免費

←五平餅套餐500円。附抹茶果凍及熱茶

超巨大白蘿蔔&超迷你蜜柑

作為世界上最重、最大的白蘿蔔而名列於金氏世界紀錄的「櫻島白蘿蔔」，以及直徑約5公分的小巧超甜「櫻島小蜜柑」，是世界知名的兩大特產。

4000人居住的島嶼

櫻島擁有世界屈指可數的活火山，有大約4000人與火山共存。對當地居民而言，火山噴發已經是日常生活的一部分。

⑤烏島展望所巴士站

烏島展望所

●からすじまてんぼうしょ　景點

從曾經是無人島的地方遠眺櫻島

這座觀景所設置在過去位於離櫻島約500公尺海面上的無人島「烏島」上。由於約100年前的大正大噴發，烏島被熔岩吞沒而與櫻島合為一體。周邊道路上立有櫻島白蘿蔔造型的街燈。

立有證明大正大噴發的紀念碑

MAP134

099-298-5111（觀光交流中心）

所鹿児島県鹿児島市桜島赤水町3629-12

自由參觀　P免費

巴士3分　巴士2分

⑥赤水展望広場巴士站

赤水展望廣場

●あかみずてんぼうひろば　景點

在能眺望鹿兒島市區的場所整建的觀景廣場。廣場一角立有一座使用櫻島熔岩塑造而成的「吶喊的肖像」，是為了紀念鹿兒島縣出身的歌手長渕剛於2004年在櫻島舉行通宵演唱會。

MAP134

099-298-5111（觀光交流中心）

所鹿児島県鹿児島市桜島赤水町3629-3　自由參觀

在鹿兒島出身的巨星像前吶喊滿腔熱情！

使用約50噸熔岩製成

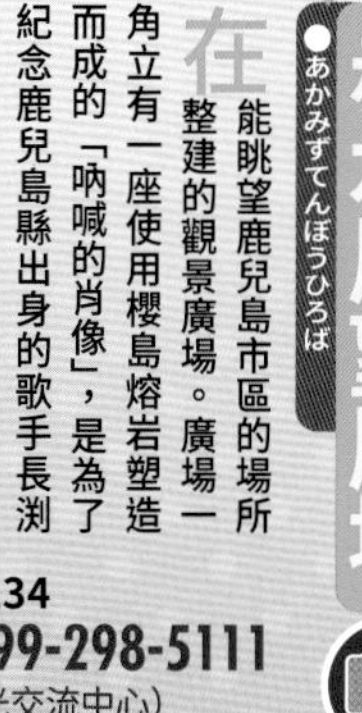

含臺座高約3.4公尺

巴士29分

⑪湯之平展望所巴士站

湯之平展望所

●ゆのひらてんぼうしょ　景點

最接近噴火口！至高點373公尺

建於櫻島北岳的4合目、海拔373公尺處的湯之平展望所，是可以就近觀看火山噴煙的觀景景點。崎嶇不平的山表近在眼前，壯闊的景觀讓人折服。從這裡眺望鹿兒島市區方向及大隅半島的景緻也很美。

尋找七個心石！

據說若能找到所有藏在觀景所石牆上的心形石頭，戀情就會開花結果

天氣晴朗時可遙望鹿兒島市區、大隅半島乃至於指宿

099-298-5111（觀光交流中心）MAP134

所鹿児島県鹿児島市桜島小池町1025

自由參觀（商店為9:00～17:00）　P免費

鹿兒島市 P.128
櫻島 P.134
知覽 P.136
指宿 P.138
霧島 P.140

感受江戶時代風貌的街區漫步

的小京都 知覽

提到知覽觀光的必去景點，就想到「知覽武家屋敷庭園」。武家屋敷井然有序地比鄰而立，被譽為「薩摩小京都」的美麗街道保存良好。除了開放參觀的七座庭園之外，也有不少咖啡廳及雜貨店等。

擁有約270年歷史的武家屋敷林立
©P.K.N

知覽（ちらん）

傳承特攻隊歷史的薩摩小京都

本地區的keyword
知覽武家屋敷庭園
知覽特攻和平會館
古民家午餐

太平洋戰爭末期設有特攻隊出擊基地的地方。建有傳承特攻隊歷史的設施。另一方面，江戶時代的武家屋敷現存於薩摩藩外城之一知覽町郡地區，可以看到保有當時風貌的街道。

廣域MAP
附錄②25C-2

洽詢專線
南九州市商工觀光課
☎0993-83-2511
南九州市知覽觀光協會
☎0993-58-7577

交通方式

巴士：鹿兒島中央站 —鹿兒島交通巴士（1小時12分）— 武家屋敷入口巴士站

車：鹿兒島中央站 —縣道24號・鹿兒島東西幹線道路（約3km）— 鹿兒島IC —指宿Skyline（約27km）— 知覽IC —縣道23號（約9km）— 知覽武家屋敷庭園

巡遊方式建議

知覽特攻和平會館與知覽武家屋敷庭園之間，有鹿兒島交通的巴士在運行。搭乘從鹿兒島市內出發，有效率地周遊指宿及知覽觀光地的「指宿知覽定期觀光巴士」也是一種移動方式（需確認行駛日）。

石牆

武家屋敷的石牆可分成切石與丸石這兩種砌法，據說切石代表身分地位比較高。

心形手水鉢

以森重堅邸庭園為首的多座庭園內都有心形手水鉢。可能是以象徵驅魔之意的山豬眼為構想？

屏風岩

位於大門內側的屏風岩相當於沖繩的「屏風」，具有防止窺視內部的功能。

盡情欣賞精心養護的日本庭園之美

知覽武家屋敷庭園

●ちらんぶけやしきていえん　景點

江戶時代，薩摩藩的外城設置於知覽。現存的武家屋敷群據說是在佐多氏第十八代島津久峯時代所建，被選定為重要傳統建築群保存地區。其中，亦名列國家名勝的七座庭園對外開放一般民眾參觀。

MAP 136B-1
☎0993-58-7878
（知覽武家屋敷庭園有限責任事業工會）
所 鹿兒島県南九州市知覧町郡13731-1
交 武家屋敷庭園入口巴士站步行即到
L 9:00～17:00　休 無休　¥530円
P 1小時200円（之後每小時50円）

森重堅邸庭園

七座庭園當中唯一的築山池泉式庭園。在蜿蜒曲折的池水周邊以奇岩、怪石來表現山脈及半島等。

©P.K.N

西鄉惠一郎邸庭園

應是江戶時代後期作庭的枯山水式庭園。庭園東南方設有枯瀑布的石頭配置，藉以表現高峰。

©P.K.N

平山克己邸庭園

納入母岳優美景觀的枯山水式借景園，優異的調和與表現備受讚賞。

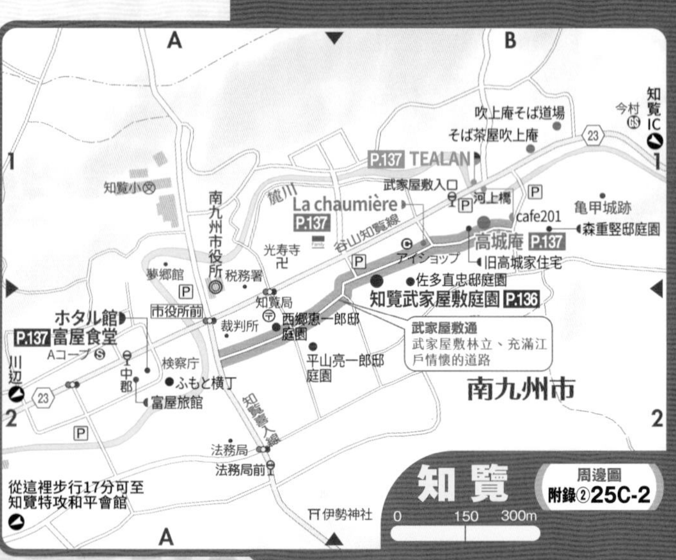

薩摩

CHECK周邊景點

傳達戰爭的歷史與和平的尊貴

知覽特攻和平會館

●ちらんとっこうへいわかいかん

景點

太平洋戰爭沖繩戰役時，於知覽設立的陸軍特攻隊基地。知覽特攻和平會館內展示著以爆裝戰鬥機出擊而在特攻中戰死的隊員遺物及遺書，以及當時的戰鬥機等。

展示著當時陸軍的主力戰鬥機一式戰鬥機「隼」

從南九州市知覽中心區到知覽特攻和平會館路旁的成排石燈籠上，刻有身穿飛行服的地藏菩薩

海軍零式艦上戰鬥機。保留在海中發現時的模樣

MAP附錄②25C-2
☎0993-83-2525
所鹿兒島縣南九州市知覧町郡17881 巴武家屋敷入口搭鹿兒島交通巴士5分，特攻観音入口下車步行即到 L9:00～16:30 休無休 ¥500円 P免費

感受特攻隊員之母的生存方式

ホタル館 富屋食堂

●ホタルかん とみやしょくどう

景點

將身為年輕特攻隊員之母而受到仰慕的鳥濱登米經營的「富屋食堂」在當時的地點加以復原。館內的資料館透過遺物及照片，來介紹鳥濱女士與特攻隊員的互動情景。

將富屋食堂的房間加以重現。放有當時的家具及地爐等

☎0993-58-7566 MAP136A-2
所鹿兒島縣南九州市知覧町郡103-1
巴武家屋敷入口巴士站步行9分
L10:00～17:00 休無休 ¥500円
P有公共停車場

於1929年開業的富屋食堂

介紹知覽的歷史與文化

知覽博物館

●ミュージアムちらん

景點

以「交錯的文化浪濤」為主題，介紹知覽城遺址、武家屋敷、十五夜Sorayoi祭等的資料館。劇院會透過聲音及影像，介紹南薩摩的歷史及文化起源。

陳列著南薩摩獨特的船隻、武家屋敷的家具等

☎0993-83-4433 MAP附錄②25C-2
所鹿兒島縣南九州市知覧町郡17880 巴武家屋敷入口搭鹿兒島交通巴士5分，特攻観音入口下車步行3分 L9:00～16:30 休週三（逢假日則開館，12月29～31日休館，可能臨時休館）
¥300円（與知覽特攻和平會館通用為600円） P免費

全國第一的茶葉產地

知覽茶甜點

其實鹿兒島縣是茶葉產量位居日本全國第二的茶葉產地。尤其知覽以市町村級別來看的話足以登上全國第一，栽種特產茶「知覽茶」。能享用以苦味、澀味少且茶香高雅的茶葉所製的甜點。

滿滿知覽產紅茶的午茶時光

夢富貴茶芭菲
650円（3～12月限定）
將曾經榮獲英國「美食風味獎」(Great Taste Awards) 金獎的「夢富貴」（夢ふうき）茶葉所製的霜淇淋擺在果凍上

TEALAN

●ティアラン

景點 咖啡廳

認識綠茶、中國茶及紅茶的資料館內有附設咖啡廳。能飲用從種植到採摘全程人工作業的茶葉所沖泡的紅茶，或是品嘗變化菜單。

可以進到位於入口處的紅色倫敦巴士內

MAP136B-1
☎0993-83-3963
所鹿兒島縣南九州市知覧町郡13746-4 巴武家屋敷入口巴士站步行即到 L11:00～17:00（下午茶為11:30起） 休週二、三（逢假日則開館） ¥入館費350円 P免費

這裡也要CHECK

二家民家

二家是指將兩棟建築連接在一起的鹿兒島特有建築樣式。該建築是將兩棟住宅之間設有「小棟」的知覽特有民家移建到路中央復原而成。能免費參觀，也可以當作休憩景點。

武家屋敷通的美食景點

美食

午餐時段的全餐3850円起

在古民家愜意地享用法國料理

La chaumière

●ラ・ショミエル

利用古民家打造的預約制法國餐廳。可以從魚類料理及肉類料理挑選主菜的全餐，午餐時段為3850円與6050円，晚餐時段為4400円與6600円。

位於武家屋敷通一隅

MAP136B-1
☎0993-83-2626
所鹿兒島縣南九州市知覧町郡6293-1 巴武家屋敷入口巴士站步行即到
L11:30～14:00、18:00～22:00（皆需預約）
休不定休 P免費

店內鋪有榻榻米可好好放鬆

知覽的鄉土料理讓人讚不絕口

高城庵

●たきあん

直接以武家屋敷為店面的餐館。能一邊眺望日本庭園，一邊享用鄉土料理。淋上甜醬的兩棒餅（350円）等甜點菜單也非常受歡迎。

有酒壽司、薩摩炸魚餅等鹿兒島鄉土美味的高城庵套餐（2350円）

MAP136B-1
☎0993-83-3186
所鹿兒島縣南九州市知覧町郡6329 巴武家屋敷入口巴士站步行即到 L10:30～14:30
休1月9日 P有公共停車場

指宿

●いぶすき

享受砂蒸溫泉和風光明媚的景色

本地區的keyword
泡砂蒸溫泉排毒
到池田湖周邊兜風
名產溫泉蛋蓋飯

位於薩摩半島東南部、氣候溫暖的指宿，名產是將身體埋入沙堆入浴的砂蒸溫泉。如果從市中心再走遠一點，還可以造訪池田湖等名勝。以溫泉蛋蓋飯為首的當地美食也值得期待。

廣域MAP 附錄②24・25
住宿資訊 P.164
洽詢專線
指宿市觀光課 ☎0993-22-2111
指宿市觀光協會 ☎0993-22-3252

熊本縣 宮崎縣 鹿兒島縣 霧島 鹿兒島市 櫻島 知覽 指宿

精選南國指宿的好地方！砂蒸溫泉＆南國兜風

走過知林島海中路到結緣之島

知林島海中路出現資訊！沙洲出現的預定日期時間刊登在「指宿觀光網站」(http://www.ibusuki.or.jp)

從停車場到島上單程25分

1 知林島

●ちりんがしま 景點

知林島位於離指宿市區東北方田良岬約800公尺的海面上，是座周長3公里的無人島。只有在3月至10月的大潮、中潮這段時間帶，才會出現能步行通過的連接陸地與島上的沙路（沙洲）。這片暱稱為「指宿沙路 知林島海中路」的沙洲「連接」島嶼及陸地，故被視為「結緣之島」而備受矚目。

MAP 附錄②24D-2
☎0993-22-2111（指宿市觀光課）
所 鹿兒島県指宿市東方 🚗指宿站開車15分，指宿環保露營場停車場步行5分到田良岬，再步行20分到知林島
P 有共用停車場

2 砂蒸會館「砂樂」

●すなむしかいかん「さらく」 溫泉

能體驗指宿名產砂蒸浴的設施。海岸沿岸的專用空間可以容納大約80人，附有屋頂所以雨天也能入浴。館內有大浴場、觀景所、休息室及商店等。

MAP 附錄②24D-3
☎0993-23-3900
所 鹿兒島県指宿市湯の浜5-25-18
L 8:30～12:00、13:00～20:30（週六日、假日為8:30～20:30，人多時可能變更）
休 無休（7、12月可能臨時休館）
¥1100円（含浴衣費）
P 免費

提到指宿，當然少不了砂蒸溫泉。泡完讓人大汗淋漓的舒暢溫泉之後，就出發去享受種滿加拿利海棗及朱槿、南國氛圍滿溢的兜風之旅！

穿上專用浴衣後會有專人幫忙蓋砂。約10分就會逐漸冒汗♪

促進身體新陳代謝幫助排毒

一邊聽著波濤聲，一邊流汗。為避免發生暈眩，最好以10分為基準

行程範例

所需時間：6小時

- JR指宿站 START
- ▼🚗4.6km／縣道238號
- ①知林島
- ▼🚗4.8km／縣道238號
- ②砂蒸會館「砂樂」
- ▼🚗14.7km／縣道226・236・28號
- ③池田湖
- ▼🚗4.7km／縣道28號
- ④指宿市營唐船峽流水麵
- ▼🚗9km／縣道28・243號
- ⑤鹿兒島花卉公園
- ▼🚗1.2km／縣道243號
- ⑥長崎鼻
- ▼🚗13.4km／縣道243・242號、國道226號
- JR指宿站 GOAL

交通方式

鐵道：鹿兒島中央站 —JR指宿枕崎線（1小時15分）— 指宿站

車：鹿兒島中央站 —縣道24號・鹿兒島東西幹線道路（3km）— 鹿兒島IC —指宿Skyline（約37km）— 穎娃IC —縣道17・28號、國道226號（約26km）— 指宿站

巡遊方式建議

由於景點遍布在各處，租車自駕會比較方便。大眾運輸方面，推薦使用「我行我素自由乘車方案」及「指宿鐵道＆巴士車票」（→ P.127）。

JR租車 指宿站營業所
☎0993-23-3879

指宿站周邊放大MAP

青葉 P.139 味処喜作 指宿駅 駅前入口 ホテル波の上 さつま味 指宿民宿千成荘 ニュー湯の浜荘 指宿枕崎線 238 226

知覧IC 指宿スカイライン 川辺IC 穎娃IC 鹿児島中央駅 鹿児島湾（錦江湾） 知林島 元祖 指宿 らーめん 二代目 養蚕農家カフェ 桑の実 青葉 二月田駅 指宿站 START＆GOAL 枕崎駅 JR指宿枕崎線 池田湖 射楯兵主神社（釜蓋神社） 以獨特的參拜方式聞名 指宿市營唐船峽流水麵 西大山駅 開聞岳 有薩摩富士之稱、海拔924公尺的火山。山麓有公園 長崎鼻 龍宮神社 鹿兒島花卉公園 砂蒸會館「砂樂」 指宿鳳凰飯店 枕崎港 東シナ海

周邊圖 附錄②24・25

Check! 透過泡砂蒸浴、敷海水面膜來美膚

在指宿鳳凰飯店，最有人氣的預約制「海洋療法面膜」可以一邊泡砂蒸浴，一邊敷海水做的面膜。泡完砂蒸溫泉以後，可以泡洞窟風露天岩浴池。

指宿鳳凰飯店
●いぶすきフェニックスホテル
☎0993-23-4111 MAP 附錄②24D-3
所 鹿兒島県指宿市十二町4320 L 16:00～19:00（海洋療法面膜到18:30） 休 無休（海洋療法面膜為不定休） ¥入浴費（附浴衣）1200円，毛巾及浴巾組合200円，海洋療法面膜880円（入浴費另計） P 免費

富含礦物質，有益肌膚

3 池田湖

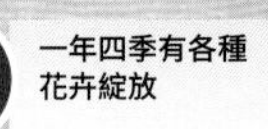

●いけだこ

景點

由於過往火山活動而形成的周長約 15 公里、最大水深 233 公尺破火口湖，規模為九州之最。湖水呈現清澈的淡藍色，12 月中旬有油菜花、4 月上旬起有彩虹菊，6 月下旬則有向日葵點綴湖畔。

MAP附錄②25C-3

☎0993-22-2111
（指宿市觀光課）

所鹿児島県指宿市池田湖畔

自由參觀　P免費

一年四季有各種花卉綻放

開聞岳聳立在湖的對面

以夢幻怪獸伊西傳說聞名的神祕湖泊

能夠欣賞四季花卉

店內置有擺放流水麵機器的桌子。全年有大約 20 萬人光臨，人氣鼎盛

中途景點

可在池田湖散步途中順道探訪

池田湖Paradise

複合設施

●いけだこパラダイス

位於池田湖畔的伴手禮店＆餐廳。餐廳提供定食、蓋飯、麵類、輕食等多種菜單，其中又以溫泉蛋搭配黑豬叉燒的「天堂蓋飯」、能品嘗迴轉式流水麵的「素麵定食」最有人氣。

MAP附錄②25C-3

☎0993-26-2211

所鹿児島県指宿市池田5269

L8:30～17:00（餐廳為10:00～16:00）

休無休　P免費

←黑豬叉燒上擺有溫泉蛋的「天堂蓋飯」1300円

附素麵、鹽烤鱒魚、冷鮮鯉魚片、鯉魚醬湯及飯糰的 A 定食 1680 円

迴轉式流水麵的始祖

4 指宿市營唐船峽流水麵

●いぶすきしえいとうせんきょうそうめんながし

美食

1962 年開業的日本全國第一家「迴轉式流水麵」店。使用名列平成名水百選的湧泉。一年四季都可以吃到素麵。

MAP附錄②25C-3

☎0993-32-2143

所鹿児島県指宿市開聞十町5967

L10:00～15:00（可能視時期變動）

休無休　P免費

5 鹿兒島花卉公園

●フラワーパークかごしま

景點

活用四周有天然松林環繞的地形，占地 36.5 公頃的廣大植物公園。園內有以開聞岳為背景的花廣場、可以遙望錦江灣的觀景迴廊，以及兩側沒有牆壁的開闊室內庭園等等。

MAP附錄②25C-3

☎0993-35-3333

所鹿児島県指宿市山川岡児ヶ水1611　L9:00～16:30

休無休　¥630円　P免費

能欣賞世界各地植物的植物公園

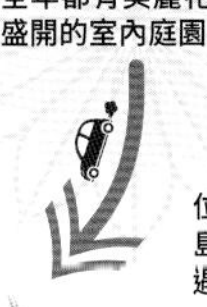

全年都有美麗花朵盛開的室內庭園

指宿當地美食

以砂蒸溫泉煮溫泉蛋和當地特產做的「溫泉蛋蓋飯」、擺上指宿市山川特產本枯本節（鰹魚片）的「指宿勝武士拉麵」等當地美食很受歡迎。

擺上大量本枯本節

元祖 指宿らーめん 二代目

●がんそ いぶすきらーめん にだいめ

「指宿勝武士拉麵」研發者之一伊牟田圭所開的店。在雞骨基底的醬油拉麵中擺滿豬五花叉燒、豆芽菜、黑木耳、海帶芽，再加上蓬鬆的主角本枯本節，一碗只要 850 円。

MAP附錄②24D-3

☎0993-23-4035

所鹿児島県指宿市十町412-4　交二月田站步行10分　L11:00～14:30、17:00～21:00（湯頭售完打烊）

休週四　P免費

超勝武士拉麵 1000 円。可以自己削本枯本節加在麵上

擺上大量黑豬肉的溫泉蛋蓋飯

青葉

●あおば

能品嘗白飯上擺有溫泉蛋、黑豬肉、季節時蔬等的「指宿黑豬肉蓋飯」。當地產黑豬肉沾裹的自製甜醬汁與溫泉蛋的濃郁滋味極搭。

MAP 138

☎0993-22-3356

所鹿児島県指宿市湊1-2-11　交指宿站步行即到　L11:00～14:30、17:30～21:30

休週三　P免費

指宿黑豬肉蓋飯980円

位於長崎鼻，相傳浦島太郎和乙姬在此相遇的龍宮神社

6 長崎鼻

●ながさきばな

景點

位於薩摩半島最南端的長崎鼻，作為眺望開聞岳的觀景景點而聞名。從白色燈塔走到岩場可以在岸邊玩耍。

MAP附錄②25C-3

☎0993-22-2111（指宿市觀光課）

所鹿児島県指宿市山川岡児ヶ水

P免費

位於薩摩半島最南端的絕景地

長崎鼻燈塔被日本浪漫主義者協會認證為「戀愛燈塔」

鹿兒島市 P.128
櫻島 P.134
知覽 P.136
指宿 P.138
霧島 P.140

群山環繞、自然富饒的地區 霧島放鬆之旅

霧島擁有豐富的大自然。以霧島神宮及霧島溫泉為首，前往活用高原地形的美術館等能體驗霧島特有文化的景點吧。

霧島 ●きりしま

氣氛莊嚴的神社與溫泉

本地區的keyword

在霧島神宮祈求心想事成

高原藝術&休閒娛樂

順路造訪霧島溫泉鄉

廣域MAP 附錄②21・22

住宿資訊 P.164

洽詢專線 霧島市觀光協會 ✆0995-78-2115

海拔約1400公尺山巒綿延的霧島有豐富的溫泉湧出，作為九州首屈一指的溫泉鄉而聞名。除了能量景點霧島神宮之外，還有不少能享受大自然休閒娛樂的觀光景點。

MODEL COURSE

鹿兒島機場 START
車32km／國道504號、縣道56號
① 鹿兒島縣霧島藝術之森
車22km／縣道103、50號
② きりん商店
車5km／國道223號
③ 日の出温泉きのこの里 喫茶たんぽぽ
車16km／國道223號
④ 霧島溫泉市場
車8km／國道223號
⑤ 霧島市觀光服務處
步行15分
⑥ 霧島神宮
車6.5km／縣道60、470號
霧島神宮站 GOAL

交通方式

鐵道：鹿兒島中央站 —JR日豐本線（1小時）— 霧島神宮站

車：鹿兒島中央站 —縣道24號、鹿兒島東西幹線道路（約3km）— 鹿兒島IC —九州道（約36km）— 溝邊鹿兒島機場IC —國道504號・縣道2、60號（約25km）— 霧島神宮

巡遊方式建議

在大眾運輸方面，以能在鹿兒島交通營運的路線巴士指定區間內自由上下車的「我行我素自由乘車方案」最方便。一日乘車券為1100円。霧島神宮旁的霧島市觀光服務處，有提供4小時1000円的越野自行車出租服務。

✆0995-45-6733（鹿兒島交通 國分營業所）
✆0995-57-1588（霧島市觀光服務處）

接觸棲息在大自然中的藝術

生動色彩與造型很吸睛的草間彌生作品《香格里拉之花》（2000年製作）

① 鹿兒島縣霧島藝術之森 景點

●かごしまけんきりしまアートのもり

位於霧島山麓海拔約700公尺處，擁有13公頃廣大占地的戶外美術館。以藝術家實際來館構思、製作的23件戶外作品為中心，室內藝術大廳也有展示國內外的優秀作品。

✆0995-74-5945 MAP附錄②29B-2

所鹿兒島県湧水町木場6340-220 交栗野站搭湧水町故鄉巴士18分，アートの森下車步行即到 時9:00～16:30（7月20日～8月31日的週六日、假日到18:30） 休週一（逢假日則翌日休） ¥320円 P免費

這裡也要Check! 美術館商店

販售展覽作家相關商品及藝術雜貨。原創商品是只有這裡才買得到的稀有品。

草間彌生作品《紅鞋》的鑰匙圈1650円。與明信片是一套

原創皮製零錢包1420円

MAP

② きりん商店 購物

●きりんしょうてん

店內陳列著特產霧島茶、當地老奶奶做的手工味噌、鄉土點心黑棒以及手工雜貨等。店名是源自於「霧島茶及好東西」的概念。

✆0995-73-3204 MAP附錄②29A-3

所鹿兒島県霧島市牧園町宿窪田1424-2 交嘉例川站步行5分到嘉例川，搭鹿兒島交通巴士8分，城山入口下車步行即到 時10:00～17:00 休週二、三（週四不定休） P免費

古董桌上陳列著整排商品

山花板上貼有「きりん商店」的「き」字

伴手禮為精選的霧島好東西

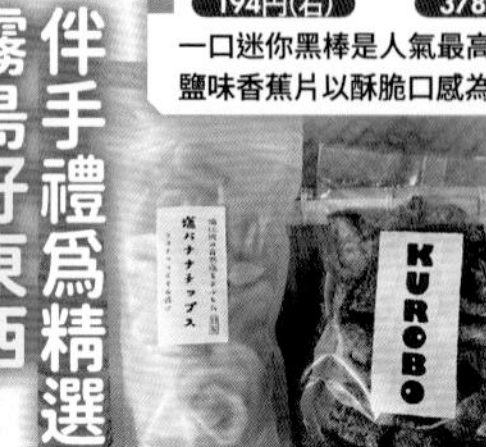

一口迷你黑棒 194円（右） 鹽味香蕉片 378円

一口迷你黑棒是人氣最高的伴手禮。鹽味香蕉片以酥脆口感為特徵

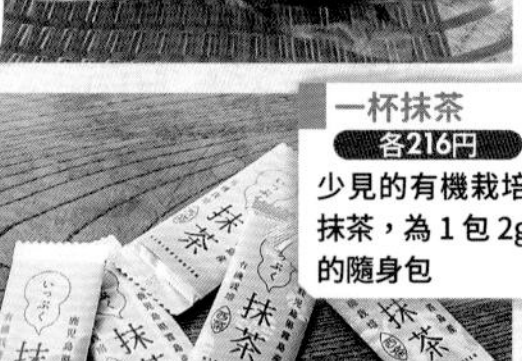

一杯抹茶 各216円

少見的有機栽培抹茶，為1包2g的隨身包

店內設有咖啡廳區，提供以抹茶（600円）為首的四季霧島茶飲（500円～）

「PANYA.くらぶ」的烤紅豆麵包 205円～

烤過再吃更美味的烤紅豆麵包。有需要的話還可以加熱。冬季時使用火缽

4 霧島溫泉市場 複合設施

●きりしまおんせんいちば

集結了伴手禮店、餐館、霧島溫泉觀光服務處、足湯等設施。「蒸物販賣所」有販售以溫泉蒸氣蒸煮的溫泉蛋（100円）、溫泉饅頭、香腸（各150円）及番薯（250円）等。

MAP 附錄②29B-2
☎0995-78-4001
所 鹿兒島県霧島市牧園町高千穂3878-114 交 霧島神宮站搭鹿兒島交通巴士28分，丸尾下車步行即到
時 8:30～18:00（視店鋪而異）
休 無休（視店鋪而異） P 免費

泡泡足湯，大啖溫泉美食

人氣第一的蒸物是溫泉蛋。熱騰騰的甜玉米及溫泉饅頭也很好吃

足湯附租借毛巾100円。人氣旺到假日需排隊等候

3 日の出温泉きのこの里 喫茶たんぽぽ 咖啡廳

●ひのでおんせんきのこのさと きっさたんぽぽ

興建在國道 223 號沿線的不住宿溫泉設施「日の出温泉きのこの里」附設的咖啡廳。窗邊是能眺望流經正下方的天降川好好放鬆的特等座。咖啡是使用霧島山的湧泉來沖泡。

☎0995-77-2255 MAP 附錄②29A-3
所 鹿兒島県霧島市牧園町宿窪田3698
交 嘉例川站搭鹿兒島交通巴士4分，日之出溫泉下車步行即到
時 11:30～16:30（溫泉為10:00～19:30）
休 週二 ¥ 泡湯費300円 P 免費

透過能俯瞰天降川的咖啡廳及溫泉好好放鬆

浴場分成有熱水池和溫水池的室內浴池、位於露台的冷水池

聆聽潺潺川水享受咖啡時光

冰咖啡歐蕾500円。使用法式濾壓壺沖泡的咖啡豆香馥郁

傳頌天孫降臨神話的古社

據傳建於距今1470年前以上6世紀時

6 霧島神宮 景點

●きりしまじんぐう

祭祀天孫降臨神話中登場的眾神。擁有一千多年的歷史，是南九州第一能量景點。從國家安泰到闔家平安、生意興隆等，各方面都能祈求庇佑。

MAP 附錄②29C-3
LINK P.142
☎0995-57-0001

5 霧島市觀光服務處 玩樂

●きりしましかんこうあんないしょ

位於霧島神宮大鳥居旁的觀光服務處。這裡不僅受理租自行車等服務，還提供免費足湯。

☎0995-57-1588 MAP 附錄②29C-3
所 鹿兒島県霧島市霧島田口2459-6
交 霧島神宮站搭鹿兒島交通巴士13分，霧島神宮下車步行即到
時 9:00～18:00（10～3月到17:00）
休 無休 P 免費

位於停車場內的足湯可免費利用。需要毛巾的話每條150円

名產霜淇淋260円起。除了香草、抹茶、巧克力、藍莓等口味，還有季節限定口味等

原創溫泉包共六色，每個1000円

「特產品展示販售區」供應在霧島加工的特產品

提供免費足湯及租自行車等服務

租電動越野自行車4小時2800円。申辦時需出示身分證件

周邊的住宿

以壯觀景緻聞名的溫泉旅館

界 霧島 住宿

●かい きりしま

建於名列霧島錦江灣國立公園的高千穗峰半山腰上，所有客房皆能俯瞰櫻島美景。到湯浴小屋是搭軌道車移動。邊泡湯邊眺望廣大景色，感覺格外不同。晚餐可品嘗使用大量鹿兒島豐富食材烹調而成的宴席料理。

LINK P.23
MAP 附錄②29C-3
☎050-3134-8096
（預約中心／受理9:30～18:00）
所 鹿兒島県霧島市霧島田口霧島山2583-21
交 霧島神宮站開車15分
¥ 1泊2食31000円～
時 IN15:00、OUT12:00 P 免費

49間客房均有配置白砂牆床頭板、薩摩和紙照明燈具等，皆為採用當地傳統工藝及特徵的當地特色客房「薩摩白砂大地之間」

可以一邊泡溫泉一邊欣賞絕景的湯浴小屋的露天浴池

周邊的午餐景點

在森林中的露台享用土雞料理

地鶏炭火焼 古里庵 霧島店 美食

●じどりすみびやき こりあん きりしまてん

位於霧島山別墅用地內的土雞料理店。使用早宰土雞做的炭烤土雞為其招牌料理，可以在霧島山森林環繞的露天座享用。也很推薦朴葉燒，土雞、黑豬各 1200 円。

MAP 附錄②29C-3
☎0995-57-1290
所 鹿兒島県霧島市霧島田口2594-63
交 霧島神宮站搭鹿兒島交通巴士13分，霧島神宮下車開車10分
時 11:30～15:00
休 週一
P 免費

炭烤土雞套餐2000円。附多道小菜、生雞肉片及蕎麥麵（小）等

霧島神宮

自神話時代起守護國家的能量景點

奉天孫降臨的主角瓊瓊杵尊為祭神，是歷史悠久的南九州第一能量景點。以下將介紹從國家安泰到闔家平安都能庇佑的霧島神宮看點。

➔附有男孩和女孩紙人偶的「戀籤」很受歡迎

敕使殿

敕使殿採用霧島獨有的建築風格。面向高千穗峰山頂，配置由前至後依序為敕使殿、登廊下、拜殿、幣殿、本殿，參拜要到敕使殿。

細石

在《君之代》的歌詞中登場

日本國歌《君之代》歌詞中提到的細石，是小石子經年累月被雨水溶解後固化而成。1987年由岐阜縣揖斐川町捐贈供奉。

本殿
拜殿
龜石坂
敕使殿
神樂殿
御神木（杉）
三之鳥居
細石
遊步道
社務所
手水舍
身障者用駐車場
駐車場
烏心石
休憩所
神聖降臨之詩碑
WC
觀景所
表參道
駐車場
二之鳥居
神橋
大鳥居
WC
223

霧島神宮 ●きりしまじんぐう

MAP 附錄②29C-3

✆0995-57-0001

所 鹿兒島県霧島市霧島田口2608-5
交 霧島神宮站搭鹿兒島交通巴士13分，霧島神宮下車步行即到 自由參拜（社務所為8:00～17:30） P免費

御神木

擁有比社殿更久的歷史

境內有棵高38公尺、樹幹周長7.3公尺，樹齡約800年的老杉聳立於此。據說是南九州杉木的祖先。

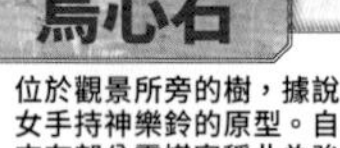

烏心石

據說會招來神靈

位於觀景所旁的樹，據說是巫女手持神樂鈴的原型。自古以來有部分靈媒宣稱此為強大的能量景點。

龜石

坐鎮在境內後方的舊參道

境內後方有一條名叫龜石坂的舊參道。走在樹木林立的陡峭下坡，會路經霧島七大不可思議之一──形似烏龜的龜石。傳說有隻烏龜違反與神的約定而被變成石頭。

觀景所

天氣晴朗時能眺望櫻島和錦江灣

可眺望霧島山山脈的觀景區。設有雙筒望遠鏡，晴天時可遠眺櫻島及鹿兒島市區。

大鳥居

號稱西日本第一高的鳥居

霧島神宮的第一基鳥居高22.4公尺、柱間寬16公尺，是西日本第一大的「大鳥居」。2019年重新上漆完成，變成朱紅色鳥居。

集滿九個面具就能實現願望！

源自於霧島神宮的寶物九面，傳承當地自古以來的九面信仰。「九面」與日文的「工面（籌措）」同音，讓人聯想到吉利的「籌款」，因此前來祈求生意興隆的人很多。以九面為護身符的「九面守」每個1000円。

➔紅色面具能保佑開路、旅行安全，藍色面具可保佑身心健康、學業進步等

宮崎

絕景與能量景點極具魅力

高千穗・青島

みやざき・たかちほ・あおしま

到神話之鄉
補充能量

宮崎市開車2小時

高千穗 ●たかちほ P.144

特色介紹

日本建國神話流傳之地

流傳著天孫降臨的傳說。有高千穗神社、天安河原等神話相關能量景點，充滿神祕氛圍。

在自產自銷的餐廳享用午餐

高千穗四周有豐富的大自然環繞，是山野美味的寶庫。能夠品嘗以高千穗牛為首，使用當地蔬菜及米所製作的在地美食。

宮崎市開車30分～1小時

青島・日南海岸 P.148

●あおしま・にちなんかいがん

特色介紹

縣內首屈一指的兜風行程

從宮崎市南部往都井岬的國道220、448號稱作「日南鳳凰大道」，是人氣兜風路線。

海岸沿線散布著多個能量景點

不妨來參拜據說結緣很靈驗的青島神社、本殿位於陡峭斷崖洞窟內的鵜戶神宮等，補充開運能量。

享受度假氛圍與美食

充滿南國氣氛的絕景在眼前展開

宮崎市 P.150

●みやざきタウン

特色介紹

妝點街上的花卉增添南國氣氛

氣候溫暖的宮崎，街上隨處可見色彩繽紛的花卉、成排的加拿利海棗行道樹。光散步就能享受南國氣氛。

品嘗當地美食享用山珍海味

南蠻炸雞、炭烤雞肉、宮崎牛等美食一應俱全，全都是一等一的極品。還有芒果甜點不容錯過。

必讀 規劃行程的訣竅

以宮崎機場或熊本機場爲據點

前往宮崎市及日南海岸以宮崎機場，目標是高千穗的話則以熊本縣熊本機場為據點比較方便。由於景點分布的範圍很廣，建議租車自駕移動為佳。

宮崎市外加1地區安排2天1夜以上

由於宮崎縣地形狹長，在縣內移動很花時間。宮崎市搭配其他地區的行程，最好安排2天1夜。若要前往高千穗、日南海岸的都井岬，建議安排3天2夜。

住宿選這裡!

宮崎市中心有便利性高的商務旅館和都市旅館。在有溫泉湧出的青島地區，則有可以一邊眺望海景一邊泡湯的旅館。

在九州這裡!
延岡
北川
延岡南
門川
日向市
日向
都農
高鍋
西都
高千穗
宮崎市
宮崎
宮崎機場
宮崎西
高原
小林
霧島・蝦野
都城
田野
青島
日南
日南海岸
都井岬
東九州道
日豐本線
宮崎道
吉都線

高千穗

たかちほ

最接近眾神的世界、提升運氣&療癒的地區

位於宮崎縣最北端，流傳著天孫降臨的神話。這裡有天照大神「躲進岩戶」故事中提到的天岩戶神社、高千穗神社等與記紀神話密切相關的名勝，也是著名能量景點。

廣域MAP
附錄②11·12

洽詢專線
高千穗町觀光協會
0982-73-1213

交通方式

高千穗巴士中心 …… 宮崎交通巴士(1小時20～37分) …… 延岡站

巴士：熊本站 —— 產交巴士、宮崎交通巴士 高千穗號(3小時23分) —— 高千穗巴士中心
※1天來回2班

車：熊本機場 —— 縣道206、28(俵山By-pass)號、國道325號(64km) —— 高千穗巴士中心

宮崎機場 —— 國道220號(3.6km) —— 宮崎IC —— 宮崎自動車道、東九州自動車道、延岡自動車道、九州中央自動車道(北方延岡道路)(117km) —— 藏田十字路口 —— 國道218號(26.4km) —— 高千穗巴士中心

主要租車公司

百捷租車 0570-054-317
NIPPON租車 0800-500-0919
高千穗租車 0982-73-1800(高千穗町觀光協會)

巡遊方式建議

由於大眾運輸的行駛班次較少，從宮崎站利用鐵道及巴士轉乘前往算是相對順暢的移動方式。搭乘飛機者，則建議在熊本機場租車行經南阿蘇前往。

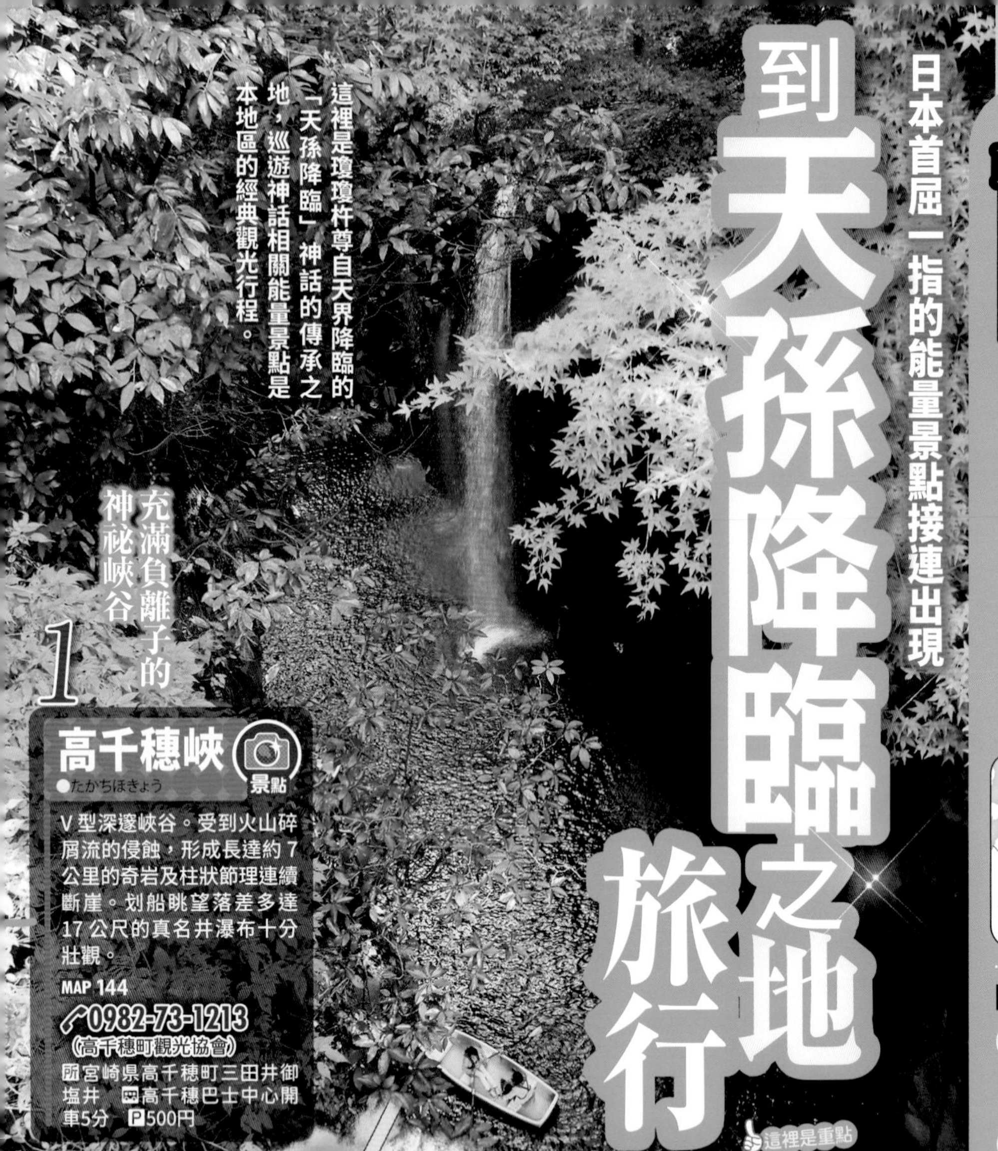

到天孫降臨之地旅行

日本首屈一指的能量景點接連出現

這裡是瓊瓊杵尊自天界降臨的「天孫降臨」神話的傳承之地，巡遊神話相關能量景點是本地區的經典觀光行程。

1 充滿負離子的神祕峽谷

高千穗峽 景點

●たかちほきょう

V型深邃峽谷。受到火山碎屑流的侵蝕，形成長達約7公里的奇岩及柱狀節理連續斷崖。划船眺望落差多達17公尺的真名井瀑布十分壯觀。

MAP 144
0982-73-1213
(高千穗町觀光協會)
所 宮崎県高千穂町三田井御塩井 交 高千穗巴士中心開車5分 P 500円

這裡是重點 一大早報名

租遊覽小船的服務是根據受理順序讓客人乘船，旺季時甚至中午前就會當天額滿而結束受理，想要確保能搭到船的話最好一大早就出發。

高千穗峽出租遊覽小船

●たかちほきょうかしボート

8:30～16:30(暑假為7:30～17:30，受理結束時間可能變更)
休 安全檢查時、水漲時
¥ 最多3名，30分4100円(週五～一及觀光季節為5100円)
※預約網站 https://eipro.jp/takachiho1/terms/view/toppage

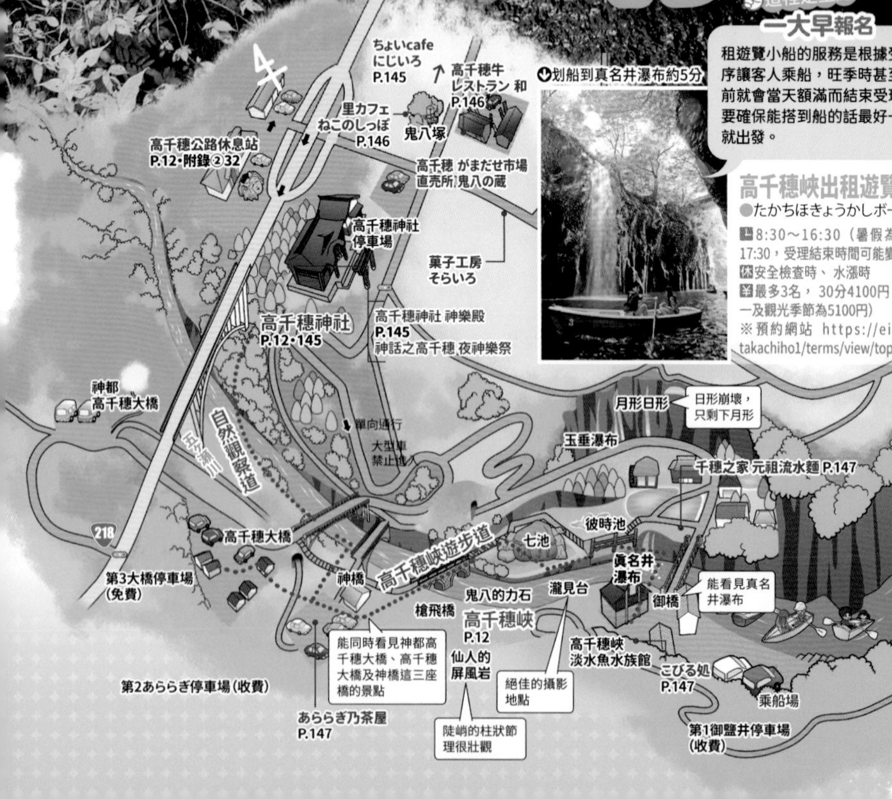

划船到真名井瀑布約5分

ちょいcafe にじいろ P.145
高千穗牛レストラン 和 P.146
里カフェ ねこのしっぽ P.146
鬼八塚
高千穗公路休息站 P.12·附錄②32
高千穗 がまだせ市場 直売所 鬼八の蔵
高千穗神社停車場
菓子工房 そらいろ
高千穗神社 P.12·145
高千穗神社 神樂殿 P.145 神話之高千穗 夜神樂祭
神都高千穗大橋
單向通行
大型車禁止進入
自然觀察道
月形日形
日形崩壞，只剩下月形
玉垂瀑布
千穗之家 元祖流水麵 P.147
彼時池
七池
高千穗大橋
第3大橋停車場(免費)
神橋
高千穗峽遊步道
真名井瀑布
鬼八的力石
槍飛橋
高千穗峽 P.12
瀧見台
御橋
能看見真名井瀑布
能同時看見神都高千穗大橋、高千穗大橋及神橋這三座橋的景點
仙人的屏風岩
絕佳的攝影地點
高千穗峽 淡水魚水族館
こびる処 P.147
乘船場
第2あららぎ停車場(收費)
あららぎ乃茶屋 P.147
陡峭的柱狀節理很壯觀
第1御鹽井停車場(收費)

八百萬神絞盡腦汁的集會所

角落有個正面寬度40公尺的洞窟名為仰慕窟，建有鳥居與神社

3 天安河原 景點

●あまのやすかわら

從天岩戶神社慢慢走10分左右可到的地方，就位於岩戶川上游。據說當天照大神藏在天岩戶時，這裡是八百萬諸神討論的場所。

MAP附錄②11C-3
☎0982-74-8239
（天岩戶神社）
所宮崎縣高千穗町岩戶
交高千穗巴士中心搭町營友誼巴士15分，岩戶下車步行10分　自由參拜
P免費

這裡是重點 許願堆石

在天安河原會看到堆起來的小石子。據說一邊堆石頭一邊許願，就能實現願望。挑戰時小心別弄倒別人的石堆。

步行10分

2 天岩戶神社 景點

●あまのいわとじんじゃ

天照大神的藏身處「天岩戶」為御神體

流傳天照大神打開天岩戶神話的神社，隔著岩戶川由西本宮與東本宮這兩座社殿構成。西本宮是以天照大神藏身的洞窟「天岩戶」為御神體。從西本宮步行約15分可到東本宮。

MAP附錄②11C-3
☎0982-74-8239
所宮崎縣高千穗町岩戶1073-1
交高千穗巴士中心搭町營友誼巴士15分，岩戶下車步行即到　自由參拜
P免費

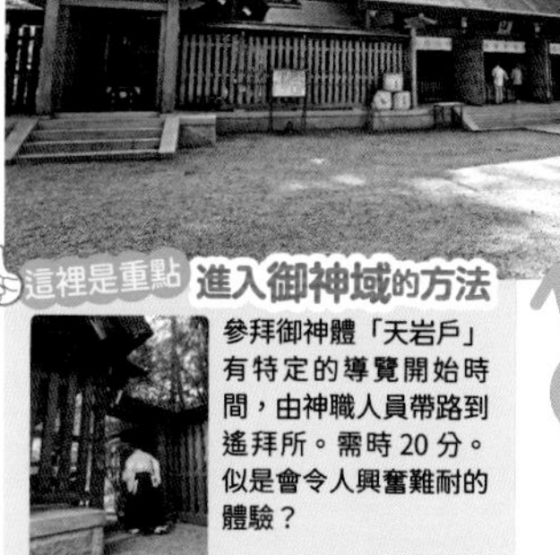

這裡是重點 進入御神域的方法

參拜御神體「天岩戶」有特定的導覽開始時間，由神職人員帶路到遙拜所。需時20分。似是會令人興奮難耐的體驗？

開車18分

步行7分

4 高千穗焼 五峰窯 あまてらすの隠れcafe 咖啡廳 玩樂

●たかちほやき ごほうがま あまてらすのかくれカフェ

位於往天岩戶神社方向回去的路上溪谷沿岸的陶瓷器博物館，附設咖啡廳。也有實施以高千穗夜神樂為主題的神樂面具上色體驗。釜炒茶霜淇淋（標準尺寸430円）受到好評。

MAP附錄②11C-3
☎0982-76-1200
所宮崎縣高千穗町岩戶1082-21
交高千穗巴士中心搭町營友誼巴士15分，岩戶下車步行3分
L10:00～17:00　休不定休　P免費

可俯瞰岩戶溪谷的露天座

挑戰為神樂面具上色

神樂面具上色體驗為預約制，約40分4000円
●關於上色體驗請洽詢高千穗町觀光協會旅行中心
☎0982-73-1800

開車12分

5 ちょいcafe にじいろ 咖啡廳

●ちょいカフェ にじいろ

起司饅頭與飲料的套餐400円

吃手工起司饅頭休息一下

店內以當地祖母工房的裝潢統一風格

使用九州產麵粉和奶油、濃郁奶油乳酪所製作的起司饅頭廣受好評的咖啡廳。除了原味之外，還有以紅豆餡取代起司的「紅豆」、以揉入高千穗產釜炒茶的麵團包裹豆餡和起司製成的「高千穗釜炒茶紅豆起司饅頭」等六種口味，也可以外帶。

MAP附錄②11B-4
☎0982-83-0707
所宮崎縣高千穗町三田井1171-7　交高千穗巴士中心步行4分　L11:00～17:00
休週四　P有共用停車場

開車即到

6 高千穗神社 景點

●たかちほじんじゃ

參拜杉樹林立的古社

據傳創建於1900年前左右的古社。作為高千穗18鄉88社的總社而深受信仰，也是著名的結緣之神。老樹林立的神域內設有本殿、拜殿及神樂殿等。

☎0982-72-2413　MAP144
所宮崎縣高千穗町三田井1037
交高千穗巴士中心步行15分　境內自由參觀　P免費

繞行能實現心願的夫婦杉

這裡是重點 牽手繞三圈

據說情侶只要手牽手繞三圈位於社殿左側、根部相連的兩棵夫婦杉，就能實現闔家平安、子孫興旺、締結良緣等心願。

繡有夫婦杉圖案的結緣御守（500円）

要在高千穗住一晚的話，別忘了確認這些景點

超人氣景點 搭乘敞篷SUPER CART出發 玩樂

高千穗天照鐵道

●たかちほあまてらすてつどう

活用大約10年前廢線的舊高千穗鐵道的觀光鐵道。搭乘可乘坐30人的SUPER CART，就能欣賞高千穗雄偉的大自然以及閑靜的田園風景。

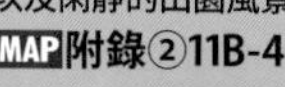

MAP附錄②11B-4
☎0982-72-3216
所宮崎縣高千穗町三田井1425-1　交高千穗巴士中心步行8分　L9:40～15:40　休第3週四（黃金週、暑假為無休）
¥乘車費1500円（只有進站為100円）　P免費

早起來這裡 能夠看見被朝陽照耀的雲海 景點

國見丘

●くにみがおか

據說健磐龍命曾在此看到國運的傳說山丘，從海拔513公尺遠眺的美景堪稱高千穗第一。9月中旬到11月下旬的早晚溫差大，在晴朗無風的早晨能看見雲海。

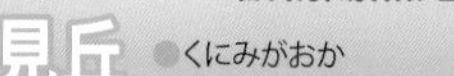

MAP附錄②11B-3
☎0982-73-1213（高千穗町觀光協會）
所宮崎縣高千穗町押方
交高千穗巴士中心開車10分　P免費

晚餐後來這裡 去看每天舉行的高千穗神樂 景點

高千穗神社 神樂殿

●たかちほじんじゃかぐらでん

在高千穗神社境內的「神樂殿」，每天都會表演高千穗夜神樂的精華舞蹈片段。

MAP144
☎0982-73-1213
（高千穗町觀光協會）
所宮崎縣高千穗町三田井1037 高千穗神社境內　交高千穗巴士中心步行15分　L20:00～21:00　休無休（11月22、23日由於舉辦神話之高千穗夜神樂祭，時間及內容會變更）
¥1000円（可能變更）　※可事先上網預約（https://takachiho-kanko.info/kagura/）

P.144 P.148 P.150
高千穗 青島・日南海岸 宮崎市

來到這個地方最想吃的、一定要吃的 高千穗的美味午餐

以榮獲日本和牛奧運冠軍的高千穗牛為首，還有高冷蔬菜、梯田米、高千穗發源的流水麵等多種美食不勝枚舉。那麼，今天午餐要吃什麼好呢!?

迷你牛排定食
2750円 ※限中午
主菜是厚切迷你牛排，沾芥末醬油食用

何謂高千穗牛？
在 2007 年舉辦、有和牛奧運之稱的「第 9 屆全國和牛能力共進會」中，榮獲內閣總理大臣獎。肉質柔軟且油脂甘甜。

迷你牛排要在只煎烤表面、內層還生嫩的狀態下食用

作為平價午餐
享用日本第一的高千穗牛

焼肉&ステーキの店 初栄

●やきにくアンドステーキのみせ はつえい

由當地的老字號高級肉鋪所經營。推薦能夠以平價品嘗高千穗牛的午餐。供應附烤肋骨肉的烤肉定食（1400 円）等四種定食菜單。

MAP附錄②11B-4

☎0982-72-3965
所宮崎県高千穂町三田井10
交高千穗巴士中心步行即到
時11:00～14:00、17:00～21:00（肉售完打烊）
休週一、可能不定休 P免費

每逢週末，當地人及觀光客就會大排長龍

高千穗牛里肌排午餐
2600円
附小菜、沙拉、白飯、醃菜、味噌湯及飲料
※ 照片為示意圖

作為優惠午餐
品嘗高千穗牛

高千穂牛レストラン 和

●たかちほぎゅうレストラン なごみ

高千穗がまだせ市場附設的高千穗牛專賣店。能夠以鐵板燒（需預約）、牛排（桌位座）及烤肉這三種形式品嘗高千穗牛。因為是 JA 直營店，所以 CP 值相當高。

MAP144

☎0982-73-1109
所宮崎県高千穂町三田井1099-1
交高千穗巴士中心步行10分 時11:00～14:00、17:00～20:30
休不定休
P免費

建於高千穗がまだせ市場的直銷所旁

自家栽種、充滿
季節感的蔬菜料理

結いcafe

●ゆいカフェ

蔬菜午餐拼盤
1700円
使用自家農園採摘蔬菜做的料理。美觀的擺盤讓人食指大動。附白飯、湯品、甜點及飲料

夏季午餐甜點的其中一例。手工甜點旁也會擺上自家栽種的水果

提供以自家栽種季節蔬菜為主菜的午餐拼盤及披薩等菜單，色彩繽紛的蔬菜相當漂亮。用餐為每天 10 人的預約制，每週營業 3 天。公休日以外的假日視預約而異，需確認。

MAP附錄②11B-4

☎0982-82-2672
所宮崎県高千穂町岩戸8005 交高千穗巴士中心開車10分
時11:30～15:00（需預約） 休週三四以及每週2天不定休 P免費

入口處有種季節花卉

改建自屋齡60年的古民家

活用古民家
祕密小屋般的咖啡廳

里カフェ ねこのしっぽ

●さとカフェ ねこのしっぽ

從高千穗神社步行約 3 分可到的巷內咖啡廳。使用當令食材，講究食材性質及五味平衡的季節午餐是本店推薦餐點。

MAP144

☎0982-82-2256
所宮崎県高千穂町三田井1227
交高千穗巴士中心步行5分
時11:00～20:00
休週三、四 P免費

和之藥膳午餐
1600円
主菜以在地產當令食材為主。附甜點&的套餐加價 400 円即可品嘗

竹筒酒
將清酒裝在青竹筒內加熱，倒入青竹製酒杯時會發出「咖啵」的聲響，因而取名「竹筒酒」（かっぽ酒）。

高千穗名產套餐
4人份 11000円
套餐包含用鹽、胡椒粉、一味辣椒粉簡單調味的烤全雞，以及相當對味的竹筒酒等。採事先預約制

極具風情！
名產是烤全雞和竹筒酒

あららぎ乃茶屋

●あららぎのちゃや

1931年創業，位於可從店內眺望五瀨川的地理位置。以使用特殊烤窯花4小時烤製的烤全雞為主菜，附白飯和沙拉的雙人套餐5000円起。

MAP144

☎0982-72-2201
所 宮崎県高千穂町押方1245-1　🚌高千穗巴士中心開車5分
🕒8:30〜16:30
休 不定休　P 免費

動作快～！
高千穗發源的流水麵

千穗之家 元祖流水麵

●ちほのいえ がんそながしそうめん

使用引自高千穗峽玉垂瀑布湧泉的流水麵為主打商品。有單點和定食菜單。除此之外，還可以輕鬆品嘗鹽烤櫻鱒等宮崎的鄉土料理。

MAP144
☎0982-72-2115（千穗之家）
所 宮崎県高千穂町向山62-1
🚌高千穗巴士中心開車5分
🕒9:00〜16:30　休 無休
P 使用附近停車場（收費）

位於高千穗峽真名井瀑布附近

流水麵
將素麵放進竹管流動的「流水麵」起源於高千穗。據說以前在夏季種田的空檔，會使用青竹和岩清水來吃素麵。

元祖流水麵
600円
沾取以高千穗產香菇、沙丁魚乾、昆布及柴魚片所製的自製醬料食用

\邊走邊吃也OK/
墊胃美食

こびる処

●こびるどころ

名產是在米粉糰子上塗甘甜核桃味噌烤製的峽谷糰子（1支400円）以及霜淇淋。霜淇淋有宮崎特產芒果和日向夏蜜柑等口味。

MAP144
☎0982-72-2115（千穗之家）
所 宮崎県高千穂町向山62-1
🚌高千穗巴士中心開車5分
🕒10:00〜17:00　休 無休

芒果和日向夏蜜柑口味的霜淇淋

日向夏蜜柑霜淇淋 400円
日向夏蜜柑霜淇淋的清爽甜味頗受歡迎

神茶家

●かみちゃや

建於天岩戶神社參道上的食堂。高千穗產米飯內有高千穗牛肉的米可樂餅「高千穗飯糰可樂餅」、小金漢堡、南蠻炸雞堡（500円）都可以外帶。

MAP 附錄②11C-3
☎0982-76-1110
所 宮崎県高千穂町岩戸794-6
🚌高千穗巴士中心搭町營友誼巴士15分，岩戶下車步行即到
🕒10:00〜17:30
休 週二

高千穗飯糰可樂餅 1個150円
約高爾夫球大小的米可樂餅

外帶宮崎名產

小金漢堡 600円
夾有以自製味噌炒過的高千穗牛肉的漢堡

千穗全餐 1500円
蕎麥麵的醬汁是以烹煮昆布、香菇、鯖魚花片及柴魚片的高湯製成

手打蕎麥麵
老闆娘兒嶋佐代子曾經向在全國指導打蕎麥麵的手打蕎麥麵名人高橋邦弘學習如何打蕎麥麵。

使用高千穗蕎麥粉
地產地消的手打蕎麥麵

そば処 天庵

●そばどころ てんあん

使用石磨將向合作農家採購的蕎麥磨成粉後手打成麵條。全餐附的天婦羅蔬菜及豆皮壽司米飯等，都是使用自家栽種的無農藥產品。

MAP 附錄②11B-4
☎0982-72-3023
所 宮崎県高千穂町三田井1180-25　🚌高千穗巴士中心步行5分
🕒11:00〜14:30（晚上為預約制）
休 不定休　P 免費

能感受木質溫度的民藝風建築樣式

青島·日南海岸

●あおしま·にちなんかいがん

加拿利海棗行道樹增添南國氣氛

本地區的keyword

- 宮崎首屈一指的兜風路線
- 在青島神社祈求結緣
- 日南太陽花園的摩艾石像

宮崎縣南部的海濱區域。這裡是被指定為日南海岸國定公園的地區，在沿路的加拿利海棗引導之下，一邊眺望大海一邊兜風感覺格外不同。從堀切峠眺望鬼之洗衣板的景色相當壯觀。

廣域MAP 附錄②20

住宿資訊 P.164

洽詢專線
宮崎市觀光協會 ☎0985-20-8658
日南市觀光協會 ☎0987-31-1134

主要租車公司
- 百捷租車 ☎0570-054-317
- NIPPON租車 ☎0800-500-0919
- 豐田租車 ☎0800-7000-111
- 日產租車 ☎0120-00-4123
- 歐力士租車 ☎0120-30-5543
- 時代租車 ☎0120-00-5656
- JR租車九州站 ☎092-624-2367

交通方式

鐵道：宮崎站 —JR日豐本線、日南線（30分）— 青島站

車：宮崎機場 —一般道路、縣道52號、國道220號、一般道路（11km）— 青島站

巡遊方式建議

從青島南下到都井岬的道路，大部分都是單程一車道。從宮崎站到都井岬沿途不停靠，行駛時間約 2 小時。如果想享受悠閒的旅程，也很推薦安排 2 天 1 夜的行程。

定期觀光巴士 ※目前停駛中
搭乘巡遊青島、堀切峠、鵜戶神宮以及日南市飫肥城遺址的定期觀光巴士「日南海岸與九州的小京都飫肥」也不失為一個好方法。僅週六日、假日行駛，附午餐5000円。需預約。
☎0985-52-7111（宮崎交通宮交城市巴士中心）

海濱開運兜風

一邊眺望日向灘的絕景一邊奔馳！

宮崎市內往都井岬的路線沿途日南海岸的絕景不斷，最適合開車兜風。中途不妨順路前往結緣很靈驗的神社及景點，祈求開運大吉！

1 青島神社（景點）

開運 被副熱帶植物環繞的古社

●あおしまじんじゃ

鎮守在幾近青島中央的神社。祭祀神話中登場的彥火火出見尊（山幸彥）與其妻豐玉姬命。據說能保佑結緣、順產、航海安全。

MAP 附錄②20D-3
☎0985-65-1262
所 宮崎県宮崎市青島2-13-1
L 6:00～日落
休 無休

挑戰神事

產靈紙縒

將按照心願而有不同顏色的紙捻綁在元宮旁名為夫婦蒲葵的兩棵神木上祈願。

海積之祓

將寫上心願的願符放在被視為龍宮城入口的「玉之井」中漂浮，據說如果吹氣後願符溶化，心願就會實現。

青島推薦用餐地點

青島神社停車場開車約 3 分即可抵達由漁協直營的餐館「港あおしま」。料理都是漁夫親自傳授而相當豪邁，價格經濟實惠。

港あおしま ●みなとあおしま

MAP 附錄②20D-3
☎0985-65-1044
所 宮崎県宮崎市青島3-5-1 交 青島站步行15分 L 11:00～14:30
休 週一（逢假日則翌日休） P 免費

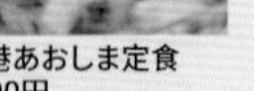

↑港あおしま定食1800円

青島推薦伴手禮

提到青島名產的名點，就想到以口感酥脆的薄燒仙貝夾鮮奶油的青島仙貝。不妨在前往青島神社的參道沿途的伴手禮店等處購買。

2 堀切峠（景點）

絕景

●ほりきりとうげ

以地平線為交界，連接藍天與雄壯太平洋的風景勝地。太平洋平穩波浪淘洗遍布海岸的波狀岩「鬼之洗衣板」的模樣充滿生氣。

MAP 附錄②20D-3
☎0985-20-8658
（宮崎市觀光協會）
所 宮崎県宮崎市内海
P 免費

視野一口氣擴展開來便是大海絕景

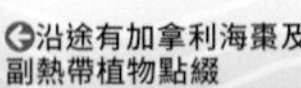

←沿途有加拿利海棗及副熱帶植物點綴

行程範例

所需時間：1天

- 宮崎站 START
- ▼🚗9km／縣道11號、一葉收費道路、縣道367號
- 宮崎機場
- ▼🚗11km／國道220號
- ❶青島神社
- ▼🚗3.4km／縣道377號、國道220號
- ❷堀切峠
- ▼🚗16.6km／國道220號
- ❸日南太陽花園
- ▼🚗5.4km／國道220號、縣道433號
- ❹鵜戶神宮
- ▼🚗52km／國道220、448號、縣道36號
- ❺都井岬
- ▼🚗93km／縣36號、國道448、220號
- 宮崎站 GOAL

周邊的中途景點

堀切峠開車即到

鳳凰公路休息站

●みちのえき フェニックス

購物

適合在兜風途中休息

位於堀切峠附近的公路休息站。有日向夏蜜柑、宮崎芒果、明日葉等四種口味的霜淇淋（各350円～）很受歡迎。

由特產館及商店構成

MAP 附錄②20D-3

0985-65-2773

所 宮崎県宮崎市內海381-1
L 9:00～17:00 休 無休 P 免費

日南太陽花園開車15分

餐飲、住宿處 えぷろん亭

●おしょくじ・おとまりどころ えぷろんてい

美食

享受宮崎的大海與美味料理

可享用宮崎名產及海鮮的餐館。9月到4月能夠品嘗以生魚片、味噌湯、水煮等多種調理法料理的伊勢龍蝦。

伊勢龍蝦御膳6600円起

MAP 附錄②20D-3

0985-67-0225

所 宮崎県宮崎市內海7493 L 11:00～19:00（15:00以後需預約） 休 週三（逢假日則營業） P 免費

全球唯一得到復活節島長老會正式許可完全復刻

據說觸摸摩艾石像運氣就會上升！？

開運

3 日南太陽花園

●サンメッセにちなん

玩樂

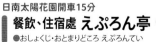

以完整重現的七尊復活島摩艾石像為象徵。據說撫摸摩艾石像就會帶來運氣上升的好兆頭。園內有餐廳、商店及蝴蝶地面繪等。

「看摩艾與海的守望者」（今井祝雄作品）。Voyant在法文中代表「觀看者」

MAP 附錄②20D-4

0987-29-1900

所 宮崎県日南市宮浦2650
L 9:30～17:00
休 週三（過年期間、黃金週、盂蘭盆節、假日除外）
¥ 1000円 P 免費

位於本殿右後方，蒲葵隧道對面的元宮

社殿的鮮艷朱色與藍天形成美麗對比

開運

4 鵜戸神宮

●うどじんぐう

景點

據說彥火火出見尊的妻子豐玉姬命在這座神社生下鸕鷀草葺不合尊。走下能俯瞰大海的石階，本殿就位在盡頭的洞窟內。有許多參拜者前來祈求結緣、生子、順產及育兒等。

本殿在洞窟內！

神社罕有的「下宮」型態

守護結婚以及生產的心願

MAP 附錄②20D-4

0987-29-1001

所 宮崎県日南市宮浦3232
L 6:00～18:00（過年期間可能變動） 休 無休
P 免費

在兔形繪馬上寫下心願吧

投擲運玉試手氣

CHECK

將刻有「運」字的素燒運玉往龜石的凹槽投擲，據說丟中了就能實現願望。不妨挑戰看看！

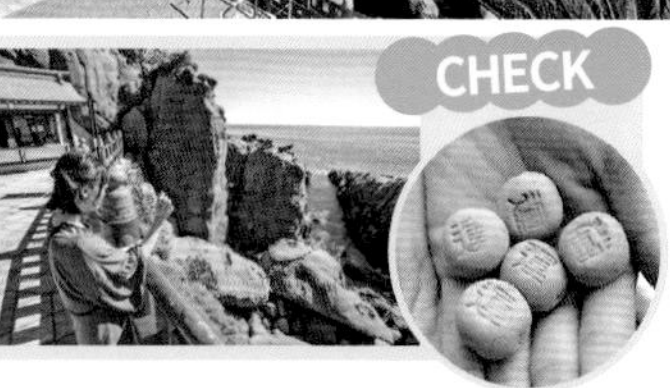

野生馬與太平洋的景觀

御崎馬體型雖小卻很健壯，還留有日本自古以來的原生馬特徵

絕景

5 都井岬

●といみさき

景點

能就近欣賞國家天然紀念物野生馬。九州唯一對外開放參觀的都井岬燈塔以及「串間市都井岬觀光交流館PAKALAPAKA」等看點也散布於此。

MAP 附錄②20F-4

0987-72-0479

（串間市觀光物產協會）

所 宮崎県串間市都井岬
¥ 御崎馬保育協助金每輛車400円、每輛機車100円 P 免費

宮崎市

みやざきタウン

有南蠻炸雞、宮崎牛等好多想吃的美食

本地區的keyword
享受當地美食
探訪歷史名勝
芒果甜點

沿路有四季花卉點綴、離海也很近的宮崎市，街上洋溢著南國氣氛。鬧區有許多以南蠻炸雞、炭烤雞肉等當地美食為招牌的店，可享受美食之旅。

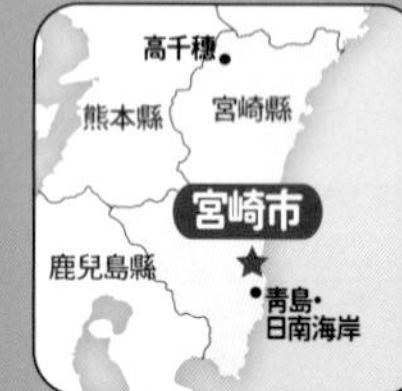

廣域MAP 附錄②20D-2　住宿資訊 P.164
洽詢專線 宮崎市觀光協會 ☎0985-20-8658
交通方式
鐵道：宮崎機場 —JR宮崎機場線、日南線、日豐本線（15分）— 宮崎站
巴士：宮崎機場 —宮崎交通巴士（26分）— 宮崎站
車：宮崎機場 —縣道367號、一葉收費道路、縣道11號（9km）— 宮崎站

巡遊方式建議
在宮崎市區觀光，搭巴士或步行移動都很方便。都市旅館集中在宮崎站周邊、鬧區橘通周邊。想泡溫泉的話，推薦市區南部的「宮崎リゾート温泉 たまゆらの湯」；度假村則建議前往市區北部的「鳳凰喜凱亞度假村」。

宮崎美食

美食盛宴大集合！

受惠於溫暖氣候且擁有豐富山珍海味的宮崎縣有許多名產美食。街上諸多專賣店當中有幾家必吃的人氣店脫穎而出，務必要嘗嘗看南蠻炸雞、宮崎牛等日本全國知名的宮崎美食！

南蠻炸雞

原型是將炸雞泡在甜醋裡醃漬製成的「南蠻漬」。如今以淋塔塔醬的吃法廣為人知，幾乎所有店家都是使用獨門醬料。

受女性顧客歡迎的高雅滋味

甜醋滲進炸好的雞腿肉，美味醇厚的ADEN風南蠻炸雞附白飯1210円

Bistro ADEN

●ビストロ アデン

前飯店主廚經營的店。將嫩雞腿肉油炸後以甜醋燉煮的南蠻炸雞，用刀子一切就流出肉汁。醇厚高雅的滋味深受女性歡迎。不可預約。

MAP 153B-2
☎0985-25-1537
所 宮崎県宮崎市阿波岐原町坂元2028-1
交 宮崎站搭宮崎交通巴士10分，城元下車步行即到
時 11:00～20:00（週六日、假日售完打烊）
休 週二　P 免費

↑採光佳的店內氣氛沉穩

手工製塔塔醬好美味

↓設有吧檯座，一個人也能輕鬆入店的氣氛

GRILL 爛漫

●グリル らんまん

1978年創業。店長是構思出「南蠻炸雞」的發源店「おぐら」初期成員之一，傳承當時的好味道。嫩雞胸肉沾上南蠻醋與本店自製塔塔醬的平衡絕妙。

MAP 153B-4
☎0985-28-4011
所 宮崎県宮崎市中央通6-3 ウエストビル1・1F　交 宮崎站步行12分　時 11:30～13:30、18:00～21:00
休 週二、第2、4週一

←特製南蠻炸雞1250円

←每逢週末就大排長龍的人氣店。店內洋溢著傳統復古氣氛

おぐら本店

●おぐらほんてん

構思出附塔塔醬南蠻炸雞的老字號洋食店。炸得酥脆的雞胸肉沾上甜醋後，再淋上小黃瓜、檸檬及辛香料等十種材料製成的塔塔醬。

MAP 153C-4
☎0985-22-2296
所 宮崎県宮崎市橘通東3-4-24
交 宮崎站步行8分
時 11:00～14:30、17:00～20:00
休 週二、第3週三（逢假日則翌日休）

淋上大量塔塔醬的始祖

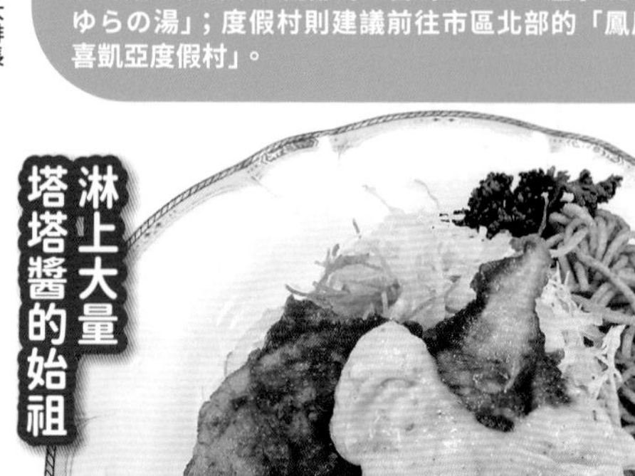
→南蠻炸雞 1100円。使用整片雞肉，分量十足

高千穗 P.144
青島・日南海岸 P.148
宮崎市 P.150

炭烤雞肉

濃縮鮮美滋味的「宮崎地頭雞」

用起火的炭火豪邁烤肉的炭烤料理，是宮崎市內眾多餐飲店都有的經典菜單。口感恰到好處，咀嚼時肉汁滿溢而出。

特級烤雞腿肉1630円起

ぐんけい本店隠蔵

●ぐんけいほんてんかくしぐら

使 用直營農場培育的「宮崎地頭雞」的專賣店。可享用烤雞腿肉、半敲燒、南蠻炸雞等豐富菜單。因為是人氣店，週末建議先預約。

MAP 153B-4

0985-28-4365

所 宮崎県宮崎市中央通8-12

宮崎站步行15分 17:00～23:00 休 不定休

店內設有桌位座、吧檯座及和式座位

釜あげうどん 重乃井

●かまあげうどん しげのい

釜揚烏龍麵

柔軟的麵條搭配濃郁醬汁

將煮至柔軟的麵條沾附味道濃郁的醬汁來食用。有些店家最後還會將釜揚烏龍麵剩餘的湯倒入醬汁喝光。

據 說前巨人隊教練長嶋也曾光顧的釜揚烏龍麵專賣店。將熱呼呼的麵條沾上以北海道稚內產昆布、宮崎縣產香菇、柴魚片以及鯖魚乾片為基底所製成的醬汁食用。

MAP 153A-3

0985-24-7367

所 宮崎県宮崎市川原町8-19 宮崎站搭宮崎交通巴士14分，宮崎温泉たまゆらの湯下車步行3分 11:00～18:45（售完打烊）

休 週五（每月1次週四五連休）

P 免費

釜揚烏龍麵中碗 700 円。味道爽口溫和

焼肉・鉄板焼ステーキ 橘通りミヤチクAPAS

●やきにく・てっぱんやきステーキ たちばなどおりミヤチクアパス

透過人氣鐵板燒來享用色香味俱全的宮崎牛

由 日本經濟聯合會團體「ミヤチク」直營，能品嘗安心又安全的宮崎牛。店內設有兩種座位：可享用多種部位的烤肉座，以及能欣賞主廚在眼前現烤牛排的鐵板燒牛排座。

0985-31-8929 MAP 153B-4

所 宮崎県宮崎市橘通西3-10-36 ニシムラビルB1

宮崎站步行15分

11:30～14:00、17:00～21:30

休 不定休

店內有鐵板燒牛排的吧檯座、烤肉桌位座以及下嵌式座位的烤肉和式座位

鐵板燒午餐 2480 円起，晚餐全餐 5500 円起

宮崎牛

是指在宮崎縣出生、養育的肥美黑毛和牛，第一代祖先可追溯至縣內種公牛的A4等級以上牛肉。

受到當地人支持的優質宮崎牛

焼肉の幸加園 江平本店

●やきにくのこうかえん えひらほんてん

在 宮崎相當知名的店。使用最高等級的 A4、A5 宮崎牛，肉質軟嫩到用筷子就能夾斷。以醬油為基底，使用當地產蔬菜、芒果等 23 種食材混合製成的醬汁滋味絕妙。

0985-26-0458 MAP 153A-2

所 宮崎県宮崎市江平西1-1-1 宮崎站搭宮崎交通巴士7分，橘通り5丁目下車步行3分

16:00～23:30 休 不定休 P 免費

店內裝飾著名人的簽名及照片

里肌肉 1800 円起

ふるさと料理 杉の子

●ふるさとりょうり すぎのこ

冷泡飯

品嘗適合在炎夏食用的冷泡飯

將魚肉及沙丁魚乾研磨後加入烤味噌製成冷味噌湯，倒在熱騰騰麥飯上食用的南國特有鄉土料理。

將 宮崎縣內的農村及漁場採收的當令食材，以產地相傳的調理法上菜的鄉土料理店。供應每月更換的三種全餐和定食。

MAP 153B-4

0985-22-5798

所 宮崎県宮崎市橘通西2-1-4 宮崎站搭宮崎交通巴士9分，橘通り1丁目下車步行即到

11:30～13:30、17:00～21:30（中午需預約）

休 不定休

P 有簽約停車場

所有定食都有附冷泡飯。南蠻炸雞定食 2200 円

果汁飽滿的絕品美味！

令人神魂顛倒的芒果甜點

芒果是受惠於溫暖氣候的宮崎的代表性水果。有芭菲、霜淇淋等以芒果製作的多種甜點。

川崎商店
●かわさきしょうてん

位於往青島的參道沿路上的伴手禮店。在店內一角有販售霜淇淋與剉冰，一年四季都能品嘗完熟芒果霜淇淋。

MAP附錄②20D-3
✆0985-65-1208
所宮崎県宮崎市青島2-1-36
交青島站步行5分
L8:00～18:00
休無休

直接嘗到完熟芒果的濃郁滋味

全年OK
完熟芒果霜淇淋 400円
使用30%以上生芒果的霜淇淋滋味濃郁。生乳襯托出水果滋味

尋覓宮崎產芒果芭菲

4～8月
宮崎產完熟芒果芭菲 1800円
添加大塊高級水果宮崎產芒果。9月到3月改用冷凍芒果來供應

FRUIT大野 ANNEX
●フルーツおおのアネックス

位於宮崎市中心的店。使用芒果、日向夏蜜柑等水果做的芭菲大有人氣。使用大量生宮崎縣完熟芒果的芭菲會在4月到8月登場。

MAP153B-4
✆0985-86-6288
所宮崎県宮崎市橘通西2-7-2 K&Kマンション2F
交宮崎站搭宮崎交通巴士8分，橘通り2丁目下車步行3分
L11:00～17:00、19:00～22:00(週五六到23:00) 休週日

PALM
●パーム

位於宮崎機場1樓入境大廳的飲料站。使用芒果、日向夏蜜柑、苦瓜等宮崎縣產當令蔬果打的新鮮果汁是點餐後才會開始打。

MAP153B-4
✆0985-51-5111
(宮崎機場大樓)
所宮崎県宮崎市赤江 宮崎機場內1F 交宮崎機場站步行即到 L9:30～17:00
休無休 P有共用停車場

在宮崎的空中門戶全年都能享受芒果

全年OK(限量)
芒果霜淇淋
特大杯920円、中杯550円
添加大量宮崎縣產完熟芒果果肉，再淋上100%完熟芒果醬

更多 宮崎市推薦景點！

花園公園 MAP153C-1

FLORANTE宮崎
●フローランテみやざき
✆0985-23-1510 景點

充滿鮮花與綠茵的休息空間
可欣賞四季花卉與綠茵的花卉公園。園內隨處可見草地廣場及園藝展示園。

所宮崎県宮崎市山崎町浜山414-16 交宮崎站搭宮崎交通巴士25分，フローランテ宮崎下車步行即到 L9:00～17:00(有活動時可能變更)
休週二(逢假日則翌日休，可能變更) ¥310円，全年護照1560円 P免費

競相爭艷的花卉讓人心靈平靜

神社 MAP153A-2

宮崎神宮
●みやざきじんぐう
✆0985-27-4004 景點

與神武天皇有關的神社
祭祀初代神武天皇的神社。境內高聳茂盛的樹林遍布，是野鳥們的樂園。角落種有名列國家天然紀念物的大白藤。每年10月26日及之後的週六日會舉行宮崎神宮大祭。

所宮崎県宮崎市神宮2-4-1
交宮崎神宮站步行10分
自由參拜 P免費

大白藤的樹齡超過400年

公園 MAP153A-1

平和台公園
●へいわだいこうえん
✆0985-35-3181(縣立平和台公園管理事務所) 景點

和平之塔守護眾人
位於宮崎市北部高台的公園。園內有高37公尺的和平之塔、埴輪園及運動廣場等。

所宮崎県宮崎市下北方町越ケ迫6146
交宮崎站搭宮崎交通巴士33分，平和台公園レストハウス前下車步行即到
自由入園 P免費

刻有「八紘一宇」文字的和平之塔

伊勢龍蝦料理 MAP153B-4

いせえび料理 よしき
●いせえびりょうり よしき
✆0985-28-2702 美食

飽嘗天然伊勢龍蝦
全年都能品嘗天然伊勢龍蝦的專賣店。能以活體生魚片、水煮及鹽烤等多種調理方式，享用伊勢龍蝦的滋味。

所宮崎県宮崎市橘通西2-1-3
交宮崎站搭宮崎交通巴士8分，橘通り2丁目下車步行即到
L11:30～13:30、17:00～21:30 休週日(可能變更，需確認)

甘甜滋味在口中擴散的活伊勢龍蝦生魚片6600円起

土雞料理 MAP153C-4

地鶏炭火焼 粋仙
●じどりすみびやき すいせん

✆0985-23-1588 美食

早宰土雞搭配宮崎產燒酎
可品嘗使用早宰新鮮土雞做的炭烤雞肉、生雞片等豐富多樣的宮崎鄉土料理。還有上百種燒酎可以搭配品嘗。

所宮崎県宮崎市広島2-11-3
交宮崎站步行4分
L17:00～21:20(週五六到22:20)
休週日(逢假日前日則翌日休)

以鹽和胡椒粉調味的炭烤赤雞腿肉1280円

麵 MAP153B-4

辛麺屋 桝元 宮崎中央通店
●からめんや ますもと みやざきちゅうおうどおりてん
✆0985-31-3428 美食

挑戰勁辣滋味！
總店位於宮崎縣延岡市的辛麵發源店。使用以蕎麥粉打成的獨門彈牙麵條，辣度從0到30可依照個人喜好選擇。

所宮崎県宮崎市中央通8-29 池亀ビル1F
交宮崎站搭宮崎交通巴士8分，橘通り2丁目下車步行5分 L19:00～翌3:00
休無休

在絞肉肉醬中加入大量韭菜及大蒜的辛麵800円起

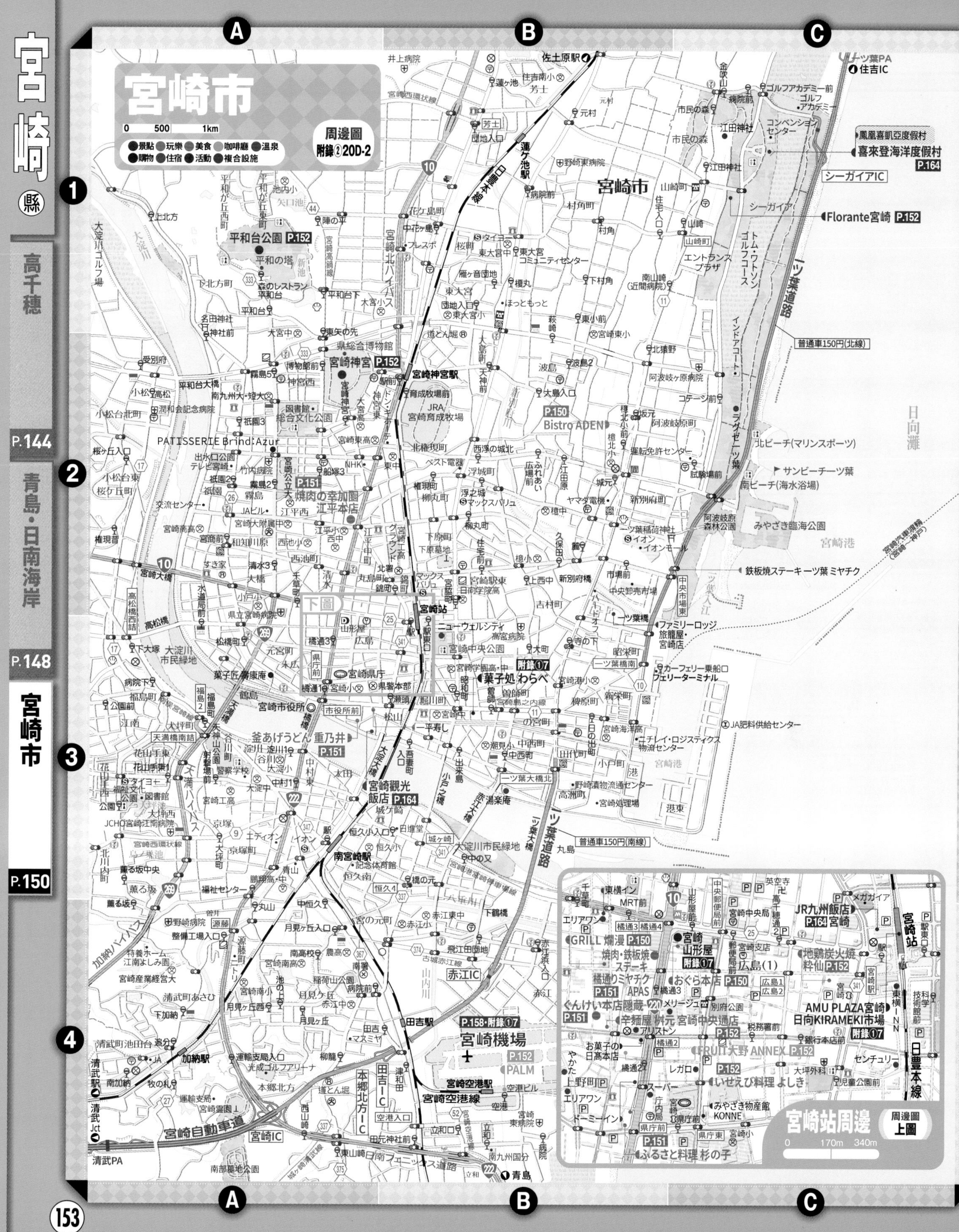
宮崎市
0 500 1km
景點 玩樂 美食 咖啡廳 溫泉 購物 住宿 活動 複合設施
周邊圖 附錄②20D-2
平和台公園 P.152
平和の塔
森のレストラン平和台
宮崎神宮 P.152
宮崎神宮駅
県総合博物館
総合文化公園
JRA宮崎育成牧場
PATISSERIE Brind:Azur
焼肉の幸加園 江平本店 P.151
宮崎駅
宮崎県庁
宮崎市役所
釜あげうどん 重乃井 P.151
宮崎観光飯店 P.164
菓子処 わらべ 附錄①7
Bistro ADEN P.150
宮崎市
佐土原駅
蓮ケ池駅
日豊本線
一ツ葉PA
住吉IC
鳳凰喜凱亞度假村
喜來登海洋度假村 P.164
シーガイアIC
Florante宮崎 P.152
一ツ葉道路
普通車150円(北線)
普通車150円(南線)
北ビーチ(マリンスポーツ)
サンビーチ一ツ葉
南ビーチ(海水浴場)
みやざき臨海公園
宮崎港
鉄板焼ステーキ一ツ葉 ミヤチク
フェリーターミナル
日向灘
南宮崎駅
宮崎機場 P.158・附錄①7
宮崎空港駅
宮崎空港線
PALM P.152
宮崎IC
宮崎自動車道
清武PA
清武Jct
加納駅
田吉駅
赤江IC
田吉IC
本郷北方IC
青島
宮崎站周邊 周邊圖上圖
0 170m 340m
GRILL 爛漫 P.150
焼肉・鉄板焼ステーキ 橘通りミヤチク P.151
ぐんけい本店隠蔵 P.151
辛麺屋 桝元 宮崎中央通店 P.152
宮崎山形屋 附錄①7
おぐら本店 P.150
地鶏炭火焼 粋仙 P.152
JR九州飯店宮崎 P.164
AMU PLAZA宮崎 日向KIRAMEKI市場 附錄①7
FRUIT大野 ANNEX P.152
いせえび料理 よしき P.152
ふるさと料理 杉の子 P.151
みやざき物産館 KONNE
宮崎站
日豊本線

九州的世界遺產導覽

如今九州七縣當中就有四縣擁有三座文化遺產。若能了解人氣觀光景點的歷史及文化，想必會更加有趣！

2015年登錄 日本明治工業革命遺產

正式名稱為「日本明治工業革命遺產：製鐵、製鋼、造船及採煤產業」。長期鎖國的亞洲小國日本，是非西洋地區率先採用西方技術並融合以往技術獨自發展，僅僅半個世紀就在短期內勢如破竹地成長、追上歐美先進國家的腳步，其價值受到肯定。

長崎縣代表性觀光景點之一

感受外國人居留地的氣息

哥拉巴園

●グラバーえん

園內的哥拉巴故居名列世界遺產。該建築為湯瑪士・布雷克・哥拉巴的住宅，由日本木匠施工建造。是現存日本最古老的木造洋風建築。

MAP 67A-4

LINK P.18・52・54・59

深入了解過去的海上炭礦都市

軍艦島（端島炭坑）

●ぐんかんじま（はしまたんこう）

位在長崎港西南方約 18 公里海面上的無人島。1890 年開始開採海底煤礦。1974 年時關閉，當時的建築物變成廢墟留了下來。必須參加軍艦島周遊行程才能參觀。

在全盛期1960年時人口大約5300人

MAP 附錄②15B-4

✆095-822-8888（長崎市客服中心）

所長崎県長崎市高島町　必須參加軍艦島周遊行程才能前往端島炭坑

預約、洽詢

八正海運
✆095-822-5002
軍艦島遊覽船
✆095-827-2470
水手商會
✆095-818-1105
軍艦島CONCIERGE
✆095-895-9300
馬場廣德
✆090-8225-8107

構成資產列表

- 官營八幡製鐵所
- 遠賀水源地泵浦室　●高島炭坑
- 三池港　●三池炭礦專用鐵道鋪設遺址
- 三池炭礦 宮原坑　●三池炭礦萬田坑
- 三角西港　●三重津海軍所遺址
- 三菱長崎造船廠巨型吊臂
- 三菱長崎造船廠 舊木製模具廠
- 三菱長崎造船廠 第三船塢
- 三菱長崎造船廠 占勝閣
- 小菅修船廠遺址　●哥拉巴故居
- 關吉疏水溝　●寺山炭窯遺址
- 端島炭坑（軍艦島）
- 舊集成館（反射爐遺址、機械工廠、舊鹿兒島紡織所技師館）

宗像大社 沖津宮（沖之島、小屋島、御門柱、天狗岩）
宗像大社 中津宮
宗像大社 沖津宮遙拜所
新原・奴山古墳群
宗像大社 邊津宮
遠賀水源地泵浦室
官營八幡製鐵所
平戶的聖地與聚落（中江之島）
平戶的聖地與聚落（春日聚落與安滿岳）
外海的大野聚落
外海的出津聚落
野崎島的聚落遺址
奈留島的江上聚落（江上天主堂及其周邊）
頭島聚落
久賀島聚落
福岡縣
佐賀縣
長崎縣
黑島聚落
三重津海軍所遺址
三池炭礦專用鐵道鋪設遺址
三池炭礦 宮原坑
大分縣
三池港
三池炭礦 萬田坑
大浦天主堂
原城遺址
熊本縣
三角西港
哥拉巴故居
天草的崎津聚落
宮崎縣
高島炭坑
軍艦島（端島炭坑）
小菅修船廠遺址
鹿兒島縣
三菱長崎造船廠巨型吊臂
三菱長崎造船廠舊木製模具廠
三菱長崎造船廠第三船塢
三菱長崎造船廠占勝閣
寺山炭窯遺址
舊集成館（反射爐遺址、機械工廠、舊鹿兒島紡織所技師館）
關吉疏水溝

日本明治工業革命遺產
「神宿之島」宗像、沖之島及相關遺產群
長崎與天草地區的潛伏基督徒相關遺產

何謂世界遺產

根據 1972 年聯合國教科文組織總會通過的《世界遺產公約》列入世界遺產名單的遺跡、景觀、自然等，擁有普世價值的人類共同遺產。可以分成文化遺產、自然遺產及複合遺產這三個種類。

Check!

2021年登錄 日本第五座世界自然遺產 奄美大島

有罕見生物棲息的「金作原」
照片提供：鹿兒島縣

奄美大島是奄美群島最大的島嶼，面積大約 712 平方公里，約占整個群島面積的 58%，常綠闊葉森林中有罕見的生物在此棲息、繁衍。當地擁有琉球兔等國際罕有的代表性特有種，而被視為保全生物多樣性的重要地區，故與德之島、沖繩縣沖繩島北部及西表島一同登錄為世界自然遺產。作為與人類共生的環境文化發達、擁有美麗自然景觀及大自然的魅力島嶼，備受世人矚目。

2017年登錄 「神宿之島」宗像、沖之島及相關遺產群

福岡縣宗像市的宗像大社是供奉宗像三女神「田心姬神」、「湍津姬神」及「市杵島姬神」的古老神社。人們深信距離九州本土約60公里的沖之島有神明降臨，將整座島嶼視為御神體敬奉。大和朝廷曾舉行國家祭祀，至今留下的遺跡狀態依舊完好，被評為能夠了解信仰歷史的珍貴遺產。

宗像大社 邊津宮的本殿和拜殿是國家重要文化財

掌管所有道路的神

宗像大社 邊津宮

●むなかたたいしゃ へつみや

祭祀宗像三女神的超過 6000 間神社的總本宮，自古以來供奉市杵島姬神而深受信仰。三宮當中唯一位於九州本土的邊津宮坐擁大約 10 公頃的廣大用地，內有本殿、高宮祭場、祈願殿以及神寶館。

☎0940-62-1311 MAP附錄②3C-2

所福岡県宗像市田島2331 交JR鹿兒島本線東鄉站搭西鐵巴士9分，宗像大社前下車步行即到 ⏰境內不限，神寶館為9:00～16:00 休無休 ¥神寶館800円 P免費

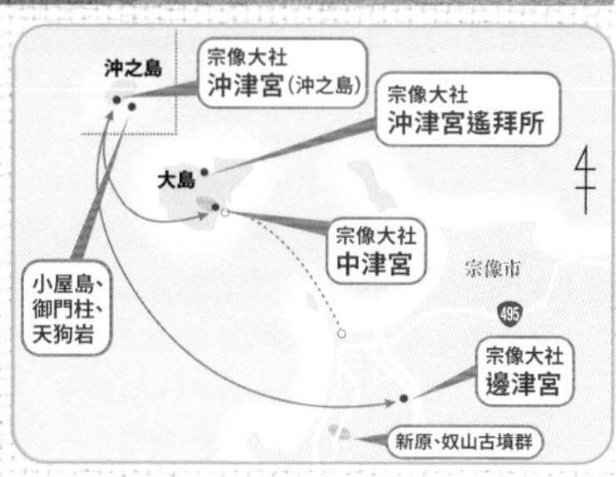

構成資產列表
●宗像大社 沖津宮(沖之島) ●小屋島 ●御門柱 ●天狗岩 ●宗像大社 沖津宮遙拜所 ●宗像大社 中津宮 ●宗像大社 邊津宮 ●新原、奴山古墳群

本殿名列福岡縣的有形文化財

建於設有沖之島遙拜所的大島上

宗像大社 中津宮

●むなかたたいしゃ なかつみや

位於距離九州本土約 6.5 公里的海上大島。鎮守在邊津宮與沖津宮相連的直線上，祭祀宗像三女神的湍津姬神。

MAP附錄②3C-2 ☎0940-72-2007

所福岡県宗像市大島1811 交大島港步行10分／JR鹿兒島本線東鄉站搭西鐵巴士20分，神湊波止場搭船15～25分 境內自由參觀

沖之島的規定

僅神職人員能夠登島

島上沒有居民，神職人員每十天輪流登島舉行神事。神職人員在登島前也必須進行淨身儀式。

遵守眾多傳統

不得帶走沖之島的一草一木一石。至今仍遵守自古以來的規定。

浮在玄界灘上的孤島。整座島嶼被視為御神體

建於禁止登島的神聖島嶼

宗像大社 沖津宮（沖之島）

●むなかたたいしゃ おきつみや（おきのしま）

沖之島禁止一般民眾進入，只有神職人員獲准登島。「宗像大社 沖津宮」建於該島的半山腰，供奉宗像三女神的田心姬神。

2018年登錄 長崎與天草地區的潛伏基督徒相關遺產

傳入日本的基督教跨越了幕府的鎮壓、潛伏等種種困難，才得以傳承至今而不至於斷絕。該遺產代表了從民眾持續信仰中孕育出的文化，構成資產總共有12處。其中11處分布在平戶、島原、五島等長崎縣各地，另1處位在與島原隔著大海的熊本縣天草市。

以崎津聚落為象徵的崎津教會

神道教、佛教及基督教共存的城鎮

天草的崎津聚落

●あまくさのさきつしゅうらく

崎津在基督教禁教期間仍維持信仰，孕育出將貝殼當作信仰用具等漁村特有的信仰型態。基督教復活的象徵崎津教會（P.125）的興建場所，就位於曾舉行過「踏繪」的庄屋役宅遺址。

●崎津聚落導覽中心

☎0969-78-6000 MAP附錄②19A-3

所熊本県天草市河浦町崎津1117-10 交本渡巴士中心開車45分 P免費

建於江戶末期的哥德式建築教堂。也是國寶

現存最古老的日西合璧教堂

大浦天主堂

●おおうらてんしゅどう

大浦天主堂是長崎的代表性觀光景點。在江戶幕府的禁教政策下，原以為日本的吉利支丹早已根絕，然而在 1865 年有眾多信徒在這間教堂告白信仰，故成為世界知名的「發現信徒」舞台。

MAP 67A-4 LINK P.18・53・59

<參觀教會的禮儀>

- 穿著符合神聖場所的服裝並脫帽
- 正中央的大門主要為儀禮用，請從左右兩側的門進出
- 舉行彌撒、冠婚喪祭時不可參觀內部
- 聖堂內禁止攝影
- 內陣（祭壇）是神聖的場所，禁止進入
- 教會內禁止飲食、抽菸及大聲喧嘩
- 注意不要觸碰祭品及裝飾品
- 想聊表心意可到「捐款箱」捐獻

構成資產列表
- 原城遺址
- 平戶的聖地與聚落(春日聚落與安滿岳)
- 平戶的聖地與聚落(中江之島)
- 天草的崎津聚落 ●外海的出津聚落
- 外海的大野聚落 ●黑島聚落
- 野崎島的聚落遺址 ●頭島聚落
- 久賀島聚落 ●奈留島的江上聚落(江上天主堂及其周邊)
- 大浦天主堂

※除了大浦天主堂以外，參觀教會需在前兩天以前事先聯絡

HP http://kyoukaigun.jp/

Check!

1993年登錄 日本首座自然遺產 屋久島

位於鹿兒島縣本土以南 60 公里處，周長 130 公里的島嶼。地形從海拔 0 公尺到海拔 1936 公尺，高低差極大；植物從副熱帶到冷溫帶，呈現垂直分布。基於屋久島猿及屋久鹿等特有亞種、屋久杉的繁衍、北限及南限植物在此生長等原因，成為日本第一個登錄的聯合國教科文組織世界自然遺產。

據說樹齡7200年（眾說紛紜）的繩文杉

徹底比較航線、交通、美食及便利性等 九州的主要機場

從全國各地搭飛機一口氣飛往九州！以下將聚焦在旅行的起始與結束會造訪的機場，不妨比較看看各機場的便利性、美食、伴手禮及設施的豐富程度等。來確認對自己而言使用上最方便的機場吧。

可享受美食及購物的日本國內線航廈

飛機跑道一覽無遺的觀景台。夜晚可欣賞約685個燈光閃耀的浪漫景色

到博多站搭地鐵5分！交通便利性為世界數一數二

ふくおかくうこう

福岡機場

福岡機場最大的魅力在於往來市區相當方便。到博多站搭地鐵免轉乘只需 5 分的地理位置，其便利性堪稱國內外數一數二。同時也是人氣景點，不光是搭飛機的旅客，其他訪客來此也能逛一整天。可以在飛機跑道一覽無遺的觀景台欣賞飛機、一邊眺望跑道一邊用餐等，度過福岡機場特有的非日常時光。

MAP 附錄② 3C-4 LINK 附錄①3

☎092-621-6059
（日本國內線資訊）

所 福岡県福岡市博多区下臼井 交 直通地鐵福岡機場站 P 1小時200円（30分內免費）

位於出地鐵剪票口旁的地鐵連接大廳，設有直通各樓層的電扶梯。電梯直接連接地鐵剪票口與出境大廳

主要國內線定期航線

機場	主要航空公司	所需時間參考
新千歲	AIRDO ANA Peach SKY JAL	約2小時35分
仙台	ANA IBEX JAL	約2小時5分
新潟	ANA FDA IBEX JAL	約1小時55分
東京(羽田)	ANA JAL 星悅 SKY	約1小時55分
成田	ANA JAL Jetstar Peach	約2小時10分
小松	ANA ORC	約1小時35分
靜岡	JAL FDA	約1小時45分
名古屋(中部)	ANA IBEX JAL Jetstar星悅	約1小時35分
大阪(伊丹)	ANA IBEX JAL	約1小時20分
關西國際	Peach	約1小時15分
宮崎	ANA JAL ORC	約50分
沖繩	ANA Peach JTA SKY 空之子	約1小時45分

機場（國內線）⇔主要站點之間的移動時間

站點	交通方式	所需時間	運行班次
博多站	地鐵	約5分	每7～9分
天神站	地鐵	約11分	每7～9分
太宰府	太宰府定期巴士「旅人」(西鐵)	約25分 (※1	平日19班、六日假日23班
小倉	高速巴士（西鐵）	約2小時 (※1	平日7班、六日假日6班
糸島	開車	約35分	－

※1）乘車處在國內線航站搭免費接駁巴士約11分的國際線航站

Check it Out 伴手禮

九州甜點大集合

尋找伴手禮可以到 2 樓南區的「Sweets Hall」。除了定期更換當地名店流行甜點的「DAIMARU Sweets Select」之外，由布院及熊本等九州各地名店也齊聚一堂。也別錯過以辣明太子為首的福岡名產，以及機場限定伴手禮！

位於 3 樓「HIGHTIDE STORE」的「旅最中」(6入 1296 円)。也有販售文具及雜貨等

以鮮美高湯聞名全國的「久原本家 茅乃舍」的「博多限定茅乃舍飛魚高湯」(20包入1620円)

Check it Out 美食

美食之都福岡 在機場內也能享受美食

福岡機場的美食景點種類相當豐富。2 樓有美食廣場「the foodtimes」，3 樓有匯集日本全國拉麵店的「拉麵跑道」，4 樓有啤酒館「福岡機場 BEER MARCHE SORAGAMIAIR」。登機門內也有定食店、居酒屋、拉麵店、咖啡廳等餐飲店，相當方便。

也別錯過博多名產烤雞皮！竹乃屋的「博多雞皮串燒」

可欣賞大型螢幕播放跑道即時影像及體育賽事轉播的「福岡機場BEER MARCHE SORAGAMIAIR」

福岡知名鬆餅店「Campbell Early」的綜合水果鬆餅

九州各地機場相當方便

前往九州時，非九州居民的大多數人都是搭飛機。根據日本國土交通省調查的各機場起降旅客數排名統計，九州的八個主要機場中就有六個在前 19 名內。不僅使用乘客眾多，方便性及設施豐富度也相當高，散發特色獨具的魅力。

2021年 各機場起降旅客數排名（日本國內）

排名	機場	年度旅客數（人）
2	福岡機場	8,454,030
9	鹿兒島機場	2,429,810
13	宮崎機場	1,234,579
14	熊本機場	1,177,315
15	長崎機場	1,140,929
19	大分機場	737,104
26	北九州機場	437,055
51	佐賀機場	117,214

※ 日本國土交通省調查「2021 年各機場排名表 各機場起降旅客數排名」

如何聰明選擇航空公司

如果營運的航空公司有多家以上的話，挑選的重點如下。在費用方面，即使是同一航線或聯營航班，票價也會視航空公司而異。規模比廉航大的航空公司視班次有時票價會比較便宜，若想以最低價購票，請至各家航空公司官網進行比較。不需手續費，可以安心利用。

※ANA＝全日空，JAL＝日航，JTA＝日越洋航空，SKY＝天馬航空，FDA＝富士夢幻航空，ORC＝東方空橋，AIRDO＝Air Do

Check it Out 美食

以黑豬肉為主的鄉土料理一字排開

共有 11 家餐飲店，提供炸黑豬排、炸黑豬排咖哩、黑豬排等以黑豬肉料理為主的豐富鄉土料理。機場便當種類豐富也是一大特徵，可在登機門內的商店購買使用黑豬肉等鹿兒島縣產品的機場便當。

「大空食堂」的雞飯自助餐附沙拉650円

櫻島灰乾便當為內用1255円、外帶1232円

照片提供：鹿兒島機場ビルディング株式会社

Check it Out 伴手禮

名產「白熊冰」化身為伴手禮

國內線商店包括超商在內共有 13 家店，提供薩摩炸魚餅、輕羹、芋頭燒酎等鹿兒島代表性伴手禮。其中又以重現全國知名鹿兒島冰品「白熊冰」牛奶口味的餅乾、布丁及牛奶糖等，受到男女老少廣大年齡層的喜愛。

夾有果乾及牛奶巧克力的「白熊冰三明治餅乾」6入734円

主要國內線定期航線

機場	主要航空公司	所需時間參考
東京(羽田)	ANA JAL 空之子 SKY	約1小時55分
成田	Jetstar	約2小時10分
名古屋(中部)	ANA 空之子 SKY IBEX	約1小時15分
大阪(伊丹)	ANA JAL IBEX	約1小時10分
關西國際	Peach	約1小時10分
神戶	SKY	約1小時10分
沖繩	空之子 ANA	約1小時25分

機場⇔主要站點之間的移動時間

站點	交通方式	所需時間	運行班次
鹿兒島中央站	機場接駁巴士	約40分	每20分
指宿	機場接駁巴士	約1小時35分	4班
霧島	機場接駁巴士	約42分	6班
人吉IC	機場接駁巴士	約52分	6班

展示飛機引擎部件實品、飛行模擬器的航空展示室「SORA STAGE」

照片提供：鹿兒島空港ビルディング株式会社

榮登國內線機場部門全球第5名的高評價的機場

かごしまくうこう

鹿兒島機場

榮獲英國的航空及機場評級公司 Skytrax 的「年度全球最佳機場獎 2019」國內線部門第 5 名！設有天然溫泉足湯「OYATTOSA」、展示飛機部件實品等航空相關資料的航空展示室「SORA STAGE」等，機場附設設施相當完善。

九州自動車道溝邊鹿兒島機場IC開車約5分

MAP 附錄② 29A-4
LINK 附錄①13
HP https://www.koj-ab.co.jp/
所 鹿兒島県霧島市溝辺町麓822
鹿兒島中央站搭機場接駁巴士40分
P 2小時內免費（詳情需至官網確認）

足湯名稱「OYATTOSA」在鹿兒島方言中意指「辛苦了」，任何人都能免費利用

Check it Out 美食

嘗遍熊本美食！

除了熊本的靈魂美食熊本拉麵及太平燕之外，還有赤牛、生馬片及土雞天草大王等，在熊本機場衛星大樓的美食廣場能夠享用以鄉土特產做的美食。登機門內也有塔利咖啡的分店。

熊本拉麵的特色、散發麻油香氣的「ラーメン くすのき」熊本拉麵1180円

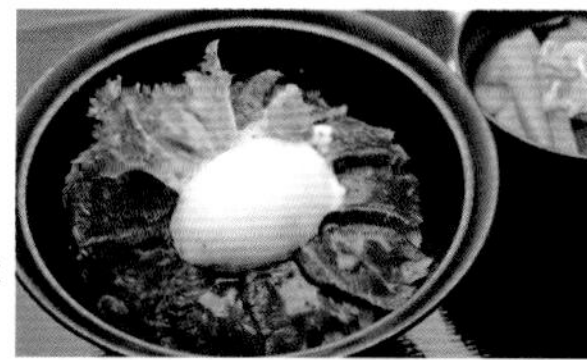

奢侈使用赤牛肉、分量十足的「和食 りんどう」的赤牛排蓋飯1980円

Check it Out 伴手禮

還有現烤熊本名點

衛星大樓有 5 家、國內線旅客航廈有 1 家，通過行李檢查場後有 3 家伴手禮店。在「お菓子の香梅」直營店可以外帶現烤名點。

熊本機場限定的現烤武者返162円。餅皮相當酥脆！

熊本地震振興援助的熊本縣益城町產米釀燒酎「米益」1683円

「麻雀巧克力王子」搭配「麻雀蛋」的「麻雀綜合包裝」16包入864円是熊本機場限定商品

主要國內線定期航線

機場	主要航空公司	所需時間參考
東京(羽田)	JAL ANA 空之子	約1小時45分
成田	Jetstar JAL	約2小時
名古屋(中部)	ANA	約1小時30分
名古屋(小牧)	FDA JAL	約1小時25分
大阪(伊丹)	JAL ANA AMX	約1小時15分
富士山靜岡(靜岡)	FDA JAL	約1小時30分
天草	AMX JAL	約20分
沖繩	ANA	約1小時35分

機場⇔主要站點之間的移動時間

站點	交通方式	所需時間	運行班次
熊本站	機場利木津巴士	約1小時	30班
阿蘇站	特急山彥號（巴士）	約50分	5班
黑川溫泉	九州橫斷巴士	約1小時50分	3班
高千穗	快速高千穗號（巴士）	約2小時10分	1班

※運行班次可能視飛機的起降狀況而變更

新航廈的建設順利地進行中！

くまもとくうこう

熊本機場

位於熊本市區東北方約 20 公里處。由於就在阿蘇山山腳下，也被暱稱為「阿蘇熊本機場」。國內與國際線合為一體的新旅客航廈已於 2023 年 3 月 23 日啟用，在這之前是使用暫定大樓。

MAP 附錄② 27A-4 LINK 附錄①11
096-232-2311
所 熊本県益城町小谷1802-2
熊本站搭機場利木津巴士1小時
P 30分內免費 ※費用可能變更

暫定大樓的外觀。照片為有商店＆餐廳進駐的衛星大樓

通過隨身行李檢查場後就可以購物及用餐

有加拿利海棗、南國花卉迎賓的天空門戶

みやざきくうこう

宮崎機場

暱稱為「宮崎九重葛機場」。搭 JR 宮崎機場線約 10 分可至宮崎站，交通非常方便。屋頂上有展示飛機的「機場公園」，夜晚可以觀看點燈的跑道。也能在飛機前拍張紀念照。

MAP 153B-4 LINK 附錄①7

0985-51-5111

所宮崎県宮崎市赤江 交宮崎站搭宮崎機場線10分 P1小時100円（30分內免費，店內消費則2小時內免費）

主要國內線定期航線

機場	主要航空公司	所需時間參考
東京(羽田)	JAL ANA 空之子	約1小時45分
成田	Jetstar Peach	約1小時55分
名古屋(中部)	ANA 空之子	約1小時20分
大阪(伊丹)	JAL ANA	約1小時10分
關西國際	Peach	約1小時10分
沖繩	ANA 空之子	約1小時25分
福岡	ANA JAL ORC	約45分

機場⇔主要站點之間的移動時間

站點	交通方式	所需時間	運行班次
宮崎站	JR宮崎機場線	約10分	32班
青島	開車	約15分	－
高千穗	開車	約2小時5分	－

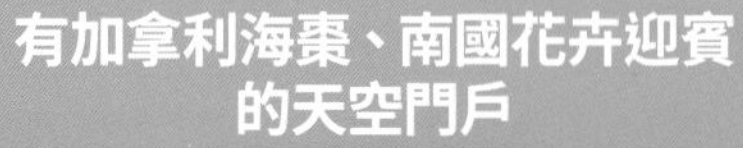

「空中之王」(Beechcraft King Air) C90A 飛機的展示時間為上午7時到下午9時

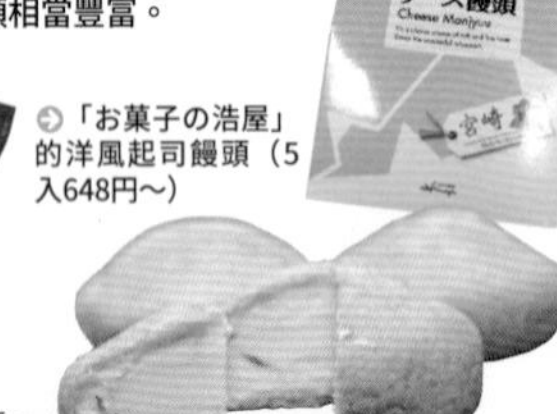

出自日本代表性影繪畫家藤城清治之手的日向神話彩繪玻璃很吸睛

Check it Out 美食

吃芒果甜點享受咖啡廳時光

共 8 家餐飲店。除了當地美食、鄉土料理店，可品嘗宮崎特產芒果甜點的咖啡廳也很有人氣。想一邊眺望飛機、跑道，一邊用餐或享受咖啡的話，可以到 3 樓的「Restaurant COSMOS」及「View Lounge Marilia」。

3樓「おもてなし夢かぐら」宮崎日向膳2250円有南蠻炸雞、冷泡飯及當地捕獲的鰹魚等，能一次品嘗各種宮崎美食

2樓「Cafe CANNA」的芒果霜淇淋為標準尺寸550円、特大尺寸920円

Check it Out 伴手禮

喜歡哪種起司饅頭呢？

伴手禮的種類相當豐富，有炭烤雞肉、甜薩摩炸魚餅風的飫肥天、燒酎及零食等，其中又以個別包裝的烘焙點心特別多樣。除了宮崎伴手禮第一名的招牌起司饅頭之外也有其他變化商品，種類相當豐富。

蒟蒻麵條沾上特辣湯頭的「辛麵」(550円)與「激辛麵」(650円)

「お菓子の浩屋」的洋風起司饅頭（5入648円～）

位於大村灣的世界第一座海上機場

ながさきくうこう

長崎機場

將位於大村灣海面上、離岸約 2 公里的箕島填拓興建的世界首座正式海上機場，有直達豪斯登堡的渡船在航行。2 樓的「兒童樂園」可體驗從長崎機場起飛降落的飛行模擬器、設有約 300 台扭蛋機，大人小孩都能同樂。

MAP 附錄② 15C-2 LINK 附錄①5

0957-52-5555

所長崎県大村市箕島町593

交長崎站搭巴士43分 P30分100円（30分內免費，超過2小時以後每小時150円）

主要國內線定期航線

機場	主要航空公司	所需時間參考
東京(羽田)	JAL ANA SKY 空之子	約2小時
成田	Peach Jetstar	約2小時15分
名古屋(中部)	ANA	約1小時35分
大阪(伊丹)	JAL ANA	約1小時20分
關西國際	Peach	約1小時20分
五島福江	ORC ANA	約30分
沖繩	ANA	約1小時40分

機場⇔主要站點之間的移動時間

站點	交通方式	所需時間	運行班次
長崎站	機場利木津巴士	約43分	每20～30分
豪斯登堡	西肥巴士	約59分	配合航班航行
	安田產業汽船	約50分	
佐世保	西肥巴士	約1小時29分	
平戶	開車	約1小時45分	－
雲仙	開車	約1小時20分	－

被杜鵑花及皋月杜鵑等花卉環繞的長崎機場

照片提供：長崎機場ビルディング

館內常設豪斯登堡相關導覽服務區

Check it Out 美食

當地才有的美食非吃不可

機場內有 5 家餐飲店，可品嘗日、西、中式料理。在 2 樓的餐廳「Air Port」可以品嘗以長崎名產強棒麵為首，使用五島烏龍麵做的「豪華烏龍麵」等料理。

※價格可能變更

長崎強棒麵1150円

被推舉為日本三大烏龍麵之一的長崎縣五島列島的五島烏龍麵。豪華烏龍麵980円

Check it Out 伴手禮

賣相滋味都很讚

長崎縣內規模最大、貨色最齊全。包括長崎的招牌伴手禮強棒麵、皿烏龍麵、長崎蛋糕、魚板、滷肉刈包等，種類豐富。近年來也增加不少具高品味包裝的商品，只是逛逛也很賞心悅目。

將長崎魅力畫成插圖的外包裝令人印象深刻的「長崎和風巧克力」1罐750円

「和泉屋」的長崎蛋糕「綺麗菓」為口味顏色各異的雙層構造，兩種各3入1300円

行李提領處採迴轉壽司方式！

おおいたくうこう

大分機場

位於大分縣東北部的國東半島沿岸。大多數旅客都會感到吃驚的地方在於，行李提領處的轉盤有如迴轉壽司般，可以看到蒲江海膽、姬島花竹蝦等壽司模型和行李一起轉動的光景。1樓有提供源泉掛流的免費足湯。

MAP 附錄② 4E-2 LINK 附錄①9

☎0978-67-1174（綜合服務處）

所 大分県国東市安岐町下原13

巴 別府北濱搭機場特急巴士AIR LINER 45分

P 30分內免費，24小時最高500円

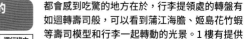

主要國內線定期航線

機場	主要航空公司	所需時間參考
東京（羽田）	JAL ANA 空之子	約1小時40分
成田	Jetstar Peach	約1小時50分
名古屋（中部）	ANA IBEX	約1小時10分
大阪（伊丹）	JAL ANA IBEX	約1小時

機場⇔主要站點之間的移動時間

站點	交通方式	所需時間	運行班次
別府	機場特急巴士 AIR LINER	約45分	14～16班
湯布院	湯布院高速利木津巴士	約55分	3～6班
九重	開車	約1小時40分	—

位於1樓入境大廳的檜造免費足湯

巨大壽司與行李一起轉動的行李提領處

Check it Out 美食

在機場吃當地特產魚

除了以大分機場原創的KABOSU啤酒、軟性飲料、三明治等輕食為中心的2樓「sky café azul」之外，4家餐飲店均位在3樓。如果想品嘗9月到3月的關竹筴魚及關鯖魚、5月到8月的城下鰈魚等大分自豪的特產魚，就前往「すし処宙」吧。

「sky café azul」的KABOSU啤酒（550円）為大分機場限定商品

關竹筴魚、關鯖魚1貫各900円。海鮮散壽司2700円

Check it Out 伴手禮

大分優質商品3000件

2樓的「空之站 旅人」以「大分特色」、「樂趣」、「易選擇」為概念，匯集了點心、食品、酒類、雜貨等精選大分伴手禮。角落是以起司蛋糕（1個240円）聞名的「由布院 Milch」。

「由布院Milch」的起司蛋糕榮獲世界品質評鑑大賞2022年特別金獎

オレンジ農園的「臭橙果凍」、「奇異果果凍」及「橘子果凍」1個376～432円

佐賀～羽田一天來回5班

さがくうこう

佐賀機場

暱稱為「九州佐賀國際機場」。擁有完備的交通相關服務，停車場提供超過2000個車位免費停車。目前正實施前24小時1000円即可租車的活動。用地內有約4公頃大的公園。

MAP 附錄② 8F-4 LINK 附錄①6

☎0952-46-0150（佐賀縣佐賀機場事務所）

所 佐賀県佐賀市川副町犬井道9476-187

巴 佐賀站搭接駁巴士35分 P 免費

主要國內線定期航線

機場	主要航空公司	所需時間參考
東京（羽田）	ANA	約2小時
成田	SPRING JAPAN	約2小時30分

機場⇔主要站點之間的移動時間

站點	交通方式	所需時間	運行班次
佐賀站	接駁巴士	約35分	最多6班
嬉野溫泉	利木津計程車（預約制）	約1小時	-
有田	利木津計程車（預約制）	約1小時20分	-

※接駁巴士、利木津計程車詳情請參照佐賀機場官網

租車優惠活動請參照佐賀機場官網（https://www.pref.saga.lg.jp/airport/kiji00312799/index.html）。2023年4月以後需確認

開放一般民眾賞觀戰後首架國產客機YS11的機場公園

Check it Out 美食&伴手禮

美食、伴手禮及佐賀名品應有盡有

「佐賀餐廳志乃 機場店」的推薦菜色為西西里飯及佐賀強棒麵。在商品銷售區，有販售與佐賀縣業者合作生產的原創商品。

添加大量蔬菜、伊萬里牛肉的西西里飯

「佐賀工房」的佐賀黑毛和牛咖哩510円

九州唯一能24小時利用的海上機場

きたきゅうしゅうくうこう

北九州機場

位於北九州市海面人工島的海上機場。24小時營運，有清晨班機、深夜班機飛航為其最大魅力。3樓觀景台設有足湯。

MAP 附錄② 2F-2

☎093-475-4195

所 福岡県北九州市小倉南区機場北町6

巴 小倉站搭機場巴士不停靠的班次30分

P 1小時內免費，24小時最高600円

主要國內線定期航線

機場	主要航空公司	所需時間參考
東京（羽田）	JAL 星悅 ANA（聯營）	約1小時40分

機場⇔主要站點之間的移動時間

站點	交通方式	所需時間	運行班次
小倉站	機場巴士	不停靠的班次約30分	29班（不停靠的班次18班）
博多站	福北利木津巴士	約1小時20～30分	往博多站夜間3班 往機場早上1班

3樓觀景台旁設有100円即可使用的足湯

Check it Out 美食&伴手禮

當地產品＋周邊地區名產齊全

以筑豐拉麵、糠味噌定食等能輕鬆享用的當地美食為中心。伴手禮除了當地產品之外，也有販售由布院甜點、山口名點等部分周邊地區的逸品。

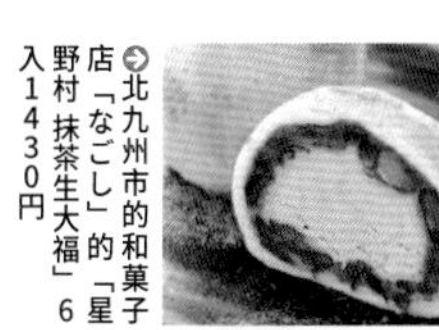

北九州市的和菓子店「星野村」的「なごし」抹茶生大福1430円

筑豐拉麵「山小屋」的昭和拉麵950円

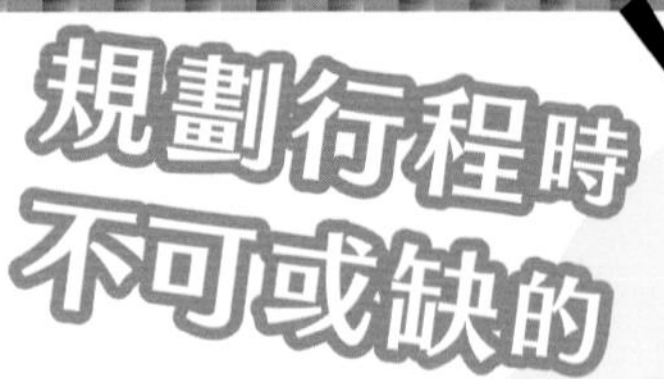

九州交通指南

方便好用的

行李打包清單！

國外旅遊行前總是令人緊張又期待，為了確保未來良好的旅遊體驗，整理行李可不能過於馬虎。對於不擅長收納的人或許是一大難題，生怕漏帶了什麼也會讓人感到忐忑不安，此時如果有一份清單隨時提醒自己，想必會大有助益！出門前別忘了再檢查一遍，尤其是重要物品千萬不能忘在家裡。

重要物品	文件	財務	3C用品	交通
	□身分證件 □護照 □國內駕照、國際駕照及其譯本 □機票 □旅行保險	□皮夾／零錢包 □信用卡 □提款卡 □外幣現金	□電話卡、網卡 □手機＆充電器 □筆記型電腦＆充電器 □相機＆充電器 □記憶卡 □備用電池 □延長線 □行動電源（搭飛機必須隨身）	□行程表 □地圖 □簡單旅遊用語／指南 □旅行票券
	收納	生活	休閒	備用
	□隨身背包 □隱形腰包 □環保購物袋 □折疊行李袋 □密封袋 □備用塑膠袋	□個人藥品 □雨傘、雨衣 □家用鑰匙 □行李箱鑰匙／密碼 □文具用品 □餐具 □水壺	□耳塞 □眼罩 □旅行枕 □閱讀刊物	□重要文件影本 □緊急聯絡資料 □大頭照 □手電筒 □行李秤
衣物	貼身衣物	基本常服	個人需求	洗滌用品
	□內衣褲 □襪子 □睡衣 □拖鞋／涼鞋	□夏季衣服 □冬季衣服 □鞋子 □外套	□泳衣 □帽子 □圍巾 □口罩 □飾品 □眼鏡／太陽眼鏡	□洗衣袋 □洗衣用具 □洗劑
盥洗用具	洗漱用品	身體護理	個人需求	美容用品
	□牙刷、牙膏 □漱口水 □沐浴乳、洗髮精、潤髮乳 □毛巾／浴巾	□棉花棒 □牙線 □卸妝油 □梳子 □鏡子 □手帕／衛生紙／濕紙巾	□口香劑 □體香劑 □眼藥水、人工淚液 □隱形眼鏡 □刮鬍用品 □驅蟲劑 □女性衛生用品	□防曬乳液 □保濕乳液 □護唇膏 □化妝品
其他備註				

\ 行前留意 /

事先調查當地狀況！

來到人生地不熟的國家常會碰到難以預料的狀況，參加旅行團還有導遊可以依靠，倘若是計畫自助旅行卻又不會說日文，能夠尋求的管道就很有限。靠別人不如靠自己！只要做足行前準備，總會有解決的辦法，以下提供幾個常見問題的解方。

預約的行程有可能被臨時取消？

各項設施有可能因為突發狀況而暫停營運，出國前幾天先至各大官網的公告查詢有無異動，可以多一分保障。規劃行程時安插幾個備用景點也是很重要的，因為不好掌握屆時會在該處停留多久、當地交通情況如何。如果沒有時間上的壓力，隨心情自由遊逛倒也無妨，只要留意景點的開放時間等入場限制即可。

入境日本時要填寫表單？

日本為了外國觀光客設計出一套「Visit Japan Web」線上登記系統，自 2023 年 5 月起已經不再需要上傳 COVID-19 的疫苗檢疫證明，但是仍可以在出國前先上網填妥「入境審查」、「海關申報」等相關資料。不僅可以節省落地後的入境流程，也不用在飛機上由於手寫不熟悉的表格而手忙腳亂。

不知道要帶多厚的衣服，該怎麼選擇？

會有這個煩惱是因為無法確定旅行地的天氣！不妨在出門前幾天先上網查詢當地天氣預報，看看一週內的溫度、濕度與天氣的可能狀況。甚至可以查閱地區新聞所刊登的照片、轉播畫面等等，觀察一下當地人都穿些什麼衣服。
最保險的一招就是洋蔥式穿法，便於隨意穿脫的衣物還有應付日夜溫差大的優點。

使用優惠票券有什麼建議？

九州各地區推出的票券不盡相同，不過凡是大眾運輸發達的地方幾乎都會推出一日乘車券，可以在乘坐多趟地鐵、巴士等時享有優惠。除此之外，當地為了促進觀光通常會推出走訪多個景點的划算票券，也不妨參考看看。不想在交通上花太多心力的人，參加觀光巴士行程是一個相當不錯的選擇。

\ 前往九州 /

搭飛機出發囉！

若要從臺灣前往九州，首選目的地為福岡機場。福岡機場不僅航班的選擇最多、設施最完善，由此前往九州各地區也很方便。國內線也有少數直飛熊本、鹿兒島、宮崎機場的航線，但目前還未設立直飛長崎機場的航點。

主要航空公司	目的地	洽詢電話	官方網站
中華航空	福岡、熊本、鹿兒島、宮崎	(02)412-9000	https://www.china-airlines.com
長榮航空	福岡	(02)2501-1999	https://www.evaair.com
國泰航空	福岡	(02)7752-4883	https://www.cathaypacific.com
星宇航空	福岡	(02)2791-1199	https://www.starlux-airlines.com/
虎航	福岡、佐賀	(02)7753-1088	https://www.tigerairtw.com

※除了上述在國內營運的航空公司，還有全日空、日本航空、樂桃、捷星等日本航空公司也有在臺灣開設航點，符合時間、預算等需求的話也可以納入考量。

九州交通指南

\在九州境內/ 如何移動？

可搭乘 JR 列車及路線巴士前往目的地。從各縣主要都市到九州的高速巴士路線也相當完備。從福岡到宮崎、鹿兒島有飛機航行。從福岡、長崎、熊本前往鹿兒島，搭乘九州新幹線是比較快的交通方式。

其3 搭乘高速巴士

在高速公路網相當完備的九州，別忘了將搭乘高速巴士作為一種移動方式。不僅行駛班次多，且近距離移動時無需預約即可搭乘。車資平價也是一大重點。

出發	出發站	巴士／班次	抵達站	所需時間／車資	目的地	備註
福岡	西鐵天神高速巴士總站	西鐵巴士 「若楠號」1～3班／時	佐賀站巴士中心	1小時19分 **1100円**	佐賀	
福岡	博多巴士總站	九州急行巴士 「九州號」2～5班／時	長崎站前	2小時33分(特快不停站時) **2900円**	長崎	※預約限額制，特快不停站為預約指定制
福岡	博多巴士總站	西鐵巴士／產交巴士 「日之國號」2～7班／時	熊本櫻町巴士總站	1小時56分(特快不停站時) **2500円**	熊本	
福岡	博多巴士總站	日田巴士／產交巴士 4班／天	黑川溫泉	2小時36分 **3470円**	黑川溫泉	※預約指定制
福岡	博多巴士總站	西鐵巴士／龜之井巴士／日田巴士 「由布院號」7班／天	由布院站前巴士總站	2小時11分 **3250円**	由布院	※預約指定制
福岡	博多巴士總站	西鐵巴士／大分巴士／大分交通巴士／龜之井巴士 「豐之國號」大分新川(1～2班／時)、別府北濱(10班／天)	別府北濱、大分新川	2小時47分(特快不停站時) **3250円**	大分	※預約指定制，到別府北濱不停站2小時44分
福岡	博多巴士總站	西鐵巴士／產交巴士／宮崎交通巴士／JR九州巴士 「鳳凰號」1～2班／時	宮崎站	4小時27分(特快不停站時) **6000円**	宮崎	※預約指定制
福岡	博多巴士總站	西鐵巴士／南國交通巴士／鹿兒島交通巴士／鹿兒島交通觀光巴士／JR九州巴士 「櫻島號」13班／天	鹿兒島中央站前	4小時38分(不停站時) **6000円**	鹿兒島	※預約指定制
長崎	長崎站前	長崎縣營巴士／產交巴士 「龍膽號」6班／天	熊本櫻町巴士總站	3小時37分 **4200円**	熊本	※預約指定制
長崎	長崎站前	長崎縣營巴士／長崎巴士／大分巴士／大分交通巴士 「日光號」4班／天	大分新川	4小時12分 **4720円**	大分	※預約指定制，到別府北濱3小時47分
長崎	長崎站前	長崎縣營巴士／宮崎交通巴士 「藍色浪漫號」2班／天	宮崎站	5小時30分 **6810円**	宮崎	※預約指定制
熊本	熊本櫻町巴士總站	產交巴士／宮崎交通巴士 「南風號」14班／天	宮崎站	3小時35分(不停站時) **4720円**	宮崎	※預約指定制
熊本	熊本櫻町巴士總站	產交巴士／南國交通巴士／鹿兒島交通巴士 「霧島號」8班／天	鹿兒島中央站前	3小時15分 **4100円**	鹿兒島	※預約指定制

除了離島以外，在九州境內前往島原半島、天草時，建議搭乘渡輪。從福岡三池港到島原港有高速船，從熊本熊本港到島原港有渡輪航行。此外，從三角港到天草松島港有高速船航行，時間比陸路快且更加舒適。

出發	出發港	船班／班次	抵達港	所需時間／費用	目的地	備註
福岡	三池港	八正海運高速船 4班／天	島原港	50分 **2300円**	長崎	
熊本	三角港	SEA CRUISE 天草寶島線高速船3班／天	松島港	20分 **1000円**	天草	※航行日、班數需確認
長崎	島原港	熊本渡輪「Ocean Arrow」 6～7班／天 九商渡輪 9班／天(※船舶定期檢查時5班／天)	熊本港	熊本渡輪／30分 **1500円**(乘車為4500円) 九商渡輪／1小時 **890円**(乘車為3690円)	熊本	

其1 搭乘飛機

離島除外的九州境內航線，有從福岡機場到宮崎機場、鹿兒島機場的班機。這是想縮短移動時間時最好的方法。

出發	航空公司／班次	抵達	所需時間／費用	備註
福岡機場	日本航空、全日空、東方空橋 13班／天	宮崎機場	45分 **22610円**	※費用為搭日本航空時
福岡機場	日本航空 1班／天	鹿兒島機場	50分 **21310円**	

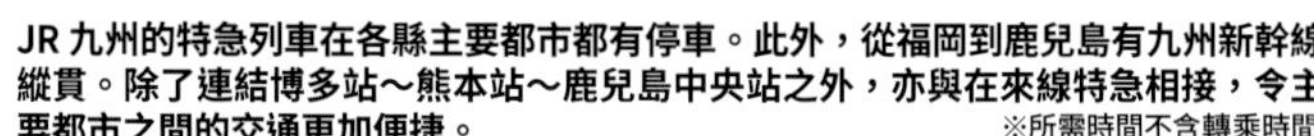

JR 九州的特急列車在各縣主要都市都有停車。此外，從福岡到鹿兒島有九州新幹線縱貫。除了連結博多站～熊本站～鹿兒島中央站之外，亦與在來線特急相接，令主要都市之間的交通更加便捷。

※所需時間不含轉乘時間

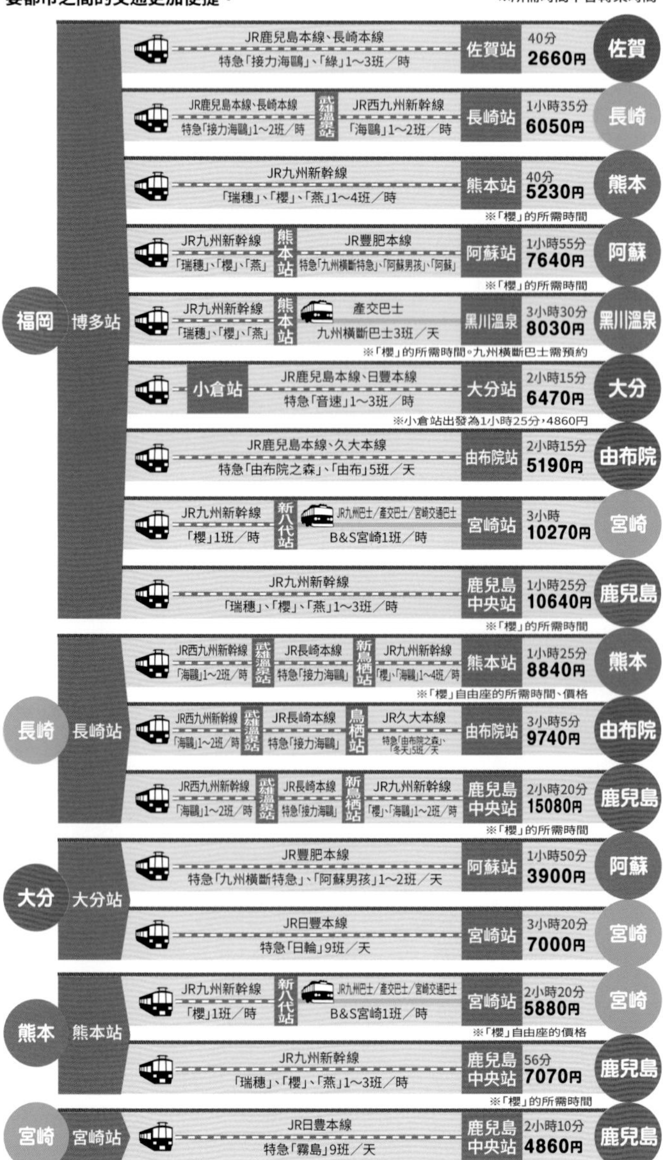

出發	出發站	路線／班次	抵達站	所需時間／車資	目的地	備註
福岡	博多站	JR鹿兒島本線、長崎本線 特急「接力海鷗」、「綠」1～3班／時	佐賀站	40分 **2660円**	佐賀	
福岡	博多站	JR鹿兒島本線、長崎本線 特急「接力海鷗」1～2班／時 →武雄溫泉站→ JR西九州新幹線 「海鷗」1～2班／時	長崎站	1小時35分 **6050円**	長崎	
福岡	博多站	JR九州新幹線 「瑞穗」、「櫻」、「燕」1～4班／時	熊本站	40分 **5230円**	熊本	※「櫻」的所需時間
福岡	博多站	JR九州新幹線 「瑞穗」、「櫻」、「燕」 →熊本站→ JR豐肥本線 特急「九州橫斷特急」、「阿蘇男孩」、「阿蘇」	阿蘇站	1小時55分 **7640円**	阿蘇	※「櫻」的所需時間
福岡	博多站	JR九州新幹線 「瑞穗」、「櫻」、「燕」 →熊本站→ 產交巴士 九州橫斷巴士3班／天	黑川溫泉	3小時30分 **8030円**	黑川溫泉	※「櫻」的所需時間。九州橫斷巴士需預約
福岡	博多站	小倉站 JR鹿兒島本線、日豐本線 特急「音速」1～3班／時	大分站	2小時15分 **6470円**	大分	※小倉站出發為1小時25分，4860円
福岡	博多站	JR鹿兒島本線、久大本線 特急「由布院之森」、「由布」5班／天	由布院站	2小時15分 **5190円**	由布院	
福岡	博多站	JR九州新幹線 「櫻」1班／時 →新八代站→ JR九州巴士／產交巴士／宮崎交通巴士 B&S宮崎1班／時	宮崎站	3小時 **10270円**	宮崎	
福岡	博多站	JR九州新幹線 「瑞穗」、「櫻」、「燕」1～3班／時	鹿兒島中央站	1小時25分 **10640円**	鹿兒島	※「櫻」的所需時間
長崎	長崎站	JR西九州新幹線 「海鷗」1～2班／時 →武雄溫泉站→ JR長崎本線 特急「接力海鷗」 →新鳥栖站→ JR九州新幹線 「櫻」、「海鷗」1～4班／時	熊本站	1小時25分 **8840円**	熊本	※「櫻」自由座的所需時間、價格
長崎	長崎站	JR西九州新幹線 「海鷗」1～2班／時 →武雄溫泉站→ JR長崎本線 特急「接力海鷗」 →鳥栖站→ JR久大本線 特急「由布院之森」、「冬天」5班／天	由布院站	3小時5分 **9740円**	由布院	
長崎	長崎站	JR西九州新幹線 「海鷗」1～2班／時 →武雄溫泉站→ JR長崎本線 特急「接力海鷗」 →新鳥栖站→ JR九州新幹線 「櫻」、「海鷗」1～2班／時	鹿兒島中央站	2小時20分 **15080円**	鹿兒島	※「櫻」的所需時間
大分	大分站	JR豐肥本線 特急「九州橫斷特急」、「阿蘇男孩」1～2班／天	阿蘇站	1小時50分 **3900円**	阿蘇	
大分	大分站	JR日豐本線 特急「日輪」9班／天	宮崎站	3小時20分 **7000円**	宮崎	
熊本	熊本站	JR九州新幹線 「櫻」1班／時 →新八代站→ JR九州巴士／產交巴士／宮崎交通巴士 B&S宮崎1班／時	宮崎站	2小時20分 **5880円**	宮崎	※「櫻」自由座的價格
熊本	熊本站	JR九州新幹線 「瑞穗」、「櫻」、「燕」1～3班／時	鹿兒島中央站	56分 **7070円**	鹿兒島	※「櫻」的所需時間
宮崎	宮崎站	JR日豐本線 特急「霧島」9班／天	鹿兒島中央站	2小時10分 **4860円**	鹿兒島	

※ 路線、車資及所需時間等，所有資訊為 2022 年 11 月的資訊。
內容可能有所變更，請確認最新資訊後再出發。

出發	路線	距離	費用	目的地
熊本	熊本IC → 九州自動車道 → 蝦野JCT → 宮崎自動車道 → 宮崎IC	185.6km	4610円	宮崎
熊本	熊本IC → 九州自動車道 → 鹿兒島北IC	170.5km	4350円	鹿兒島
宮崎	宮崎IC → 宮崎自動車道 → 蝦野JCT → 九州自動車道 → 鹿兒島北IC	145.9km	3850円	鹿兒島

活用JR與租車 鐵道&租車車票

CHECK!

搭 JR 抵達目的地後再租車巡遊觀光地也是一種方法。只要使用這張票券，不光是駕駛者，連所有同行者的 JR 車資都能享有 8 折優惠，特急、急行的費用（「希望」、「瑞穗」及部分設備除外）享有 9 折優惠。在車站的綠色窗口及主要旅行社代理商家均有販售。

主要發售條件

- 搭乘 JR 單程、來回或連續乘車券任一里程超過 201 公里，或是從出發車站搭 JR 到租車車站的最短路徑超過 101 公里。
- JR 車票與車站租車券一起購買。
- 租車的租車日在車票的有效期間內。
- 購買後，搭乘的列車、租車的預約內容在變更上有所限制。
- 4 月 27 日～ 5 月 6 日、8 月 10 ～ 19 日、12 月 28 日～ 1 月 6 日，JR 的車資、費用均無優惠。

九州主要車站附近的租車營業所一覽

［博多站周邊］
- 歐力士租車博多站博多口店 092-411-8694
- 時代租車博多站前店 092-471-7551
- NIPPON租車博多站新幹線筑紫口營業所 092-414-7535

［小倉站周邊］
- 歐力士租車小倉站新幹線口店 093-533-0821
- 豐田租車福岡 小倉站南口店 093-512-1400

［長崎站周邊］
- NIPPON租車長崎站前營業所 095-821-0919
- 歐力士租車長崎興善町店 095-827-8694
- 日產租車長崎站前店 095-825-1988
- 時代租車長崎站前通店 095-843-5656

［熊本站周邊］
- 豐田租車熊本 熊本站前店 096-311-0100
- 日產租車熊本站前店 096-356-4123

［大分站周邊］
- 時代租車大分站前店 097-534-0762
- 日產租車大分站前店 097-534-0138

［由布院站周邊］
- 日產租車湯布院店 0977-84-2332

［宮崎站周邊］
- 豐田租車宮崎 宮崎店 0985-26-0100
- 時代租車宮崎站前店 0985-25-5171

［鹿兒島中央站周邊］
- 豐田租車鹿兒島 鹿兒島中央站店 099-250-0100
- NIPPON租車鹿兒島中央站東口營業所 099-258-3336
- 歐力士租車鹿兒島中央站前店 099-256-0082
- 日產租車鹿兒島中央站前店 099-250-2123

其5 駕車移動

九州有南北延伸的九州自動車道，與西邊的長崎自動車道、東邊的大分自動車道交叉。以上述大型高速公路為主，再加上宮崎自動車道、西九州自動車道、東九州自動車道等，善用這些高速公路就能輕鬆前往目的地。

出發	路線	距離	費用	目的地
福岡	福岡IC → 九州自動車道 → 鳥栖JCT → 長崎自動車道 → 佐賀大和IC	54.3km	1630円	佐賀
福岡	福岡IC → 九州自動車道 → 鳥栖JCT → 長崎自動車道 → 長崎IC	147.9km	3840円	長崎
福岡	福岡IC → 九州自動車道 → 熊本IC	102.9km	2930円	熊本
福岡	福岡IC → 九州自動車道 → 鳥栖JCT → 大分自動車道 → 日出JCT → 東九州自動車道 → 大分IC	154.4km	3980円	大分
福岡	福岡IC → 九州自動車道 → 蝦野JCT → 宮崎自動車道 → 宮崎IC	288.5km	6580円	宮崎
福岡	福岡IC → 九州自動車道 → 鹿兒島北IC	273.4km	6330円	鹿兒島
佐賀	佐賀大和IC → 長崎自動車道 → 鳥栖JCT → 九州自動車道 → 熊本IC	101.8km	2910円	熊本
佐賀	佐賀大和IC → 長崎自動車道 → 鳥栖JCT → 大分自動車道 → 日出JCT → 東九州自動車道 → 大分IC	153.3km	3950円	大分
佐賀	佐賀大和IC → 長崎自動車道 → 長崎IC	93.6km	2700円	長崎
佐賀	佐賀大和IC → 長崎自動車道 → 鳥栖JCT → 九州自動車道 → 蝦野JCT → 宮崎自動車道 → 宮崎IC	287.4km	6560円	宮崎
佐賀	佐賀大和IC → 長崎自動車道 → 鳥栖JCT → 九州自動車道 → 鹿兒島北IC	272.3km	6310円	鹿兒島
長崎	長崎IC → 長崎自動車道 → 鳥栖JCT → 九州自動車道 → 熊本IC	195.4km	4810円	熊本
長崎	長崎IC → 長崎自動車道 → 鳥栖JCT → 大分自動車道 → 日出JCT → 東九州自動車道 → 大分IC	246.9km	5790円	大分
熊本	熊本IC → 九州自動車道 → 鳥栖JCT → 大分自動車道 → 日出JCT → 東九州自動車道 → 大分IC	201.9km	4940円	大分

九州境內 交通便利資訊一覽表（洽詢專線&官網）

飛機
- 東方空橋 0570-064-380 https://www.orc-air.co.jp/

JR
- JR九州服務中心 0570-04-1717
- JR九州線上列車預約服務中心 0570-01-8814 https://www.jrkyushu.co.jp/

高速巴士
- 西鐵巴士 0120-489-939 / 092-734-2727 http://www.nishitetsu.jp
- 西鐵客服中心 0570-00-1010
- JR九州巴士 092-643-8541 https://www.jrkbus.co.jp/
- 九州急行巴士 092-734-2500 http://www.nishitetsu.ne.jp/kyushugo/
- 長崎縣營巴士 095-823-6155 https://www.keneibus.jp
- 龜之井巴士 0977-25-3220
- 日田巴士 0973-22-7681
- 大分交通巴士 097-536-3655 https://www.oitakotsu.co.jp/
- 大分巴士 097-536-3371 https://www.oitabus.co.jp/
- 產交巴士 096-354-4845 https://www.kyusanko.co.jp/
- 宮崎交通巴士 0985-32-1000 https://www.miyakoh.co.jp/
- 鹿兒島交通巴士·鹿兒島交通觀光巴士 099-222-1220
- 南國交通巴士 099-259-6781 https://nangoku-kotsu.com/

渡輪
- 八正海運高速船 0944-56-3404（三池） 0957-64-1515（島原） http://www.miike-shimabara-line.net/
- 熊本渡輪 0957-63-8008 https://www.kumamotoferry.co.jp/
- 九商渡輪 096-329-6111 https://www.kyusho-ferry.co.jp/
- SEA CRUISE 0969-56-2458 https://www.seacruise.jp/

道路資訊
- 日本道路交通資訊中心
  - 全國共通專線 050-3369-6666
  - 九州高速資訊 050-3369-6771
  - 九州·福岡資訊 050-3369-6640
  - 熊本資訊 050-3369-6643
  - 大分資訊 050-3369-6644
  - 佐賀資訊 050-3369-6641
  - 長崎資訊 050-3369-6642
  - 宮崎資訊 050-3369-6645
  - 鹿兒島資訊 050-3369-6646
  - https://www.jartic.or.jp/
- 西日本高速公路官網 https://www.w-nexco.co.jp/
- 高速費用 NEXCO西日本客服中心 0120-924863

※ 路線、車資及所需時間等，所有資訊為 2022 年 11 月的資訊。內容可能有所變更，請確認最新資訊後再出發。

九州推薦住宿指南

從坐擁地利之便、有利於觀光的舒適都市旅館，到能療癒旅途疲憊的溫泉旅館，以下精選幾家九州推薦住宿！

鹿兒島縣

SHIROYAMA HOTEL kagoshima
●しろやまほてるかごしま

☎0570-07-4680 MAP 133B-2

所 鹿兒島県鹿兒島市新照院町41-1 ¥S15950円～，T30250円～ 交 鹿兒島中央站搭接駁巴士25分 IN15:00、OUT11:00 P 1泊1300円

指宿秀水園
●いぶすきしゅうすいえん

☎0993-23-4141 MAP 附錄②24D-3

所 鹿兒島県指宿市湯の浜5-27-27 ¥1泊2食25300円～ 交 指宿站開車5分 IN14:00、OUT10:30 P 免費

指宿白水館
●いぶすきはくすいかん

☎0993-22-3131 MAP 附錄②24D-3

所 鹿兒島県指宿市東方12126-12 ¥1泊2食23100～37400円 交 指宿站開車7分 IN15:00、OUT10:00 P 免費

霧島飯店
●きりしまほてる

☎0995-78-2121 MAP 附錄②29B-2

所 鹿兒島県霧島市牧園町高千穂3948 ¥1泊2食14450～29850円 交 霧島神宮站搭鹿兒島交通巴士33分，硫黃谷下車步行5分 IN15:00、OUT10:00 P 免費

旅行人山莊
●りょこうじんさんそう

☎0995-78-2831 MAP 附錄②29B-2

所 鹿兒島県霧島市牧園町高千穂3865 ¥1泊2食10930～30730円 交 霧島神宮站搭鹿兒島交通巴士28分，丸尾下車開車5分 IN15:00、OUT11:00 P 免費

宮崎縣

宮崎全日空假日飯店
●えーえぬえーほりでいいんりぞーとみやざき

☎0985-65-2929 MAP 附錄②20D-3

所 宮崎県宮崎市青島1-16-1 ¥附早餐10000円～ 交 兒童之國站步行7分 IN15:00、OUT11:00 P 免費

喜來登海洋度假村
●シェラトン・グランデ・オーシャンリゾート

MAP 153C-1

☎0985-21-1113（綜合預約中心）

所 宮崎県宮崎市山崎町浜山 ¥豪華雙床房附早餐14300円～ 交 宮崎站搭宮崎交通巴士25分，シェラトングランデ下車步行即到 IN14:00、OUT11:00 P 免費

宮崎觀光飯店
●みやざきかんこうほてる

☎0985-27-1212 MAP 153A-3

所 宮崎県宮崎市松山1-1-1 ¥T19800円～ 交 宮崎站搭宮崎交通巴士14分，宮崎溫泉たまゆらの湯下車步行即到 IN15:00、OUT10:00 P 1泊900円

JR九州飯店 宮崎
●じぇいあーるきゅうしゅうほてるみやざき

☎0985-29-8000 MAP 153C-4

所 宮崎県宮崎市錦町1-10 ¥S8000円～，T12200円～（可能變更） 交 宮崎站步行即到 IN14:00、OUT11:00 P 1泊1100円

青瓷色之湯 岡本屋旅館
●せいじいろのゆおかもとや

☎0977-66-3228 MAP 89A-2

所 大分県別府市明礬4組 ¥1泊2食22000～45650円 交 別府站搭龜之井巴士24分，明礬下車步行即到 IN15:00、OUT10:00 P 免費

湯布院布袋屋
●ゆふいんほていや

☎0977-84-2900 MAP 99C-3

所 大分県由布市湯布院町川上1414 ¥1泊2食25300～49500円 交 由布院站開車5分 IN15:00、OUT10:00 P 免費

柚富之鄉 彩岳館
●ゆふのごうさいがくかん

☎0977-44-5000 MAP 99B-2

所 大分県由布市湯布院町川上2378-1 ¥1泊2食24200円～ 交 由布院站開車5分 IN15:00、OUT11:00 P 免費

熊本縣

YAMABIKO旅館
●やまびこりょかん

☎0967-44-0311 MAP 115

所 熊本県南小国町満願寺6704 ¥1泊2食22150円～ 交 熊本站搭產交九州橫斷巴士（預約制）2小時54分，黑川溫泉下車步行10分 IN15:00、OUT10:30 P 免費

山河旅館
●りょかんさんが

☎0967-44-0906 MAP 115

所 熊本県南小国町満願寺黒川6961-1 ¥1泊2食16500～36300円 交 熊本站搭產交九州橫斷巴士（預約制）2小時54分，黑川溫泉下車開車5分 IN15:00、OUT10:00（獨棟為OUT11:00） P 免費

療癒之鄉 樹屋
●いやしのさとやしき

LINK P.112

☎0967-44-0326 MAP 115

所 熊本県南小国町満願寺6403-1 ¥1泊2食16650円～ 交 熊本站搭產交九州橫斷巴士（預約制）2小時54分，黑川溫泉下車步行12分 IN15:00、OUT10:00（獨棟為OUT10:30） P 免費

溫泉旅館 野之花
●おやどののはな

☎0967-44-0595 MAP 115

所 熊本県南小国町満願寺黒川6375-2 ¥1泊2食23250～34250円 交 熊本站搭產交九州橫斷巴士（預約制）2小時54分，黑川溫泉下車開車5分 IN15:00、OUT11:00 P 免費

山之宿 新明館
●やまのやどしんめいかん

☎0967-44-0916 MAP 115

所 熊本県南小国町満願寺黒川6608 ¥1泊2食18700～25300円 交 熊本站搭產交九州橫斷巴士（預約制）2小時54分，黑川溫泉下車步行7分 IN15:00、OUT10:00 P 免費

天草阿萊格里亞花園酒店
●ほてるあれぐりあがーでんずあまくさ

☎0969-22-3161 MAP 附錄②19B-2

所 熊本県天草市本渡町広瀬996 ¥1泊2食15400円～ 交 熊本站搭產交巴士快速2小時20分，本渡バスセンター下車搭接駁巴士（需在前一天以前預約）10分 IN15:00、OUT11:00 P 免費

民藝摩登之宿 雲仙福田屋
●みんげいもだんのやどうんぜんふくだや

☎0957-73-2151 MAP 74

所 長崎県雲仙市小浜町雲仙380-2 ¥1泊2食15070～49500円 交 諫早站搭島鐵巴士1小時19分，小地獄入口下車步行即到 IN15:00、OUT10:00 P 免費

名湯の宿 雲仙いわき旅館
●めいとうのやどうんぜんいわきりょかん

MAP 74

☎0957-73-3338

所 長崎県雲仙市小浜町雲仙318 ¥1泊2食13350円～ 交 諫早站搭島鐵巴士1小時21分，島鉄雲仙営業所前下車步行即到 IN15:00、OUT10:00 P 免費

佐賀縣

洋洋閣
●ようようかく

MAP 80A

☎0955-72-7181

所 佐賀県唐津市東唐津2-4-40 ¥1泊2食24200円～ 交 唐津站開車7分 IN15:00、OUT10:00 P 免費

御宿 竹林亭
●おんやどちくりんてい

☎0954-23-0210 MAP 附錄②8E-4

所 佐賀県武雄市武雄町武雄4100 ¥1泊2食54450円～ 交 武雄溫泉站搭JR九州巴士8分，御船山樂園下車步行即到 IN15:00、OUT11:00 P 免費

御船山樂園飯店
●みふねやまらくえんほてる

☎0954-23-3131 MAP 附錄②8E-4

所 佐賀県武雄市武雄町武雄4100 ¥1泊2食18150円～ 交 武雄溫泉站搭JR九州巴士8分，御船山樂園下車步行4分 IN15:00、OUT10:00 P 免費

萬象閣 敷島
●ばんしょうかくしきしま

☎0954-43-3135 MAP 附錄②14D-1

所 佐賀県嬉野市嬉野町岩屋川内甲114-1 ¥1泊2食21550円～ 交 武雄溫泉站搭JR九州巴士33分，嬉野溫泉下車步行7分 IN15:00、OUT10:30 P 免費

漢彌爾頓 宇禮志野
●はみるとんうれしの

☎0954-43-0333 MAP 附錄②14D-1

所 佐賀県嬉野市嬉野町岩屋川内甲288-1 ¥1泊2食29800円～ 交 武雄溫泉站搭JR九州巴士33分，嬉野溫泉下車步行9分 IN15:00、OUT11:00 P 免費

大分縣

別府溫泉 杉乃井飯店
●べっぷおんせんすぎのいほてる

☎0977-24-1141 MAP 89C-2

所 大分県別府市観海寺1 ¥1泊2食17500円～ 交 別府站開車15分（有接駁巴士） IN15:00、OUT11:00 P 免費

御宿湯之丘
●おやどゆのおか

☎0977-21-2414 MAP 89B-2

所 大分県別府市小倉4-1 ¥1泊2食15960円～ 交 別府站搭龜之井巴士20分，ベネフィットフォーユー前下車步行3分 IN15:00、OUT10:00 P 免費

福岡縣

福岡全日空皇冠假日酒店
●えーえぬえーくらうんぷらざほてるふくおか

☎092-471-7111 MAP 40F-3

所 福岡県福岡市博多区博多站前3-3-3 ¥S9000円～，T14000円～ 交 博多站步行5分 IN14:00、OUT11:00 P 1泊1600円

福岡日航酒店
●ほてるにっこうふくおか

☎092-482-1111 MAP 40E-2

所 福岡県福岡市博多区博多站前2-18-25 ¥S17200円～27700円，T40100円～79400円 交 博多站步行3分 IN14:00、OUT12:00 P 1泊1500円

福岡運河城華盛頓酒店
●きゃなるしてぃふくおかわしんとんほてる

☎092-282-8800 MAP 40D-2

所 福岡県福岡市博多区住吉1-2-20 ¥S12540円～，T22220円～ 交 博多站搭西鐵巴士5分，キャナルシティ博多前下車步行即到 IN14:00、OUT11:00 P 1泊1700円（13:30～翌10:30）

福岡大倉酒店
●ほてるおーくらふくおか

☎092-262-1111 MAP 41C-1

所 福岡県福岡市博多区下川端町3-2 博多リバレイン ¥S16500円～，T20800円～，W19900円～ 交 地鐵中洲川端站步行即到 IN15:00、OUT11:00 P 1泊1500円

福岡蒙特利拉蘇瑞酒店
●ほてるもんとれらすーるふくおか

☎092-726-7111 MAP 41B-2

所 福岡県福岡市中央区大名2-8-27 ¥S5000～25000円，T7600～41000円 交 地鐵天神站步行即到 IN15:00、OUT11:00 P 1泊1800円

長崎縣

長崎日航都市酒店
●ほてるじゃるしてぃながさき

☎095-825-2580 MAP 67B-3

所 長崎県長崎市新地町13-10 ¥S11000円～17000円，T20000～28000円，W18000～20000円（含服務費、未稅） 交 長崎站搭長崎電氣軌道7分，新地中華街下車步行3分 IN14:00、OUT10:00 P 1泊1200円

長崎蒙特利酒店
●ほてるもんとれながさき

☎095-827-7111 MAP 67A-3

所 長崎県長崎市大浦町1-22 ¥S5500円～，T8500円～ 交 長崎站搭長崎電氣軌道7分，在新地中華街轉乘往石橋的班車4分，大浦海岸通下車步行即到 IN15:00、OUT11:00 P 1泊1800円

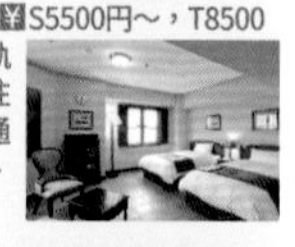

稻佐山觀光飯店
●いなさやまかんこうほてる

☎095-861-4151 MAP 66A-3

所 長崎県長崎市曙町40-23 ¥1泊2食16500円～，附早餐11000円～ 交 長崎站搭長崎巴士11分，観光ホテル前下車步行即到 IN16:00、OUT10:00 P 免費

馬肉料理 菅乃屋 銀座通り店 …… 食 …… 120
馬料理專賣店 天國 …… 食 …… 120
馬露貝嘉號(八正海運 軍艦島登陸周遊行程) …… 玩 …… 61
高千穂牛レストラン 和 …… 食 …… 146
高千穂焼 五峰窯 あまてらすの隠れcafe …… 玩・咖 …… 145
高千穂公路休息站 …… 買 …… 12・附錄②32
高千穂天照鐵道 …… 玩 …… 145
高千穂峽 …… 景 …… 12・144
高千穂神社 神樂殿 …… 景 …… 145
高千穂神社 …… 景 …… 12・145
高城庵 …… 食 …… 137
高森田樂之里 …… 食 …… 109
高森田樂村 …… 食 …… 109

十一畫

國民宿舍 彩虹櫻島 …… 溫・食 …… 135
國立公園九重山並牧場 …… 玩 …… 101
國見丘 …… 景 …… 145
堀切峠 …… 景 …… 16・148
崎津教會 …… 景 …… 125
康樂 …… 食 …… 62
御宿 竹林亭 …… 住 …… 164
御宿湯之丘 …… 住 …… 164
御船山樂園 …… 景 …… 83
御船山樂園飯店 …… 景・住 …… 10・164
御菓子司 花麴菊家 …… 買 …… 98
御膳所 櫻華亭 …… 食 …… 129
梅月堂本店 …… 咖 …… 65
清流山水花 鮎之里 …… 住 …… 123
球磨川遊船 …… 玩 …… 123
球磨川鐵道總公司 …… 玩 …… 122
眼鏡橋 共樂園 …… 食 …… 63
眼鏡橋 …… 景 …… 19・57・59
船越展望所 …… 景 …… 附錄②9
荷蘭坡 …… 景 …… 53
郷のパン工房 Glanz-mut …… 咖 …… 109
都井岬 …… 景 …… 17・149
都井岬燈塔 …… 景 …… 17
陶咲花 …… 買 …… 79
鹿児島ラーメン 豚とろ …… 食 …… 131
鹿兒島市維新故鄉館 …… 景 …… 128
鹿兒島花卉公園 …… 景 …… 139
鹿兒島城遺址(鶴丸城遺址) …… 景 …… 128
鹿兒島鄉土屋台村 …… 食 …… 7
鹿兒島機場 …… 複 …… 157・附錄①13
鹿兒島縣霧島藝術之森 …… 景 …… 17・140
黒豚料理あぢもり …… 食 …… 130

十二畫

博多1番街 …… 食 …… 37
博多DEITOS …… 複 …… 37・附錄①3
博多とりかわ大臣 KITTE博多串房 …… 食 …… 32
博多一幸舍 博多本店 …… 食 …… 27
博多一雙 博多站東本店 …… 食 …… 27
博多元氣一杯!! …… 食 …… 27
博多天乃 …… 食 …… 37
博多牛腸鍋 一慶 …… 食 …… 31
博多牛腸鍋 前田屋 總店 …… 食 …… 30
「博多町家」故鄉館 …… 景 …… 34
博多阪急 …… 買 …… 36・附錄①3
博多味處IROHA …… 食 …… 33
博多屋台 中洲 十番 …… 食 …… 29
博多屋台バー えびちゃん …… 食 …… 29
博多祇園鐵鍋 …… 食 …… 33
博多美食文化博物館HAKUHAKU …… 玩 …… 附錄①16
博多風美庵 …… 買 …… 37
博多站綜合服務處 …… 景 …… 36
博多運河城 …… 複 …… 38
喜來登海洋度假村 …… 住 …… 164
森林小別墅 …… 住 …… 71
椎葉之湯 …… 溫 …… 82
港あおしま …… 食 …… 148
湧水庭園「四明莊」 …… 景 …… 75
湯之平展望所 …… 景 …… 135
湯之坪街道 …… 景 …… 93
湯布院布袋屋 …… 住 …… 164
湯布院醬油屋 本店 …… 買 …… 附錄①9
焼肉 一力 …… 食 …… 90
焼肉&ステーキの店 初栄 …… 食 …… 146
焼肉・鉄板焼ステーキ 橘通りミヤチクAPAS …… 食 …… 151
焼肉の幸加園 江平本店 …… 食 …… 151
筋湯うたせ大浴場 …… 溫 …… 101
筌之口共同溫泉 …… 溫 …… 101
結いcafe …… 咖 …… 146
菓子処 わらべ …… 買 …… 附錄①7
菓匠 花より …… 買 …… 98
菓秀苑森長 …… 買 …… 20
華特馬酒店長崎豪斯登堡 …… 住 …… 71
華蓮 …… 食 …… 130
貴茶 …… 咖 …… 132
鄉土料理 ひめ路 …… 食 …… 108
鄉土料理 高森田樂保存會 …… 食 …… 110
開聞岳 …… 景 …… 8
隆太窯 …… 買 …… 81
雄川瀑布 …… 景 …… 9
雲仙山之情報館 …… 景 …… 74
雲仙地獄 足蒸浴 …… 溫 …… 74
雲仙地獄 …… 景 …… 74
須崎屋台かじしか …… 食 …… 32
黒川莊 …… 溫 …… 113
黒川溫泉 奧之湯 …… 溫 …… 113
黒川溫泉DORADORA銅鑼焼店 …… 買 …… 114
黒川溫泉觀光旅館協會 風之舍 …… 景 …… 112
黒亭 本店 …… 食 …… 118
黒福多 …… 食 …… 130

十三畫

奧阿蘇水果園 …… 玩 …… 111
會樂園(長崎縣) …… 食 …… 62
會樂園(熊本縣) …… 食 …… 119
溫泉旅館 野之花 …… 住 …… 164
溶岩石窯ピッツァ 轍 …… 食 …… 109
筥崎宮 …… 景 …… 38
萬象閣 敷島 …… 住 …… 164
萬順 眼鏡橋店 …… 買 …… 57
葡萄屋 …… 食 …… 94
葫蘆溫泉 …… 溫 …… 87
豊鮨 …… 食 …… 76
農家餐廳 Bebenko …… 食 …… 103
酪農大地 阿蘇牛乳牧場 …… 玩 …… 110
鈴懸本店 …… 咖 …… 35
鉄輪むし湯 …… 溫 …… 87

十四畫

漁火 …… 食 …… 81
漢彌爾頓 宇禮志野 …… 住 …… 164
熊本城 …… 景 …… 14・116
熊本城博物館 湧湧座 …… 景 …… 14・117
熊本馬肉DINING 馬櫻 下通店 …… 食 …… 120
熊本熊港八代 …… 景 …… 10
熊本熊廣場 …… 景 …… 116
熊本機場 …… 複 …… 157・附錄①11
熊襲亭 …… 食 …… 131
瑠璃庵 …… 買・玩 …… 53・附錄①16
福太郎 太宰府店 …… 買 …… 43
福太郎 博多DEITOS店 …… 買 …… 37
福岡大倉酒店 …… 住 …… 164
福岡日航酒店 …… 住 …… 164
福岡巨蛋 …… 玩 …… 38
福岡市科學館 …… 景 …… 38
福岡市美術館 …… 景 …… 35・38
福岡市博物館 …… 景 …… 38
福岡全日空皇冠假日酒店 …… 住 …… 164
福岡城址 …… 景 …… 38
福岡塔 …… 景 …… 38
福岡運河城華盛頓酒店 …… 住 …… 164
福岡瑪麗諾亞城 …… 複 …… 38
福岡蒙特利拉蘇瑞酒店 …… 住 …… 164
福岡機場 …… 複 …… 156
福岡機場國內線航廈 …… 複 …… 附錄①3
福建 …… 買 …… 57
福祿雜貨店 …… 買 …… 114
豪斯登堡 …… 玩 …… 7・68
豪斯登堡機器人飯店 …… 住 …… 71
遠江屋本舗 …… 買 …… 74
銀の彩 …… 買 …… 98
隠れ茶房 茶蔵カフェ 阿蘇店 …… 食 …… 110
鳳凰公路休息站 …… 買 …… 149

十五畫以上

嬉野溫泉公眾浴場「西博爾德溫泉」 …… 溫 …… 19・82
廣東料理 桃李 …… 食 …… 119
歐洲飯店 …… 住 …… 71
稻佐山山頂展望台 …… 景 …… 19・59
稻佐山餐廳ITADAKI …… 食 …… 19・59
稻佐山觀光飯店 …… 住 …… 164
醃漬專門店 平野商店 …… 買 …… 114
興福寺 …… 景 …… 59・61
蕎麥 Murata 不生庵 …… 食 …… 95
蕎麥麵街道 吾亦紅 …… 食 …… 115
諫早公園 …… 景 …… 21
餐飲、住宿處 えぷろん亭 …… 食 …… 149
龍北公路休息站 …… 買 …… 附錄①11
龜之井別莊 …… 住 …… 94
櫛田神社 …… 景 …… 34
療癒之鄉 樹屋 …… 溫・住 …… 112・164
鞠智 …… 買 …… 98
舊大阪商船 …… 景 …… 47
舊門司三井俱樂部 …… 景 …… 47
舊門司稅關 …… 景 …… 46
舊高取邸 …… 景 …… 81
舊福岡縣公會堂貴賓館 …… 景 …… 35
豐後牛牛排館 SOMURI …… 食 …… 90
雙星4047 …… 玩 …… 6
雙體帆船「99TRITON」 …… 玩 …… 72
鯉魚游泳池 …… 景 …… 75
鵜戶神宮 …… 景 …… 16・149
瀨之本高原飯店 …… 溫 …… 113
瀨兵窯 陶笆 …… 買 …… 79
關平溫泉 …… 溫 …… 附錄②29
霧島市觀光服務處 …… 玩 …… 141
霧島神宮 …… 景 …… 10・17・141・142
霧島飯店 …… 住 …… 164
霧島溫泉市場 …… 複 …… 17・141
蘇州林 長崎唐菓子店 …… 買 …… 56
櫻之小路 …… 複 …… 14・117
櫻之馬場 城彩苑 …… 複 …… 14・117
櫻井二見浦 …… 景 …… 10・45
「櫻島」火之島特產館公路休息站 …… 買 …… 134
「櫻島」熔岩渚公園足湯 …… 溫 …… 135
櫻島旅客服務中心 …… 景 …… 134
櫻島港渡輪碼頭 …… 景 …… 134
櫻櫻溫泉 …… 溫 …… 附錄②29
纖月酒造 …… 買 …… 123
體驗工房 轆轤座 …… 玩 …… 附錄①16
觀光辻馬車 …… 玩 …… 92
觀光物產館 池畑天文堂 …… 買 …… 附錄①13
觀光船海洋之友呼子 …… 玩 …… 81

太良公路休息站……… 買 ‥ 附錄②31
太宰府天滿宮………… 景 ……15•42
太宰府参道 天山 ……… 買 …… 43
心動水果巴士站通……… 景 ……11•21
日の出温泉きのこの里 喫茶たんぽぽ
…………………… 咖 …… 141
日本料理 山椒郎 ……… 食 …… 96
日南太陽花園………… 玩 ……10•149
水たき元祖 水月 ……… 食 …… 33
火の山温泉 どんどこ湯 … 溫 …… 107
牛腸鍋 大山 ………… 食 …… 31
牛腸鍋 笑樂 本店……… 食 …… 31
牛腸鍋 慶州 西中洲店…… 食 …… 30

五畫

仙巖園……………… 景 …… 129
仙巖園招牌名店……… 買 …… 129
仙巖園茶寮………… 咖 …… 129
出島………………… 景 ……56•58
加藤神社…………… 景 …… 116
北九州機場………… 複 …… 159
北原みやげ店………… 買 …… 49
北原白秋故居、紀念館…… 景 …… 49
古民家餐廳 阿蘇はなびし 食 …… 108
古賀茶……………… 買 ‥ 附錄①14
平戶沙勿略紀念教堂…… 景 …… 76
平戶城……………… 景 …… 76
平戶荷蘭商館………… 景 …… 76
平戶蔦屋…………… 買 …… 76
平戶瀬戶市場………… 食 …… 76
平和公園…………… 景 …… 56
平和台公園………… 景 …… 152
正華園……………… 食 …… 119
民家餐廳 伊萬里亭 …… 食 …… 79
民藝摩登之宿 雲仙福田屋 住 …… 164
由布市旅遊服務中心…… 景 …… 92
由布見通…………… 景 …… 93
由布院Milch………… 買 …… 93
由布院市…………… 買 …… 94
由布院玉之湯………… 住 …… 94
白川水源…………… 景 …… 111
白木峰高原………… 景 ……9•21
白水乃蔵…………… 食 …… 108
石岳展望台………… 景 ‥ 附錄②9
石窯ピッツァスタジオーネ 食 …… 110

六畫

伊万里焼せいら ……… 買 …… 79
伊都菜彩…………… 買 …… 45
伊萬里鍋島燒會館……… 買 …… 79
匠舗 藏拙 ………… 買 …… 95
吉宗 本店 ………… 食 …… 64
吉祥豆腐…………… 食 …… 114
名湯の宿 雲仙いわき旅館 住 …… 164
向日葵號 紅號、紫號 …… 玩 …… 7
地獄蒸工房 鐵輪 ……… 食 …… 87
地鶏炭火焼 古里庵 霧島店 食 …… 141
地鶏炭火焼 粋仙 ……… 食 …… 152
如意輪寺…………… 景 …… 11
旬菜 鄙屋 ………… 食 …… 96
旭軒………………… 食 …… 33
曳山展示場………… 景 …… 81
有田陶器市集……… 活 …… 78
有田銘品館………… 食 …… 79
有明湛潟之地公路休息站 · 買•食 …… 124
池之川水源………… 景 …… 111
池田湖Paradise……… 複 …… 139
池田湖……………… 景 …… 139
竹瓦溫泉…………… 溫 …… 89
竹崎水源…………… 景 …… 111
米塚………………… 景 …… 9
糸島くらし × ここのき…… 買 …… 45
自然干陸地波斯菊花海…… 景 …… 21
色鍋島公法窯 大川內藝廊 買 …… 79
西瓜之鄉植木公路休息站 · 買 ‥ 附錄①11
西風和彩食館 夢鹿 …… 食 …… 96
西國土產 鍵屋 ……… 買 …… 94
西鄉隆盛銅像………… 景 …… 128

七畫

佐賀國際熱氣球嘉年華… 活 …… 11
佐賀機場…………… 複
…………………… 159•附錄①6
佐賀縣立九州陶瓷文化館 · 景 …… 78
佐嘉平川屋 嬉野店 …… 食 …… 82
別府 甘味茶屋 ……… 咖 …… 91
別府地獄巡禮………… 景 …… 86
別府溫泉 杉乃井飯店 … 住 …… 164
別府溫泉保養樂園……… 溫 …… 88
別府銘品藏………… 買 … 附錄①9
別府灣SA ………… 買 … 附錄①9
坂本八幡宮………… 景 …… 43
妙見浦……………… 景 …… 125
巡遊護城河………… 玩 …… 49
杉谷本舗…………… 買 …… 21
豆吉本舗 湯布院店 …… 買 … 附錄①9
豆腐工房 さくら草 …… 食 …… 103
赤水展望廣場………… 景 …… 135
辛麺屋 桝元 宮崎中央通店 食 …… 152
里カフェ ねこのしっぽ … 咖 …… 146

八畫

京•大將軍………… 食 …… 118
呼子早市…………… 買 …… 80
和洋Restaurant三井俱樂部
…………………… 食 …… 47
咖啡餐廳 WAROKU屋 … 食 …… 115
咖啡餐廳 伊万里ロジエ … 食 …… 79
奄美の里 My Terrace Cafe 咖 …… 132
宗庵横長…………… 食 …… 19
宗像大社 中津宮 …… 景 …… 155
宗像大社 邊津宮 …… 景 …… 155
宗像公路休息站……… 買 ‥ 附錄②30
尚古集成館………… 景 …… 129
岩戶屋……………… 食 …… 33
拉麵二男坊………… 食 …… 37
明神池名水公園……… 景 …… 111
明礬湯之里………… 複 88•附錄①9
松浦史料博物館……… 景 …… 76
武家屋敷…………… 景 …… 75
武家屋敷(武家藏)…… 景 …… 123
武雄 旅 書店……… 景 …… 6
武雄溫泉大眾浴場……… 溫 …… 83
武雄溫泉物產館……… 買 …… 83
河太郎 呼子店 ……… 食 …… 81
河太郎 博多站店 …… 食 …… 37
炊き肉 牛ちゃん本店 … 食 …… 131
知林島……………… 景 …… 138
知覽武家屋敷庭園……… 景 …… 136
知覽特攻和平會館……… 景 …… 137
知覽博物館………… 景 …… 137
肥後YOKAMON市場 …… 複 ‥ 附錄①11
金立SA(上行) ……… 買 … 附錄①6
金善製陶所………… 買 …… 79
金鱗湖……………… 景 …… 92
長者原……………… 景 …… 101
長崎の猫雑貨 nagasaki-no neco
…………………… 買 … 附錄①5
長崎孔子廟 中國歷代博物館
…………………… 景 …… 53
長崎日航都市酒店……… 住 …… 164
長崎出島碼頭………… 複 …… 58
長崎市龜山社中紀念館‥ 景 …… 61
長崎空中纜車………… 玩 …… 59
長崎原爆資料館……… 景 …… 61
長崎桌袱濱勝………… 食 …… 64
長崎菓寮 匠寛堂 …… 買 …… 61
長崎街道海鷗市場……… 買 · 6•附錄①5
長崎新地中華街……… 買•食
…………………… 18•57•59
長崎蒙特利酒店……… 住 …… 164
長崎豪斯登堡日航酒店‥ 住 …… 71
長崎雜貨 たてまつる …… 買 … 附錄①4
長崎鼻……………… 景 …… 139
長崎稻佐山軌道車……… 玩 …… 59
長崎機場…………… 複
…………………… 158•附錄①5
長崎縣美術館………… 景 …… 61
門司港站…………… 景 …… 46
門前町商店街………… 複 …… 107
阿姆斯特丹飯店……… 住 …… 71
阿蘇NATURE LAND …… 玩 …… 107
阿蘇乙姫溫泉 湯ら癒ら‥ 溫 …… 107
阿蘇元氣之森(阿蘇農場樂園)
…………………… 玩 …… 110
阿蘇公路休息站……… 買 ‥ 107•附錄①11•②31
阿蘇卡德利動物樂園…… 玩 …… 110
阿蘇全景線………… 景 …… 107
阿蘇神社(舊官幣大社)‥ 景 …… 107
阿蘇高原騎馬俱樂部…… 玩 …… 107
阿蘇望之鄉久木野公路休息站
…………………… 買 ‥ 附錄①11
阿蘇猿猴旋轉劇場……… 景 …… 110
青井阿蘇神社………… 景 …… 122
青柳………………… 食 …… 14
青島神社…………… 景 ……16•148
青瓷色之湯 岡本屋旅館 ‥ 住 …… 164
青葉………………… 食 …… 139

九畫

前田溫泉 カジロが湯 …… 溫 ‥ 附錄②29
城山………………… 景 …… 129
屋台 情熱の千鳥足 …… 食 …… 29
指宿市營唐船峽流水麵… 食 …… 139
指宿白水館………… 住 …… 164
指宿秀水園………… 住 …… 164
指宿鳳凰飯店………… 溫 …… 138
春香苑……………… 食 …… 91
柚富之鄉 彩岳館 …… 住 …… 164
柳川藩主立花邸 御花 … 景 …… 48
洋洋閣……………… 住 …… 164
活魚迴轉壽司 水天 …… 食 …… 91
界 由布院 ………… 住 …7•23•95
界 別府 ………… 住 ……23•88
界 阿蘇 ………… 住 ……23•101
界 雲仙 ………… 住 …7•22•74
界 霧島 ………… 住 ……23•141
皇上皇……………… 食 …… 62
相川製茶舗………… 買 …… 82
砂蒸會館「砂樂」……… 溫 …… 138
紅茶の店 River Flow … 咖 …… 49
胡月………………… 食 …… 91
若葉旅館…………… 溫 …… 113
軍艦島(端島炭坑)…… 景 …… 154
香蘭社……………… 買 …… 78

十畫

哥拉巴通…………… 景 …… 53
哥拉巴園…………… 景
…………………… 18•52•54•59•154
唐津城……………… 景 …… 81
宮崎山形屋………… 買 … 附錄①7
宮崎全日空假日飯店…… 住 …… 164
宮崎神宮…………… 景 …… 152
宮崎機場…………… 複
…………………… 158•附錄①7
宮崎觀光飯店………… 住 …… 164
展海峰……………… 景 … 附錄②9
島原水屋敷………… 咖 …… 75
島原城……………… 景 …… 75
料亭 一力 ………… 食 …… 64
旅行人山莊………… 住 …… 164
桂花本店…………… 食 …… 118
桂茶屋……………… 食 …… 100
浮羽公路休息站……… 買 ‥ 附錄②30
海中魚処 萬坊 ……… 食•買
…………………… 81•附錄①6
海地獄……………… 景 …… 86
海辺のレストラン しおさい 食 …… 90
海洋世界海之中道……… 景 …… 38
海峽廣場…………… 複 …… 47
海鮮いづつ ………… 食 …… 91
海鮮家 福伸 ……… 食 …… 125
烏島展望所………… 景 …… 135
特急 坐A列車去吧 …… 玩 …… 124
神茶家……………… 食 …… 147
站前高等溫泉……… 溫 …… 89
紐約堂……………… 買 … 附錄①5
茶房 天井棧敷 ……… 咖 …… 94
草千里之濱………… 景 …… 13
酒之宿……………… 買 …… 114
釜あげうどん 重乃井 …… 食 …… 151
釜田釀造所………… 買 …… 122

P.165接續

英文

AMU PLAZA長崎 ・・・・・・・・ 複・・・・附錄①5
AMU PLAZA宮崎 日向KIRAMEKI市場 ・・・・・・・・・・・・・・・・・・・・・・ 買・・・・附錄①7
AMU PLAZA鹿兒島・・・・・・・ 複・・・附錄①13
AMU PLAZA博多・・・・・・・・・ 複・・・・・・・・・36
ARITA PORCELAIN LAB 有田旗艦店 ・・・・・・・・・・・・・・・・・・・・・・ 買・78・附錄①6
BEAR FRUITS ・・・・・・・・・・・ 食・・・・・・・・・47
Big Man 上京町本店 ・・・・・ 食・・・・・・・・・73
Bistro & Cafe TIME・・・・・・・ 咖・・・・・・・・・45
Bistro ADEN ・・・・・・・・・・・・ 食・・・・・・・・150
bistroボルドー・・・・・・・・・・・ 食・・・・・・・・・64
Bottle Shop Yufuin Winery 買・・・・・・・・・93
bowl・・・・・・・・・・・・・・・・・・ 買・・・・・・・・・79
B-speak・・・・・・・・・・・・・・・・ 買・・・・・・・・・98
Cafe & Bar Umino ・・・・・・・ 咖・・・・・・・・・65
Cafe Boi Boi ・・・・・・・・・・・・ 食・・・・・・・・102
café HIVE・・・・・・・・・・・・・・・ 咖・・・・・・・・・97
Cafe La Ruche ・・・・・・・・・・ 咖・・・・・・・・・92
Cafe Olympic ・・・・・・・・・・・ 咖・・・・・・・・・65
café 若葉堂 長崎出島店 ・・ 咖・・・・・・・・・58
Campbell Early 博多店・・・ 咖・・・・・・・・・36
Caravan・・・・・・・・・・・・・・・・ 食・・・・・・・・・81
Chez Rémy ・・・・・・・・・・・・・ 食・・・・・・・・・28
Chez-tani 瀬之本高原店・・ 咖・・・・・・・・103
CURRENT ・・・・・・・・・・・・・・ 食・・・・・・・・・44
dining KUMU ・・・・・・・・・・・ 咖・・・・・・・・・93
DŌCORE ふくおか商工会ショップ ・・・・・・・・・・・・・・・・・・・・・・ 買・・・・・・・・・37
elv cafe・・・・・・・・・・・・・・・・ 咖・・・・・・・・・57
FLORANTE宮崎 ・・・・・・・・・ 景・・・・・・・・152
FRUIT大野 ANNEX・・・・・・・ 咖・・・・・・・・152
GABUGABU・・・・・・・・・・・・・・ 買・・・・・・・・・93
Gallery 有田 ・・・・・・・・・・・・ 食・・・・・・・・・79
Glass Road 1571 ・・・・・・・・ 買・・・・附錄①5
GOEMON めぐり店 ・・・・・・・ 買・・・・・・・・・87
Granma Granpa・・・・・・・・・ 買・・・・・・・・・97
Grill Mitsuba・・・・・・・・・・・ 食・・・・・・・・・90
GRILL 爛漫・・・・・・・・・・・・・・ 食・・・・・・・・150
HARENO GARDEN EAST & WEST ・・・・・・・・・・・・・・・・・・・・・・ 複・・・・・・・・・35
HIKARI漢堡 本店・・・・・・・・・ 食・・・・・・・・・73
i+Land nagasaki ・・・・・・・・ 複・・・・・・・・・60
IKOI旅館・・・・・・・・・・・・・・・・ 溫・・・・・・・・112
IROHAYA出島本店 ・・・・・・・ 買・・・・・・・・・61
Ivorish 福岡本店・・・・・・・・・ 咖・・・・・・・・・35
JRJP博多大樓・・・・・・・・・・・ 複・・・・・・・・・37
JR九州飯店 宮崎 ・・・・・・・・ 住・・・・・・・・164
JR豪斯登堡大倉酒店・・・・・ 住・・・・・・・・・71
K10カフェ・・・・・・・・・・・・・・・ 咖・・・・・・・・128
kagomania ・・・・・・・・・・・・・ 買・・・附錄①13
Kaneao ・・・・・・・・・・・・・・・・ 買・・・・・・・・・78
KILN ARITA ・・・・・・・・・・・・・ 景・・・・・・・・・78
KITTE博多・・・・・・・・・・・・・・ 複・・・・・・・・・37
KOMICHI CAFÉ ・・・・・・・・・・ 咖・・・・・・・・・97
La chaumière・・・・・・・・・・・ 食・・・・・・・・137
LAND EARTH 戶外運動俱樂部 ・・・・・・・・・・・・・・・・・・・・・・ 玩・・・・・・・・123
LOG KIT 本店・・・・・・・・・・・・ 食・・・・・・・・・73
marbre blanc 紺屋町通り店 ・・・・・・・・・・・・・・・・・・・・・・ 咖・・・・・・・・・35
Marumo水産・・・・・・・・・・・・・ 食・・・・・・・・・73
MILK LAND FARM・・・・・・・・ 買・・・・・・・・103
Milk Road ・・・・・・・・・・・・・・ 景・・・・・・・・106
MING ・・・・・・・・・・・・・・・・・・ 買・37・附錄①3
MinMin・・・・・・・・・・・・・・・・・ 買・・・・・・・・・57
naYa ・・・・・・・・・・・・・・・・・・ 咖・・・・・・・・・97
Nicol' s Bar ・・・・・・・・・・・・ 食・・・・・・・・・94
nicoドーナツ 湯布院本店 ・ 買・・・・・・・・・93
NOSHIYU旅館・・・・・・・・・・・ 溫・・・・・・・・113
Otto e Sette Oita ・・・・・・・・ 食・・・・・・・・・87
PALM ・・・・・・・・・・・・・・・・・・ 咖・・・・・・・・152
PATISSERIE MAISON de KITAGAWA CHOCOLATERIE・・・・・・・・・ 買・・・附錄①15
patisserie 麓 ・・・・・・・・・・・・ 買・・・・・・・・115
REST HOUSE YAMANAMI・ 食・・・・・・・・101
Restaurant 東洋軒・・・・・・・ 食・・・・・・・・・90
Rivera Cafè ・・・・・・・・・・・・ 食・・・・・・・・・73
SANDECO COFFEE 数学カフェ ・・・・・・・・・・・・・・・・・・・・・・ 咖・・・・・・・・132
SASEBOX99公路休息站・・ 買・・・附錄②32
SATSUMACHI鹿兒島中央站 土產橫丁 ・・・・・・・・・・・・・・・・・・・・・・ 買・・・附錄①13
SEVILLA・・・・・・・・・・・・・・・・ 咖・・・・・・・・・65
Shin-Shin 天神本店・・・・・・ 食・・・・・・・・・27
SHIROYAMA HOTEL kagoshima ・・・・・・・・・・・・・・・・・・・・・・ 住・・・・・・・・164
Tea Room Nicol ・・・・・・・・・・ 咖・・・・・・・・・94
TEALAN ・・・・・・・・・・・・・・・・ 景・咖・・・・・137
Telas&mico ・・・・・・・・・・・・・ 食・・・・・・・・・29
theomurata ・・・・・・・・・・・・・ 買・・・・・・・・・95
TKB AWARDS ・・・・・・・・・・・ 食・・・・・・・・・83
TOKIWA 別府店 ・・・・・・・・・ 買・・・・附錄①9
YAMABIKO旅館・・・・・・・・・・ 住・・・・・・・・164
YAMATAKE天然薯餐廳 ・・・ 食・・・・・・・・115
YUFUIN BURGER ・・・・・・・・・ 買・・・・・・・・・96
YUFUIN FLORAL VILLAGE・ 複・・・・・・・・・93
Yufunokahori ・・・・・・・・・・・ 咖・・・・・・・・・97

日文假名

あか牛の館 ・・・・・・・・・・・・・ 食・・・・・・・・110
あごだし亭きさいち・・・・・・・ 食・・・・・・・・・28
あそ路・・・・・・・・・・・・・・・・・ 食・・・・・・・・110
あほたれ一の ・・・・・・・・・・・ 食・・・・・・・・・29
あららぎ乃茶屋 ・・・・・・・・・・ 食・・・・・・・・147
アンティーク喫茶&食事 銅八銭 ・・・・・・・・・・・・・・・・・・・・・・ 咖・・・・・・・・・65
いけす料理やまもと ・・・・・・ 食・・・・・・・・125
いせえび料理 よしき ・・・・・・ 食・・・・・・・・152
いちごや cafe TANNAL・・・・ 咖・・・・・・・・・45
いまきん食堂 ・・・・・・・・・・・ 食・・・・・・・・108
うなぎ・割烹 北御門 ・・・・・・ 食・・・・・・・・・21
うなぎの末よし ・・・・・・・・・・ 食・・・・・・・・132
うれしの まるく公路休息站 買・・・・・・6・19
おぐら本店 ・・・・・・・・・・・・・ 食・・・・・・・・150
お魚処 玄海 ・・・・・・・・・・・・ 食・・・・・・・・・81
お菓子のいえCoCoLo ・・・・ 買・・・・・・・・・20
お菓子の店 Bombe Anniversary ・・・・・・・・・・・・・・・・・・・・・・ 買・・・附錄①11
お菓子の彦一本舗 駅前本店 ・・・・・・・・・・・・・・・・・・・・・・ 買・・・附錄①11
かふぇ はましま ・・・・・・・・・・ 咖・・・・・・・・135
カフェ ブルニエ ・・・・・・・・・・ 咖・・・・・・・・110
カフェレストラン KIZUNA・・ 咖・・・・・・・・・53
カフェ彼女の家 天文館店 ・ 咖・・・・・・・・132
かろのうろん ・・・・・・・・・・・・ 食・・・・・・・・・34
かわ屋 ・・・・・・・・・・・・・・・・・ 食・・・・・・・・・32
きりん商店 ・・・・・・・・・・・・・ 買・・・・・・・・140
くろいわラーメン・・・・・・・・・ 食・・・・・・・・131
ぐんけい本店隠蔵・・・・・・・・ 食・・・・・・・・151
けやきの森・・・・・・・・・・・・・・ 咖・・・・・・・・102
こびる処・・・・・・・・・・・・・・・・ 買・・・・・・・・147
こむらさき 上通中央店・・・・ 食・・・・・・・・118
すすむ屋茶店・・・・・・・・・・・・ 咖・・・・・・・・132
そば処 天庵 ・・・・・・・・・・・・ 食・・・・・・・・147
たんやHAKATA ・・・・・・・・・・ 食・・・・・・・・・37
ちゃんぽん・皿うどん 蘇州林 ・・・・・・・・・・・・・・・・・・・・・・ 食・・・・・・・・・63
ぢゃんぽ餅平田屋・・・・・・・・ 買・・・・・・・・129
ちょいcafe にじいろ・・・・・・・ 咖・・・・・・・・145
ツル茶ん・・・・・・・・・・・・・・・・ 食・・・・・・・・・64
とんかつ川久・・・・・・・・・・・・ 食・・・・・・・・130
にっぽんCHACHACHA 博多ストア ・・・・・・・・・・・・・・・・・・・・・・ 買・・・・・・・・・37
パン工房まきのや ・・・・・・・・ 買・・・・・・・・・97
ふるさと料理 杉の子・・・・・・ 食・・・・・・・・151
べっちん館 ・・・・・・・・・・・・・・ 玩・・・・・・・・112
ホタル館 富屋食堂 ・・・・・・・ 景・・・・・・・・137
めんたい料理 博多 椒房庵 食・・・・・・・・・36
もつ鍋 田しゅう ・・・・・・・・・・ 食・・・・・・・・・31
やすらぎ湯の坪横丁 ・・・・・・ 複・・・・・・・・・93
ゆふいんチッキ ・・・・・・・・・・ 景・・・・・・・・・92
ラーメン専門 こむらさき・・・ 食・・・・・・・・131
らむ・・・・・・・・・・・・・・・・・・・・ 食・・・・・・・・120
レストラン 藤屋 ・・・・・・・・・・ 食・・・・・・・・110

一畫

一蘭 太宰府参道店・・・・・・・ 食・・・・・・・・・43

二畫

七城MELON DOME公路休息站 ・・・・・・・・・・・・・・・・・・・・・・ 買・・・附錄②31
七輪焼肉 遊々亭 グルメ通店 ・・・・・・・・・・・・・・・・・・・・・・ 食・・・・・・・・131
九十九島水族館海閃閃・・・ 景・・・・・・・・・73
九十九島珍珠海洋遊覽區・ 玩・・・・・・・・・72
九十九島遊覽船珍珠皇后號玩・・・・・・・・・72
九州國立博物館 ・・・・・・・・・ 景・・・・・・・・・43
九州鐵道紀念館 ・・・・・・・・・ 景・・・・・・・・・47
九重「夢」大吊橋 ・・・・・・・・・ 景・・・・・・・・100
九重「夢」大吊橋物產直銷所 天空館 ・・・・・・・・・・・・・・・・・・・・・・ 買・・・・・・・・100
九重花公園 ・・・・・・・・・・・・・ 景・・・・・・9・101
二〇加屋長介 ・・・・・・・・・・・ 食・・・・・・・・・37
二之丸廣場 ・・・・・・・・・・・・・ 景・・・・・・・・116
二俣橋 ・・・・・・・・・・・・・・・・・ 景・・・・・・・・・11
人吉城遺址 ・・・・・・・・・・・・・ 景・・・・・・・・123

三畫

上川端商店街 ・・・・・・・・・・・ 複・・・・・・・・・34
下田温泉ふれあい館 ぷらっと ・・・・・・・・・・・・・・・・・・・・・・ 溫・・・・・・・・125
下町の洋食 時代屋・・・・・・・ 食・・・・・・・・・73
丸尾瀑布 ・・・・・・・・・・・・・・・ 景・・・・・・・・・17
千綿站 ・・・・・・・・・・・・・・・・・ 景・・・・・・・・・10
千穗之家 元祖流水麵・・・・ 食・・・・・・・・147
大三東站 ・・・・・・・・・・・・・・・ 景・・・・・・・・・11
大分機場 ・・・・・・・・・・・・・・・ 複159・附錄①9
大江教會 ・・・・・・・・・・・・・・・ 景・・・・・・・・125
大重食堂 警固本店・・・・・・ 食・・・・・・・・・27
大浦天主堂 ・・・・・・・・・・・・・ 景 ・・・・・・・・・・・・・・・・・・・・・・・・ 18・53・59・155
大浦天主堂基督教博物館・ 景・・・・・・・・・53
大連友好紀念館 ・・・・・・・・・ 景・・・・・・・・・47
大魚神社的海中鳥居 ・・・・ 景・・・・・・・・・11
大黑拉麵 ・・・・・・・・・・・・・・・ 食・・・・・・・・118
大濠公園 ・・・・・・・・・・・・・・・ 景・・・・・・・・・35
大觀峰 ・・・・・・・・・・・・・・・・・ 景・・・・・13・106
小火車「夕菅號」・・・・・・・・ 玩・・・・・・・・111
小金ちゃん・・・・・・・・・・・・・・ 食・・・・・・・・・28
山Cafe 力(Ricky) ・・・・・・・・ 食・・・・・・・・・74
山上咖啡廳 Green Terrace 雲仙 ・・・・・・・・・・・・・・・・・・・・・・ 食・・・・・・・・・74
山之宿 新明館・・・・・・・・・・・ 住・・・・・・・・164
山之宿寒之地獄旅館 ・・・・・ 溫・・・・・・・・101
山水木 ・・・・・・・・・・・・・・・・・ 溫・・・・・・・・113
山河旅館 ・・・・・・・・・・・・・・・ 住・・・・・・・・164
山家料理 湯之岳庵・・・・・・・ 食・・・・・・・・・94
山荘 無量塔 ・・・・・・・・・・・・ 住・・・・・・・・・95
山賊旅路 ・・・・・・・・・・・・・・・ 食・・・・・・・・108
川崎商店 ・・・・・・・・・・・・・・・ 買・・・・・・・・152
工房とったん ・・・・・・・・・・・・ 買・・・・・・・・・45
弓張岳展望台 ・・・・・・・・・・・ 景・・・・附錄②9
与八郎 Cafe & Sweets・・・・ 咖・・・・・・・・・87

四畫

中川兩棒餅家・・・・・・・・・・・・ 買・・・・・・・129
中岳火口・・・・・・・・・・・・・・・・ 景・・・・・・・・13
中津公路休息站・・・・・・・・・ 買・・ 附錄②32
中島美香園・・・・・・・・・・・・・・ 買・・・・・・・・82
中國貿易公司・・・・・・・・・・・・ 買・・・・・・・・56
中華料理 四海樓 ・・・・・・・・ 食・・・・・・・・62
中華菜館 福壽 ・・・・・・・・・・ 食・・・・・・・・63
仁田峠・・・・・・・・・・・・・・・・・・ 景・・・・・・・・74
今泉堂・・・・・・・・・・・・・・・・・・ 買・・・・・・・・98
元祖 本吉屋 ・・・・・・・・・・・・ 食・・・・・・・・49
元祖 具雜煮 姫松屋本店・・ 食・・・・・・・・75
元祖 長浜屋 ・・・・・・・・・・・・ 食・・・・・・・・26
元祖 指宿らーめん 二代目 食・・・・・・・139
元祖牛腸鍋 樂天地 天神今泉總本店 ・・・・・・・・・・・・・・・・・・・・・・ 食・・・・・・・・31
元祖博多明太重・・・・・・・・・・ 食・・・・・・・・35
六盛・・・・・・・・・・・・・・・・・・・・ 食・・・・・・・・91
天下の焼鳥 信秀本店 ・・・・ 食・・・・・・・・32
天文館むじゃき 本店 ・・・・・ 咖・・・・・・・132
天安河原・・・・・・・・・・・・・・・・ 景・・・・・・・145
天岩戶神社・・・・・・・・・・・・・・ 景・・・・・・・145
天草五橋・・・・・・・・・・・・・・・・ 景・・・・・9・124
天草市海豚中心公路休息站 ・・・・・・・・・・・・・・・・・・・・・・ 玩・・・・・・・125
天草生海膽本舗 丸健水産 食・・・・・・・125
天草的崎津聚落・・・・・・・・・・ 景・・・・・・・155
天草阿萊格里亞花園酒店・ 住・・・・・・・164
太一郎窯・・・・・・・・・・・・・・・・ 買・・・・・・・・79

景…景點　玩…玩樂　食…美食　買…購物　咖…咖啡廳　溫…溫泉　住…住宿　複…複合設施　活…活動

【 MM 哈日情報誌系列 41 】

九州

作者／MAPPLE昭文社編輯部
翻譯／黃琳雅
編輯／蔣詩綺
發行人／周元白
排版製作／長城製版印刷股份有限公司
出版者／人人出版股份有限公司
地址／23145 新北市新店區寶橋路235巷6弄6號7樓
電話／（02）2918-3366（代表號）
傳真／（02）2914-0000
網址／www.jjp.com.tw
郵政劃撥帳號／16402311 人人出版股份有限公司
製版印刷／長城製版印刷股份有限公司
電話／（02）2918-3366（代表號）
香港經銷商／一代匯集
電話／(852)2783-8102
第一版第一刷／2023年7月
定價／新台幣500元
　　　港幣167元

國家圖書館出版品預行編目(CIP)資料

九州 / MAPPLE昭文社編輯部作 ；
黃琳雅翻譯. -- 第一版.-- 新北市：人人,
2023.07 面； 公分. --（MM哈日情報誌系列；41）
ISBN 978-986-461-338-0（平裝）

1.旅遊 2.日本九州

731.7809　　112008840